The New Perspectives of Western Classical Political Thought

西方古典政治思想新视野

包利民 主编

柏拉图：政治哲学

[英] 马尔科姆·斯科菲尔德 著
柳孟盛 译

Plato : Political Philosophy

图书在版编目（CIP）数据

柏拉图：政治哲学/（英）马尔科姆·斯科菲尔德（Malcolm Schofield）著；柳孟盛译.--北京：华夏出版社，2017.3

书名原文：Plato: political philosophy

ISBN 978-7-5080-8986-7

Ⅰ.①柏… Ⅱ.①马… ②柳… Ⅲ.①柏拉图（Plato 前427-前347）－政治哲学－哲学思想－研究 Ⅳ.①B502.232

中国版本图书馆CIP数据核字（2016）第239983号

Plato:Political Philosophy/ by Malcolm Schofield/ ISBN:0-19-924961-9
Copyright© Malcolm Schofield 2006
All rights reserved. No part of this publication may be reproduced, stored in a retrieval system, or transmitted without the prior permission in writing of Oxford University, or as expressly permitted by law, or under terms with the appropriate reprographics rights organization.

版权所有 翻印必究

北京市版权局著作权合同登记号：图字 01-2013-5077 号

柏拉图：政治哲学

作 者	［英］马尔科姆·斯科菲尔德
译 者	柳孟盛
责任编辑	罗 庆
出版发行	华夏出版社
经 销	新华书店
印 装	三河市少明印务有限公司
版 次	2017年3月北京第1版 2017年3月北京第1次印刷
开 本	670×970 1/16 开
印 张	23.25
字 数	381千字
定 价	69.00元

华夏出版社 地址：北京市东直门外香河园北里4号 邮编：100028
网址：www.hxph.com.cn 电话：（010）64663331（转）
若发现本版图书有印装质量问题，请与我社营销中心联系调换。

"西方古典政治思想新视野"丛书总序
古典政治意蕴的新探究

本译丛旨在向读者介绍西方主流政治理论界对古典政治、尤其是古典民主政治的探究的一些饶有兴味的新成果、新趋势。

熟悉西方政治思想研究的人知道,政治哲学、尤其是古典政治哲学曾经几乎是施特劳斯派等德语背景学者独家支撑的领域。主流政治学界严守社会科学的价值与事实的分离原则,沉浸于各种机制经验研究之中,试图跻身"硬科学"。但是这一趋势近几十年来有很大的改观。不少重要的主流学者开启了自己独特的古典政治哲学(政治理论)研究。这些学者有非常深厚的古典学(语言、历史)的学养,而且他们有意识地启用历史学、社会科学、文艺评论等等中的各种新研究方法论、新视角,在价值观上既坚持主流自由民主意识形态,又同情地对待曾经只是保守派孤独坚持的德性论和幸福论古典政治范式。开卷展读,让人获益匪浅。在这些丰富的成果中,既有通论性希腊政治思想史(比如列入本译丛的卡特莱奇和巴洛特的著作,读者不妨与施特劳斯等所撰《政治思想史》对观),又有专论性的理论家研究(比如斯科菲尔德的《柏拉图:政治哲学》),更有各种专门探究古典民主的意蕴的新专著(比如列入本译丛的奥伯、格林、法伦格等人的著作),都颇为可观。剑桥学派重要人物卡特莱奇的《实践中的古希腊政治思想》和美国重要学者巴洛特的《希腊政治思想》作为非常有特色的通史类著作,有意识地结合分析哲学的严谨逻辑论证和历史学的现场感,通畅地融合规范评价与事实描述,同情地打通古今重大问题视域。这些扎实公允的探究已经形成了庞大的文献传统。对其译介,将有助于我国读者认识到古典政治哲学的研究领域有百花齐放、百家争鸣态势,而非一家独秀。

下面我们将特别就古典民主意蕴研究的新视角多说几句。

希腊人在政治上的骄傲与沉痛都与民主政治有关。希腊人之所以被视为欧洲之祖先（以及因此全球化之先导），与其创立民主政治有内在关系。而希腊伟大的政治哲人如柏拉图与亚里士多德之所以为后人不断提及，也与他们对民主的利弊的犀利深刻的理论考察分不开。近几十年来，与我们时代的大形势有关，也与学界纪念雅典民主2500年有关，出现了一个"雅典民主研究"高潮，许多由名家主持的相关文集纷纷面世。[1]但是，清醒的学者知道，民主曾经只是古代希腊史上出现的一个"反常的"政治形态。从进化论的角度看，这种偶发的政体"变异"（或许由于缺乏适存性？）在后来的罗马和中世纪的漫长岁月中遭到劣汰，长期埋没无闻。几千年来的人类常规政治形态都是非民主的。20世纪突然潮流偏转，民主理念似乎成了全球性的"主流"并成为西方引以为骄傲的主要依据之一。但是，一切潮流总可能遮蔽真相：西方现代政治主流其实并非"民－治"意义上的民主（by the people），而是代议制民主。代议制民主是民主吗？如果一个伯里克利时代的雅典人穿越来到今天，目睹流行的利益集团博弈－选战－多数票胜出－妥协－党派分肥政治，他恐怕会骇然困惑，很难认出这是"民主"。当然，一个经过了联邦党人、托克维尔、密尔和达尔洗礼的现代人则会居高临下地教导这位疑惑不已的希腊人：直接民主是无效且危险的；作为人类的反常政治实验，它在经历了雅典暴民政治、法国大革命和20世纪民粹运动的恐怖之后，已经被宣告彻底失败。现代代议制民主是已经被公认为唯一可行的民主形式。

但是且慢高兴。即便这位希腊人放弃了直接民主而终于接受代议制民主，他真的会看到代议制民主在今天受到广泛欢迎的景象吗？未必。20世纪学术界的诸多重要思想家们（远不仅仅是施特劳斯等"保守派"）都在论证代议制民主是一个笑话。[1]103,140诺贝尔奖在今天是学术权威的象征，说话有人听。然而诺贝尔奖获得者们对民主说了什么？阿罗和布凯南的公共选择理论、奥斯特罗姆的集体行动理论，都指出现代民主的基本预设——通过选票汇聚私人偏好，为共同利益行动——几乎是不可能的。这些学理化（数学化）的严密论证，实际上延续了一个现代社会科学的长久传统。早在20世纪开出之际，社会科学大师韦伯和熊彼特就已经提出了影响深远的经典看法：在现代的大国选战民主政治中，真正发生的事情并不是"人民当家做

---

[1] 这一"盛况"被许多学者提及，比如 Farenga, *Citizen and Self in Ancient Greece, Individuals Performing Justice and the Law*, Cambridge University Press, 2006. p. 2; R. K. Balot, *Greek Political Thought*, Blackwell Publishing, 2006, pp. 303ff; P. Cartledge, *Ancient Greek Political Thought in Practice*, Cambridge University Press, 2009, p. 55.

主",而是少数精英领导借助庞大的理性科层体制管理着国家。后来的许多重要的民主理论家如达尔、萨托利、李普曼、李普塞等等基本上无不沿着这个思路走。[2][4,13,98]

由此可见,西方思想界的主流与其说是无条件拥抱民主、不如说是对民主的深刻的、全面的失望。这一失望有着深远的现实原因:现代性主流是市场经济,人们私人化、多元化、异质化,不可能对政治保持长久的热情,非政治的冷漠必将成为常态。已经觉醒的个体再也不可能无条件地将巨大而陌生的行政机制认同为"共同体"。在深刻的无力感的驱动下,西方"公民意识"日渐淡漠,投票和参加集体活动的人越来越少。[3][21]

正是在这样的大背景下,引人注目的是那些不断发声的反潮流学者,他们总是心有不甘,努力从各种角度出发为"民主"、尤其是古典民主的正当性进行辩护。如果说在现代共和主义的发展中出现了"新罗马主义"的话,那么,我们也不妨称这些为古代直接民主辩护的学者为"新雅典主义"或"新希腊主义"。他们希望被长期(故意)忽视的古典民主在今天依然能作为积极的、重要的资源发挥作用。[1] 这样的思想家大多汲取了最新哲学社会科学成果,尝试提出了各种出人意料的路径,对于理解我们的时代和时代的政治都打开了许多崭新视野。本译丛所选入的几种,可以作为典型代表,值得读者的细读。作为一种概括的介绍,我们下面就从对民主的内在价值的辩护和外在价值的辩护两个方面对其稍加考察。

一 民主的内在价值辩护——"表演-施为"(performance)政治

在现代性中为"内在价值"辩护是困难的,而为一种政治方式进行"内在价值"辩护,更让现实主义政治学家感到是文不对题。达尔就曾说现代民主理论与古代民主学说不同,不是价值导向的,而是描述性的。自由主义主流政治学说认为民主和共同体只具有工具性的好。然而,人们依然可以看到不少重要的思想家直接为民主政治或政治本身寻找内在价值。阿伦特当之无愧是其中最为著名的一个。她定下的基调是:共同体而非私人的生活是

---

[1] "新罗马主义"以剑桥学派和 Pettit 的新共和主义为代表。事实上,新共和主义之所以诉诸罗马共和而避开希腊民主,正是为了防止"民主的弊病"。这更让人们看到今天倡导希腊民主的学者们的难能可贵:他们并不是重复常识,而是在挑战主流,知难而进,竭力为处于守势的古典民主平反。

具备最高价值的人类存在，而这只有在共和政治生活中才能实现。她的理由有几个，首先，民主共和通过自由的普遍化，使得更多的人从奴隶变成为人。其次，人只有在一种表演（performance）式政治行动（action）中才能真正存在，即在同样平等自由（尽管个性各不相同）的人们为公共利益的公共奋斗中敢于创造，相互竞赛，追求卓越，赢得荣誉（他人的目光）。唯有民主共和式政治才能提供这种前所未有地拓展人的存在空间的机会。[4]90-91

阿伦特的这种新亚里士多德、新共和主义的观点表达得颇为极端，但是沿着她的路线走的较为和缓的学者层出不穷。从某种意义上说，西方20世纪的社群主义、共和主义复兴都可以视为是在沿着阿伦特的路径继续发展。他们普遍对现代公民意识淡漠十分担忧，号召人们重新关心与参与政治行动。不过，在一个以自由主义为主流意识形态的现代社会中，很少有人会再主张国家水平的强直接民主，他们通常避免提出恢复雅典民主共同体那种万众一心的"伯里克利式政治"（所谓"美学化纪念碑精神的政治"）。他们大多提出了一些软化的版本。列入本译丛的法伦格（Farenga）的《古希腊的公民与自我》的"施为"（performance）公民身份学说就是一个典例。法伦格认为performance是当代对古代民主研究的最新最好模式。这种模式只诞生了三十年。[5]4-5 不过，从法伦格所援引的主要学术资源戈德黑尔（Goldhill）等人对"雅典民主的表演式文化"的概括——表演、竞争、自我展现、观看、荣誉等等——来看，这显然与更早的阿伦特思想十分相近。法伦格更推进一步的地方在于，他并不想仅仅用这个词表达阿伦特-戈德黑尔的"舞台演出"意蕴。他提示我们注意performance在奥斯丁-哈贝马斯那里，还有"施行"（施为）即"以言行事"的涵义。这样的含义就失去了那种光彩夺目的美学政治色调，而是日常化得多的"施行"、"执行"的意思。民主意味着公民们集体作为主体施行正义、统治国家。同时，法伦格也希望能保留performance的"展现自我"的那一层涵义，只不过这大多是通过语言的施行力量进行的，而且所展现的不是一种、而是三种类型的自我：社群主义的自我、个人主义的自我、商谈主义的自我。一个人成为雅典公民意味着首先要遵循共同体的"剧本"（script，这也是一个文化人类学概念），即当好共同体安排的角色（me，为他人之在）。但是同时，民主共和政治要求每个人都能自由自主，所以它必然会走向纯粹个体和内在自我的觉醒（自为之在，self）。进一步，只要公民们商谈性地施行正义，则这样的个体依然处于语言之中，从而就要适当尊重和服从他者（对语义的共同理解），形成某种"为我们存在"（being for us）。[5]21,24-25 法伦格不像阿伦特那样突出地抬高共同体公民身份而贬低私人身份。在他看来，一个好的公民必须知道这三种身份都是不可缺少的，在施行正义时既要忠于自己的祖国，又要保持一定的独立性、忠于自己作为"人类一员"的身份。必须学会在各种身份之间自如地转化，从而让不同的自我（公共我与个体我）都得到展现，共同存在，相互制衡，相互促进。[1]公民身份理论在西方兴起之后，关于究竟民主社会的公民应当将什么当作"公民身份"，是有不同看法和争议的，是国家公民还是世界公民，是精英还是大众。它带来的义务和权利又分别是什么。不同的学者持不同的看法。[6]94法伦格的学说描述性很强，其规范性也可以说关注的是如何形成更好的公民身份，不过我们还是可以将其视为一种对民主的内在价值的辩护：民主所要求的主体施行正义的行动，有助于形成更为丰富多重和自主成熟的自我认同，从而开拓了人的更广的存在空间。[5]31

其实，民主的内在价值甚至未必需要是"给予每个人主权"那么强。每个人的基本尊严的保障也可以被视为具有重大价值（黑格尔：历史的终极成就就是"对平等人格的承认"意义上的自由），而这可以通过民主体制来保障。新共和主义者佩蒂特（Pettit）就认为，现代投票式民主机制未必能发挥民治的初衷，但是它依然是必须的和好的，因为它可以控制领导人，逼迫在意选票的当权者不敢任意冒犯百姓的尊严。[2]当然，这样的内在之好未必需要直接民主体制来维护，可以靠代议制民主和法治。佩蒂特宣布自己是新共和主义而不是新民主主义。换句话说，他说自己是"罗马共和主义"，而不是"希腊共和主义"。但是我们知道，在日常生活中，人们并不那么严格区分民主和共和，尤其是代议制民主与共和。

前面提到，对任何东西（更别说是"政治"）提供内在价值辩护，在今天特别困难。市场经济与自然科学（尤其是生物学和神经科学）的超常（反常）迅猛发展，使这一切显得似乎太不"现实"。[3]也许，这更说明这

---

[1] 参看 Farenga, *Citizen and Self in Ancient Greece*, pp. 30, 536. 法伦格的工作可以视为是在企图兼顾罗尔斯、桑德尔和哈贝马斯的直觉，将自由主义民主、古典民主和商谈民主整合到一个体系中。

[2] 参看应奇、刘训练编：《公民共和主义》，东方出版社，第129页以下。"现代民主理论"甚至主张这是民主唯一可以得到认可的目标，参看卡罗尔：《参与和民主理论》，上海人民出版社2012年，第13页。

[3] 从市场经济的角度看，民主有没有价值，应当从效用量（货币值）的大小衡量；从自然主义的角度看，当事情可以在无意识层面更精确、更实地解决时，人（民）治（理）将成为多余（副现象）。

种内证努力在今天尤其有意义。因为内证指向的是对人这种存在的本体论意义的关切。否则,作为一种管理方式,民主确实是可以随着效率的有无多寡而产生与消亡,人们不必对其从哲学上加以如此坚持。[1]

二 民主的外在价值的辩护——"知识政治"

前面的讨论自然导向另外一个问题:即便民主有内在价值,但是政治是十分现实的,政治家必然要追问:民主是否有外在价值呢,它能否为一个国家带来生存、荣誉和强大?哲学强者的基本价值观是内心的强者:苏格拉底在《高尔吉亚篇》中批评伯里克利的"辉煌功业"为无意义。孟子也说王何必曰利,亦有仁义而已矣。然而,一个现实政治学家(韦伯:负责任的政治家)就不能止于此。如果以善致善不可能,那就只能以恶至善。斯坦福大学政治学系兼古典学系教授奥伯(Ober)提出,必须考察民主的表现(performance)。所以他不想与那些继承柏拉图理想主义、羞谈功利的保守派学者对话,因为双方的价值框架差距太远,实在难以有效沟通。[2] 他的基本立场是:民主作为一种内在之好(善)同时也能带来十分显著的外在之好(善),而这是值得庆贺的好(事)。收入本译丛的奥伯的《民主与知识》可以作为这方面的一个出色成果,让人看到学术界对民主的外在功效的最新系统论证方式。

奥伯其实十分熟悉古今对民主的质疑,他甚至写过这方面的专著。[3] 他对今日学术界对民主的质疑也不陌生。民主具备外部之好吗?许多人对此质疑。甚至西方也有不少人艳羡信仰 - 集权 - 指令政体的高效率。柏拉图曾经批评民主的内在弊病是自私与愚昧。用今天的社会科学术语表达即,公共行动问题、协调共识问题、交易费用问题等等在集权国家中容易得到解决,但是在民主国家中却天然比较困难,结果势必导致民强国弱,在国际竞争中

---

[1] 查看巴伯:《强势民主》,吉林人民出版社2006年版,第4页。
[2] 或许"不同派别的对话"也是有限度的。参看 Josiah Ober, *Democracy and Knowledge: Learning and Innovation in Classical Athens*, p. 40 注。对比:布鲁姆、密尔、尼采等等哲人都认为一国之好,在于自由、个体、丰富。维拉也认为公民具备批评力量才是真正重要的价值(Dana Villa, *Socratic Citizenship*, p. 300)。
[3] 参看 J. Ober: *Political Dissent in Democratic Athens. Intellectual Critics of Popular Rule*, Princeton University Press, 1998.

失败,或者走向某种集权体制。这就是意大利精英政治学派代表米歇尔(Michels)等人论证的"寡头铁律"。[2]^{8-9,21,31-35}

但是奥伯指出,这样的推理并不符合历史事实。事实是,民主在外在效率上丝毫不逊色于其他体制。它完全可以解决经济活力和强大凝聚力等等问题,甚至远远胜出其竞争者一筹。在他的《民主与知识》的第八章中,奥伯用现代社会科学方式将一个政体的"表现"(即它所带来的"外好")具体化为几个指标:历史评价,总体繁荣度,硬币的分布,在历史文献中的提及次数,等等。他指出,按照这些(不少是可以量化的)指标,民主雅典的表现在古代可谓出类拔萃,无与伦比。于是,问题就不是"民主行吗"?而是"民主为什么这么行"?由于雅典即便在古代各个民主城邦中也表现得超常出色,还要询问为什么会出现"雅典例外论"的现象?总之,这不是一个有没有、而是一个如何解释的问题。

我们知道对此曾经有过许多种解释,比如雅典的帝国主义与奴隶制度是其强大的来源。这是以恶致善的解释思路。不过,还有以善致善的解释。伯里克利的葬礼演说就开创了这样的由内善向外善的解释路径。伯里克利理解的民主内在之善是民主赋予每个人以自由和尊严,这带来了超常的爱国心和凝聚力,使其心甘情愿地为国奋战。[7]^{98}奥伯的解释汲取了当代社会科学的最新研究。他首先指出,真正的强大在于知识(得到有效运用),这显然是"知识经济"、"信息社会"的特有思路。如果说知识经济是新强者,知识政治也将成为真正的新强者。[1] 当然,柏拉图早已重视知识的力量,并且正是因此而批评民主无知愚昧因而是坏体制。奥伯认真看待这一批评,但是他借用了市场学说和新的企业(公司)学说来为民主辩护。民主完全可以是智慧的,民主体制如果能充分汇聚和共享分散在大众中间的知识,反而能集思广益,比专家型集权政治更好地完成合作行动中的各项任务。[2]^{268}奥伯提示人们:希腊民主城邦可以类比的是当代新兴企业即某些IT公司,在这样的公司中,最为有价值的财产就是它们的成员的知识。事实证明,这些企业在激烈的竞争环境(市场)中往往通过对知识-信息的有效汇聚获得了巨大的成功。[2]$^{18,90,104-6}$

---

[1] 我们可以将现代专家视为某种新强者,知识强者。古代强者靠的主要是物质力量和纪律,比如斯巴达和罗马;而雅典的强大主要是知识带来的。在所谓现代性和后现代时代,知识的力量日益明显是主要的"强者"力量之所在。参看 Josiah Ober, *Democracy and Knowledge: Learning and Innovation in Classical Athens*, p. 106, note.

奥伯的新思路的核心启发是：民主的许多机制可以发挥我们意想不到的、导致外部高效率的作用。如果仅仅按照代议制民主的理解，投票是汇聚私人偏好的，那么这确实是无效的体制，阿罗这么看，奥伯也同意：如果只是当选民，其实没有什么力量。但是如果我们发现这些机制可以是为了别的目的，则它们非常有效。[2]^{98-9,108}这一目的首先就是社会知识论的。著名政治思想家邓恩曾经悲观地认为，专业知识的存在与人人统治的民主主张之间是无法协调的。民主的诸项体制设计是为了"避免直接镇压"，而不是保障"有效理解的稳定产生"。[1] 但是奥伯认为未必。如果仔细考察，就会发现民主雅典确实在用一个复杂系统的体制将分散的知识汇聚起来，全民共享，同时形成稳定的共识，保障了有效理解的稳定产生，使得国家强大而有活力。

具体而言，知识政治的任务分为三个方面：

首先，汇聚共享。人们大多知道被梭伦、克里斯提尼、伯里克利等逐渐建立起来的雅典民主的那些繁多的机制，比如十部落，500人议会，民众大会，陪审法庭，等等。它们忙忙碌碌，热热闹闹，每天在活动，花费也不菲。奥伯的问题是：如此巨大的活动费用，必须有相应的回报，才能维系。回报是什么呢？正是知识的汇集。民众当中其实有各种各样的知识，而且有各行各业的专家。但是如何将其汇聚起来，让大家都分享到，需要有效的机制。奥伯认为，从这个角度看，则雅典民主制中的500人议会、官员工作组等等，都可以视为是将分散的公民频繁地聚会在一起，建立起沟通和信任，同时熟知谁是能人，推举其填补结构洞，让各行各业的专家被认出和启用，让各人的不同知识得到互补性运用。[2]^{123,135,142}

其次，形成共识。人们在不知道其他人的意图时，往往难以协调行动。集权体制比较容易通过颁布命令和洗脑来解决这个问题。民主怎么办？有办法。奥伯认为，雅典民主发明了许多聪明的办法"形成共识"，比如建立了大量的公共纪念碑、建筑、剧场等等可以将共同信念广而告之。奥伯特别介绍了近来学者们对雅典民主时期大量建造的环形剧场和会场的功能的研究。这种"内观式"建筑可以令观众们在观看舞台上的表演同时，相互看到伙伴们的反应，从而自然而然地达成信念共识。这样的建筑在雅典的非民主时

---

[1] 民主与知识之间的紧张关系，自古就是思想家关心的一个问题。参看 Schofield, Malcolm. 2006. *Plato: Political philosophy*. London and New York: Oxford University Press, chapter 4.

期就隐而不显、很少建造了，在其他集权国家也很少见。阿伦特也注意到希腊民主的公共领域中的"相互观看"的重要，不过她主要是看重这种措施所提供的荣誉的形成机会，而奥伯则从社会认识论的角度出发，强调这样的建筑可以帮助共识的建立。[2]^{169,194,199}

最后，建立规则。在知识汇集和形成共识之后，为了减低交易费用，必须将知识建立为法规（codification）。雅典民主热衷于订立大量法规并认真依法行事。这样的政治文化使得普通人只要通过学习传统、遵循条规就可以完成许多大事。柏拉图认为民主的致命（外在）弊病是无知且高傲，不承认自己的无知，不愿意学习[1]。但是我们看到，奥伯所理解的民主体制恰恰是一种学习型组织。当然，奥伯也意识到法规化的弊病是容易导向僵化。但是他认为雅典民主在学习与创新之间还是设法保持了平衡。

这三个方面完整地证明了民主可以是"智慧"的。要注意的是，上述社会知识论预设了民主的公共性。众所周知，柏拉图对民主的批评是两大方面：私心与无知。奥伯也知道现代民主理论公认民主的本质是私人利益集团的冲突和博弈。不过他并不认为这是民主的必然特征。如果民主是这样的东西，那确实难以解决公共行动问题。但是，完全可以像古代民主那样假设民主是公共的。于是，公民就会愿意和他人分享有价值的知识，而非总是想通过伤害他人来获利。那么，为什么古代民主可以是公共性的？奥伯的解释是：当时环境非常险恶，民主国处于众多竞争者之间，这会导致共同体的内部团结。[2]^{100-2,169}更早提出"强势民主"的学者巴伯则认为，其实只要制度设计得当，进入公共领域的民主人会自动从私人转化为公民，所以不会仅仅在设法利用体制拼命实现自己的利益集团的偏好，而是会在共同商讨中改变自己的偏好，从而不会出现现代民主理论家们经常喜欢说的"投票悖论"等等问题[2]。

三 民主机制的其他作用——目光参政

奥伯的民主作为"高效知识政治"的思路可以归结为：第一，对人们熟知的体制做出新解释，第二，对被忽视的体制从新角度加以重视。这种"重

---

[1] 熊彼特也认为民主的特点是无知。参看卡罗尔：《参与和民主理论》，第16页。
[2] 参看巴伯：《强势民主》，吉林人民出版社2006年版。哈贝马斯的商谈民主亦有与此相近的意旨。

新审视民主体制功能"的思路表明了古代民主研究者们不断借鉴其他学科的新成果。事实上，自从 Finley 开创雅典民主研究之后，借鉴政治学、历史学、社会科学、法学等等学科领域模式的各种研究进路纷纷涌现。[5]²,⁵⁵⁰ 在本译丛中，我们收入了格林的《人民之眼》，集中体现了这样的新尝试、新思路。

格林首先同意大多数学者的看法：人们对现代西方民主的效果普遍失望。然后他指出个中缘由是，大部分人一直都是在用声音模式（vocal）思考民主，将民主参政理解为人民直接进入公共领域发出自己的声音，包括最新的"商谈民主"也是如此（其要旨就是尊重各方的声音）。然而，这种"直接发声决策"（或者公共意见的汇聚）式民主确实已经被从韦伯到公共选择的主流民主理论家们证明基本上是失败了，是一个幻觉。不过，格林认为不必对民主灰心，他相信，解决之道其实已经存在。他说，人民直接充当统治者不可能，他们必然永远停留在被统治者（ruled citizen）状态，但是弱者依然可能能发挥强者的作用，"民主"依然可能，只不过新的渠道将不是"声音"，而是"目光"（visual）；不是"谈说"，而是"凝视"。

这样的命题初看上去是反常识的，因为"看客"、"旁观"（spectatorship）本来似乎意味着软弱无力，怎么会是强有力呢？格林却论证我们可以拓宽思路，破除常见。第一，即便从日常视角乃至各种理论看，"凝视"也可能意味着强者的巨大杀伤力，让我们想想"神的注视"，"良知的目光"，萨特的"自为之在的对象化目光"，福柯的"权力凝视式目光"等等，就不难明白了。[1]¹⁰ 第二，民主政治正是要采取许多措施让这些潜在的目光力量变得真正强大。比如当代民主体制中的总统选举电视辩论，公共质询，领导人新闻发布会，等等。[1]⁹⁹,¹⁹⁴ 这些制度作为民主制度，其特点是领导人公开露面的整个过程的程序和条件不得由统治者本人操纵，而必须由人民控制，从而符合一个关键标准：坦诚性（candor）。

这样的"目光式民主"理解有几个好处，第一是顺应历史时代潮流。古希腊人确实以政治生活为最为主要的生活形式，人生大部分时间津津有味地放在其中。[1] 但是，在大国 – 工业化 – 市场经济的时代，人民不可能热衷于经常性地投身公共领域"谈说"。除了四年一次的选举，大多数人大多数

---

〔1〕 参看 Balot, *Greek Political Thought*, pp. 298 – 299.

时间中都是被动的被统治型公民（弱者）。[1] 这一沉默的大多数长期以来被民主理论所忽视，这是不应该的。难道我们找不到让他们也能以某种方式经常性地发挥统治（强者）的方式吗？换句话说，为什么不可以设想弱者或被统治者也可以有自己的"政治生活"？[1]^{33,62}第二，目光式民主让"人"重新回到政治中。发声类民主包括商谈民主，关注的重点是立法而不是人的生活，是如何最终推动某种有利于自己党派的法律被通过。这样的党争式民主，其实是将人当成工具——推动立法的工具。[1]²⁰⁴但是观看型民主则首先让统治者作为人重新登上舞台，出色表演（performance）；[1]¹⁸⁴人民虽然并不登台表演，但是观看演出，并且享受观看政治家坦诚而高明的演出。这才是人与人的关系，它维系了表演自由与观看自由两种美好。这样的美好，在一个日益理性化、自然主义、市场化的今天，尤其难能可贵。在此意义上，格林的观点符合我们在第一节所说的"民主的内在价值的论证"。第三，这是让"民主"真正重新回到政治中。这种民主，是罗马式的而不是希腊式的，但是又不是"罗马共和主义"的，毋宁说是罗马式"群众民主"（plebiscitary democracy）。这个词在民主学者中一直是个贬义词，甚至比"希腊民主"还要糟糕，因为它唤醒的是对罗马时代由"民众领导"率领"暴民大众"反对共和贵族们的历史的回忆。格林用这个词强调，今天的民主国家中的真实事情和罗马民主一样，是领导人在表演，人民则是"被动"的观众——或许像当年角斗场中的大众一样，他们还享受观看。[1]¹²⁰唯有认清这是事实，才会由此出发设法设计有效的民主方式制约领导们手中过强的权力。如果忽视或者故意无视这个事实，反而会忘记或是故意不设计制衡方式。[2] 格林认为他的"目光民主"的设计，还可以使得被多元民主派搞臭的"人民"概念终于再次恢复名誉。"人民"在发声参政时，大多是作为利益差异很大的小群体，确实不太会是一元的，所以可以说此时并不存在作为

---

[1] 参看 Jeffrey Green, *The Eyes of the People: Democracy in an Age of Spectatorship*, pp. 204–205. 实际上，达尔认为穷人是暴民，他们少进入公共领域直接干政，或许是一件好事，参看卡罗尔:《参与和民主理论》，第89页。

[2] 韦伯已经指出：领导与人民之间相对清晰的区分，以及领导依然拥有很大的权力，乃是现代大众民主的一个特点。格林因此认为既要承认事实，又要想办法在此基础上继续贯彻民主。比如，既要接受领导，又要用观看等方式来制约领导。Jeffrey Green, *The Eyes of the People: Democracy in an Age of Spectatorship*, pp. 149, 152, 156.

统一实体的"人民"。但是,他们在"观看"或者监督领导人时,并不考虑党派利益,便在实质上构成了一个共同的"人民"实体。[1]205-206

所以,在今天也不必对"民主"失望,只不过如何看待真正发挥民主作用的渠道、机构、方式,需要我们有足够的理论想象力,需要政治思想史上的方法论创新。

无论是奥伯还是格林,无论是"发声"还是"凝视",都坚持古代直接式民主在今天依然可以发挥相当积极的作用。这在今天普遍质疑古典民主的大背景之下,是反潮流的。

四 制约民主的民主——哲人式公民

上面介绍的著作可以说都对古代直接民主的意义重新加以肯定。但是,古今思想家忌惮和反对直接民主,也不是没有道理的,比如大众暴政、不尊重私权、不尊重自由思考、情绪化、愚昧,等等。历史上也曾经发展出一系列对治这些弊病的机制,比如法治[1] 理性化[2] 包容机制、宗教、大众传媒和自由思想家的独立,等等。这些机制的本质究竟是什么,又有争议:它们究竟属于"民主"的一部分或应有之义呢,还是对民主制衡的非民主机制?[3]

民主的特有弊病大致可以分为两大类:私人化或是公共化。前者是柏拉图所描述的民主倾向于走向个人主义和党争,以及自由主义体制下的最小政府论和政治冷漠;而后者则是人民主权所容易带来的道德优越和狂妄。"复兴古代民主者"可能会忽视后面这种民粹主义问题。不过,历来有不少深刻的思想家意识到这个问题的危害,并且建议用民主之外的某种机制抗衡之。著名的有诸如托克维尔和尼布尔,他们强调独立的信仰体系能抗衡民主的道

---

[1] 维尔南就指出,雅典民主机制的主旨可能是为了法治:将权力放到中间(meso)。
[2] 理性化是现代性的重要特征,韦伯传统的人比如历史学家黄仁宇都这么看。泰勒式管理体制或许是其典型例子。但是,它的本质恰恰不是"民主"。参看卡罗尔:《参与和民主理论》,第49页。
[3] 比如,法治其实与民主可以是对立的。民主是主体的、表演的、生活的;而法治则是结构-功能机制化导向的。作为乐观主义者,奥伯认为雅典已经看到民主的所有问题,并且加以防范了。Ober, Josiah. 2008. *Democracy and Knowledge: Learning and Innovation in Classical Athens*, pp. 78-89. 这些问题的现实意义是:如果一个后发民主国家总是失败,是因为民主体制不健全还是忘记了同时建设这些"民主之外"的体制?

德自义天性。非宗教的抗衡方式则主要是代表独立自由批判性反思的哲学。维拉（Villa）的《苏格拉底式公民身份》提出了"哲人型公民"学说，是这方面的一个富有新意的成果，我们已经收入本译丛。

在维拉看来，为了反对政治冷漠而热烈拥抱社群主义已经成了今天的一个时尚。[1] 然而，对古代式民主即公民政治的无条件复活号召，是相当成问题的，它很可能会带来更可怕的危害，导向毫无批判能力的新盲从。[8]^{301} 为此，他诉诸苏格拉底的洞见：未经过审查的公民生活不值得过。而苏格拉底作为与政治拉开批评距离的哲人，以这样的方式维护民主政治的健康，也可以说是一种另类的"民主派"或者"公民"。[8]^{305}

维拉认为苏格拉底与柏拉图不一样，从未提出过任何正面的道德教条。苏格拉底如果说在历史上首创了"道德个人主义"的话，那么就在于他集中精力专门批评民主国家和一切共同体的道德自义。伯里克利时期的民主，以思想和行动的"合一不分"为骄傲自豪，个人完全认同共同体。但是，未经批评反思的行动，承载了道德优越感，会带来许许多多更为严重的灾难，这值得哲人专门投入时间和精力去对付。[8]$^{23,26,39,57-8}$ 在《高尔吉亚篇》中，苏格拉底自诩为雅典唯一的政治人。不过，苏格拉底"哲人公民"的特点是仅仅批评，而并不行动，其主要任务就是通过反思使得政治行动慢下来。从这个角度看，苏格拉底的"不行动"与梭罗等的哲学行动观相比，也可以避免乌托邦革命的危险。[8]$^{34-56}$ 这种纯粹负面性的哲学批评治疗工作，对共同体的健康发展，本身就具有很大的建设性意义，尽管民主共同体往往并不领情，而是将其视为不道德、坏公民。[2]

总之，维拉旨在论证从苏格拉底身上我们可以看到一种新型的公民身份，即哲人型公民，他本质上不是反民主，而是民主的健康发展所不可或缺的一个要素。有意思的是，有的学者认为民主的"商谈"或人人有权发言的制度的更深刻意义，恰恰就是相互批评提醒；[3] 而有的学者如 Schofiled 和 Wallch 甚至认为，柏拉图也是这个意义上的民主派。[5]^{18}

维拉为了防止民主共同体崇拜的狂热，可能过分强调个人与共同体之间

---

[1] 中国学者对西方有关公民身份的热烈讨论已经关注，并且有多部译著在"西方公民理论书系"的翻译工程中出版。

[2] Dana Villa, *Socratic Citizenship*, pp. 29, 33. 当然，在《高尔吉亚篇》中，苏格拉底自诩雅典唯一的政治人，参看 Dana Villa, *Socratic Citizenship*, pp. 17, 19.

[3] 参看 Balot, *Greek Political Thought*, pp. 65–66.

的距离了。其他许多希望恢复古代民主的益处的学者们则努力同时治疗现代民主中冷漠与狂热双问题。比如法伦格就建议在内在个人主体自我和社群共同体自我之间保持某种平衡。一个健康的公民应当能够在不同的框架之间来回转化身份,因为它们各自都重要,而不能让一种框架吞掉另外一种。[5]^{543,547}

结语

在今天的政治哲学和政治思想史学界中,当说到"反对民主"时,人们一般会想到施特劳斯派等少数保守派,而认为主流政治理论家是力挺民主的。但是从联邦党人到托克维尔,从公共选择论到集体行动论,主流学界即便看到民主的必然性和优越性,还是一直对民主尤其古典民主的潜在问题感到深刻的忧虑:直接民主既是无力的,又是危险的,它有可能带来大众暴政,压制多元和自由,罔顾专家而自信傲慢,低俗而无效率。许多人甚至认为:西方社会如果成功的话,靠的也不是"民主",而是其他的东西诸如自由主义,小政府(弱政治),共和,分权制衡,市场经济看不见的手的作用等等。[1] 为民主的价值辩护者,反而显得是"逆流而动者",必须提出扎实的理由论证。本译丛将这样的学者——他们有哲学家、史学家和政治学家——的一些最新成果译介给读者,正是试图展示学者们为民主平反的新切入角度,不少是前人未曾思及的,非常有启发性,开拓了政治哲学和政治思想史的视野。然而,这些工作之间又不完全相同,甚至观点有分歧和冲突。比如奥伯主张人民之声依然非常有用,[2]¹⁰¹ 但是格林则持不同意见,他认为应当更多地考虑人民的眼睛。这样的分歧还体现在对一些关键词的理解上。比如,Performance 是一个在近几十年西方学术界十分流行的关键词,然而它在不同的人那里意味着不同的理论模式。在阿伦特那里,它更意味着表演,在法伦格那里,就添加了"施为"(施行)的意思;在格林那里,领导表演,群众观看表演。而在奥伯那里,performance 指的是一个体制的能力或"表现"。[5]⁵ 总之,这一个词可以表达人类行为由内到外的各个层次。

正是看到学者们的分歧或者丰富性,上面我们试着对其宗旨进行了一些

---

〔1〕 参看约翰·邓恩:《让人民自由——民主的历史》,新星出版社,2010 年版,第 183 页。

划分。最主要的划分是将民主辩护论分成从内在价值出发的论证与从外在价值出发的论证。有意思的是，哲学家们多从内证看民主的利弊，而历史学和政治学学者则多从外证看，他们更为"现实主义"。不过，这样的学科偏好也不是绝对的。甚至以专门论证民主的外在效力著称的奥伯，也强调民主的正当性证明主要还是内在的，即它的内在价值是首要的。[1] 在此值得指出的是：阿伦特的'外证'和奥伯的'内证'，都来自亚里士多德。甚至他们描述终极目标时所用的术语即"繁盛"（flourishing），也都来自亚里士多德。可见亚里士多德的思想极为全面，内外兼修，影响至今不竭。

在现代，从内在价值论证民主共和的意义，尤其困难。因为现代性设定个人主义为最终价值本位，于是一切政治方式归根到底是个人的幸福的工具。如果从这个角度看，则民主能完成的事情，只要可以被开明专制或自由贵族制等其他体制完成，逻辑上看不出为什么一定要坚持民主与共和。[2] 由此看来，希望依然维系民主共和内在价值的，是所谓"强者"。强者政治学与弱者政治学[3] 不同，关心的不是第三人称的效率（或者演化论适存度意义上的功能），而是第一人称的内在价值或人作为人的幸福（之善）。用伦理学类型学的语言说，它关心的不是后果论，而是完善论。关心这样的价值，尤其是试图在极为现实的政治当中追求实现这样的"理想主义"价值，确实是某种"奢侈"。从古典哲学的角度看，唯有强者才能享有这样的奢侈，同时也必须去追求这样的奢侈。否则就不配"强者"之名。

进一步的问题是：内与外有没有关联？在一个险恶的国际环境下，仅仅重视内在价值比如人的尊严，或许是玩不起的奢侈。然而，奥伯认为民主不是奢侈，它很现实。民主作为一种内在之好能带来外在之好。注意这种解释并不像它看上去那样是自然而然的。许多学者尝试过，但是都失败了。比如

---

[1] Ober, Josiah. 2008. *Democracy and Knowledge*: *Learning and Innovation in Classical Athens*, p. 23, 奥伯在古代民主史领域发表过许多影响广泛的著作。他之前的一些重要著作可以视为是对民主的内在价值的辩护。

[2] 参看巴伯：《强势民主》第 26 页。政治的未来与以神经科学、演化论、人工智能等为代表的结构功能取向的"新自然主义"价值观的关系，值得专文讨论。

[3] "强者政治学/弱者政治学"的理论模式参看包利民：《古典政治哲学史论》，人民出版社 2010 年，导论。这个模式在今天依然有效。现实主义者如韦伯、熊彼特等都用切实的事实指出，在民主社会中，人民并未真地直接进行统治。"强者政治学"与"弱者政治学"的二分，在今日西方民主世界中还是清晰可辨，进入 20 世纪之后甚至加剧而非缓解了。

卡罗尔在解释现代企业民主化实验时也提出了类似的论证：当工人能控制自己的工作时，就能感到尊严和自由，便会主动发挥更大干劲，带来更高效率。[1] 但是，这种"企业民主解释"显然过于理想化了些，她所钟爱的南斯拉夫的工人自治的实践从后来的经验看也未必成功。科斯的企业理论表明，作为降低交易费用的需要而出现的企业应该不是民主的，而是等级体系的。[2] 奥伯却用"新企业理论"由内向外解释雅典的成功。这是基于一种独特的社会认识论解释：如果将雅典民主的那一套机制理解为"高效知识共享机制"，那就自然可以理解民主国家为什么会取得外在的强盛。奥伯的思路如果能够普遍成立，在历史哲学上将引发深思：这是否意味着善（好）而非恶（坏）也可以成为推动历史进步的主要动力，从而亚当·斯密和黑格尔的历史哲学（看不见的手与理性的狡计）就未必成立？人类将可以在现实政治经济中直接地既追求外在之好，同时又追求内在之善。

当然，这即使是可能的，也并非自动的、自发的；它需要自觉努力。当一个民族获得了外在之好后，应当积极乘势发展内在之好，如古代雅典人的所作所为那样，从而为人类文明做出些永久性和普遍性的贡献，并且为自己的可持续发展保持某种特殊而强大的红利。

许多人为本译丛的选题、翻译和校对做出了贡献，我们在此表示十分的感谢，尤其要感谢的是奥伯教授、林炎平先生、格林教授等人对本译丛的大力支持，感谢林志猛编订了译名表，并与罗峰、文敏等校对了部分译稿。热心古典学术事业的人是纯粹的。

包利民
2015 年 3 月 1 日

参考文献

1. Jeffrey Green, *The Eyes of the People: Democracy in an Age of Spectatorship*, Oxford: Oxford University Press, 2010.
2. Josiah Ober, *Democracy and Knowledge: Learning and Innovation in Classical*

---

[1] 卡罗尔：《参与和民主理论》，第 54 – 55，58 页。
[2] Ober, Josiah. 2008. *Democracy and Knowledge: Learning and Innovation in Classical Athens*, p. 103.

Athens. Princeton: Princeton University Press. 2008.
3. Robert D. Putnam, *Bowling Alone: The Collapse and Revival of American Community Putnam*, Robert D. Simon & Schuster, 2001.
4. ［美］阿伦特：《人的条件》，上海：上海人民出版社，1999年。[Hannah Arendt, *The Human Condition*, trans. By Zhu Qian, Shanghai: Shanghai Renmin Press, 1999]
5. Vincent Farenga, *Citizen and Self in Ancient Greece*, Cambridge: Cambridge University Press, 2006.
6. ［英］德里克·希特：《公民身份——世界史、政治学与教育学中的公民理想》，吉林出版集团，2010。[Derek Heater, *Citizenship: The Civic Ideal in World History, Politics and Education*, trans. By Guo Taihui and Yu Huiyuan, Jilin: Jilin Publishing Group, 2010]
7. ［古希腊］修昔底德：《伯罗奔尼撒战争史》，广西师范大学出版社2004年。[Thucydides, *The Peloponnesian War*, Guangxi Normal University Press, 2004]
8. Dana Villa, *Socratic Citizenship*, Princeton: Princeton University Press, 2001.
9. 约翰·邓恩：《让人民自由——民主的历史》，新星出版社，2010年版。[John Dunn, *Setting the people free: the story of democracy*, trans. By Yintai, Xinxing Press, 2010]

目录 Contents

英文版序   *1*
中文版序   *1*
导言   *1*

一 《理想国》：背景和研究   *1*
    1. 中心内容   *1*
    2. 存疑：柏拉图自传   *7*
    3. 苏格拉底："入世"和"出世"   *14*
    4. 《理想国》的计划   *24*
    5. 教育、斯巴达和政制传统   *30*

二 雅典、民主和自由   *40*
    1. 民主的纠缠   *40*
    2. 民主和修辞   *53*
    3. 《法义》论民主与自由   *65*
    4. 结论   *81*

三 民主如何成为一个问题   *82*
    1. 从对立到复杂   *82*
    2. 民主、平等和自由   *89*
    3. 民主和多元主义   *94*

4. 民主和无政府　　98
　　5. 民主和知识　　102
　　6. 结论　　110

四　知识的统治　　112

　　1. 哲学还是政治技艺?　　112
　　2. 密尔和乔伊特论柏拉图　　114
　　3. 统辖性知识　　119
　　4. 哲学统治者　　130
　　5. 再议统辖性知识　　138
　　6. 管理的限度　　148
　　7. 结论　　156

五　乌托邦　　160

　　1. 驳乌托邦　　160
　　2. 一个严肃的问题　　164
　　3. 乌托邦主义的未来　　165
　　4. 柏拉图的乌托邦现实主义　　170
　　5. 共同体思想　　179
　　6. 结语：空想的问题　　200

六　金钱和灵魂　　207

　　1. 金钱的伦理与政治　　207
　　2. 城邦与灵魂的类比　　210
　　3. 金钱心理学　　215
　　4. 贪婪、权力和不义　　221
　　5. 驯服内在野兽　　227

七　意识形态　　233

　　1. 意识形态和宗教　　233
　　2. 高贵的谎言　　234

3. 法律和宗教　　　　　　　　　　　　　　　*257*
　　4. 结论　　　　　　　　　　　　　　　　　　*272*

结　语　　　　　　　　　　　　　　　　　　　*273*

参考文献　　　　　　　　　　　　　　　　　　*275*
译名与索引 I　　　　　　　　　　　　　　　　*301*
译名与索引 II　　　　　　　　　　　　　　　　*319*

英文版序

在我看来，本书源于迈尔斯·博尼特（Myles Burnyeat）对马克·菲尔普（Mark Philp，《现代政治社会思想奠基者》系列丛书的主编）的一个建议。2000年的夏学期，我受邀参加牛津的卡莱尔研讨会（Carlyle Seminars，主题为《理想国》）。从那时起，我开始认真考虑写这本书。对于我的想法，与会的哲学家、历史学家、政治理论家们给予了热烈的讨论。承蒙迈尔斯·博尼特的善意相助，我很荣幸在造访期间受到了负责人以及所有同仁的盛情对待。而2003至2004年的那次休假让书写成为可能。在我离开的日子里，剑桥古典学院的同事们担起了重任，为此我深表感激。2005年冬学期的另一次休假，以及圣路易斯华盛顿大学给予的荣誉与激励（the John and Penelope Biggs Residency），使我能够一鼓作气完成最后的冲刺。我很庆幸我能在圣路易斯度过富有挑战性的一周。作客华盛顿大学及其古典系期间，我受到了热情的款待：若不惹人嫌的话，我要特别感谢鲍勃·兰波顿（Bob Lamberton）和艾瑞克·布朗（Eric Brown）的善意付出。

我在很多地方讲过本书当中某些章节的内容，也有过无数次的私人会谈。在那些场合下，同僚们的批评议论让我受益匪浅。2004年3月，我在西北大学、布朗大学、普林斯顿大学、多伦多大学的巡回讲演虽说步履匆忙，所获裨益却是斐然；5月，我在哈特基金会（它本身就是某种乌托邦）度过了一段难忘时光，期间我完成了第五章的书写。这本书的第一稿出来之后，许多朋友以书面的形式向我提出大量意见：克里斯托弗·吉尔（Christopher Gill）、梅丽莎·莱恩（Melissa Lane）、杰弗里·罗伊德（Geoffrey Lloyd）、大卫·赛得利（David Sedley），以及克里斯托弗·泰勒（Christopher Taylor）。因为他们的反馈，这本书在细节上得到了进一步的完善，视野也变得更加开阔。出版社的两位匿名审稿人对书稿及整个方案都发表了令人鼓舞的评论；在随后的润色工作中，他们又再次帮了大忙。最后，丛书主编马克·菲尔普和出版社主编彼得·莫姆切莫夫（Peter Momtchiloff）是这世上最闲适体贴的编辑。马克收到我的全部书稿之后，他给我发来一系列的回应文字。在我作品的回应文字当中，他的回应最透彻，最精美细致，其中不但有鼓励，还有让我感到棘手的提问。我同样很感谢编辑组成员珍妮·克雷格（Jenni Craig），海伦·格雷（Helen Gray），安德鲁·霍基（Andrew Hawkey）的有效工作。

本书试图在历史的背景语境中分析说明柏拉图的政治哲学，并表明它在当今政治思想中的某些回响。若没有学者们——特别是摩西·芬利（Moses Finley），昆丁·斯金纳（Quentin Skinner）和乔希·欧伯三位，相比我而言，他们更可以说是真正的历史学家——树立的榜样，我不认为我能设想这个目标或得出这个策略。学习阅读柏拉图是一场持续的探险。我特别感激剑桥的同仁，在我们周三晚上的读书小组中，他们时常回到柏拉图；尤其感激迈尔斯·博尼特，特别是在他担任古代哲学的劳伦斯教授（Laurence Professor of Ancient Philosophy）期间，我们所有人都受教于他。

写书的这些年里，我的妻子伊丽莎白（Elizabeth）一直在默默地关心支持我。她于2005年7月离开了人世。她平日都在努力地完成大量的工作任务；独处时候，她十有八九是在进行她已从事十五载的考古写作。

马尔科姆·斯科菲尔德

中文版序

2013年10月,我首次造访中国。期间,我能够察觉到中国学术圈对古希腊哲学的浓厚兴趣,尤其是对柏拉图及其政治哲学的兴趣。为此,我真的很高兴也很荣幸有此机会向中国读者介绍《柏拉图:政治哲学》一书。

此书原属于"现代政治社会思想奠基者"系列丛书。我之所以写这本书,不单是为了在原初的历史语境中阐释柏拉图的思想并揭示本书诸主题间的内在关联。我最想表明的是,柏拉图思考的那些核心问题——尤其是民主政治、知识在政治中的作用、乌托邦主义、金钱的力量、意识形态——为何仍是我们当今最为紧要的关注所在。就我们的关注而言,他的声音仍然值得聆听。

我并不希望读者因为被动之故只得听闻作者的一家之言。所以,我在这本书里面叙述讨论了诸多西方思想家(从古希腊罗马开始直至现代)对于柏拉图的思考。有时看来,研究西方政治哲学不过是在思考罗尔斯(John Rawls),或者施特劳斯(Leo Strauss)。我相信我们能从罗尔斯(我论证他有关良好政治社会的理论在某些基本方面与柏拉图并无多大差别)或施特劳斯(我对柏拉图《理想国》中的"高贵的谎言"以及《法义》中的宗教意识形态的看法与他颇有些相似)那里学到许多,从而离柏拉图更近一步。但我也要指出——随便举一反例——诸如密尔(John Stuart Mill)和乔伊特(Benjamin Jowett)这样的十九世纪作者提出了至今仍然紧迫的关于"社会统治需要知识"的诸多问题,而罗尔斯和施特劳斯对这些问题所谈甚少。

因此,我提供的是一份多元化的议程。我并不认为有这样一把开启全面理解柏拉图政治思想之门的解释之钥。此书可以说是某种邀请,邀请读者从各种视角出发探索柏拉图的各种主题。而各个历史时期的作者们已为这些视角提供了助益。

最后，我由衷地感激柳孟盛。他承担了本书繁重的翻译任务，并为本书的及时出版奔波劳走。读者和我都欠他一个很大的人情。

马尔科姆·斯科菲尔德
2014 年 7 月

导　言

　　柏拉图在我们这个时代吗？可以说，既在又不在。当他以哲学的方式探讨政治时，他所思考的乃是古代雅典和斯巴达消逝已久的希腊城邦。于他而言，民主制意味着所有的成年男性公民直接参与公民大会的决策过程和公义法庭的审判事务，其形式与今日的代议制不同。他对作为民主固有顽疾的政治修辞的痴迷程度，只有针对以下背景才可理解：能为公元前五世纪伯罗奔尼撒战争中的雅典帝国主义及其没落提供某种解释的背景（他很可能以自己特有的方式参鉴了历史学家修昔底德）。一起特殊事件决定了柏拉图的政治观：公元前399年苏格拉底的审判和处决。因此，本书将首先引导读者充分进入柏拉图写作的历史语境，而且将一而再、再而三地引导读者进入。

　　当尼采满怀热情地谈到柏拉图所说的"真诚、决绝、'诚实'的谎言"时（他指的是出现在《理想国》第三章中的"高贵的谎言"）时，他其实是在考虑与伦理道德相关的普遍问题，更确切地说，是想到了该谎言与他所认为的基督教道德这种"不诚实的"谎言之间的某种对比。[1] 类似地，黑格尔也视柏拉图《理想国》中的"理念"（the Idea）"为一条敌视个人的普遍原则，因为个人被禁止拥有私产"。当然，黑格尔和尼采一样，他也认为像柏拉图哲学那样的哲学或许只会出现在历史进程中的某个特殊时刻。[2] 不过，在这些有关谎言和财产的评述中，人们并不仅仅把柏拉图视为存在于某个特定时空的作者，还把他视为继续引发争议并给予后人启发的重要人物。人们很显然都假定了这样一个事实，即在某种普遍意义上，道德政治的哲学和其他领域的哲学一样，其中都存在着某些亘古不变的主旨与问题，这使得在我们和柏拉图之间不仅可以构建可能的，而且还是有益的对话。

---

[1]　参见 Geuss 1999：179—180.
[2]　参见 Waldron 1995：146.

至少在本书中,我将作出此番假设。我想多数读者之所以对柏拉图的政治哲学感兴趣,也恰恰是因为他们认同此番假设。因此,本书将处理以下的一系列主题:非政治化(脱离政治)、教育、民主、知识、乌托邦及共同体理念、金钱的力量以及宗教的意识形态运用。这些主题清晰地划定出了柏拉图所思考的政治的基本问题的范围。所有这些问题至今依然鲜活。在这些问题上,柏拉图皆持激进且令人不安的立场,而当代政治学或政治理论对于它们也无法提供特别令人信服的答案。许多人认为,启蒙的遗产——最主要的是对拥有个人主体性的人类偏好的关注——濒临破产。[1] 出于这个原因,我们有必要再次回顾柏拉图所采取的具有超越性的批评(和自我批评)视角——这种视角意在找寻某种更具整体性的解决方案。我们将要探索的柏拉图领域——就如探索任何异域一样——在某些方面似曾相识,而在某些方面又显生僻。阅读柏拉图的魅力在于可以目睹一颗强大而又细腻的心灵如何探究那些在概念武器的帮助下我们所能识别的问题。而且我们或许可以从柏拉图那里领会到我们需要什么样的资源去解决问题,无论是以批评的方式还是以建设的方式。

研究柏拉图的书籍经常以其对话作品为主线,依循标准的年代排序方法,试图厘清其思想的发展脉络。[2] 然而,所有诸如此类的年代排序虽看似可行,却实属猜测:几乎没有直接的历史证据验证柏拉图对话的先后完成顺序。本书虽然会采纳早期、中期和晚期的时间分类,但是在多数情况下,我会尽量避免采取这种既定的划分,而且在处理某些作品(尤其是《欧绪德谟》)时,我将保留我的判断。因此,我其实会和所有学者一样,假设《法义》、《治邦者》、《蒂迈欧》、《克里底亚》是柏拉图的晚期作品(约莫公元前360年~前347年),它们和《智者》《菲丽布》共属同一种风格极为分明的类型。和大多数学者一样,我也视《理想国》为柏拉图在成熟的中年期——可能是在公元前370年代——所完成的一部作品。本书讨论的其他大多数篇目则被视为较早完成的作品:《申辩》和《克力同》完成于公元前390年代,《普罗塔戈拉》《高尔吉亚》《墨涅克塞诺斯》则完成于公元前

---

〔1〕 因此,像麦金太尔的《追寻德性》(Macintyre 1981)这样的书会造成巨大的影响就不足为奇。

〔2〕 关于此问题的新近讨论,参见 Cooper 1997b: vii – xviii; Kahn 2002: 93—127(亦见 Kahn 1996: ch. 4)。H. Thesleff 已经论证了我们所拥有的柏拉图作品版本在很多情况下是"持续修订的产物"(Thesleff 1982: 84):该主张并非没有可能,但是很难找到确凿的证据。

380年代。它们都会使人联想到同期雅典历史中的不同事件，这些事件以各种方式向我们透露这些作品完成于公元前4世纪早期。之所以采取这样的时间定位，一部分是因为其简单明了的直叙风格，另一部分是因为这样有助于单刀直入苏格拉底的主旨与思想。在第四章中，我还会讨论另外两篇对话——《卡尔米德》和《欧绪德谟》——的政治方面。将这两篇对话以任何一种排序方式进行时间定位都是极为困难的，至于理由，我会在该章第二节作出简要的解释。[1]

依循柏拉图思想的发展脉络来对其进行阐释的方式现在看来已然可疑。[2] 我自己倒不怀疑柏拉图思想的演变，在政治学领域如此，在其他领域亦是如此。几乎没有作者能像柏拉图那样，如此强烈地传达出一种心灵的生命感。生命本来就意味着变化、成长以及最终的消亡。不过，就《理想国》、《治邦者》和《法义》而言，我倒觉得应当基于不同的目的和视角来解释它们之间的主要差别（就如本书多处所示）。对话形式使得柏拉图能够以多重声音进行言说，并且以这种方式表达出不同的观点。我们聆听的不仅有苏格拉底（见《理想国》），还有来自巴门尼德故乡爱利亚的无名访问者（见《治邦者》），以及前往克里特岛的雅典访问者（见《法义》）——他让我们想起伟大的立法者梭伦。

我已经指出并解释了为什么我所采取的方法是主题式的，而非年代排序式或发展式的。这些主题仅在《理想国》这一篇对话中就都聚齐了，虽然——正如我们将会看到的——它们在其他地方也有出现。从《理想国》里浮现出的是这样一种思想，即：一个人的福祉只有通过经历正义的生活才能获得保全。为此，我们需要教育——它是一种为生活所作的严格而又系统的道德及理智准备，这种准备贯穿于我们作为人的全部发展中，从身体锻炼到音乐诗歌，再到数学的训练。这样一种教育旨在达成一个非常明确的目的，即（最终依靠哲学训练形成的）理性对于整个心灵的统治。这篇对话以一个类似于"有序社会"的概念为背景对这些观念进行了呈现及阐释。

这个想法的关键之处在于，如果要开创并维持一个公正的社会政治体系的和谐，政治统治必须建立在知识的基础上（见第四章的讨论）。在一个用战争夺取财富、用财富满足欲望的花花世界中，怎样才算真正的共同体？柏

---

[1] 有一篇概述把我自己对柏拉图思想发展的解释说成是柏拉图作品中的事实，参见 Schofield 1998.

[2] 参见 e. g. Annas and Rowe 2002.

拉图对此的见解将是第五章的主题。如果没有知识对欲望的统治，欲望——尤其是永不满足的贪欲——将走向疯狂，毁掉真正共同体的可能性。至于这些欲望为什么会对城邦及心灵的福祉造成主要的威胁，以及它们又是如何才能"听从理性"，这将是第六章的话题。柏拉图所设想的理性的政治控制的两种主要工具是法律和意识形态。本书会在多处论及法律（尤其是在第二章的3.1节，第三章的5.1节，第四章的第7节）。以《理想国》里的"高贵的谎言"和《法义》里的宗教规定的形式出现的意识形态会在第七章中有所讨论。

本书并不对《理想国》里的主要论证进行阐释。对此，我建议读者参看《剑桥希腊罗马政治思想史》一书中我所撰写的"走进《理想国》"一章——此外，该书也收录了有关《治邦者》和《法义》的通俗易懂的解读（分别由 Christopher Rowe 和 André Laks 执笔）。[1] 相比《理想国》，《法义》和《治邦者》就没那么为人所知。所以谈及这两篇的时候，我会引入一些关于它们的介绍性材料资料（关于《法义》，参见第二章的3.1节；关于《治邦者》，参见第四章的5.1节）。通常我会假定我的读者群来自各种不同的领域，他们拥有完全不同的背景（政治学、哲学、古典学、历史学），也可能先前对柏拉图一无所知。不过，这本书会以问题为导向。我将从阐述开始，然后走向分析，进而（在适当的时候）引入论辩，这样也可以满足那些之前就熟悉柏拉图的人。

我所描述的这些观念之间的关联在《理想国》的哲学思考中起着重要的作用。本书的目标之一，就是通过把这些观念置入一个更广的语境中——一方面将其放在一个多维度的历史背景中，一方面又联系柏拉图在早期及晚期作品中对于相似议题的讨论——对其进行考察，从而更好地理解《理想国》。《理想国》的哲学蕴义丰厚，其中既有对苏格拉底的教导及其生与死的反思，也有对古代斯巴达的模棱两可的赞赏，还有对雅典（柏拉图和苏格拉底的故乡）民主既激烈又充分展开的驳斥。这就是为何本书前三章要详细考查柏拉图思想的这些维度——正如它们在多篇对话中向我们所呈现的那样。换言之，我们通过研究思想产生的源头来处理柏拉图的政治哲学。

作为这样一本书的作者，需要同时具备五重身份：哲学家、政治理论家、古希腊文化及政治史家、读者，以及知识的掠夺者。前三者顾名思义，

---

[1] Rowe and Schofield 2000: chs 10—12.

毋需赘言。"读者"的技能之所以必要，主要是因为柏拉图运用对话形式来表达他的思想。他不但依赖于阵容庞大的各色人物和范围宽广的戏剧背景，而且其本人也会运用多样的口吻及论证风格——在某种意义上，这些特征都是属于"他的"。学习去阅读这些东西需要时间、经验、训练和富有想象力的同情。关于如何去阅读它们的万金油指南至今尚未面世。本书虽然时常会思考这个问题，但是目的主要在于借助实例进行指导或劝说。"掠夺者"则是一种看上去更为野蛮的人。所谓掠夺，指的是从柏拉图那里攫取至今仍能激起回响的思想或问题。对此，历史学家会说："只有理解了它与修昔底德的伯里克利葬礼演说间的关系，我们才能真正领会这一论证或这一关注"，而掠夺者则会问："是否不论它的原始语境如何，《理想国》都值得继续思考下去？"

如果政治理论是"一次历经千百年的对话"，[1] 那么除了柏拉图的声音，我们还需要聆听其他人的声音。在接下来的章节里，亚里士多德（Aristotle）、普罗克洛斯（Proclus）、卢梭（Rousseau）、托克维尔（de Tocqueville）、密尔（John Stuart Mill）和本杰明·乔伊特（Benjamin Jowett）都会或多或少出现，除此之外，还会涉及年代更近的凯恩斯（John Maynard Keynes）、波普尔（Karl Popper）、施特劳斯（Leo Strauss）、罗尔斯（Rawls）、德沃金（Dworkin）、哈贝马斯（Habermas）以及伯纳德·威廉姆斯（Bernard Williams）。没有人能够在不参阅其他同时代学者的作品，并在不历经一次又一次地与他们发生分歧的情况下，写出一部讨论该主题的作品。涉及大量参考文献的注释多数情况下见于尾注，这样正文的论证就会清晰完整（译按：衡量再三，中译本将尾注换成了脚注形式）。尾注在出现频率和数量上皆有不同。在涉及历史背景或者理智论辩的紧要之处（比如说，柏拉图的"女权主义"），会有更多的参考文献。而在涉及如何解释及分析论证的地方，文献就会比较少。我将参考资料仅限于我觉得特别有用的著作和文章。很遗憾的是，我几乎没怎么引用英语之外的其他文献，部分原因是我向来重视指导如何让说英语的学生去阅读他们可以理解的重要材料。不过，法语学者的作品如今常有英文译本，我尽量试着去充分利用这些资源。我要感谢那些宝贵资料提供的帮助，其中包括马里奥·韦杰谛（Mario Vegetti）和他的团队所出版的《理想国》意大利文集注本。他们现在已经进展到

---

[1] Waldron 1995: 146.

第九卷的结尾部分（2005年出版了第六卷）；我们很期待整个工程的完成。[1] 最后要说的是，希腊文本的翻译有时候是我自己提供的，有时候则是采用其他的知名译本。我由衷地感激剑桥大学出版社准许我使用汤姆·格里菲斯（Tom Griffith）的《理想国》译本，也很感激企鹅出版社和特瑞莎·桑德斯（Teresa Saunders）女士让我使用特雷弗·桑德斯（Trevor Saunders）的《法义》译本。[2]

---

[1] Vegetti 1998— .
[2] Ferrari and Griffith 2000; Saunders 1970.

一 《理想国》：背景和研究

1. 中心内容

本书将不可避免地主要侧重于柏拉图的《理想国》（书名原为希腊文 *Politeia*，英文常译为 *Republic*）——如果不是唯一侧重的话。"西方政治哲学的第一部伟大作品"，法拉利（G. R. F. Ferrari）在介绍新千年来此书最新的英语译本时如是评价道。[1] 对此或许有人看法不同。柏拉图的文字创作能力是不可思议的，而且他的作品里几乎没有一部是不带来的政治深远影响的。除了《理想国》，他的很多作品或多或少都在直接处理政治哲学中最基本的问题：比如，关于政治义务的最早哲学文本《克力同》；又比如《高尔吉亚》，探索了修辞和民主之间的病态关系——就如柏拉图笔下的苏格拉底所描绘的。柏拉图的两篇晚期对话，《治邦者》和《法义》，它们的题名和主旨显然关乎政治，其中《法义》的篇幅甚至比《理想国》还要长。近年来有人认为，"西方传统中第一部真正意义上的政治哲学作品"其实应该是《法义》（可能成书于公元前350年代），而不是《理想国》（可能成书于前370年代中期）。因为《法义》把一个精妙的法律及神学—政治的上层建筑建立在其所讨论的基础上。相较之下，"《理想国》充其量只不过是一篇提纲，而《法义》却为未来的政治思想奠定了基础"。[2]

---

［1］ Ferrari and Griffith 2000: xi.
［2］ Laks 2000: 258. 就《法义》的政治哲学而言，Laks 对《法义》的解释是一篇很好的简短介绍。在他的文章 "The History of freedom in antiquity" 中，Lord Acton 写道，他学到"政治学原理"的书就是柏拉图的《法义》和亚里士多德的《政治学》：参见 Acton 1956: 74.

因此,《理想国》是否最值得我们关注,这并非是没有争议的。有些人可能会对法拉利的表述感到另外一种不安。一方面,修昔底德的读者会承认修昔底德不是哲人,但还是会认为他是一个比柏拉图还早一代的作家。他借历史人物之口讲出他对于政治的反思,或者陈述他自己对于政治的理解,内容涉及权力和正义、谋虑和恐惧、文明的脆弱性,以及帝国主义的强制性机制。他的反思与理解深刻而又持久,至今仍未被超越。我们或许应该称他为第一位政治理论家吧。但是,修昔底德或他的同时代人的词汇表里并没有"理论"这个概念。而且他极其清楚,他所写的内容只是一位目击者眼里的历史,他颇为自豪地把这种见证呈现为一种理性探求的新模式,这种探求超越了当下对于过去的一切陈述。[1] 另一方面,"政治哲学"似乎暗示了一种对哲学写作及思考类型进行分类的适当性。然而,考虑到《理想国》所绘制的宏大计划及其复杂多变,此种分类恐怕并不合适,因为《理想国》把伦理学、政治学、心理学、认识论、数学、形而上学和文化批评放在一起,将它们编织成了一件独一无二的东西。关于这些基于现代分类的学科,大多都可以追溯至古希腊。亚里士多德就使用过这样的分类,不过作为一名系统论者,他并不总是以这些分类为前提。《理想国》的读者很快就认识到,在柏拉图的时代,至少数学(及其组成学科)已经可以根据主学科和二级学科的区分进行分类。但是,如果柏拉图曾经想过哲学是一门拥有众多分支的学科的话,那么他所偏好的写作方式似乎是蓄意走上了一条南辕北辙之路。

"哲学"、"哲人"以及"哲学化"等词汇也只是在柏拉图时代才明显流行起来。证据表明,智识从业者各有不同的打算(柏拉图也不例外),他们均基于各自的目的来使用这些词语,尤其是在他们试图阐明自己以对抗对手并将这种行动诉诸合法性的时候。[2]"我不认为",柏拉图的对手伊索克拉底(Isocrates)写道,"某些人口中所谓的'哲学'是真正的哲学。"因此,"我有必要对其进行定义,并使你们明白,到底是什么样的东西才配称作哲学"(*Antidosis* 270—1)。哲人一词的字面意思是"爱智者"。柏拉图笔下的苏格拉底对这两部分(译按:即爱和智慧)皆有详细的探究和论述,其中最重要的就是《会饮》和《理想国》。他所关注的焦点在于什么才是"爱智

---

[1] 事实上(人们经常注意到,例如 Strauss 1964:143),修昔底德避免使用 historia (enquiry) 这个词。而希罗多德在他的《历史》开篇中就是用这个词,来描述该作品的主题事物。

[2] 完整的讨论参见 Nightingale 1995: ch. 1.

慧",以及是什么构成了智慧所要求的知识和理解。正如《理想国》所构想的,"哲学"涉及一种强烈的欲望,旨在从统一性的视角达到对万物的认识。毫无疑问,柏拉图或许会承认,基于这样的视角,知识可能会以恰当的方式被分成不同的部分,然而哲学本身根本不会被分开。任何会追问柏拉图"你在《理想国》中到底从事何种哲学——关乎道德还是政治,亦或是形而上的"这一问题的读者都是彻头彻尾地误解了哲学。[1]

这篇对话中的许多哲学讨论依旧是围绕政治问题展开的。另外还有几个非常有说服力的理由,让我们在处理柏拉图的政治思想时会把《理想国》置于头等地位。第一个也是最重要的理由是,这篇对话包含了柏拉图政治哲学中大多数最为引人注目的观点。比方说,在这篇作品中他笔下的苏格拉底为哲学统治者(译按:西人早前多用 philosopher-king,现在多用 philosopher rulers)、男女平等,以及废除核心家庭的问题展开了论证。正是在这里,他提出了谎言和神话在政治领域里的必要性。而且,同样在这里,他还把特定社会形式所特有的心理动机(及其病理)视为理解政治不满的关键。同理,他在关于灵魂的政治学以及关于运作于灵魂内部的各种作用力的政治学中,发现了导致个体幸福或不幸的奥秘。在政治哲学中——更不用说在对政治哲学史的研究中——当一名思考者把某一核心理想(比如知识,或者公平,或者自由)视为一种正当政治的基本原则时,通过观察所有其他重要价值的相应变化,或许我们能认识到最多。[2] 从这点来看,明显具备宏大视野的《理想国》可能要比《法义》更有价值,因为后者是基于前者所建立的框架,花了更多的篇幅在讨论诸如政体、教育以及法律这样的细节问题。

所以,柏拉图本人就把《理想国》放在了其关于政治原理的诸多作品中的首位。他后来在《法义》中暗示,《法义》的主要议程在《理想国》中就已经被安排好了。《理想国》也已表明,如果我们能够尽可能好地实现其所提出的理想的政治秩序,那么我们必然会感到满意。《法义》简要地重述了那个理想,并且宣称自己的计划旨在于探求迄今为止人类最有可能实现的政治体系,与此同时,在展开自己的计划时亦考察了那个理想。类似地,苏格拉底投身于书写其从未完成的后期系列作品——《蒂迈欧》《克里底亚》和《赫谟根尼》——时,再一次讨论了在《理想国》中所设想的政治体系的主要特征。他还表示想看到该体系付诸现实的情景,比如理想城邦和其他城邦

---

[1] 尤见 *Symp.* 201D—212A;*Rep.* 5.474B—6.487A.
[2] 至于这个观点的后续发展,参见 Waldron 1995:138—178.

交战时的情景。他在讲述——看起来十分像虚构的——发生于雅典和亚特兰蒂斯（Atlantis）之间的古老冲突时提出了该想法，而后来又在《蒂迈欧》简要地讨论了这个想法，并最后将它设为《克里底亚》的主题——可惜并没有完成。另外，带有自传色彩的《第七封信札》——不论其是真是假——将《理想国》中关于哲学统治者的思想作为其叙述的重点。[1] 这些后期作品所执行的计划均承袭了《理想国》的风格，同样，《理想国》本身似乎也在对先前在其他作品中已被讨论过的关键主题进行最后的处理：比如，在《申辩》中谈论过的苏格拉底式的精神宁静主义（quietism），在《克力同》和《高尔吉亚》中谈论过的公正、灵魂和美好生活。简言之，在政治学领域，就像在其他领域那样，《理想国》都是柏拉图全部作品的重中之重。

在此之后，诸多的古代政治哲学作品也把《理想国》作为它们的主要参照点。亚里士多德在其《政治学》的关键论证之处明显衔接了《治邦者》和《法义》的内容，但在第一卷开篇之后，他在第二卷开头转而思考其前人对该作品所设计的主题——即，"就人过其想过的生活而言，何种形式的政治体对人来说是最好的"——的看法。而对此的讨论正是从对《理想国》的猛烈批判开始的。接下来的四章内容皆围绕于此。他认为有充分的理由把其中的一章专门用于讨论《法义》——在他看来，除了对妇女和财产实行共产主义式的安排外，《法义》和《理想国》提出的制度实际上没有什么差别。[2] 大约一代人之后，基提翁的芝诺（Zeno of Citium，斯多亚哲学的创始人）把他自己有关政治共同体内容的激进短篇著作命名为《国家篇》（*Politeia* or *Republic*，可能写于公元前300年左右），显然是对柏拉图的大作提出了挑战和反驳。《法义》也同样引起了斯多亚学派的注意，基提翁的波塞乌斯（Persaeus of Citium）——芝诺忠实的但并不杰出的助手——写了《驳柏拉图的〈法义〉》，共分七卷。[3] 现存数量最为可观的政治理论文本来自公元前二世纪，即由波里比阿（Polybius）所撰写的《历史》（*Histories*）

---

[1] 主要段落参见：*Rep.* 5. 472A—473B；*Laws* 5. 739A—E；*Tim.* 17A—26E；*Ep.* 76A—B, 327D—328A。

[2] 参见 Aristotle Pol. 2.1—6（主要处理《理想国》和《法义》）。也可参见：Pol. 1.1, 3.15, 4.2（亚氏讨论《治邦者》关键思想的重要章节）；4.4（讨论《理想国》对"经济"城邦的解释〈2.369E—371E〉）；5.12（处理《理想国》政治体系的转变）；8.7（批判《理想国》的音乐理论）。《政治学》的第七卷，亚氏对理想城邦的设定和《法义》中的麦格尼西亚有许多相似之处。

[3] 证据参见 Schofield 1991：chs 1 and 2。

一 《理想国》：背景和研究 5

的第六卷残篇，其中，波里比阿对政体的处理在很大程度上受惠于希腊哲学对道德及政治问题的探讨。在头几章里，在论述一般理论时，唯一提到的思想家就只有柏拉图一人（6.5.1）。他在写作时一直秉持着这样一种观念，即认为：从一种政体形式至另一种政体形式的转变能够例证一种依照时间先后发生的确定模式。他显然想到了《理想国》的第八卷及第九卷。[1] 一个世纪之后（公元前54～前51年），西塞罗创作了两篇内容紧密相关的对话来处理政治哲学中的基本问题，即由他亲自撰写的《国家篇》和《法律篇》，两者皆有部分佚失，虽然没有如法炮制柏拉图的写作，但也可以算作是效仿（他并不赞成柏拉图在其勾画理想城邦时所流露出的乌托邦主义）。[2] 和柏拉图一样，西塞罗也把他的《法律篇》设计为在其《国家篇》所执行计划的完美落幕，尽管它的文字表达和他之前的作品（也如同柏拉图那样）几无关联。《法律篇》在完成了作为基础结构的第一卷后，下面各卷就逐步提出了一套适应希皮奥式的共和国（Scipionic republic）国情的法典，《国家篇》将此套法典视为一个共和国最好的基本原则。[3]

自罗马帝国及其之后的古代时期开始，普遍受到柏拉图政治哲学作品影响的遗存书卷就愈加丰富了。在那个时代，各种形式的柏拉图主义逐渐成为了哲学话语中的主线。我将在本章的后面部分提到一份文本，它专门处理了《理想国》中所涉及的问题，这份文本是由后期的新柏拉图主义哲人普罗克洛斯（Proclus）以对话形式写就的有关政治及其他主题的文集（公元5世纪）。关于《理想国》，另外还有两股声音萦绕周围，以生动的形式向我们言说着一些内容。第一股声音来自普鲁萨的迪奥（Dio of Prusa）。他在公元1世纪晚期写作，对于一般受过教育的公众而言，他是一名多才多艺的哲学能手。他的写作是发散式的，不过为此他作了如下的辩护（*Euboicus* 130—2）：

> 所以我们不应当批评那位作者，因为他开始讨论正义和正义之人，接着又以一座城邦作为例子，花了相当长的篇幅讨论了社会政治体系（*politeia*）——而且他还不厌其烦地考察了各种体系及其变体，直到最后能以非常清晰和丰富的方式阐明各体系的特征为止。有些人指责他的

---

[1] 参见 Hahm 1995.
[2] "不要指望柏拉图的《理想国》"，马可·奥勒留在250年后如是评论它的乌托邦视野（Meditations 9.29）；至于相关文本的讨论，参见 Reydams – Schils 2005：84—89。
[3] 参见 Zetzel 1999.

讨论过于冗长，而且在某个例证上花费了过多的时间。但是，如果这些批评指的是他对政治问题的处理和该对话的研究方案毫无关系，或者说丝毫无助于阐明它所探究的主题，那么，这些批评就是有道理的，而非不公。所以，如果我也在谈论与我研究方案无关的东西，那么指责我啰嗦也会是有理有据的。否则的话，仅因为论述的长短就加以议论批评，就不见得公平了。[1]

弗提乌斯（Photius）——一位博学的拜占庭主教，他的作品完成于八个世纪之后——表达不满时就没那么地委婉。他对4世纪的异教徒皇帝，叛教者尤利安展开了猛烈的抨击（*Amphilochia* 625A）:[2]

> 然而，不应该有作家对柏拉图的理想城邦（ideal cities）抱有近乎崇拜式的态度，因为这些城邦充斥着各种不计其数的不道德与矛盾，它们同众人所知的任何一种政治体系都格格不入，而且它们不但无法实现，也从未在历史的进程中存在过。如果有这么一位作家，他对这些玩意儿念念不忘，并且还以此为豪，那么当他从口中说出"政制"（*politeia*）一词的时候，难道不该感到羞愧吗？

综上所述，我们显然可以知道，无论在哪个时代，《理想国》都能成功惹恼那些睿智的读者。

在一套围绕着现代社会政治思想奠基者的系列丛书中，有一本以柏拉图为主题的书，它就丝毫没有避免强调《理想国》。我们并非要谈论现代与其政治思想的交战简史，比如"从柏拉图到北约"这样的类型。此处只需举例提及20世纪中叶卡尔·波普尔（Karl Popper）和利奥·施特劳斯（Leo Strauss）之间的针锋相对，他们之间的激战后来成为了各自政治哲学里的关键组成，而且在维持他们思想的影响力方面起着至关重要的作用。[3] 本杰明·乔伊特（Benjamin Jowett）从1985年开始就顺利地把《理想国》纳入了牛津名家课程的核心文本，关于此事意义的讨论已经有很多；尤其是其对年

---

[1] 英译文采用 Trapp 2000: 220.
[2] 英译文采用 Wilson 1983: 115.
[3] 参见 Popper 1961 [1945]; Strauss 1964. 对柏拉图政治哲学此类彼类的回应参见 Lane 2002.

轻精英阶层思想上造成的影响，而这一影响正是当两个要素——即道德理想主义和对政治责任的确认——相结合时才会产生，不过这种结合是由巴利奥尔院长（Master of Balliol）及其追随者在《理想国》中发现的。[1] 若把《理想国》得以成为社会政治思想方面的经典文献的原因纯粹归结于19世纪的希腊主义兴起以及希腊研究复兴，那就大错特错了。毕竟，托马斯·莫尔爵士（Sir Thomas More）的《乌托邦》有许多灵感是来自《理想国》的，在这点上，卢梭（Rousseau）所著的风格迥异的《爱弥儿》亦是一样的。

2. 存疑：柏拉图自传

在《理想国》中，当苏格拉底论证哲学统治者的必要性接近尾声时，他引入了这份激进计划中最激进的要素之一（6.501A）：

> 他们把城邦和人的天性当做手里的石板，面对它的时候，先是把它擦拭干净，但这不是件易事。不过，不用怀疑的是，他们和其他方案制定者并无不同，不会一上手就处理任何与个体或城邦相关的事情，也不会起草任何法律，除非他们得到了一块干净的板子，或者就是他们自己已经把它擦干净了。

当柏拉图最初在规划这个方案——要么让哲人全权行使君王的权力，要么就令君王和那些掌权者能真诚并顺利地投身于哲学——时，他强调现存城邦以及人类正处在严重的危难之中（5.473C—E）。这种境况至少构成了诸多穿插在第五卷和第六卷的讨论的背景。从这番新声明中可以看出，他认为这种境况已经无法挽回。唯一的选择只能是从头开始。而且必须由哲学统治者来开启这项任务。不过，到底是什么原因致使柏拉图借苏格拉底之口说出这番结论的呢？我们是否能把这番结论更多地归于柏拉图本人，而不仅仅是"苏格拉底"的结论呢？

我将准备两种不同的解释以回应这两个问题。第一种解释我们可以说是诉诸柏拉图式的宁静主义（quietism）。这种解释带有很强的传记色彩——而且，事实上还是自传色彩。第二种解释可以称之为柏拉图对苏格拉底的宁静

---

[1] 比如参见 Turner 1981.

式行动的反思。因为柏拉图的反思隐藏在他对苏格拉底生死（不只是他的哲学谈话）的回应中，所以第二种解释也带有自传的色彩，不过这种解释在本质上还是属于哲学范畴的。至于我个人的偏好，你们将马上看到，是倾向于第二种解释路径的。

古代作者已经告诉了我们大量有关柏拉图的事迹，但是有很多都是非常不可靠的小道轶事，不过它们有时候也会清晰地反映出某种党派分歧的传统，要么对他和他的哲学表现出共鸣，要么就是对他们表现出敌意。另外还有一些基本信息，如今已广为接受。柏拉图可能出生于公元前427年，其双亲皆来自雅典的贵族家庭，而他的父亲阿里斯通（Ariston）的血统可以一直追溯至雅典第一代的传奇君王。他有两个哥哥，格劳孔（Glaucon）和阿德曼图（Adeimantus），在《理想国》中他们扮演苏格拉底的对话者。他的姐妹波托妮（Potone）是其侄斯彪西波（Speusippus）的母亲。在公元前347年柏拉图去世之后，斯彪西波接任了由他所创建的哲学园。在他的早期经历中，有两件事情对他影响重大：一是遇到了极富魅力的苏格拉底，二是伯罗奔尼撒战争后期在雅典发生的一系列政治剧变——其中，发生于公元前399年的苏格拉底死刑是这一系列剧变的高潮（克里底亚，柏拉图大家族的成员之一，在臭名昭著的"三十僭主"寡头团体中扮演领导角色，他在公元前404年夺取了一时的政权）。柏拉图本人从未积极参与过政治，除了公元前366年和前361年两次失意的叙拉古远行，当时他似乎试图去影响年轻的专制君主狄奥尼修斯二世（Dionysius II）。促成他远行的是其朋友狄翁（Dion）——也就是狄奥尼修斯的叔叔——的邀请，狄翁在朝政中是一名举足轻重的人。柏拉图最后因一场政治阴谋被捕，不过这多少有点冤枉，因为他只不过是一名什么作用都没有起到的旁观者。狄翁是这场失败政变的参与者，而这场政治阴谋最后也是在狄翁受死时达到了高潮。"重要的是这样一个简单的事实，即他卷入了这场政变，而且他本人也认为他应当参与其中。所以当机会来临之时，他也就理智地——或者说，愚昧地——决定了要积极投身于当下发生的事件。"[1]

另外还有一份现存文献，可以告诉我们更多的相关详情。被归为柏拉图本人所作的现存文献中，有一组包含了十三封书信的文献。在这组文献中，最重要的是《第七封信札》，因为它的篇幅最长而且内容也最有趣。在这封

---

[1] Burnyeat 2001: 22. 至于古代证据的概括，可参见 Guthrie 1975: ch. II. 柏拉图出生日期的证据并不十分确定，讨论参见 Nails 2002: 243—250，该处将日期定为424/3 BC.

信中，他主要从自传的角度解释了他的两次西西里之行。虽然表面上是在解释这两次远行，但其实他是将消息通报给他所加入的政治派系。以过去杰出的作者和公众人物为名杜撰书信的做法在希腊化罗马时代变成了一项重要的文化产业。学界普遍认为，这组文献中的书信即便不是全部也至少大部分内容是经由后人杜撰所成。然而，关于《第七封信札》的真实性依然悬而未决，最主要是因为，通过对其措辞、句法以及其他行文风格的检验，我们并没有发现它和那些属于柏拉图最晚期的作品（包括《法义》）有明显差别。[1]

"柏拉图"（暂时加上引号以表中立）一开始就详细讲述了他的西西里经历，其中还附带解释了自己的政治观点在前往意大利和西西里之前（即四十岁左右，大概在公元前387年）是如何形成的。他谈到，在自己刚成年的时候，由于观察到了雅典政治发展的整个过程，所以对公共活动的最初热情很快就被扑灭了。由他自己的亲人所领导的寡头统治使得民众怀念起过去的民主政治，以为那才是黄金年代；而且因为自己的朋友苏格拉底——"当时在世的人里最正直的那一位"——遭到了三十僭主的无情对待，并且在复辟的民主政体下又遭到审判与处决，所以他感到格外的痛苦。思考逐渐让"柏拉图"认识到了两件事情。一个人若要对诸多事务实现恰当的管理，那么他首先需要的就是可靠的朋友，其次需要的是一套能包容健全法律与传统风俗的框架。但实际上，要找到这样的朋友本来就不易，而且现存的框架目前也在经历急遽的恶化（*Ep.* 7.325D—326B）：

> 因此，虽然我最初曾对公共生活充满热情，但是当我看到所有这一切以及眼前的每一件事物都如此动荡，我最后变得不知所措。尽管我没有停止思考如何才能改善这种状况以及如何才能改进整个政治体系，但就行动而言，我一直在等候良机。对于当下的所有城邦，最后我认识到：无一例外，它们全都没有得到善治——它们的法律无法进行补救，除非有罕见的资源和运气。所以，当我在赞美真正的哲学时，我不得不说（因为从这个观点来看，所有类型的正义皆可认知，无论是政治正义还是涉及个人的正义）：除非那些真正致力于哲学的人能获得政治权力，

---

[1] 关于真实性问题的论述，参见 Morrow 1962；Gulley 1972；Aalders 1972；Brisson 1987. 计量文体学证据：Brandwood 1969；Deane 1973；Ledger 1989. 我自己对《第七封信札》的观点：Schofield 2000b.

或者出于天意安排，那些在城邦中获得权力的人能研习真正的哲学，否则人类将无法从当前的困境抽身。

因此，"柏拉图"采纳了一种实用的宁静主义立场作为自己的政治态度，因为他所主张的这种对政治现状的理性反应只有当哲学统治者到来之际才可能被超越。

如果《第七封信札》的作者确实是柏拉图，那么我们就可以轻而易举地回答最初提出的两个问题了，即为什么苏格拉底在《理想国》第五卷和第六卷中要暗示现存城邦是无可挽救的，以及又为什么暗示解决这个问题唯有采取一种激进的方案。在那种情况下，苏格拉底的判断肯定会基于柏拉图的个人经历，以及以此经历为基础所作出的对当时政治和政治体系状况——信里讲得很清楚，处在不可挽救的情况——的评价。关于"哲学统治者是离开死胡同的唯一出路"的结论，不仅出现在《第七封信札》中，也出现在《理想国》中。信中的"我不得不说"指向《理想国》，因为这里的"说"必定是指某些被公认为属于柏拉图的言说，而且此处论述哲学统治者的措辞明显是经过精挑细选的，目的就是要让人想起《理想国》中苏格拉底的表述。

然而，柏拉图到底有没有写过这封信呢？如果它的作者另有其人，那么也就不能排除这样一种可能，即上述引文如实反映了柏拉图本人的观点及立场，只不过这样的可能性绝非理所应当。我在这里并不打算追究谁才是真正的作者。但是，我们有理由认为，基于目前对这段文字的考察，《第七封信札》看起来更像是模仿柏拉图文风的作品。[1] 比如，我们可以看下有关哲学统治者的总结性表述，作者——无论他是不是柏拉图——有意改写并援用了《理想国》中三处关联性很强的文字的措辞。这种改写手法很是拙劣。原来在《理想国》里毫无问题的表述被用在这里显得很不对劲。[2] 但是，

---

[1] 对这个问题的研究，我着实受惠于 Myles Burnyeat 尚未发表的手稿 The second prose tragedy: a literary analysis of the pseudo-Platonic *Epistle* VII.

[2] 简言之：(1) "我不得不说"看似回应苏格拉底的"真理让人不得不"（Rep. 6.499B）。在该语景下，"不得不"（compelled）的运用具有明确根据。苏格拉底的意思是："尽管如今的哲学或者哲人在经历普遍的精神萎靡，但是真理让我们不得不坚持认为，拥有权力的真正（genuine）哲人才是我们政治问题的解决出路。"对比之下，此处的"不得不"貌似表明了"柏拉图"对不同事物的反应：当下城邦的可怕状况——在反思雅典的近期历史之后，突然提出了这个普遍论点。(2) 上下文也没有一处地方具有《理想国》文本中的"真正"（genuine）意思。"正确"（Right,

更根本的问题是另外一个。在这里,"柏拉图"说"我不得不",但在《理想国》里,柏拉图并没有以作者身份说自己不得不捍卫真正的哲学统治者。说这些话的人是苏格拉底——柏拉图笔下的"苏格拉底"。如果我们认为是柏拉图自己写了《第七封信札》,那么我们自然会认为,他在暗示《理想国》中的苏格拉底就是他本人,或者说,至少也是他的发言人。不过,这可信吗?可信的结论是否只可能是以下两种情况——要么是(a)柏拉图把苏格拉底视作他的发言人,要么就是(b)柏拉图这么做的目的也只是为了暗示《理想国》不是一篇对话,而是一份有关他个人观点的声明?

首先谈谈(b)情况:柏拉图是最谨慎的哲学作家。他本来可以以个人身份通过一系列的论述来阐明自己的观点,就像那些先前的前苏格拉底学者或智者那样。但实际上,他耗费了巨大的精力投身于哲学戏剧的创作,并在戏剧对话中创造了大批戏剧人物,所以就某种意义上而言,他既要是其所有对话人物的总和,又不能是他们中的任何一个具体人物。约翰·库珀(John Cooper)的说法很对:"作者正是通过整篇行文,而不是某个个体的单独声音来向我们言说的。"[1] 当然,因为在《理想国》中苏格拉底主张引入哲学统治者,所以这也就成了柏拉图想借对话向我们演说的重点(不管这口气是断然的、试探的、反讽的、臆想的,抑或是其他)。但是,出现在499B处的特别论述——即,真理迫使对话者不得不坚持相信,哲学统治者是我们解决政治问题的唯一方案——完全是苏格拉底这个人物在对话衔接处陈述观点时所采用的惯用方式。因为柏拉图在《第七封信札》中用了"我"这个表示作者本人的称谓,并暗示那番论述归于他自己,所以他本人也就从自己

《第七封信札》使用此词来表示《理想国》中的 genuine 一词)听起来像是与什么东西相对——到底什么东西呢?"正确哲学"实在不是柏拉图的用语。至于《理想国》,哲学是一种恒定的活动。"正确哲学"中的哲学更接近于"哲学体系"。柏拉图对该词的真实运用可以参照《斐多》,在该书中苏格拉底谈及"那些正确操练哲学的人"(Phd. 67D—E)或"那些正确把握哲学的人"(64A)或"那些正确的哲人"(82C)。(3)《理想国》会同意说,哲学洞察政治正义和个人正义。但是对于政治而言,哲学的重要之处在于哲人对普遍道德真理及其对他们道德品质之影响的理解。(4)可能最为奇怪的是以下用语:"人种"[the classes (genê) of mankind]。作者貌似采用了 Rep. 5.473D 处的用语"人类"[the human race (genos)],以及 Rep. 6.501E 处的"哲人类"[the class (genos) of philosophers]。他用复数形式的 genê 代替了单数形式的 genos,之所以这样做,似乎是为了区分认识,即人种和哲人或统治者层级不同。

[1] Cooper 1997b: xxiii.

精心设计的人物背后浮现了出来。[1]

至于（a）情况，我们可谓是趟了一回学术的浑水。那些把苏格拉底（或《法义》中的雅典访问者）当作柏拉图发言人或代言人的柏拉图诠释者们处在一个极端上，而那些把对话仅仅当作对话的人又处在另一个极端上——因为他们把作者本人的观点分离出来，意味柏拉图设想的对话只不过是各种观点的相互交流。相比这两种路径，我们需要一种更为细致和灵活的处理方式。大卫·赛得利（David Sedley）最近提出的看法让我们注意到了存在于某些晚期思想对话中的分析，这些分析实际上是通过问答式的内在对话形式展开的。他认为，对话作品中的问答形式构成了柏拉图自身思想进程的外在表现。这就是柏拉图在对话中保持"绝对在场"的方式。这样，有关作者观点问题的答案也就自明了：那些对话应被解读成"柏拉图的自言自语"。[2]

有时，柏拉图的自言自语主要是在对诸如勇敢、自律、虔敬、诗歌等观念进行分析式的考察，不过在考察过程中，这些观念显然经不起苏格拉底的检验，正如许多早期对话所显示的那样。在这些对话中，有一篇对话是对雅典葬礼演说形式的模仿（《墨涅克塞诺斯》），还有一篇是对系统性训练方式（确实是像进行训练那样）——训练如何从同一个抽象假设得出两个自相矛盾的结论——的模仿（《巴门尼德》）。即使对话中的主要谈话者发展出了一套建设性方案，也没有一种直接的方式可以让我们无条件地宣称这些意见全都来自于柏拉图本人。对话的写作采用了多种语言风格。比如，《智者》和《治邦者》就是以极度艰难的抽象推理展开的，它们要求读者拥有深厚的哲学功底。而《理想国》所采纳的则是陈述与论证的风格，这种风格只要求善于领会的哲学新手（以格劳孔和阿德曼图为代表）拥有出色的推理能力，以及相差无几的想象力，另外，在这种对话风格的关键之处，话语的即时性也要引起重视。不过《法义》又是不一样的风格。在社会政治生活以及用以维持这一生活的法律法规方面，有一种超越性的道德及宗教框架，而《法义》就对这种框架提供了一套解释，旨在于让那些没有哲学天赋或经验的大多数

---

[1] 关于柏拉图在对话中偶尔自我指涉的文学技巧，参见 Most 1993（on *Phd.* 59B, 116A）；Sedley 2004：35—37（on *Tht.* 150D）。

[2] 参见 Sedley 2003：1—2，该书也给出了相关的参考文献。至于柏拉图在自己和对话者之间保持距离的观点陈述，参见 M. Frede 1992：201—219；Cooper 1997b：xviii—xxv；Blondell 2002：ch. 1. 相反观点参见 Kraut 1992a：25—30。

公民能够认同（同时也是为了让同样广泛的读者能够认同，在对话中的代表人物是克里尼亚和墨基卢斯）这种框架。但是，这个道德及宗教框架是否是柏拉图自己的呢？抑或是柏拉图想表达某种特定观点而专门提出的道德及宗教框架？我本人的解释是，在《理想国》中，他所采取的观点由苏格拉底说出；在《治邦者》中，他的观点由爱利亚学者说出；在《法义》中，则由雅典访客说出——至于这一切意味着什么，我将在后文逐渐揭晓。但是关于《理想国》，我们有些话要说在前头。

有一种通行的看法认为，柏拉图只有在《理想国》第一卷里秉承了早期的对话风格，呈现出了对于各种正义理念的苏格拉底式批评，而在此后的剩余篇幅里，他所传达出的苏格拉底的信念以及其论证方式都已经不再属于"苏格拉底"了，而"苏格拉底"也转变成了柏拉图言说自己想法的媒介了[1]。不过，这样的看法着实过于简单化了。我们可以看看第二卷和第三卷中批评荷马及诗人的基本前提。我们完全无法弄清楚像"神本质上是善，神不可能是恶的原因，或者就生活美好而言，好人完全自足"这样的话到底是属于柏拉图还是属于苏格拉底。在相同语境下，苏格拉底对死亡的无所畏惧更会让人联想到《申辩》[2]。第五卷到第七卷应当是在表达柏拉图的观点。但是第五卷推出的第一个方案——即主张不应当只有男性承担"护卫者"或统治者之职，也应当有女性参与——却明显体现了苏格拉底的意志。因为苏格拉底的伦理学教授这样一种激进观念，即德性和道德优秀并无男女之分[3]。在此，就像在《理想国》别的地方一样，更好的说法或许应该是：柏拉图通常视自己为苏格拉底的传声筒，而不是相反，而他笔下的"苏格拉底"的话则是基于他老师的真实立场。如果是这样的话，那么这样一种方式，即《第七封信札》中的作者"柏拉图"从《理想国》那里挪用了"苏格拉底"的"真理令我们不得不说"。

---

[1] 关于此观点的经典解释，即第一卷自成整体，而且写作时间明显早于《理想国》其他部分，参见 Vlastos 1991：ch. 2. 至于批评，见 Kahn 1992.
[2] 参见 Rep. 2. 379A—380C, 3. 386A—388E. Vlastos 他自己承认这些文字的相关观点：Vlastos 1991：162—163，参见本书第 14 页脚注 1.
[3] 证据：Plato *Meno* 72D—73C；Arist. *Pol* 1. 13, 1260a20—2；Xen. *Symp.* 2. 9；D. L. 6. 12 [Antisthenes]. 斯多亚学派也持此种观点（D. L. 7. 175 [Cleanthes]），我将它视作是苏格拉底的部分遗留。

3. 苏格拉底:"入世"和"出世"

我们尝试去理解,在《理想国》中柏拉图到底是如何通过他笔下的苏格拉底提出"重新从白板开始是我们唯一的政治希望"这样一个方案的。我们在第二节已经说过,如果我们要为《第七封信札》寻找一种解释,那么我们就不得不依赖一份可疑的文本作为证据。不过问题是:是否它的不真实性必然会导致它的不可靠性?虽然作者说话的口气并不十分像柏拉图,但这是否意味着他讲的故事就不是真的?学者们通常认为这种可能性是存在的。一种普遍看法认为,即便这封信不是由柏拉图亲自所写,那该信作者也必然会是和他很亲近的人——或许还会是学园里的一名成员,就这点而言,我们还是可以相信故事的大致脉络。[1]

然而不管怎么样,我要说的是,故事的原貌并不仅仅是其所讲出来的内容,实际上,它所表达出来的观点是与柏拉图本人——或者说,至少也是和作为《申辩》《克力同》《高尔吉亚》以及《理想国》作者的柏拉图——的观点相悖的。这个故事围绕柏拉图本人展开:他的政治经历、他对于现实政治背景下能有效管理事务的先决条件(可靠的朋友以及健全的法律)的看法、他对希腊境况的判断、他在政治参与方面的不遇,以及他要求引入哲学统治者的激进结论。另外,三十僭主和复辟民主对待苏格拉底的方式,毫无疑问也是叙述的重点——作者还格外强调了其道德意义。正是这些内容帮助我们理解了某些关于柏拉图的东西。这和柏拉图真实作品中的谈论方式有点不同。在那些被确定为柏拉图原作的作品中,他显然是对苏格拉底着了迷,以至于在他生前,他把所有对话都安排在了回忆苏格拉底所生活过的雅典的场景中。苏格拉底的审判和死亡被安排进了像《智者》和《治邦者》这样的晚期对话的框架中,但是这两篇对话几乎没有在其他方面或公开或直接地谈及过有关苏格拉底的内容。而像《申辩》《克力同》《高尔吉亚》以及《理想国》等对话呈现的是一种不断发展的批评模式,这种批评旨在回应那种被某些人称为对塑造柏拉图所有情感态度及智慧起决定性作用的剧变,并努力解决他眼里有关政治的终极问题,即,政治其实需要它通常所排斥的某种理性。

---

[1] Guthrie 1975: 8.

这封信札丝毫没有呈现出曾在《申辩》以及上文所提及的三篇对话中出现过的那般强有力的论证强度。当然，如果我们假定《第七封信札》是真实的，那么"柏拉图"晚年在此封信中对促使他走向《理想国》激进政治方案的起因的回顾可能会和他写早期作品时的心态有所出入。正如我们不能从不真实性中必然地推导出不可靠性，我们也不能从真实性中推导出可靠性。这与真实性辩护者所惯常假定的逻辑完全相悖。接下来，我将论证，柏拉图之所以在《申辩》《克力同》《高尔吉亚》和《理想国》中对苏格拉底的宁静主义式行动展开思考，实际上旨在为《理想国》里的激进政治方案提供一种解释，而这种解释相比于《第七封信札》——不论他是否写了这封信——里关于他个人政治经历的叙述则是更丰富且更有说服力的。

学界一致认为，《申辩》和《克力同》可能是柏拉图最早的文字作品，完成时间大约在公元前390年代的某个时期。两篇对话的焦点都放在苏格拉底的行为及其动机上，《申辩》的内容是关于他的审判，而《克力同》则讲他在监狱中等候死刑的过程。接下来的问题是，《申辩》和《克力同》到底是史实还是虚构呢？尽管柏拉图在他最早期虚构的苏格拉底对话（例如《伊翁》或《小希庇阿斯》）中巧妙地加入了大量自己的想法，但是学者们通常还是认为《申辩》和《克力同》的史实性更强，或者说，至少他也是有意识地想给读者留下一种符合历史现实的强烈印象（《伊翁》或《小希庇阿斯》就丝毫没有让读者产生过这样的感觉）。但《克力同》所描绘的发生于苏格拉底及其老友克力同间的私人对话肯定包含了大量柏拉图的个人创造或再创造，即便我们猜测克力同有留下一些对话的记录。关于《申辩》中柏拉图笔下的苏格拉底所作申辩是否该归于苏格拉底本人身上，学界讨论众多。我们知道还有其他版本的"苏格拉底申辩"（色诺芬的版本是另一个仅存版本），但我们还不怎么了解这种文体的传统。然而显而易见的是，即便柏拉图确实按照了当时的顺序精确再现了各个主题，每个主题的详细进展及其行文的与论证的结构至少都在相同程度上体现出了柏拉图和苏格拉底的要素，不论柏拉图自己是多么地想要忠实于苏格拉底。[1] 所以，处理《申辩》的恰当方式——对其他对话作品亦是如此——就是，从某种意义将其视为柏拉图对苏格拉底所作思考的具体呈现，而不仅仅是苏格拉底个人的

---

[1] 此处可以对比修昔底德的著名说法，即他可以让他的发言人说他需要的话，但又尽可能大致上保存实际所说的内容（*History* 1.22）。

自我描绘。[1]

在面对指控时所作的申辩陈述中，苏格拉底把更多的时间花在了用于解释自己以及自己在一生中为雅典人所作的贡献上，而不是为其所遭受的不虔诚和腐化年轻人的正式指控作辩护（指控是如此严厉，以致色诺芬竭力主张，他是在尽其全力地迎对这些指控）。他没有恳求陪审团判他无罪，也没有让哭啼的孩子来招揽同情——尽管我们知道这是常用的伎俩。在其他方面，经柏拉图再现的说辞运用了民主政治下的各种修辞表达。通常，法庭上的受审者都会利用这样的修辞表达，以让陪审团相信其为人正直以及他确实是全心全意地为城邦做出了贡献，从而让陪审团相信，宣判无罪不仅对他个人有利，也对他们有利。然而，苏格拉底为其所做公共服务以及由此为雅典带来益处的解释，不仅自相矛盾，而且也难以理解，另外还极具挑衅意味。不过，这也让我们对柏拉图所探究的存在于政治与哲学关系间的困难有了初步的印象。[2]

这就是存在于苏格拉底个人态度中的根本张力。他毫不犹豫地宣称自己是城邦的施惠者。事实上，他的一番陈词有些过分——很多陪审员无疑会认为是妄语。他说雅典人在城邦中从未享受过任何比他"对神的侍奉"——也就是他的哲学活动——更高的善。他强调他既不在乎自身事务的后果，也不在乎他的侍奉能带来任何经济上的报酬——这两件事通常被视为其全心全意致力于公共之善的最有力证据（Apol. 30D—31C）。另一方面，按照寻常标准来看，他明显可算作是"出世之人"（apragmôn，尽管他明显回避该词）——即，在政治上不积极，不涉入政治，也没有任何政治野心。正如他自己所言，他远离"政治事务"（politika pragmata），而且他也从不敢登上演讲台站在人群（plêthos）前为城邦出谋划策（Apol. 31C—32A）。而这也成了一个惹恼陪审员的理由：因为从来没有任何一个敢与雅典人或公共集会为敌的人——或者，试图制止城邦中的政治不义和非法行径的人——能够久活于世的。所以，这里也就产生了一个重要的矛盾，即苏格拉底一方面是城邦的最大施惠者，而另一方面却又极力回避城邦事务。

---

[1] 关于柏拉图在对话作品中对苏格拉底的描述，很早就有人思考，参见 Kahn 1996, Kahn 1981；Cooper 1997b: Introduction。相反的观点，即这些作品形成了一种有关苏格拉底哲学的历史可信的柏拉图式再创造，参见 Vlastos 1991。关于《申辩》中柏拉图解释历史性的特定讨论，参见 Guthrie 1975: 70—80，以及最新的小册子 Hansen 1995。

[2] 关于从修辞背景和哲学意义来考量柏拉图演说，参见 Ober 1998: 166—179.

可能在苏格拉底为自己所作的申辩中隐藏着一番潜台词。就像诸多过度使用过的政治词汇，"出世之人"（*apragmôn*）这个词也会因语境和观点的变化呈现出不同的褒贬色彩。有大量从公元前5世纪晚期流传下来的雅典文本表明，在政治上无野心的"出世之人"（在令人满意的保守时期）被描绘成优秀公民和社会脊梁。但是，从伯里克利著名的葬礼演说中所体现出来的情况则完全相反，他说，雅典人把那些不参与政治的人视为无用之人，而非"出世之人"。不过其他的证据表明，伯里克利的言论是有争议的，即便他的说法符合修昔底德对伯罗奔尼撒战争的分析，即认为该战争是一场发生在积极"入世"的雅典与无论在态度还是本性上都相对"出世"的斯巴达之间的冲突。另外，没有明显的例子可以表明，它的反义词"入世之人"（*polupragmôn*，意思是过度活跃）以及与该词同源的表达在这个时期是在正面的意义上被使用的。伯里克利的立论方式表明，"出世之人"这个词并没有自然而然地携带上某种负面批评的意味。如果他想表现出他所希望的那种负面效果，那么他就必须换一种表达。[1]

然而，在苏格拉底遭受审判之时，雅典已经陷入了自我的分裂中，而这一分裂正是发生在两拨人之间的，一拨是民主派人士及其支持者，另一拨则是已经被牵连进由三十僭主组成的寡头政体的人——或者说，那些对此一点都不避讳的人。虽然当民主政体于公元前403年复辟之后，雅典执行过一场大赦，但在公元前400年~前399年的那段时期里，政治与宗教的气氛显然依旧凝重，而那时恰逢苏格拉底的审判。他承认，他在政治上的不作为无法为自己推翻控诉提供大的帮助。因为推动这场控诉的主要原因可能就是来自政治方面。尽管柏拉图有意避免提及克里底亚（三十僭主中的主事者），但人们大概已经把他和克里底亚的关系视作他腐化年轻人的主要证据，其他可以作为证据的还有他和阿尔喀比亚德（Alcibiades）的关系——阿尔喀比亚德是位贵族政治家，大家认为他和公元前415年的渎神案有牵涉，他最后投诚于敌人斯巴达。半个世纪后，演说家埃斯基涅斯（Aeschines）在他的法庭演说中这样说道（*Against Timarchus* 173）："雅典人啊，你们处决了智者苏格拉底，因为你们认为是他教导了克里底亚，那位镇压了民主的三十僭主的成员之一。"[2]

因此，苏格拉底的政治不作为从表面上看来对城邦而言是完全无益的，

---

[1] 关于相关证据的评论，参见 Carter 1986.
[2] 关于这段文字涉及的证据，参见 Hansen 1995.

所以当时的人将此视作污点来反对他也就不足为奇了。不过，至少看起来有趣的是，在他给出的两起他参预其中的公共事件里，每一次他都顶住了采取不义或不法行动的压力。据他所言，一起发生于公元前406年的民主时期，另一起则发生于由三十僭主执政的寡头时期——这似乎展示了他的无偏见态度，同时也使人们不再怀疑他确实曾冒着生命危险去反对三十僭主的事实（*Apol.* 32A—E）。他更大的意图是要表明，他的个人行为并不是基于一些诸如（被偶然提到的）民主政体和寡头政体，以及（与主题更相关的）又比如公共和私人这样的范畴分类。如他自己所说，他的行为只是表明他是什么样的人，以及他的价值观是什么。无论是在公共舞台上的偶然表现，还是在私人领域的通常表现，他都始终如一：他都强烈反对不义（*Apol.* 32E—33B）。[1]

对于传统政治的范畴分类，苏格拉底所表现出的不单单是漠视。在证明他对城邦确实有贡献时，他想尽办法去推翻传统词汇所带来的联想，然后灵活地按自己的需求——或者更确切地说，是按自己的道德目的——来使用这些词汇。他把对自己亲身经历的事物的质疑称为"意见"（*sumbouleuein*，这个词通常指政治意见，尤指集会时的辩论）和"入世"（*polupragmôn*，当批评者使用这个词的时候，他们将政治上的民主参与贬低成了过度参与的行为），并且还顺带着让自己的形象尽量摆脱"出世"的印象（*Apol.* 31C）。在判决之后，他又作了第二次发言——众所周知，在这次发言中，他提议将公共用餐的"罚金"作为他的处罚，他一开始就坚称他从未享受过"宁静的生活"（*hêsuchia*），到结束的时候他又说，于他而言这样的生活是绝无可能的（*Apol.* 36B—E, 37E—38A）。他忽视了其他一切可能的追求，把自己的时间全都花在了劝诫他人去更多地关注自身以及城邦，而不仅仅是其所有

---

[1] George Kateb 就是这样描述苏格拉底的"消极公民权"——他拒绝成为"冤枉他人的工具"：参见 Kateb 1998：85, 82. 诚如 Kateb 所言（1998：86），它好像反映了"绝望的放弃"，放弃去做影响很坏的错事，尤其是在战争发生之时："错事关乎整体；它几乎无法感知，以致于它的文化起因如此根深蒂固。侵略抢夺；做到极致然后超越极限；欲求更多，就好像满足之外有种真正的满足；几乎看不到防卫的厉害关系，看不到越界冒险的前提条件；热爱冒险，尤其是冒着生命危险——所有这些都是男子气概的结果，贪婪自大，否定任何界限。这种男子气概如此不易，以致于人们无法承受。但这不是小惊小吓的借口；人们懂得更好的事物，或者说应该懂得更好的事物；发现错误并不需要想象力。人们不应当冲昏头脑，在一种真实或人造的激情中为非作歹。"Kateb 描述了修昔底德关于政治概念的说法，这些政治观念可归之于柏拉图《理想国》第一卷的特拉西马库斯（Thrasymachus），Kateb 说它是理解苏格拉底立场的对立背景。

以及城邦之所有。"宁静生活"有其自成一套的政治影响——贵族式的约束和礼数。这是对于"出世"生活方式的另一种描述，而且柏拉图在《卡尔米德》中也暗示，克里底亚和卡尔米德将这种生活看得很重要，如果不是将其置于政治行为的核心地位，就是将其置于自身意识形态的核心地位。苏格拉底对于宁静生活的抛弃表明了他的民主立场——当然，对于什么是民主活动的理解是依赖于他自己对公共服务所作的新定义。[1]

就某种意义而言，《申辩》是对存在于哲学与公共领域之间的关系的充分肯定。哲学的作用在于为城邦呈现出道德批评中至高的公共利益：为了公民自身真正的好，不断地批评公民，促使他们审视自己、自身的优先地位以及城邦的优先地位。所有的这一切都可以用苏格拉底那显著的自我形象来说明，即作为一只由神派遣来的牛虻，蜇一匹高贵却又怠惰的大马。正如约西亚·欧伯（Josiah Ober）所论，《申辩》中的发言呈现了他对城邦的"终极挑战"。这些发言可谓是"他最后的也是最猛的一蜇"。[2] 雅典通过法庭的决议可能要表明的是，雅典不会因为这些理由而接受哲学。不过，《申辩》的读者可能会好奇该作品最后要说的是否就是：在民主政体中，哲学终究不会被允许去为公共之善作出贡献。他们已经忍了苏格拉底七十年。他自己在第二次发言一开始就提到，关于审判会有很多的突发状况。如果阿努图斯（Anytus）和吕孔（Lycon）这样的强势人物没有把他们名字列入起诉名单，那么主要控诉人墨勒托斯（Meletus）——主要的起诉人——将会以惨败收场（Apol. 36A—B）。在第三次也是最后一次的发言中，苏格拉底说了一番自以为失败的人所不会说出的话，他警告那些雅典人，说他们会遭报应，因为年轻一代的批评者会在未来发起更多更严厉的检验。（Apol. 39C—D）。

人们通常认为《克力同》很难和《申辩》保持一致。《申辩》中的苏格拉底掷地有声地表示，他会因为服从神而非法庭的决议去停止哲学探究（Apol. 29B—30C）。而《克力同》中的苏格拉底却回想起雅典法律，法律迫使他必须直视公民义务的问题，并服从一切具有法律权威的司法判决，于是他当即拒绝一切越狱的想法，并接受死刑的判决（Crito 50A—52A）。我们或许不会承认，法律的理由会在苏格拉底的哲学探索甚至他的修辞表达中占有

---

[1] 关于这段文字的讨论，参见 Reeve 1989：155—160；也可参见 Carter 1986；North 1966：ch. III.

[2] Ober 1998：178.

一席之地。[1] 但苏格拉底本人却没有抵制它们。如果说《申辩》和《克力同》在这方面存在一致性的问题，那么从另一个角度看，这两篇对话似乎又有共同之处。在两篇对话中，苏格拉底都被描述成一个视自己的生活及工作与自身的雅典公民身份休戚相关的雅典人。更准确地说，在《申辩》中，他把他的哲学探索解释成一种公共服务。但不同的是，在《克力同》中，与之相反，他被描绘成城邦的受惠者。法律声称他的一切皆来自法律，因为他赖以出生、成长、接受身心教育的整个体系都是法律所给予的。法律继续宣称，苏格拉底已经放弃了可以设想的退出雅典而居住他处的一切机会（即使他经常称赞斯巴达和克里特的政制）。于是，法律推断他必然会安心地接受雅典及雅典的司法体系。在《申辩》和《克力同》中，对苏格拉底来说，出走并继续从事哲学活动的可能性是存在的，但是基于道德和务实的考虑，他还是拒绝了那个可能性。对此，《克力同》给出了更全面、看起来也更严谨的解释（*Apol.* 37C—D；*Crito* 53A—E）。

总而言之，这两篇作品都表明了，苏格拉底的哲学活动已经深深地介入并影响了雅典。但它们对此并未说明的是，苏格拉底的哲学活动在本质上是和雅典——更确切地说，是和公民的境况或政治——密不可分的，除非苏格拉底施于个体的道德批判会把苏格拉底的贡献以及行为内化成一种社会及政治的本质实体。例如，没有迹象表明，哲学作为一种实践只有在言论自由的社会中才能得到发展。[2] 苏格拉底在《申辩》中把自己视为伟大的公共施惠者，但并没有说他因此就履行了作为公民的义务。相反，哲学被呈现为一种对神之律令的回应，而哲学对城邦的好处也就因此成了神赐的礼物。苏格拉底让我们相信，哲学的权威来自于另一个比城邦更高级的源头。[3] 所以，哲学介入雅典只是某种偶然事件。

---

[1] 关于《克力同》，参见 Kraut 1984；也可参见 Weiss 1988，他反对将法律论证视作苏格拉底的观点（常见解释，Kraut 支持此种解释）。
[2] 苏格拉底依恋雅典的一种解释，参见 Kraut 1984：ch. VII.
[3] Kateb（1998：84—85）表示宗教（但不是传统的那种宗教）可能增加了苏格拉底的勇气，同时某些"纯粹世俗"的事物也刺激着他：他的"一种确信，如果仅有一种的话……一种对他人的确定义务"（1998：108）。但是《申辩篇》的意思很明白，就神圣命令而言，苏格拉底只能设想那种"对他人的确定义务"。参见 Nehamas 1998：163—168：reflections on Foucault's treatment of Socratic *parrhêsia*（p. 248 n. 18 吸收了尼采论苏格拉底作为"神圣传教士"的一段文字——尼采谈论"虔诚和精神自由两者最为微妙的一种折衷"）。

但是，即便是偶然，介入依然可以更深一步，不管是存在于自由选择关系中的义务（比如婚姻），还是存在于某时某刻的特定职业中的义务（比如医生、牧师或老师）。在苏格拉底的哲学活动中，介入的深度至少在两个方面有所体现。在我们的印象中，苏格拉底并没有兴趣在其他地方从事哲学活动——而且是从来都没有丝毫兴趣。他也没有借助想象探索过这样一种乌托邦的可能性，即在这种乌托邦中，哲学可能会对城邦发挥不同的作用，它会更多地融入城邦，而且政治活动也不会迫使人们从事违反正义与法律的行动（基本上，这是理所当然之事）——当然，《理想国》中会有这种探索。如果我们非要为此寻找一种解释，那么《申辩》和《克力同》就给我们提供了一个现成的答案。那就是，苏格拉底从未质疑过自己作为雅典公民的身份，也从未料到自己的公民身份会受到哲学活动的挑战或伤害。所以，法庭的定罪为他带来了两难困境。如果他不能以雅典公民的身份继续从事哲学活动，那么他就无法继续从事哲学活动。如果他无法继续从事哲学活动，那么他就无法继续活下去。结果，死就成了唯一的出路。

柏拉图在《理想国》中借苏格拉底之口对哲人和城邦的关系进行分析时，哲学的介入消失了。当阿德曼图对苏格拉底命题——即唯有哲人才拥有统治者所需的心智及人格品质——提出质疑，并以实际情况相反为由（哲人要么都很古怪，但不是说他们邪恶；要么就是基本没有用）提出反对时，苏格拉底先是举了他著名的城邦之船的例子作为回应。他说，城邦就像一艘大船，上面载着一大批野蛮、无知且喋喋不休的船员，他们互相抢着让那目光短浅且有点耳背的船主交出船的控制权，但他们自己对于如何驾驭整艘船的知识却一无所知，并把那真正懂得驾船的人视为一无是处的观星者（*Rep.* 6.487A—489A）。随即，故事的寓意和盘托出。道德高尚的哲人不应该对于自己被指责为无用之人而承担任何责任，真正该担责任的是那些没有善用哲人的人（489A—D）。其次，那些具有哲学潜力的人确实有可能道德败坏，因为他们所在的社会会扭曲他们自身的发展（苏格拉底虽然表面上指的是普遍意义的社会，但是所有的细节都表明，他实际上指的是雅典的民主社会）。没有多少人能成为真正的哲人（苏格拉底把他自己算作其中一员）。关于真正的哲人，他说道（496C—497A）：

"跻身进入这个小团体的人已经品到了哲学的芬芳。他们能够意识到，在政治中任何一个人的所作所为事实上都称不上有益，而且他们也没有共同致力于拯救正义，并待到某日能共同诉说往事的盟友。哲人就像是掉进了兽穴,他拒绝参加它们的堕落活动,但却无力反抗它们的共同暴行。他找不到机会去帮助他的城邦和他的朋友。一旦他发挥作用,他就会遭到杀害。考虑到这些,他将保持沉默,管好自己的事,就像那些一旦遭暴风雨袭击就会躲进墙后的人一样。他看到其他人无法无天,于是认为自己很幸运,因为他自己可以凭某种方式过上纯净的生活,远离不义和不敬,而且能带上崇高的希望离开人世,进入美好的精神境地,直到最终得到解脱。"

他继续说,"如果他能够在离世前做到这些,那也是不小的成就。"

"虽不是最大的成就——因为没有找到一种可以配得上他的政治体系。但是,若能生活在与之相配的城邦中,那么他自身的成长就会更好,而且他不仅能拯救自己,还能拯救他的城邦。"[1]

以上文字自然而然让人想起《申辩》,以及苏格拉底本人对政治活动的态度。它同样断定"无法无天"(即"不服从法律")是公共生活的普遍趋势。它看到了正义斗士的前景,他们将同样悲观地为自己或共同体而活。它也把戒除不义和不敬视为哲人的根本症结所在。但苏格拉底对城邦——更确切地说,是"大众"——的态度是很不同的。在《申辩》中,苏格拉底称陪审员为明智的聆听者和回应者。但在谈及大众时,他却用了"癫狂"一词;他所使用的明喻和隐喻(比如凶猛的野兽、暴风雨的例子)表明,他否定了大众能进行理性交流的所有可能性。省略之处常有深意。《申辩》将苏格拉底身上的矛盾性隐去了,它把苏格拉底的哲学活动说成是全新模式的公共奉献。苏格拉底不再犹豫地用"宁静生活"这个概念——还有"管好自己的事"(《卡尔米德》(161B—164C)中的克里底亚的自律原则,以及《理想

---

[1] Ober (1998: 237) 将最后一句话译为:"For in a suitable one, he himself will expand his capacity in that he will preserve communal as well as private affairs." 他继而解释(同上):"若一个人只为自己而活,关心他自己的灵魂,管好自己的事,并且不理会公共交流,那么这个人很难实现他的最大才能。他为自己以及他人做好事的潜力只有通过一种'政治的'行动主义才能实现。"但是连接两个从句的希腊词是"and",而不是"in that"。没有证据证明后者。我要感谢 Dominic Scott,他帮我理清苏格拉底的要点:在正确的政制中,哲人作为人将会更加茁壮(因为这座城邦会提供适于哲人发展的教育文化环境),而且他也为公共事务作出贡献(因为这座城邦想要他这么做,准确地说,教育他也是为了这个目的)。*Rep.* 7.520B—C 用其他言语概括了这个观点,苏格拉底解释为何如此出生的哲人会亏欠他们的城邦,以致他们要转向城邦。

国》(4.433A—434D) 中的正义原则)——来表明哲人与政治活动的脱离。

也可以说,他出生所在的城邦不再承认哲人的真正身份了。当阿德曼图催苏格拉底解释什么是他所谓的"适于哲学"的政治体系时,苏格拉底答道(*Rep.* 6.497B—C):

> "当下没有一种政治体系可算作此种类型的,"我回答,"而我愤愤不平的正是这点。当今没有一种政治制度能契合哲人的天性。这就是为何哲人天性会遭扭曲的原因。他就像是外来植物的种子,一旦被撒在异乡,很容易就会失去其自身的特性和活力,并渐渐沦为当地的品种。一样的道理,放眼当下,哲学种子也趋于丧失其自身独一无二的力量。它退化成另一种特质。如果它真能找到最好的制度——就如它自身是最好的那样,那么它将能彰显出,它确实是属神的,而其他自然或生命的类型仅仅是属人的。"

这个种植的比喻非常有意义,它暗示哲人出生的城邦事实上是一片异土,是和他的天性不相容的。苏格拉底用这个比喻是想表明,只有在另一座城邦里,即在《理想国》中通过想象所构建的"最好的政治体系"之下,哲人才能成为真正的自己,并完全保持住他们自己的哲人身份。

《申辩》的回应表明,柏拉图并非通过反思自身政治经历(诚如《第七封信札》所示),而是通过重新思考苏格拉底与雅典的关系来获得这些结论的。他肯定认为,这和哲学的介入没有什么关系,就像苏格拉底自己所感受到的那样;但在严酷的现实环境中,这和个人的疏远、超然出世,以及某种程度的个人清贫相关。《高尔吉亚》就支持这番论断。我们在这篇早于《理想国》的对话中可以发现,柏拉图用类似的方式重新讲述了《申辩》里的故事。该对话上演了政治修辞术和哲学之间的持久对抗,在对抗结尾,苏格拉底被迫想象自己在雅典民众前接受审判的情景。他就像一名医生,被要求站在儿童陪审团前为他所开的处方进行辩护,而起诉人则是位糕点师(*Gorg.* 521E—522B):

> **苏格拉底**:你们扪心自问,在这种情况下,这样一个人还能作什么样的辩护。假如起诉人这样说:"孩子们,这个人已经伤害了你们——所以,你们现在备受煎熬;而他现在依然在对你们当中最年幼的人实施暴行,逼迫你们喝极苦的饮料,将饥饿和干渴强加到你们身上,从而使你们陷

入无力麻痹的状态。根本不像我,会用各种美味款待你们。"那么,你们认为这位陷于困境的医生应该说些什么呢?假如他告之真理:"孩子们,我做的所有这些都是为了你们的健康。"这将在陪审团当中激起巨大的骚乱,你们信不信?就是这么一回事,对吧?

卡利克勒斯:或许。

苏格拉底:必须这样想。难道你不觉得,不管他说什么他都会败诉吗?

卡利克勒斯:确实如此。

苏格拉底不得不得出这样的结论,即他既不能说真话,也不能说其他任何话。换言之,因为他认识到,雅典人由于太幼稚以至于无法回应那种对于他们自身之好的理性关心,所以在这一修订版的审判对话中,他没有提起《申辩》里的乐观修辞所描述的任何"牛虻"行径。他认识到这样做毫无意义,即便他尚未发言——而且,他这样也说不了什么。当苏格拉底注意到自己在审判中的真实处境后,而且从更普遍的现实角度衡量过哲学的处境之后,他就不得不那样做了。直到《理想国》,柏拉图才得出乌托邦的结论:苏格拉底的哲学活动必须从"目前现实的民主城邦"移至进入"其所应当是的城邦"。[1]

4.《理想国》的计划

《理想国》的主要计划是什么?晚期的新柏拉图主义者普罗克洛斯(Proclus)在进行评论的时候,首先记述了古代对该问题的争论——现代学术研究也以这样或那样的方式对这个问题展开了回应。有些人(*On the Republic* 7.9—8.6)认为主要计划就是探究正义,即通过对于正义的探究,找到个人所需的道德德性,从而使得个人对他人实践善举。他们指出,这就是第一卷中苏格拉底与克法洛斯(Cephalus)、玻勒马库斯(Polemarchus)以及忒拉叙马库斯(Thrasymachus)最初讨论的主题。接着他们注意到,对于城邦的讨论最早在第二卷以下列方式引进:阿德曼图和格劳孔要求对该主题

---

[1] Ober 1998:212. 我在此节的讨论可归于 ch. 4 of Ober's 1998 book, *Political Dissent in Democratic Athens: Intellectual Critics of Poplular Rule*. 它强有力地解释了整个主题,即柏拉图处理苏格拉底哲学适应民主城邦可能性的主题,包括《申辩》、《克力同》、《高尔吉亚》和《理想国》。

一 《理想国》：背景和研究　　25

进行更为仔细的考察，但是要从更大的层面上通过类比的方式来考察。最后他们指出，苏格拉底一次又一次地向他的谈话者表明"个人正义才是探讨的对象"，并且最值得注意的是，《理想国》以神话收尾，以此来表示正义的生活会在来世得到奖赏。持相同观点的现代学者总结道：因此，《理想国》本质上是一项道德哲学的练习，而不是一项政治哲学的练习。[1]

回到普罗克洛斯。他说，有许多作者会采用另一解释路径，但是这种解释丝毫不缺根据（On the Republic 8.7—11.4）。他们把对话中关于正义的最初讨论仅仅视为其切入"政制"（politeia）这一主题的方式。[2] 毕竟 politeia 才是柏拉图作品的原名，而在后来的《法义》和《蒂迈欧》中，对《理想国》里政治材料的专门引述表明，柏拉图自己起初是把"政制"当做其政治哲学的主要计划的。另外，第五卷至第七卷脱离了之前的主题进一步讨论了其他的政治问题，它打断了原本在第四卷末所计划讨论的有关正义和不正义的内容，直到第八卷和第九卷才继续讨论起第四卷的内容。然而，第五卷至第七卷的"跑题"显然是整篇对话的精华所在，因为它开启了关于"理念"（the Forms）的形而上前景以及"至善"（the Good）的理论，并且解释了为什么我们要学会理解就要去掌握数学知识。诚如法拉利（G. R. E. Ferrari）所论，《理想国》的"社会改革建议——对教育、财产权和家庭结构的乌托邦式重构——超过了个人的需求限度，看起来是为了改革而改革"。[3]

有些人主张把《理想国》当作政治哲学来读，但是往往有另一些人会提出反对，因为《理想国》并没有提供有关政体或政体观念的非常严谨的分析。将它同《治邦者》《法义》尤其是亚里士多德的《政治学》进行比较显然不合适。[4] 这种反对曲解了柏拉图的 politeia 之意。《政治学》的翻译者

---

[1] 关于此观点的最新陈述，参见 Annas 1999：ch. IV。
[2] 现代学者指出，该对话的第一页文字——至少在回顾上——具有重要的政治意义：发生在皮雷坞（Piraeus）附近的事件中，玻勒马库斯是主要参与者，和他的朋友尼克拉图（Niceratus）一样，在伯罗奔尼撒战争快结束的时候被三十僭主判处死刑。他提供资金支持民主派反对三十僭主，而三十僭主的大本营就在皮雷坞。"决战——此役中克里底亚身亡——发生于朋迪斯神庙（Bendis），朋迪斯女神的节日让苏格拉底……首先来到皮雷坞"（Ferrari and Griffith 2000：xii）。完整讨论参见 Gifford 2001：35—106。
[3] Ferrari and Griffith 2000：xxiii。
[4] 参见 Annas 1999：91—92，参见本书第 29 页脚注 4 和第 30 页脚注 1。

发现，对于亚里士多德而言，constitution（政体）可恰当地作为 politeia 的英文对应词，正如亚里士多德所认为的，politeia 伴有行政体系——或者说，可以在一个城邦内运转的制度安排。[1] 他把 politeia 定义成一种确定有序的制度安排，尤其是当一人在上并统治其他所有人时（*Pol.* 3.6，1278b8—10，4.1，1289a15—18）。根据这种定义，他非常详细地讨论了各种政体形式——包括僭主政体、寡头政体和民主政体——以及相关的政体安排的优势和缺陷。然而，在《理想国》以及其他许多关于 politeia 的论述中，焦点却相当不同。

如果我们考虑一下是什么导致了《理想国》第五卷至第七卷的"跑题"，我们就能更好地理解 politeia 一词在那个传统中的意义。回过头来看第四卷。苏格拉底已经强调过，由他和其他对话者所谈过的前提——即，那些拥有合适才能的人能够被合理地分配至三个由他们所区分的阶层（生产者、战斗者、统治者），以及城邦不宜过大——对于一个城邦的统一性来说多么的重要。他还说，无需更多的详细规定，只需满足一个条件即可（*Rep.* 423E—424B）：

"什么条件？"他问。

"教育和抚养，"我说，"如果护卫者接受了良好的教育，成长为明辨是非之人，那么他们自己很容易看清这些东西，以及其他我们没有谈到的东西——比如娶妻生子。他们将会看到尽可能'和朋友共享'一切的必要性，就如俗话所说。"

"确实，那将是最好的。"他说。

当代读者可以在以 *Politeia* 命名的作品中，找到有关教育、抚养、管制婚姻、女人的社会角色等主题的讨论，例如色诺芬（Xenophon）的短文《斯巴达政制》（*Politeia of the Spartans*，可能成书于公元前 394 年左右）。在前七章里，色诺芬谈论过的内容覆盖了优生学以及女人的角色、教育（包括饮食、服装、恋童）、青少年的引导、合唱和体育竞技、公餐制度以及酒的使用、亲子关系、钱财以及财富积累。实际上，以上所有主题也同样是基提翁的芝诺（Zeno of Citium，斯多亚主义者，晚亚里士多德一代）在其《政制》（*Polite-*

---

[1] 但是这种想当然并非源于亚里士多德。参见 Xen. *Mem.* 4.6.12. 在《法义》的许多地方（例如 5.735A；4.712B—713A），柏拉图对政制（*politeia*）采取同样的观点。

ia）中所探讨的主要命题。最重要的莫过于有关女人和儿童的讨论。色诺芬紧随克里底亚的步伐，而克里底亚本人在色诺芬之前（当然，也在柏拉图之前）就已经完成一篇名为《斯巴达政制》的散文诗。色诺芬在作品中首先是用大量篇幅论述了"生育"（teknopoiia）的主题，其中专门论述了如何生育健康后代的优生学方法。克里底亚的作品中依然保存至今的第一句话是（Fr. 32）：

> 我将从一个人的诞生谈起。一个人要如何才能拥有最强健的体魄呢？唯有父亲积极锻炼、尽情吃喝、并能展示持久的身体忍耐力，而初生婴儿的母亲也要身体强健并能参与锻炼。

而色诺芬在他的作品中指出，斯巴达的制度允许上了年纪的丈夫同意自己的年轻妻子和另一个更有活力的年青男子生育孩子，也允许某些不愿与自己妻子同房的男人和其他人的妻子生育孩子，只要那女人多有生养，而且她的丈夫同意。至于女人分有男人的统治权以及婚姻采取多夫多妻的开放制度，我们可以推断在柏拉图对此涉足之前，雅典人就已经展开了相关的思考，而且公众对此也有强烈的兴趣。比如，阿里斯多芬在他的《公民妇女大会》（公元前392年）中，通过想象女人为了她们自己以及为了建立有关性生活方面的共产主义制度而从男人那里攫取权力的故事，来讽刺这个理念。[1] 所以，我们一点都不用感到奇怪的是，在《理想国》中，阿德曼图和苏格拉底的其他讨论者会愤怒地不敢相信，当苏格拉底带有如此强烈的斯巴达情结去设计一个好城邦时，竟然会没有怎么展开这个主题就迅速地转向了下一个主题（5. 449A—450D）。

政制（politeia）的核心含义是"公民权"，即"成为公民的条件"。在《理想国》所属的文字传统中，本身就已经以某种或隐或显的方式包含了这样一种理念，即法律和实践的体系构成了公民生活。因此，一份政制文本会包含有关合理的社会分层的问题的讨论。米利都的希波达摩斯（Hippodamus

---

[1]《理想国》第五卷和《公民妇女大会》二者对于妇女的观点，以及它们皆可追溯至更早的智者作品或讽刺作品（但是亚里士多德说，提议女人公有和孩子公有的思想者只有柏拉图一人：*Pol.* 2.7, 1266a34—6），二者的关系学界争论颇多。至于明智的评价，参见 Dawson 1992：37—40；有关证据的讨论，参见 Adam 1902：1.345—355，仍具权威。

of Miletus，可能在公元前 5 世纪中叶的某个时间段从事写作）在纯理论性地解释何为最佳政制时，就已经先于柏拉图提出了"工匠、农民和武士"阶层的三分法。[1] 但是，政制作品不一定会讨论"应该由谁来统治"的问题。至少我们手上的证据表明，希波达摩斯、色诺芬或芝诺都没讨论。不过，我们确实发现了，"由谁来统治"以及"出于谁的利益"的命题在决定一个城邦会采取何种政制的问题上是至关重要的，比如在修昔底德记载的伯里克利葬礼演说中所提到的那个城邦的例子（2.37）。众所周知，在《历史》第三卷（3.80—2）中借波斯贵族之间的争论（不过不知道这番争论是否是真实的）呈现了有关君主政体、寡头政体和民主政体孰优孰劣的讨论。但伯里克利更倾向于从民主政体所培养的生活方式和思维习惯——而非政体制度方面的规定——的角度来审视这个问题；而希罗多德笔下的波斯人欧塔涅斯（Otanes）却大篇幅地分析专制君主的生活方式。正如理查德·斯塔利（Richard Stalley）所注意到的，亚里士多德同样"承认城邦政体和它普遍的生活方式之间要达成一致，尤其是在教育方面"。[2] 事实上，他确实在某种意义上将政制描述成了"城邦的生活方式"（*Pol.* 4.11，1295a40）。所以，当柏拉图笔下的苏格拉底在《理想国》第八卷和第九卷对"堕落"的政体——或者说，社会政治体系（这大概是 politeia 一词的最佳翻译）——进行讨论时，他更多地关注生活方式以及个人和社会动机的类型——而不是去分析它们的政体框架——也就不足为奇了。

不过，普罗克洛斯可能并不认为《理想国》会同时拥有两份独立计划，即"探究何为正义"和"讨论何为最佳政制"。他基于反思之后回答道，《理想国》的计划确实可以分成两个部分，但它们均属同一份计划，因为正义在个人灵魂或心智中所扮演的角色和它在（治理有方的城邦中的）理想的社会政治体系中所扮演的角色是完全一致的。接着，他又详细解释了柏拉图的城邦三分和灵魂三分的同形结构，其间他注意到，柏拉图笔下的苏格拉底是如何把政制结构当做城邦正义的根基的，以及又如何反过来把灵魂正义视为一种内在的政制的（*On the Republic* 11.5—14.14）。法国著名的思想史

---

[1] 然而，他的三分法显然受斯巴达体系的影响，他将武士阶层归为贵族，让没有公民身份的工匠住在外围，农奴则去种田。从亚里士多德处得知，他留着长发，装作是斯巴达人——虽然我们不知道他和雅典的关系如何深远，至少超出了设计皮雷坞街道地图的责任。（关于这些信息，参见 Aristotle, Politics 2.8, 1267b22—37, 对希波丹姆的大体看法，参见 Shipley 2005.）

[2] 参见 Barker 1995：354.

家亚历山大·柯瓦雷（Alexandre Koyré）在分析时也采用了类似的方法。但有一个问题让他很是不满:[1]

> 在我们的手稿和修订本中，《理想国》总会被附上一个"论正义"的副标题。帝国时期的古代批评家们，也就是柏拉图作品的第一代编辑们，曾严肃地自问：这本书的主题到底是什么——其首要关注的是正义还是城邦政制？是道德还是政治？这个问题一直困扰着我；更糟糕的是，这是个谬论。因为这个问题揭示了存在于编辑意识中的伦理学和政治学的分离（也可以说是政治学和哲学的分离），而柏拉图决不会想要这样的分离。[2]

于是他攻击了这样一种现代性观点，即对于柏拉图而言，政治学就是对国家的研究。现代概念中的"国家"是一种去人格化的主权，它是政府及其各部门权威的来源。这种意义上的"国家"可以作为一种范畴对柏拉图时代的雅典和斯巴达进行历史性的分析，但是在古代希腊或罗马并没有与之相对应的范畴概念，而且"国家"也当然不是"城邦"（polis）一词所指。[3] 对于柏拉图和亚里士多德而言（第五章将会谈到），城邦是所有存在的共同体中最完善的形式。在《理想国》里对个人和城邦进行类比的做法，实际上是在关注柏拉图所提出的存在于灵魂结构和完美的共同体结构之间的同一性现象。但对于柯瓦雷而言，这种做法不仅仅是类比:[4]

> 因为类比依赖于相互间的关联性，所以，不可能在研究人的时候不研究人所在的城邦。个人的心理结构和城邦的社会结构会完美地契合在一起，或者用现代的话说，就是，社会心理学和个人心理学是相互关联的。

支持《理想国》当中的关联性解释的方式有很多，至于本书所采取的方式，

---

[1] Koyré 1945: 71.
[2] 但是在此书讨论的每个阶段，很显然柏拉图的思想处处可见哲学和政治学之间的张力，如果不算伦理学和政治学二者张力的话。
[3] 参见 Skinner 1989, Schofield 1995.
[4] Koyré 1945: 72.

在第六章中将有详述。[1]

不过,对于这个问题的思考还有另一种路径,即从两项计划的不同源头开始着手。对于正义的探究源于一种固有的苏格拉底式沉思,这一点自我们对《申辩》的讨论起就已经很明显了。这种路径试图得出一种关于灵魂及其幸福所在的理论,这明显是《理想国》的根本计划(参见普罗克洛斯的第一组评论)。对于城邦及其社会政治体系的讨论动用了截然不同的资源,即诉诸政制传统——尤其是理想化的斯巴达制度。就像《理想国》对我们所说的那样:我们将能够圆满完成苏格拉底关于正义的主要计划,只要(唯有如此)我们怀着决心、想象力和意愿,让论证政制传统中的一种截然不同的训练方式——引领我们前进。特别要说的是,唯有通过从事这种政制计划,我们才能体会哲学对于美好城邦(包括对于彻底从头开始这样极端手段的需要)及个体幸福的重要性。只有在那样做的过程中,我们才能找到这样一番景象:凭借着对永恒秩序及其统一原则的全身心投入,我们可以超越其他一切忧虑之事。

5. 教育、斯巴达和政制传统

教育,从最广的意义上看,被认为可能是《理想国》和《法义》中的重中之重。正如迈尔斯·博尼特(Myles Burnyeat)所提到的有关《理想国》的看法:[2]

> 如果你在设计某个理想社会,就像柏拉图在《理想国》中所做的那样,并且将它和现实社会的腐败相对照,也如柏拉图在《理想国》中所做的那样,那么你就需要考虑更多,而不仅仅是狭义的政治制度。你需要考虑所有的影响,所有的观念、意象、以及实践因为它们构成了一个社会的文化。

狄思金·科雷(Diskin Clay)关于《法义》说了一番类似的话:[3]

---

[1] 相互关联诠释的著名陈述来自 Lear 1992;至于批评,参见 Ferrari 2003.
[2] Burnyeat 1999: 217.
[3] Clay 2000: 274—275.

在柏拉图看来，若公民主体没有经历过习俗（nomos）的公民教育，成文法（nomoi）在社会上就无法扎根。基于这个理由，对于成文法的任何考虑都必须同时考虑到希腊人所说的"非成文法"："这就是使得整个社会政治秩序得以紧密结合在一起的纽带……即古老的传统习俗（Laws 7.793A—B）。"

"教育和抚养"对社会所起的重要作用在《理想国》第四卷（423E—424A）中有详述。不过，与其说柏拉图要在《理想国》里强调这个话题的中心地位，倒不如说，他是想使之成为第七卷的开篇中谈及的洞喻——在整篇对话里的所有比喻中，给人印象最深的比喻——的主题［paideia（教育、文化）及其相对的 apaideusia（无知、未开化）为主题：7.514A］。苏格拉底将常人[1]描述成受困于昏暗的地下洞穴的囚徒。他们生活在一个影子的世界中，不知道现实为何。他们什么都看不见——包括他们自己和其他人，除了洞壁上的影子——木偶师带着物体沿着矮墙经过这些囚徒的背后，火光将这些物体和他们自己投影到洞内的墙上。但这些囚徒无法进行理性思考，唯有借回忆和猜想过往的场景来认识所见之物。博尼特推断:[2]

洞喻表明，那些囚徒压根没意识到自己的价值观和思想是在未经检验的情况下就从周边文化那里直接吸收过来的。就像我们所有人刚开始的那样，他们受困于自身所受的教育和抚养。当苏格拉底指出那些囚徒并不知道洞壁上的影子就是他们自己或其他人时，他解释了（515A5：gar）他所谓的"囚徒'就像我们'"是什么意思。他指的就是，在我们赖以成长的教育和文化方面，他们和我们一样。

柏拉图关于教育的这些观念和斯巴达的教育体系之间可能有着惊人的联系。正如色诺芬所言，在其他地方，通常是由父母为自己的孩子安排教育的内容，但是斯巴达在实践上有一处关键不同：在斯巴达，教育受到城邦的组织

---

[1] 至少这是通常的解释。J. Wilderbing 对此观点有种巧妙设想：所谓囚徒，是指政客、智者和艺人（Wilderbing 2004: 128）。他的思考关键是，囚徒所参与的对法庭正义和政治荣誉的竞争（Rep. 7.517D—E, 520C—D；参见 516C—E）。但是苏格拉底告诉格劳孔囚徒"就像我们"（7.515A），他那时的脑中所想，准确说来是像格劳孔的人，在下一卷阿德曼图认定格劳孔好争（8.548D）。

[2] Burnyeat 1999: 240.

和控制,城邦从统治阶层中任命一位官员,由他来负责照管成群的男孩(*Lac. Pol.* 2.1—2)。我们从他和其他人的解释那里很容易就能知道,斯巴达所提供的教育(*agôgê*)是一种严酷的生活制度,会对个人身体施以极大的挑战与困难。其目的是不仅要发展出个人的坚韧品质,还要培养其智慧,不过最重要的还是要训练其对于上级的服从和对于斯巴达尚武精神的适应。柏拉图抛弃了似乎被斯巴达人——像克里特人一样——所执着于的黩武主义美德观。但是,柏拉图非常认同这样一种观念,即,如果城邦确定自己拥有的不仅仅是一个教育体系,而是一个专门把培养美德作为坚定目标并旨在于造就"完美公民"的文化环境,那么社会整体和个体发展就能相互协调。他在《理想国》的其他地方指出过,他想用这样的社会环境代替原来的城邦模式。对此,他在第三卷关于物质文化——雕像、建筑,诸如此类——的一番生动的段落中有过最好的表述。博尼特还引用过(3.401B—D):[1]

> 我们的目的是要防止我们的护卫者在恶的环境中成长——就像每天在毒草丛生的牧场里吃草、成长,他们渐渐地都没意识到大量的恶在他们的灵魂中积聚。说得更确切些,我们必须找到拥有才能的工匠来捕捉美好之物,如此,我们的年轻人便可生活在一种健康的氛围中,并能从身边的每样事物中受益。美好作品对眼睛或耳朵的影响就像一阵清风,从健康之地带来健康,并且自孩提时代起,就能不知不觉地指引他们走向相似,走向友谊,走向理性之美。

博尼特强调"渐渐地都没意识到"以及"不知不觉地"两处。年轻人的无意识甚至比意识更需要美德影响的渗透,尤其是风度和美感。

在这篇关于政制的雅典文本中,我们明显可以看到教育主题所占的突出地位,以及文中对于斯巴达的大量关注。事实上,在柏拉图时代以前或在柏拉图的那个时代,关于政制的写作整体上都属政治性的党派活动,而仰慕斯巴达的贵族群体(Laconizers)尤其偏好这种形式——或许他们是唯一偏好这种形式的人。在他们眼中,斯巴达可以提供一种理想的选择,以弥补存在于雅典的价值观及实践方面的缺陷。除了提及斯巴达的政制,另一个显著的例子就是在色诺芬的手稿中发现的但在古代就已被坚定为是色诺芬伪作的

---

[1] Burnyeat 1999: 219.

《雅典政制》（*Politeia of the Athenians*），当代人认为该作品出自于某位身份不详的、被称为"老寡头"的雅典作者，其可能于公元前425年～前415年之间完成该作品。[1] 这位斯巴达的支持者向其他拥有同样想法的人解释了，为何雅典所走的道路是如此的令人厌恶，但是它的各项制度及生活方式总是有利于大众利益的提高以及巩固，并且不容易被推翻。[2]

这份带有斯巴达色彩的作品之所以会吸引柏拉图，毫无疑问有多种原因。克里底亚——公元前404年～前403年斯巴达人所立的三十僭主的领头人——是柏拉图母亲的表兄弟；克里底亚和色诺芬都把自己——同时也被别人——视为苏格拉底圈子里的人；而苏格拉底本人也一再赞赏斯巴达和克里特的"善治"（*eunomia*）——如果《克力同》（52E）里的内容可靠的话。[3] 柏拉图对于斯巴达的那种说不清道不明的迷恋在许多对话中都有所体现。一个早期的例子是《普罗塔戈拉》，在这篇对话里有一段极不真实的文字，其中苏格拉底称克里特人乃至斯巴达人为隐秘的哲人。斯巴达对于体育锻炼的投入只是一枚烟雾弹而已，专门用来掩饰一种实际上关注"哲学和辩论"的教育体系，这种教育体系除了让男人受益外，也让女人受益（*Prot.* 342A—E）。在这个方面，相比于《理想国》而言，最为重要的文本仍属《法义》，它是唯一一篇对话场景被安排在雅典之外——在克里特——的作品。它的第一卷主要讲述了雅典访问者对斯巴达和克里特黩武主义以及与之相伴的德性不足的有力攻击，同时还附带着攻击了斯巴达备受误解的朴素主义（涉及烈酒的使用以及会饮的制度）。所有这些都可归结为对斯巴达

---

[1] 这篇短文在洛布古典丛书（Marchant and Bowersock 1968）的 *Xenophon*：*Scripta Minora* 扩展本中最容易寻得；也可参见 Osborne 2004（包括参考文献）。关于这篇短文的重点及其归属类型，争论颇多。该问题的最佳讨论仍是 Gomme 1962。诚如 Gomme 所说，这个小册子是"学术"作品，运用的论证技巧让人想到希腊智者，用来支持一种矛盾，"让更差者变为更好者"——但没有文采，有人可能会认为是一名智者。我的看法是，它的第一段文字说得很清楚，它是对政制文献的嘲弄贡献：嘲弄，因为斯巴达并不是作者的钦佩对象，他所钦佩的是雅典，虽然带着精妙的黑色幽默。

[2] 关于倾斯巴达文献的更多内容，参见 Ferrari and Griffith 2000：xiv—xvii；Dawson 1992：ch. 1；Schofield 1999b；Menn 2005；Hodkinson 2005. 克里底亚和老寡头二者思想、计划和主旨之间的有趣联系参见 Canfora 1988.

[3] 人们认为斯巴达的政制是以克里特体系为原型：Herodutus 1.65.4—5；Aristotle *Pol.* 2.10, 1271b20—32.

教育理念的激进批判。在同样作为晚期作品的《克里底亚》里,[1] 批判就很含蓄。我们丝毫都不用觉得奇怪的是,[2] 柏拉图会借克里底亚之口,把那时尚未败坏并战胜了亚特兰蒂斯的雅典城邦描绘成"坐落在阿提卡的斯巴达形象"。[3] 那时的雅典疆域比任何一个时期的疆域都要大,土地也更为富饶;它是陆上强国,战功无人能及;[4] 它还享有善治,即与斯巴达的生活方式有相同意义的善治(*Tim.* 23C—D, 25B—C; *Critias* 110C—112D)。克里底亚所描述的雅典鲜活地体现出了柏拉图笔下的苏格拉底所谈及的政制(*Tim.* 26C—D)。不过,统治它的不是哲人,而是过集体生活的民兵,他们远离其他人,和斯巴达的做法一样——这就是苏格拉底本人在《蒂迈欧》开头处所回忆起的理想城邦(*Tim.* 17B—19A; *Critias* 110C—D, 112—E)。

在所有这些柏拉图的资料中,存在着大量的内在性和模糊性。好像柏拉图自身写作所面向的重要读者(无论是现实的读者,还是想象中的读者)必然是那些和他自己一样的雅典人。因为这些雅典人均能在柏拉图针对有斯巴达色彩的苏格拉底展开的早期思考中以及在有斯巴达色彩的苏格拉底身上(这种思考以及描述在《理想国》中就有出现,不过最重要的是在《法义》里)找到了强烈的共鸣。[5] 一方面,他不停地批评斯巴达和克里特的态度和制度。而在另一方面,斯巴达和克里特又显然为柏拉图划定了有关政制讨论的对象——即便他花了很多时间想要表明它们应当被超越以及如何被超越。至于在《理想国》的第二卷和第三卷中,为什么柏拉图会把斯巴达和克里特模式抛在一边不顾,这是唯一一处我们尚不明确的地方。不过,我们首先应当理解的是,为什么在这种情况下非要引入教育的主题。这一背景有着普遍的斯巴达特征是毫无疑问的。那些要接受教育的人都是属于独立的公民

---

[1] 以僭主克里底亚的祖父命名,这位祖父是这篇对话的主要对话者。我是这么认为的。Christopher Gill 持不同观点,参见本页脚注3。至于更多讨论,参见第 175 页脚注 1。
[2] 至少柏拉图的家族钦佩斯巴达已经有很长的历史:参见本页脚注1。
[3] Gill 1977: 295.
[4] 丝毫未提及雅典在海上的利益或海战上的利益(这个版本的"史前时期"和亚特兰蒂斯的争霸有关)。克里底亚在此暗示,雅典依赖于传统的重步兵。
[5] 伊索克拉底在他的《泛雅典娜节祝词》(*Panathenaicus*,公元前 342 年至前 339 年)仍然嘲讽斯巴达主义者(*Panath.* 41)。一代或两代以后,早期斯多亚派维护斯巴达主义,以此对抗柏拉图,参见 Schofield 1999b。至于对"批判的共同体"持异议的雅典人,参见 Ober 1998: 43—51;关于《法义》制度和意识形态类似于斯巴达的进一步讨论,以及对目标读者为斯巴达人或斯巴达狂热者的思考,参见 Powell 1994.

"护卫者"阶层,因为他们将会为城邦提供战斗能力。[1] 当苏格拉底在提出这个提议时,他其实是在主张某些会令雅典和大多数希腊城邦感到厌恶,但对斯巴达和克里特的政治组织而言,又是绝对必要的东西。柏拉图的最初读者会立即认为,他的政制具有非常深的斯巴达痕迹。然而,如果他们当中的某些斯巴达信徒进一步希望护卫者的教育就是斯巴达的那种教育(agôgê),那么他们将会大吃一惊。

苏格拉底简要地论证了,他的护卫者除了要有纯种护卫犬那样的身体素质外,还需要天生英勇——如果他们要在灵魂上勇敢无畏的话(2.375A—B)。不过,他接着又花了更多的时间去论证,如果他们能以一种温和的方式对待他们自己的人民,那么他们也必须具有一种与之相反的天然性情。他所认同的这种性情根植于认识(纯种犬对人友善是因为犬能认识人),所以我们也就可以说,这是一种哲学性情(2.375B—376C)——我们或许应该说,这种哲学性情是与生俱来的。接着,苏格拉底转而讨论起何种教育是适合此类人的。他主张所谓的"传统模式",即同时包括身体锻炼以及诗歌和音乐的灵魂教育,而且教育应从诗歌和音乐开始。他提到的这种传统完全不是斯巴达和克里特的传统,而是一种雅典人的实践——正如柏拉图笔下的普罗塔戈拉在其精彩演说中所描述的那样,从音乐开始,然后是身体训练(*Prot.* 325D—326C)。无论哪一个介入教育讨论的人,格劳孔或阿德曼图,都没有对这种教育模式提出过任何异议(2.376E, 3.410C—D)。作为一种完全替代了斯巴达和克里特模式的方案,它对军人阶层和其他所有人之间的合适关系有着完全不同的设想。根据普鲁塔克(Plutarch, *Lycurgus* 28)的记载,亚里士多德曾记述过斯巴达每年都要向农奴(the helots,即希洛人)宣战,目的就是要执行杀戮:这种实践或多或少都是因为受到了斯巴达教育(*agôgê*)怂恿的结果。而在《理想国》中则恰恰相反,护卫者所受的教育不会使他们像"野蛮的主人"那样对待其他公民,因为他们是照看羊群的牧羊

---

[1] 我所用的"护卫者"(guards,希腊原文为 *phulakes*)一词通常译为"守卫者"(guardians)。在大西洋两岸,"护卫者"的主要联想现在可能是"安全护卫者"(保护公司的财产和员工,避免外在的伤害)。这种功能完全就是柏拉图所用词汇 phulakes 的首要功能,至少在他和警卫狗的比较看来是如此(参见 2.375A—D),尽管"监狱看守"也是一种联想,苏格拉底的评论可能会唤起这种联想。他说,将护卫者安置在他们自己的部队中,能够使他们最好地"控制(字面意思为压制)那些内在的东西,如果他们当中有人拒绝服从法律的话"(3.415D—E)。

犬，而不是攻击羊群的恶狼（3.416A—C）。[1]

引起现代读者更多震撼的，与其说是苏格拉底教育思想的雅典源头，倒不如说是在第二卷和第三卷里所推行的音乐及诗歌教育的全面改革会有如此大的波及面以及会如此强势。改革方案确实有一些斯巴达的色彩。比如，苏格拉底出于道德考量剔除了荷马和希罗多德的大量诗句，他同时又将音乐形式减少到只剩两种，专门用来表现勇敢和自制（3.399A—C），而这正体现了类似于斯巴达的德性教育观。与勇敢相关的音乐模式来自多利安人——斯巴达人和克里特人皆属多利安民族；在《法义》中，墨吉罗斯（Megillus）论道，荷马（他指的是未删减过的荷马）所描述的生活模式并不是斯巴达式的，而是伊奥尼亚式的（*Laws* 3.680C）。然而，诚如普罗塔戈拉对于雅典训练的解释（*Prot.* 325D—326C），苏格拉底费了更多的笔墨探讨音乐和诗歌（376E—403C），而非身体训练（403C—410B）。此外，他强调身体训练主要是为了灵魂的益处。正如苏格拉底对该问题所作的总结（441E—412A）：

> 如果你想听我的意见，那就是，神赐予了人类两种技艺，一种是音乐诗歌，另一种是身体锻炼，这两种要素似乎不是精神和肉体（或许只是偶然如此），而是人类天性中的激情部分和哲学部分。因此，适宜的紧张和放松能够使得二者和谐一致。

这种关于和谐灵魂之德性的描写，似乎并非仅仅适用于军人阶层。确实，苏格拉底在第四卷的末尾作出"正义即灵魂和谐"的普遍解释时，他想到了上面这段话——他解释了灵魂之中理性要素和激情要素的适当关系（4.441E—442A）。正如作为核心部分的第五至第七卷中所论，"哲学部分"的正确教育将要求学习多门数学知识，最后达到对它们相互关系的理解，而这反过来为辩证法的掌握作出了必要的准备——辩证法是一种哲学方法，通过这种方法，可以达成对于永恒实在的一种既分析又综合的理解。这一观点是毕达哥拉斯以及苏格拉底式的，而和雅典模式或斯巴达模式没有丝毫关系。

---

[1] 柏拉图在《法义》引进了"秘密任务"（*krupteia*）。这是斯巴达教育中的一项内容，要求青少年到山中住满一年，通过偷盗或更差劲的方法让自己不为人所见（*kruptoi*，隐藏之意）。这明显就是乡村市政官（*agronomoi*）新上任规定要做的事（*Laws* 6.760A—763C）；关于讨论，参见 Brisson 2005：113—114。但是这在总的教育章程中并不怎么重要。

在《法义》里，对克里特和斯巴达的批判相当明确，而且事实上雅典访问者就是以与之直接相关的论辩开启全文的。他首先是追问由克里特法律所规定的公餐、健身、军事装备制度的理论根据。克里尼亚的回应是：他们的立法者在设计各种制度的时候，考虑的是如何确保战争的胜利，因为"和平"只不过是嘴上说说的东西，事实上每个城邦都会卷入进与其他城邦不宣而战的自然倾向中去。斯巴达人墨吉罗斯承认，斯巴达社会建立在相同的基础上。接着，雅典访问者又开始去考察斯巴达和克里特的黩武主义。他从克里尼亚那里得出了这样一种看法，即，出于征服目的的战争普遍存在于整个社会之中，一直渗透至社会的最基本单元；而且会与存在于个人灵魂中的内在冲突形成共鸣。他为了让克里底亚抛弃自己的立场，他试图让克里底亚相信，在一个"家族"的内部，对于一场爆发的纷争而言，相比于让好的要素统治或消灭坏的要素，旨在于维护和谐及友谊的司法裁决则是更为可取的结果。于是，这就引出了下面这个关键问题：相比那着眼于抗击外敌的战争，通过促进友谊及和平来将"整个社会"凝聚起来，从而使得社会自身免于内部战事（stasis），不是更重要吗？一旦克里底亚认同了这种说法，那么"勇敢（斯巴达诗人提尔泰俄斯所歌颂的德性）只是德性中的一小部分"的观点也就说得通了。对于城邦的内部冲突而言，信任甚至更加重要。[1] 而同时兼备正义、节制、智慧以及勇敢这四种德性将是最好的情况。这就是一名立法者需要考虑的内容。他将会以此为原则管理组成社会生活的所有活动，继而促进社会的福祉（Laws 1.625C—632D）。

因此，正如狄思金·科雷所言，"《法义》的最重要之处在于人文化成，而不在立法"。他接着对这个观点解释道："训练、文化、教育、劝导乃至感召，都是柏拉图用于创造某种城邦模式所采取的手段，在这种模式下，城邦里的所有自由公民都从组成马格尼西亚城（Magnesia）的 5040 户殖民家庭中获得解放。从而追求自由与卓越。"[2] 比如，在第一卷的其余部分以及随后的第二卷中，大部分内容都把重点放在了教育和德性的训练上；而作为整部作品结尾的第十二卷，则是在讨论有关神学及其他有助于对事物进行综合理解的学科的高级研究，而这些研究正是负责审查城邦法规的"夜间委员会"（Nocturnal Council）所要追求的。《法义》对诗歌和音乐极为关注。许多读

---

[1] 随后提到信用（5.730C），讲真话之所以是公民应当发展和尊敬的第一品质（你可以信任那些讲真话的人），原因即在于此。
[2] Clay 2000：275—276.

者之所以记得《理想国》，是因为它对荷马和赫西俄德的批评以及对诗人进行驱逐的主张；而《法义》之所以会引起更多的关注，是因为它用大量有趣的细节生动地描绘了公民会体验到的各种文艺形式（mousikê）："在马格尼西亚，狄俄尼索斯节期间会有许多城邦级合唱队的演出；在接连不断的、旨在于敬奉十二位主神的庆典日程上会安排各种音乐竞赛，除此之外，还有戏剧乃至喜剧诗人的演出。"[1] 莫罗（G. R. Morrow，当代最权威的《法义》评论家）如此总结了柏拉图到底是如何改进旨在于促进德性的斯巴达和克里特教育模式的：[2]

> 如果希腊城邦的生活能不断地变得更好，那么必然会回归到多利安式的生机和简朴——柏拉图对此深信不疑。可是，早期雅典的制度就已显示出了某种简朴；而且不论如何，如果多利安的那些生活方式要服务于最高目标，那么它们必须呈现出某种优雅和智慧——后来伊奥尼亚式生活的发展就展现了这种优雅和智慧。而柏拉图明显指望，雅典能够被赋予这一必要的优雅和智慧。[3]

教育对于柏拉图来说，到底是伦理问题还是政治问题？显然，在《理想国》和《法义》中，两者皆有。再回头来看一下《理想国》。这篇对话告诉我们，在一个堕落的社会中，个体很难发展成为一个好人，也很难按照人应当所是的那个样子去生活。另外，《理想国》设想的那个美好社会不仅需要好

---

[1] Clay 2000：276. 至于喜剧，参见 Laws 7.816D："不知荒唐则不知严肃，不知反面则不知正面。"但表演将由奴隶或外国人完成。

[2] Morrow 1960：92. 书的第七章——多达一百多页——主要讨论《法义》对教育的处理。

[3] 晚年的柏拉图并未丧失惊奇和困惑的能力。公民训练的第一要素就是鼓励在聚会上喝醉——当然是管理严格的聚会。对勇敢德性（斯巴达和克里特的演说者对此很是自豪）的讨论导致以下问题：可否设想参加战争只是对抗恐惧和疼痛而已？或者也在对抗欲望和快乐？哪种情况我们不能反对快乐和欲望？斯巴达和克里特的立法者在教育中所提供的训练是否以同样的方式处理痛苦和恐惧？换言之，是否应当发展自制德性以及更为狭义的勇敢德性？斯巴达人只是不许人们受过度快乐的诱惑，特别是在饮酒方面——诚如墨基卢斯的报告所示，诚如克里底亚的贺诗所示（他将斯巴达人的节制和雅典人的放纵相对）。因此，柏拉图在第一卷剩余部分借雅典访问者之口，为会饮（有着正确指导）的教育价值辩护——作为训练人们的方法，用来处理极端快乐和极端欲望，从而获得自制德性。莫罗的"优雅和智慧"可能在结果上更为明显，但在获得它的过程中则没那么明显（Laws 1.633C—650B）。

的公民，更需要好的统治者。它所描述的教育方案，旨在于让那些受其影响的人能够在城邦中恪守职责。不过，那种教育是通过教会个体如何实现大多数人的幸福来成就个体自身的。就像苏格拉底谈论哲人时所说的："若能生活在与之相配的城邦中，那么他自身的成长就会更好，而且他不仅能拯救自己，还能拯救他的城邦。"（6.497A）在这样的社会里，合适的教育能让这类人比其他社会的哲人更好地参与哲学生活及政治生活（7.520B）。[1]

---

[1] 参见本书第22页脚注1。

二 雅典、民主和自由

1. 民主的纠缠

1.1 柏拉图的语境

在卡尔·波普尔的名作《开放社会及其敌人》里，柏拉图并没有被刻画成反民主意识形态的最早缔造者（这一头衔属于赫拉克利特），而是被刻画成西方传统中最有影响力的反民主思想家。因此，波普尔把该书第一卷取名为"柏拉图的魔咒"。他对《理想国》的解释引起了很大的争议，而且在某些方面犯了明显的错误。不过，尽管《理想国》里的很多想法就其自身而言不一定和民主矛盾，但几乎没有读者会否认，它的主要政治论点在基本方向上是明显反民主的。当代的政治理论家约翰·邓恩（John Dunn）说得很到位.[1]

> 《理想国》是一本充满各种寓意的书。同时它也是一本有意挑弄读者的书，所以引起了无穷无尽的解读。但是，没有一位严肃的读者会否认，它是义无反顾地反民主。

---

[1] Dunn 2005: 44—45. 他对这句话的注释（n. 68）是这样写的（ibid. p. 198）："从此得出的相当实际的诸多结论（即使柏拉图本人得出的实际结论）仍然模糊不清——不能显而易见地为政治思想学派提供独门特色。说起政治思想学派，比如施特劳斯门下的广大主顾（clientela），他们对美国（继而对世界）最近三十年的政治颇具影响。[Anne Norton, *Leo Strauss and the Politics of American Empire* (New Haven: Yale University Press, 2004)]"

二　雅典、民主和自由

这里有个怪现象。民主思想和实践的发明[1]可能是古代希腊留给现代政治的最大遗产。然而，古希腊现存作品中，对于自身政治及政治体系的大多数理论性及论证性思考，要么是尖锐地批评民主的，要么就是用比较中立的口吻将民主的优缺点与其他政体的优缺点进行比较。[2]

这并不是说，公元前5世纪及前4世纪好辩的雅典人从来没有推崇过民主及其价值。有关公民身份、自由以及公共善（the public good）的相当复杂的辩论一般来说都已经很成熟了，尤其是那些在公民大会以及民众法庭上所发表的演说——这些演说在雅典演说家的文集中得以保存。[3] 然而，毫不意外的是，这些辩论的主要目的是为了说服听众在面对特定的现实提案时应当如何进行投票。民主构成了实践诉讼及政治的公共活动的语境。民主的价值是所有明智之人可以依赖的共同基础，所以发言者诉诸民主价值的行为显然不是仅仅试图为这些价值作出充分明晰的表达或辩护（在修昔底德所呈现的专门献给死于战争的雅典烈士的伯里克利葬礼演说辞中，有对雅典政治价值的细致分析）。与此同时，实际情况表明，民主政体还孕育了对于不同政治体系的理论讨论，尽管这些讨论对民主常怀有敌意。[4]

公元前5世纪及前4世纪期间，对于这种类型的讨论有持续影响力的主要参与者，无一例外的全是雅典作家，除了柏拉图本人之外，还有修昔底德、伊索克拉底以及长居于雅典的亚里士多德。另外还有两位雅典作者，即克里底亚和色诺芬，他们则致力于研究作为另一种社会形式典范的斯巴达政制传统（我们在后一章中对此会有讨论）——这种传统似乎是因其作为雅典民主的绝对对立面而树立起来的。事实上，我们不妨把所有这些作家的著述活动——包括各种不同类型的写作，比如有历史、审议性的演说、政制分析、哲学对话、哲学论文等——当作是在设想另外一种代替雅典民主方式的

---

[1]　关于这个话题，有本极好的书：Robinson 2004。
[2]　公元前五世纪"对民主（理论层面上）的系统讨论没有保存下来，也可能从来就没有这样的讨论"：Raaflaub, 1990: 34. 人们经常假设，柏拉图在《普罗泰戈拉》借普罗泰戈拉之口所说的话表明了智者自身的理论，这些话因而成了该归纳的一个例外，参见 Farra 1988。我对此观点持怀疑态度。民主"理论"的其他候选作品可能包括"老寡头"所写的小册子（在第一章第五节和第三章第一节会简要讨论），还有德谟克利特的残篇对政治的评论，参见 Taylor 2000。
[3]　但是不止这些：关于其他资料的评述——大多数来自希罗多德、修昔底德和阿提卡悲剧——参见 Raaflaub 1990。
[4]　尤见 Ober 1998。

可能性时所进行的尝试。长期以来，希腊人强烈地意识到，他们在自治城邦中独有的生活方式和波斯大帝的绝对君主统治之间有着明显的区别——正如希罗多德在《历史》中所格外清晰地讲述的那样。叛逆的雅典作者们都是在经历了伯罗奔尼撒战争的残酷洗礼后形成了自己的思想，所以我们可以很有把握地说，正是那些年发生的事情——包括战争本身的恐怖和艰辛，与处在完全不同的政治体制中的敌人的冲突，以及雅典后期所经历的一系列内部革命和反革命——形成了某种能激发他们对其他政制进行更为专注和全面思考的环境。

即便这样，如果滋养这些思想家的民主社会不鼓励他们对这些主题进行如此开放式的讨论，我们也很难想象这么多的思想家都在进行这种紧张思考。事实上，我们可以从另外两种题材的现存范例——欧里庇得斯的悲剧和阿里斯多芬的喜剧（它们皆为公共节日的公民制度而作）——推测出，雅典人确实喜欢有关民主的讨论。欧里庇得斯有两部在战时所作的作品，反映了有关道德及社会的基本主题的诸多争论（不可否认，都不怎么深刻），在剧中，民主政体的拥护者和绝对君主政体的拥护者分别为民主的优点与缺点展开了辩论（*Phoenician Women*，lines 503—585；*Suppliants*，lines 301—319，399—466）。阿里斯多芬的《鸟》（公元前415年）则完全是在尝试构建一个替代雅典的空想世界，即最初的"浮云杜鹃地"（Cloudcuckooland，比喻脱离现实的幻境）。《理想国》里借"城邦之船"的类比对民主政体展开的批评和阿里斯多芬的喜剧《骑士》（公元前424年）对雅典公共决策的讽刺有着异曲同工之妙。特别要说的是，柏拉图笔下的苏格拉底将船主描绘成耳背、目光短浅以及无知之人的做法，在阿里斯多芬那里也能找到，因为阿里斯多芬也把雅典掌权的民众（*dêmos*）描绘成了一个"愚蠢、轻信、放纵的老人"。[1] "民众啊"，骑士合唱团这么唱道（可能这段话引自柏拉图的《高尔吉亚》），"你们的统治确实显赫，所有人都畏惧你们，因为你们像暴君那样。可是你们容易误入迷途，因为你们喜欢听信逸言佞语，不管谁在说话，你们都呆若木鸡——尽管你们人在，但心智却不在。"[2] 萨拉·莫诺森（Sara Monoson）说得更简单明了，而且也有广泛的说服力。她认为，柏拉图的对话作为一个批评媒介，之所以能在其所处的历史环境中找到容身之处，

---

[1] Yunis 1996：51；下文引用的《骑士》1111—20就是采用他的翻译。
[2] 古代希腊把民众（*dêmos*）描写成暴君，关于这种描写的有趣讨论，参见 Morgan 2003。柏拉图对该主题的发展将在本章第二节讨论。

是因为民主一直坚守 parrhêsia（言论自由）的价值，坦白地说，无论是在剧场中，在集会上，还是在法庭上均为如此。[1]

鉴于这样的背景，当我们进一步发现柏拉图与民主之间的智力对垒会如此的复杂多变时，也就不足为奇了。第一章已经让人注意到，柏拉图对话是在各种不同的语言风格中写就的。就柏拉图对民主的态度而言，《理想国》和《法义》（举我们最为熟悉的例子）各自不同的哲学计划会让我们在对它们有关该主题的言说内容进行比较与评价时，感到特别的难以捉摸。通过分析其他批评民主的雅典作品，我们似乎会感觉到，区分内在性批评和排斥性批评（或者说，关联性批评或分离性批评）是十分有用的做法——这种对批评的区分主要是由政治哲学家米歇尔·沃尔泽提出的，即区分：到底是从社会内部视角展开的批评还是从与社会保持距离的视角展开的批评，以及到底是站在系统的同一面展开的批评还是站在系统的对立面展开的批评。[2] 因此，我们可以有效地认为，克里底亚和色诺芬的写作是从排斥性视角展开的，而阿里斯多芬所采取的是内在性视角。接下来我将要说明的是，柏拉图的复杂性是因为他在写作时，经常在两种视角之间进行切换，而且有时候还会同时包含两种视角。[3]

关于《申辩》、《克里同》以及其他早期对话作品中的苏格拉底，克里斯托弗·罗（Christopher Rowe）说道：[4]

> 追问柏拉图笔下的苏格拉底到底是属于民主派还是属于反民主派没有多大意义。他是以一种区别于他人的方式捍卫公民共同体的，只不过，他对于他所生活于其中的体系提出了一些根本性的批评，而那套体系事实上也允许他这么做。

---

[1] 参见 Monoson 2000。本章第一节就是参鉴了她的书名（*Plato's Democratic Entanglements*）。我赞同她在本注释所注的那句话中展示的论证要点——特别是言论自由的部分（也可参见第二节）。在另一方面，我赞同某些"正统学说"的说法，把柏拉图描述成"臭名昭著的反民主主义者"（同上，p.115）抑或"民主政体最为坚决的敌人"（Vidal‐Naquet 1995：79），而这些都为她所质疑。我颇同意 Vidal‐Naquet 的评论："一切（即当代极权制度的关键特征）都在这里得以发现，为服务意识形态而重写历史，再到'沉思之地'（*sôphronistêria*, *Laws* 908A）的集中营建设。在沉思之地，思想错误和行为错误的人有充裕的时间去思考最好的政体。"

[2] 参见 Walzer 1987。

[3] 关于进一步的"民主的纠缠"，参见本章第二节和第三节，也可参见第三章第一节。

[4] Rowe 1998：245。

正如罗所指出的那样，理查德·克劳特（Richard Kraut）所作的《苏格拉底和国家》（*Socrates and the State*）强调《克里同》中的苏格拉底钟爱雅典甚于其他所有城邦（*Crito* 51C—53A）。克劳特认为那种钟爱不仅仅体现在他的忠实行为上，还体现在他的原则性认同上，即认同他和其他公民在民主政体下都能享受到的对民主进行考察的那种自由。克劳特通过重新解读向我们指出，苏格拉底之所以欣赏"那套体系"，完全是因为该体系推进了它所宣称要推进的那种自由。[1] 不过即便如此，诚如第一章所论，苏格拉底毫无疑问是一名彻头彻尾的民主批评者。他的根本思想是，我们在各个领域都应寻求"一"的智慧，而非"多"的意见。显然，这是和民主理念格格不入的，因为后者坚持由集会中的众人或法庭上的陪审团进行统治。而他明确表示，他的思想是切实可行的，绝非一套乌托邦计划。

这和柏拉图的立场有多大不同呢？柏拉图高高在上的乌托邦思想以及他对民主的嘲讽在多大程度上能够和他对民主的认同共存呢？克里斯托弗·罗接受了克劳特关于苏格拉底的观点，并评论道：对于作为公民的柏拉图，我们确实知之甚少，特别是相较于我们对苏格拉底的了解而言——尽管我们没有理由认为他不是一名忠实的雅典人。因此，关于柏拉图是否属于民主派——或者，关于柏拉图身上到底有多少迹象可以表明他有民主倾向——的有意义的讨论，都是围绕着我们到底可以从——或者不可以从——对话本身推断出什么的问题展开的。最近几年，这番讨论以各种方式进行。我在这里首先要做的，就是通过考察两个非常不同的争议之处来审视这些方式。第一个要考察的就是苏格拉底对话的真实形式和结构。第二个要考察的是两篇后期作品——即《治邦者》和《法义》——对于民主政体的阐述。至于第三个有争议的地方，即我们从《理想国》第八卷对民主城邦的讽刺中可以或不可以推断出什么，我将放到第三章中对其进行一个更加简练的讨论。

1.2　柏拉图对话和民主话语

对于第一个问题，有一派思想认为，正是苏格拉底的对话形式揭示了一种反对极权的民主谈话模式。[2] 对于这种说法有好几种不同的解释，但是在彼得·尤本（Peter Euben）——为这种说法提供最有力辩护的人之一——对该主题所作的分析中，有两点甚为突出。第一点体现了对于"审议民主"

---

[1]　参见 Kraut 1984: ch. Ⅶ.
[2]　代表性的陈述参见 Euben 1994 and 1996; Monoson 1994 and 2000.

二　雅典、民主和自由　　　　　　　　　　　　45

（deliberative democracy）这个概念日益高涨的兴趣。这种观点以为，公民权利受到保护以及利益协商的方式（参见国家自由主义理论）不足以使民主决策具备合法性。自由平等的公民参与决策进程的方式（参见共和理论）也不足以使民主决策具备合法性，毕竟公民参与只是部分，比它更为重要的是"共有的生活形式"，因为这种生活方式构成了社会。民主合法性地位的确立取决于，在各种程序——既包括以制度形式确立的程序，也包括以传统惯例所确立的程序——构成的整套机制内所作出的决策在多大程度上是公正理性审议的透明结果。根据这个观点，关键在于审议程序的质量。[1]（并非每个人都这么认为。对于某些人而言，以审议为焦点的做法完全会让我们忽视很多与政治现实及民主进程的现实休戚相关的东西。[2]）

　　有些人认为，关于审议民主的思想及实践"和民主本身一样古老悠久"。乔·埃尔斯特（Jon Elster）引用了伯里克利葬礼演说中有关雅典人的看法，"我们并不认为对话是行动道路上的绊脚石，相反，我们认为它是达成一切明智之举所不可或缺的前提"（修昔底德，《伯罗奔尼撒战争史》2.40）[3]审议民主的理论家有许多灵感来自于哈贝马斯有关"批判理性"（critical rationality）的作品——尤其是他在1960年代和1970年代所完成的作品。在这个时期的作品中，哈贝马斯提出了一套类似于无限制对话或"沟通理性"那样的理想模式。当尤本说苏格拉底对话中存在"哈贝马斯维度"时，他指的就是这个模式（而不是他后来提出的比较现实的沟通方案）。[4]他提出，诸如《高尔吉亚》这样的柏拉图文本反映了"哈贝马斯关于沟通理性的一种理想，在这种理想中，沟通本身的正式结构所衍生出的坦诚、亲密、共识和

---

[1]　此处我参鉴了Jürgen Habermas最为合理的新近解释，他称之为民主制的程序主义模式，见Habermas 1996。对于审议民主的思想讨论，有篇序言很棒，Bohman and Rehg 1997，尤见主编的序言（pp. ix—xxx）。
[2]　参见Walzer 2004b；Anderson 2005：ch. 5. Walzer认为"审议自身非民众所为"这一事实是"中心问题"。他继续说道（2004b：109）："我并不是说普通人没有理性能力，只是说三亿人抑或一百万人抑或十万人无法一同进行理性思考。若使他们远离那些他们能够一起做的事项，便会铸成大错。因为，若是这样做，财富和权力的既定等级就失去了有组织有效力的对立面。这种转变的政治后果很容易预知：离开的公民们将会输掉他们可能想要赢，而且可能需要赢的那些战斗。"
[3]　Elster 1998：1.
[4]　关于哈贝马斯模式的简要解释，参见Benhabib 1986：279—297.

理性辩论主导了对话和审议"。[1]

假设有这么一个问题：关于"批判理性"的普遍构想，到底有什么特别的民主含义呢？坦白地说，重申那个很具吸引力的提议，即，在苏格拉底对话所体现的有利于批判理性发挥作用的历史环境中，最重要的是雅典民主对于"言论自由"（parrhêsia）的喜爱，是否就足够回答我们的问题了？我认为不够。我们可能会同意，柏拉图的全部作品之所以能得以完整的保存，是因为雅典人能够成功地构建出作为民主的社会及政治文化之必要条件的 parrhêsia，以及对其成功的实践。[2] 但这并不意味着，哈贝马斯式的对话本身就蕴含着任何民主的潜在性。尤本在解释哈贝马斯式的对话如何蕴含民主的潜在性时，他说哲学对话可能起到了"理想化的民主审议"的作用。[3]

准确地说，哈贝马斯式的理想对话的重点在于，它向我们讲明白了，什么是政治审议所应该是的那个样子——如果政治审议确实具备政治特征。其必须能够通过公共的理性讨论来转变对话参与者当下的偏好及信念，以致他们能在有关共同利益的观念上达成一致。[4] 哈贝马斯式的理想提供了一种能赋予"政治性"（political）概念以实质性内容的方式，使得"政治性"明显区别于被视为政治家角逐权力并借此控制公共资源的竞技场的"政治"（politics）。[5] 根据这番设想，以理性原则为基础的共同参与式的真理探索——柏拉图笔下的苏格拉底常称自己与对话者从事这番探索——确实更像是伯里克利在葬礼演说中所表现的那种政治谈话范式。[6] 此外，至少在一篇对话中，苏格拉底确实使用了"决策"（decision）及"共同审议"（common deliberation）这样的政治词汇，来向他的对话者——他的老朋友克力同——解释他们二人所进行的那种辩论活动（参见 *Crito* 49C—E）。正如苏

---

[1] Euben 1996: 338. 这种理想似乎不能从沟通的表面结构推导而来：关于此种说法的批评，参见 Williams 2002: 225—232（cf. 100—110）.

[2] Monoson 1994: 172—197.

[3] Euben 1994: 222; 1996: 343.

[4] 参见 Elster 1997.

[5] 参见 Wolin 1996.

[6] 这种范式和 Nicole Loraux 所描绘的公元前四世纪（即，伯罗奔尼撒战争结束，雅典人发布政治赦令之后的时期）雅典人的民主思想景象并无二致。她论证说，"*kratos*"显然非哈贝马斯式的含义——即"力量"、"控制"——如此偏向于谈论"政制"或"城邦"，而非"民主"，或者说是在大肆谈论民主的"温和"。参见 Loraux 2002: 68—71, 245—264.（不过，她的论证强烈依赖于伊索克拉底提供的证据，而他有自己的独特议程，参加 Ober 1998: ch. 5。）

格拉底对话自身所体现出的审议特征。柏拉图选取了特定的表达方式来展现这种对话，旨在于强调这种对话和可以与其相类比的政治现象之间所存在的相似性。不过，要那么做，他就必须对其典型的问答步骤轻描淡写（这种问答步骤并不能十分有效地用作一种政治谈话的模式，虽然证人在法庭上有义务接受这样的步骤）。[1]

在柏拉图作为作家的另一面，我们发现他对美好社会的基础进行了理论化发展，而其间的某些东西近乎哈贝马斯式的理想。在《法义》的一段关键文字中，对话的主导者——一名前往克里特的"雅典访问者"——表示公民有权决定一些事务来构建他们的共同体生活，而非被迫接受一套强制性的法律制度。法律的制定应当包含一种相当于哲学讨论的劝说形式。这是因为，公民乃自由之人，而非奴隶（*Laws* 4.719E—723D, 9.857B—E）。众人需要在社会政治体系中保持对自由的尊重，而访问者把这种需要和民主观念相关联（3.693D—E）。优本在讲述有关哈贝马斯的内容时，正是结合了这些素材——即由自由人所引导的、与民主政体相匹配的哲学对话。当然，在充分理解柏拉图之前，我们必须对于上述所有出现在《法义》中的元素——包括哲学、对话、自由、民主——展开彻底的分析。关于这项工作，将在本章第三节中展开。

从"审议性民主"的角度来看柏拉图的对话，会将政治理解成纯粹批判性的哲学对话中所表现出的坦诚关系及互动关系，而这会冒一种将政治非政治化的危险。而尤本提出的另一个角度则和哈贝马斯式的理想诉求之间存在着某种巨大的张力。尤本的角度会冒另一种全然相反的危险：将哲学政治化。它源于这么一种思想，即柏拉图对话是"多声部的"、对话式的。也就是说，在由他们呈现的对话之中，我们能够听到许多声音在表达各种不同的观点，这些观点有时是不可调和，甚至是不可比较的，不过其中没有一种声音能够获得任何终极权威，即便是苏格拉底的声音。[2] 这种视角通常可以追溯至米海尔·巴赫金（Mikhail Bakhtin），尤本在论述"多声部"导致的交流障碍时，就引用了他的话：[3]

---

[1] 关于《克力同》的审议维度，参见 Lane 1998b; Harte 1999. 紧随该段落（*Crito* 49C—E）之后，这篇对话完全弃用了苏格拉底的对话模式，继而设想雅典的法律是成熟地运用政治修辞，法律的设置是为了劝说苏格拉底不要做有关"公民不服从"的不义之事。

[2] 对此观点的清晰陈述，参见 Blondell 2002: ch. 1.

[3] Bakhtin 1981: 276.

语词指向特定对象,进入一种由陌生的话语、价值判断和口音所构成的充满张力的对话环境,从而穿梭于复杂的相互关系之中,和一些元素相结合,和另一些元素相疏离,再和其他一些元素发生交叉:所有这些因素都可能决定谈话,都可能在其各层语义上留下痕迹。

从这一解释来看,对话的参与不仅仅意味着充满激辩的信念协商,甚至还是某种斗争:各个不同的派别都在利用语言和修辞的技巧来达到对权力的操控——同时也可用于反操控。这就是被政治化的哲学。尤本认为,即使苏格拉底可能是在质疑民主(正如《高尔吉亚》或《理想国》中所展现的那样),但是苏格拉底进行质疑时的对话模式及其语境都是"民主的"。[1]

"民主的",尤本本人如是陈述他的观点。这里之所以使用双引号,是为了提醒各位,这个观念本身是充满隐喻色彩的,我们从"多声部"这个角度来看就能发现这点。约西亚·欧伯对这种解读却并不感冒,他认为尤本似乎是把这种对话当作"一种现代(或后现代)的民主话语(一种愿意通过对话进行语义交锋的方式)"——实际上,这和公元前4世纪的雅典民主很不一样。[2] 柏拉图本人对哲学和修辞术的区分(本章第二节将进行考查)提醒我们不要小看二者的差别。他笔下的苏格拉底一直坚持认为哲学私人对话和公共演说形式之间有着巨大的差异。公共演说伴随着民众(dêmos)的统治,苏格拉底将其视为在聚众(众人集体放纵自身)跟前竞逐权力的手段。关于这个主题,《高尔吉亚》当中他和珀鲁斯(Polus)的对话就有一番令人尤其难忘的陈述(474A—B):

> 所以,请不要跟我说到现场人群中去拉取选票。如果你没有比这更好的"反驳",还是立马按我所说的做吧:让我来接手,而你尝试体会一下我所认为的那种有效反驳。因为我知道怎么找出一名证人为我所说的任何内容作证。那名证人便是我的谈话者。我忽视众人。于是我知道

---

[1] Euben 1996:331,338,342—343,参见 Euben 1994:223。也可参见 Nightingale 1995:ch. 4。Euben 在此语境援引了福柯的名字(还有巴赫金的名字),但根本无法使人信服。诚如 Michael Walzer 所说,"福柯使得他的读者对政治的重要性没有感觉"(Walzer 1988:204)。

[2] Ober 1998:159。

如何从一个人那里获得选票，但我真不知道如何同众人讨论事情。[1]

为什么哲学对话本身就应当被形容成是象征"民主的"？甚至假设——某些读者对此会有质疑——对话形式具有多声部的政治化特征，就如巴赫金的复调理论所解释的那般？其中的缘由始终不明不白。诸如《普罗塔戈拉》和《高尔吉亚》这样的对话作品可能是尤本所能选取的最佳样本（至少《高尔吉亚》是如此）。比如，我们可能会承认，苏格拉底和普罗塔戈拉，[2] 或者苏格拉底和卡利克勒斯（Callicles），他们确实是想方设法在言语上压过对方，继而影响对方对事物的评价，从而表明权威："权力意志"（the will to power）。虽然这种意志并不是那种毫无偏见的、纯粹致力于真理对话的东西，但它在很大程度上推动了他们的论证。或许这种现象确实可以被解释成某种拥有政治色彩的话语形式——但很难说是某种拥有"民主色彩"的话语形式（因为并非只有民主政体才能容纳不同观点的相互竞争）。[3] 尤本论道，针对《高尔吉亚》其他发言者的修辞术观点，苏格拉底提出了某些实质性批评，而这些批评揭示了它们的反民主倾向。他还说道，对于提倡公民应对自身以及对自己的政治见解负责的民主文化来说，苏格拉底身上所体现出的是一名支持者的形象。在本章的下节内容中，我将解释为什么我会支持尤本的看法。不过，这些看法并不完全基于对话的形式。

1.3 临终皈依民主？

在围绕柏拉图有关民主的态度所展开的争论中，我们在之前提到《法义》时就已经简单讨论过该争论的第二个方面。通过比较确实可以发现，后期对话《治邦者》和《法义》所呈现的观点是不同于从《高尔吉亚》和《理想国》中所得出的粗糙结论的。难道这是由于柏拉图的看法发生了变化？或者更有可能的是，他在后期作品中提出的方案是一些侧重于其他方面的新

---

[1] 苏格拉底举了个例子：在他作为会议主席，让集会者投票时，他的无助的感觉（473E—474A）。

[2] 参见 Schofield 1992.

[3] Demosthenes 会说："在寡头政体中，和谐靠的是城邦控制力量的平衡，但是民主政体的自由则来自于竞争，好公民为了公共荣誉相互竞争。"（20. 108）但在希罗多德的政体讨论中，寡头政治被描述成到处是私仇大恨的政体，这些仇恨加剧党派割据，迟早引发流血事件（3.82.3）；而柏拉图《法义》中的雅典访问者说寡头政体下的统治者比其他体系的都要多（3.710E）。

方案，而非互不相容的评价？关于这些问题，我会在第三节以及随后的两章中从不同的角度展开分析。现在，让我们来看一些有关该主题的最新参考文献，这会使我们对一些关键内容有个大致把握。首先，茱莉亚·安纳斯（Julia Annas）毫无顾忌地采用发展主义的视角来讨论《治邦者》中有关民主政体的对话。[1] 她说："在《治邦者》中，我们发现，当柏拉图以现实主义的眼光审视政治制度到底是如何运作时，他第一次认识到了民主制的优势。"她想到的主要是"他对民主制重新作出了一番敏锐的评价"，即民主制是一种"自私的恶人难以掌权，难以将他们自己的观点和利益强加于他人"的体系（同样，有德之人也难以掌权，难以将他们的技艺强加于他人）——因为相比于其他形式的政体，民主政体把权力分配得更广、更分散。[2] 其中最重要的是，她从一个新视角发现，柏拉图把成文法视为集体智慧的宝库。不过，我将一一驳斥这些论断。

关于《法义》，我们可以参看萨纳西斯·萨马拉斯（Thanassis Samaras）的《柏拉图论民主》一书。他对有关这篇对话的长久讨论作了如下的总结。[3]

> 在《理想国》中，民主制是一种政治上效率低下、道德上败坏不堪的政体形式，它遭到了毫无保留的抛弃。在《法义》中，立场发生了转变。民主制被提升到了一个新的地位，它能——至少在某种程度上能——促进人类得以实现的最佳的希腊城邦，即马格尼西亚（Magnesia，按柏拉图的标准所设想的殖民地）声称要成为的那种城邦。

然而，"民主"一词的含义或指称仍是一样的么？如果不一样，那么对于柏拉图的"转变"就有得一争了。

有些学者则持不同立场，他们从柏拉图关于民主政体的所有写作中发现其思想存在着根本的统一性。比如，克里斯托弗·罗在其过去十年的大量发表的文献中早已不遗余力地驳斥了那些假定柏拉图晚期作品观点有变的论

---

[1] Annas and Waterfield 1995: xvii—xx.
[2] 但是爱利亚的访问者说得明确，如果法律秩序荡然无存，那么出于这种原因，民主可能会是最好的政体。在奉法律为神明的体系之下，民主的"生活至少可以过活"（*Plt.* 303A—B）。
[3] Samaras 2002: 349.

据。他认为,在晚期对话中,雅典形式的民主"依旧不受待见"。[1] 不过与此同时,他也认为:[2]

> 在《理想国》和《法义》——还有《治邦者》——里,只有唯一一种政体模式是受推崇的,而且它有这么一些基本特征:(1) 它的法律和制度以理性为基础(还要有一小部分群体,无论基数有多小,他们总能理解最初立法者的所思所想);(2) 它能促进全体公民的共同善,而这种共同善是由一种受德性支配的生活所构成的,如果这种生活并不是非要受知识指导的话;(3) 对于全体公民而言,这种生活包括统治和被统治;(4) 妨碍这种生活的任何人,不论是通过他们的工作还是他们的品性,都会被剥夺该共同体所赋予的正式成员资格。结合以上四种特征,于我而言这种模式显然和民主思想更有共通之处。它和民主政体的共通之处多过寡头政体或各种通常所见的专制政体(虽然我们和柏拉图都可能会承认它身上有某些"专制的"特征),也必定多过柏拉图经常想到的那种拥有理智的专制政体……柏拉图所谓的"最佳政体",可能是民主政体本该成为、但在他看来却未成为的那种政体范式:用苏格拉底在《墨涅克塞诺斯》中的话说,"一种获得多数人认可的……贵族政体"。

我认为这更接近实情,[3] 但这不是我的论证方式。现在就让我来说说为什么。

罗和那些持发展主义观点的人共用一个假设前提,而我在第一章就对此有过质疑。他们均假定,对于民主政体的反思是——或者说,最后成为了——柏拉图对政治进行哲学探讨的重中之重。恕我不敢认同这个观点。就我对这些对话的理解而言,他在一生中的任何阶段都没有对政体理论或政体实践表现出多大的兴趣。即使在《法义》中,对于政体的各种细节讨论也没有占据太多篇幅,正如亚里士多德在《政治学》中所论的那样(Pol. 2.6,

---

[1] Rowe 2001:73. 就《法义》而言,对此观点的有力陈述参见 Brisson 2005:106—109.
[2] Rowe 1998:251—252.
[3] Rowe 的某些详细论断似乎有误。就第(4)项而言,他肯定是假设《理想国》的商人阶层不喜欢那个社会的"正式成员资格",因为他们没份统治[参见(3)]。但是这种假设无论如何和苏格拉底建设美好城邦以及他基于其阶层体系建设政治殖民地的方式相左。《法义》中,那些卷入商业行为的人没有公民身份,但是,大部分公民的政治参与程度是成问题的。

1265a1—2)。[1] 但是，柏拉图并不会因此就成了次等的政治理论家。就好比托克维尔的《论美国的民主》，在解释美国社会和生活方式时所展现出来的敏锐洞察力，至少和分析宪法时所表现出来的相当。约翰·邓恩在《让人民自由》一书中的论证让我们注意到，对于我们而言，民主"已经不仅仅是一种政体形式，而且还是一种政治的价值观"。[2] "民主化"不单意味着平等的选民能够通过投票支持或否决某个政府，还意味着它对社会、文化及经济生活的影响。同时，它也重塑了政治权力得以被认识以及被实践的条件，创造了"一个信仰、尊重乃至忠诚皆已大量消逝的世界"，尽管资本主义导致了资源以及力量方面的巨大不平等——或者如邓恩所言，导致了一套"自我主义"的秩序。[3]

就本书所作的分析而言，我认为，贯穿在柏拉图政治哲学中的最重要的线索，并不是他对于政体的兴趣，而是对以下问题的持续关注：统治需要何种智慧或技艺，什么要素组成了一个真正的共同体，在发展某一意识形态的过程中如何应对挑战（意识形态确保公民致力于一套可以体现出理性精神以及真正的共同体精神的社会政治秩序）。相应地，这些内容将会是第四章至第七章的主旨。至于柏拉图和民主之间的激烈交锋，他的相关作品无疑向读者呈现了一种更多面的——事实上，也是更不确定的——印象，而罗提出的那套解释可能就不会让人感觉到如此深刻的印象。不管怎么样，对话本身并没有给出任何最终定论。对于这个领域的各种深层次挖掘——大多是以批判的方式，而非建构的方式——当前可谓蒸蒸日上。

1.4 展望

关于柏拉图对雅典和民主的思考，我们进行分析的第一步就是仔细考察

---

[1] 对麦格尼西亚政体的主要讨论在第六卷中占了二十页（715A—768E），而第三卷后半部分对政府体系的讨论（689E—702E）则更为重要。Stalley 1983 十六章内容只有一章在讲这个主题。Morrow 1960 在其内容分析表上写有一条："宪法未完成的可能解释"，p. xi. Brunt 1993：272 赞同 Morrow 的观点，即，柏拉图把克里特和斯巴达归为一类，他心中想的是社会教育实践的相似性。他谈及克里特人："我猜想他对他们的政治安排所知甚少，而且关注也甚少。"也可参见 Perlman 2005。

[2] Dunn 2005：130.

[3] 参见 Dunn 2005：130—138, 160—172；引文来自 p. 184. 他借用了"利己主义秩序"的表达。此表达来自一个密谋——为保存革命成果而反对罗伯斯庇尔继任者的密谋——的记述，由参与者之一 Filippo Michele Buonarroti 所写，书名为 *Conspiration pour l'égalité, dite de Babeuf*.

两篇对话——《高尔吉亚》（同时还会穿插《墨涅克塞诺斯》的内容）和《法义》，二者间隔数十年——的关联维度，这些维度在本节和上一节中已经特别指出过。在第二节，我将以"柏拉图的哲学宣言"——即《高尔吉亚》——为中心，考察柏拉图在提出"野兽"（他笔下最为经典的民众形象）之后，其对于民主和政治修辞之间存在的密切关系（阿里斯托芬和修昔底德也对这个命题很感兴趣）的探索。[1] 第三节将转而考虑他在《法义》中谈论民主政体时所采用的不同视角和相关口吻，以及他在创作这篇对话时所处的依旧不同的政治环境。在该节中，我也会重点解释为什么柏拉图最后会承认自由的重要性，会同意对于一切美好的政治社会体系而言，自由都是必不可少的基本要素。第四节将会简要作出总结。

通过分析，我们会渐渐发现，公元前4世纪雅典的民主概念从根本上而言是不确定的且充满争议的，而柏拉图本人在利用这种不确定性时也表现出了其自身的灵活性。这一发现将引导我们去审视（见第三章）柏拉图在《理想国》第八卷中对于民主所稳定持有的明确态度，不过，柏拉图的笔触充满讽刺，有时候所谈内容几乎与雅典现实无关——或者说，和任何一种所设想的政体都无关。而我将要论证的是，柏拉图提出的是一个充满智慧的理论，其关注的是一种作为理想的民主政体，只是他在陈述时，披了一件讽刺的外衣而已。我们将会看到，柏拉图的理论包含了四种主要特征：平等主义、自由、多元主义、无政府状态。最后，我将转向柏拉图对民主的基本指控：正如他所见（他的看法继承了苏格拉底），民主无法让知识或专门技艺在统治中发挥作用。在论证该命题之时（主要参见前期对话《普罗塔戈拉》和后期对话《治邦者》），柏拉图出于批判的目的，竟致力于构建另一种"民主知识"——至于它的不足之处，就留给读者自行去评定吧。

2. 民主和修辞

2.1 人民的力量

在《美诺》中，苏格拉底对阿努图斯（Anytus）说，有些人——即所谓

---

[1] Kahn 1996：125.

的智者——宣传他们自己是德性之师。[1] 他的这番话引起了其未来起诉者的强烈反应（Men. 91C）：

> 天哪，苏格拉底，慎言慎言！我希望我的朋友亲戚，无论是雅典的还是其他地方的，千万不要迷失了心智，接近那些人然后被他们毁掉。那些人明显会败坏周边之人。

柏拉图笔下的苏格拉底对该论断提出了质疑。阿努图斯不得不承认，这个论断是完全没有经验证据的。在《理想国》中，柏拉图笔下的苏格拉底也否定了"败坏年轻人的主要责任在于智者"的观念。责任必须归于那些抱怨智者的人，即人民整体——特别是"当他们大规模地围坐在一处的时候，比如集会、法庭、剧场、军队，以及任何其他的民众聚会"（6.492B）。大概在一页的篇幅之后，苏格拉底接着说明他所认为的智者的真实角色，其次解释了他的民主比喻。就像船喻处理了真哲人在政治上看似一无是处的问题，兽喻则阐明了智者与其所处社会之间的关系（6.493A—C）：

> 公众称之为智者，并视之为对手的那些图利之人，他们教授的内容和公众在聚会时所表达的那些看法是完全一样的。那便是他们所谓的智慧。就像是某人养了头巨兽，想了解它的激情和欲望，想知道如何接近它，如何控制它，它何时最为暴戾，何时又最为温驯，并且为何如此，何物使其如此；还想了解它在各种情况下习惯发出的各种声音，想知道他人所发的何种声音会抚慰它，何种声音又会激怒它。想象一下，他和这头巨兽相处了很长时间之后便对这一切了如指掌。然后他可能会把他所知的东西称为智慧，可能会把他的发现组织成一门技艺或学科，继而从事教学，尽管他实际上对这些事物的美和丑、好和坏、正义和不义一概不知，只会根据从巨兽那里得出的意见来确定这些名称。给巨兽带来快乐的东西他称之为好。让它忧烦的东西他称之为坏。因为他没有其他可行的解释，所以便称所需之物为正义和美好。他从不曾看到，也无法

---

[1] 关于智者——周游列国的知识分子，活跃于公元前五世纪晚期，收费教导"智慧"（sophia），在吸引有政治抱负的雅典年轻人这方面，他们被认为是特别成功——首先参见柏拉图《普罗泰戈拉》所描绘的机智却恶毒的团体。Guthrie 1969 的研究主题就是他们。

向其他任何人解释,"必需"和"好"之间实际存在的巨大差异。如果这就是他的所作所为,你不觉得他是一名相当奇怪的教师吗?

巨兽的形象传达了柏拉图对于民主想说的大量信息。其中最为重要的是以下看法:在由民众直接进行统治的政治体系中(做出关键决策的不是个人,也不是有限成员组成的团体,而是聚集一处的民众本身),人民是该社会全部价值的来源。就此方面而言,我们可能会说民主政体是个极权体系。更甚的是,公共意见的力量会导致一种完全堕落的价值体系。这是因为民众的激情和欲望最终决定了智慧的内容。依照智者对众人的教导,如果众人喜欢某物,那物就是"好"(即我们真正应该要的东西);如果不喜欢,那就是"坏"。"必要性"(Necessity)——(或许)即政治上的权宜之计——冠上了道德认可的用语:"正义"、"好"。那么,作为判断基础的理性又是如何呢?动物是没有理性的,有的只是激情和欲望。你可能以为智者——致力于教育的智慧践行者——会像动物饲养员那样用独立的理性来处理伦理事宜。然而你错了。事实是巨兽控制了他,而不是他控制巨兽。[1]

有关智者——致力于通过教导来培育"好公民"的那类人,比如普罗塔戈拉——的内容先说这么多。至于像高尔吉亚那样的修辞教师,情况是否可能有所不同?[2] 柏拉图将以下论断归之于高尔吉亚:修辞术授予其实践者劝说聚众(比如前文所示的各种民众聚会)的能力,从而使得他们能够统治

---

[1] 此处——就如《高尔吉亚》时常出现的那样——柏拉图对民众的态度和公元前五世纪阿提卡文学对暴君的描述异曲同工;参见 Morgan 2003 中的文章;同时注意希罗多德笔下的波斯贵族们的讨论,他们比较了极端民主制和极端僭主制,其中 Megabyxus 批评民主制,Otanes 批评僭主制(3.81.1—2)。但是,多数人暴政这个主题不断出现。在 Oliver Goldsmith's *The Citizen of the World*(1761)中,Mr Fudge 引用了 Raven 1922:66。"其他人可能假装去指导俗人,但那不是我的方式:我总是让俗人指引我,民众的喧哗无论在哪响起,我总会回应他们。"还有 Tocqueville 2000:241 中的定论:"一旦某人或某政党在美国遭受不义,你想让他向谁述说?公共意见?那是'多数人'形成之所在。立法机关?它代表了'多数人'并且盲目服从它。行政权?它由'多数人'命名并且作为它的消极工具在起作用。公共力量?公共力量不过是武装过的'多数人'。陪审团?陪审团是赋予判决权的'多数人':在特定的州,法官自己都是由'多数人'所选。因此,无论它折磨你的措施是多么的不公正和不合理,你都必须服从它。"

[2] 关于历史上的高尔吉亚,以及《高尔吉亚》中柏拉图笔下的高尔吉亚,讨论参见 Wardy 1996:chs 1—3。

其他公民，并且实现他们本人的自由。[1] 柏拉图之所以描述高尔吉亚的追随者们——比如美诺和珀鲁斯——敬仰高尔吉亚（却藐视智者），正是因为高尔吉亚的修辞术概念——诚如他们所言——从本质上说是无关道德的：他未允诺德性之教导，只承诺演说之培训。[2] 不论他们是否赞成《理想国》中苏格拉底的解释——即智者是在取悦民众——他们都会坚持认为，掌握修辞术的政治家和听众之间的关系同兽喻所说的那种智者关系截然不同。他们的论点是修辞术让政治家上位。

在《高尔吉亚》中，柏拉图对这个论点进行了复杂持久的考查。该对话分成不等的两个部分。[3] 首先，苏格拉底理出了高尔吉亚修辞思想的关键特征（447—461）。主要是在他和珀鲁斯——高尔吉亚的助手——的对话之中（461—481），他进一步批评了那种思想所内含的权力观念，而这一批评对于他在该对话中所提倡的哲学立场而言甚为重要。[4] 接着他区分了某些术语，而雄心勃勃的政治家卡利克勒斯利用这些术语对同样的权力概念作了一番修辞重述（481—500）。对话的第二部分（从500开始）则围绕"修辞术需要重新进行定义和评估"这一设想展开。问题被置于一种选择的语境，即修辞术究竟是属于政治生活（正如当前所设想的）还是属于哲学生活（其自身之内包含了某种激进政治变革的可能性）？苏格拉底当即认为（502D—503B），修辞术要么是一种取悦听众的老练技巧（第一选项），要么

---

[1] 参见 Gorg. 452D—E。我遵从452D6—7 的标准解释，"人民自身的自由"意味着潜在演说者的自由，这些演说者是高尔吉亚教学的受众。与此相对，John Cooper 认为应是"人类自身的自由"（Cooper 1999：33 n. 5）。这看似不太可能，鉴于高尔吉亚立即要说，拥有了他所传授的才能之后，演说者会让其他技艺的实践者——医生或体育教练——成为他的奴隶。他所预示的理想和特拉西马库斯的描绘（不义比正义更强、更自由、更专横，Rep. 1. 344E）并无大的差异，和伯里克利对帝国雅典的描绘也无大异（Thucydides 2. 63）。

[2] 尤见 Men. 95C。在《高尔吉亚》中，苏格拉底仍然巧妙地迫使高尔吉亚同意，他将会教导他的学生有关好、善、正义的真理，如果他们对此还一无所知的话（459C—460A）。我的看法和多数学者一样，但是和 Cooper（1999：35—51）相反。在我看来，读者得假设珀鲁斯是相当正确的，他坚信"这曲解了高尔吉亚的立场"（461B—C）。

[3] 将500A作为转折点，对于这个见解我遵从 Dodds 1959：318，虽然我的划分基于不同的参照物。

[4] 关于讨论，参见 Penner 1991；Segvic 2000；Doyle 2007.

是一种促进幸福的谈话模式（第二选项）。[1] 他试图说得明白一些：选择的结果最后取决于一个更加根本的伦理问题（507C—509C）。即，一个人能够遇到的最坏状况是"遭受了不义却没有得到补偿"（卡利克勒斯的见解），还是"行了不义却没有受到惩罚"（苏格拉底的见解）？

在对话的第二部分，苏格拉底讲了许多话来驳斥卡利克勒斯所选的"老练修辞"选项。这个选项之所以具有吸引力，主要在于：它似乎是获取权力的唯一可靠的方式，有了它就能避免成为他人恶行的牺牲品。而苏格拉底之所以反对这个选项，首先是因为它无法避免他所认为的最坏可能的道德情况——即"行不义却不见惩罚"（510E—512B）；其次，更值得卡利克勒斯深思的是，它实际上是在奉承民众，而非主宰民众（512D—513C），于是到头来失却了它自身的目的，因为它无法避免受到伤害。结局终究是《理想国》第六卷兽喻所描绘的那幅民主画面。可见，把修辞术当作操控技巧来实践的那些雅典政治家和智者并没什么不同。因为对权力存有妄想，所以他们也会随着民众的调子起舞，而当民众厌倦他们时，他们也就无人问津了（515C—515E）。约西亚·欧伯说的很是："这篇对话……显示了民主的核心事实：雅典确乎由民众统治。它揭示了民众的统治手段，即意识形态的控制——控制每位公民，尤其是控制未来的领导者们。"[2]

2.2 修辞的矛盾

正如我们在《高尔吉亚》中所见，修辞和民主之间的共生关系有太多说不清道不明的地方。首先是修辞术（正如其辩护者所言）显而易见的反民主野心。这篇对话的场景设置可能别有深意：对话在一座私人宅邸中进行（就像《普罗塔戈拉》中与智者的相遇情况那样），苏格拉底和他的朋友凯瑞丰

---

[1] 苏格拉底回到了"正确使用修辞术"这一想法——为了促进正义——在末世神话的结尾处（《高尔吉亚》结尾），他回顾了他先前论证过的主要哲学想法，而修辞术是其中最后一项（527C）；参见 Sedley 2007b，即将出版。真正的政治——他设想他自己以及诸如卡利克勒斯这样的人参与其中（527D）——是《理想国》预期的哲人统治，还是（如《申辩》所示）他本人的哲学活动（即为了公共之好的道德使命），这仍有争议。尽管在陪审团段落的前几页有所声明（521E—522B）；处在类似雅典这样的城邦，他什么都不能说，更不用说他能运用修辞术来说服他的听众了（参见 Ch. 1, Section 3）。我赞成 Sedley 的说法，即第二选项更加符合《高尔吉亚》本身的总体论辩和概念框架。不过，Ober 认为《高尔吉亚》在这点上是转折之作，这可能是对的（Ober 1998: 206—213）。

[2] Ober 1998: 190；也可参见 Ober 1989: 335—336.

(Chaerephon，一位众人皆知的民主人士）错过了高尔吉亚对其技艺的论证——因为他们像优秀的雅典人那样一直待在集市（agora，城邦的主要公共空间）。[1] 高尔吉亚声称，修辞术凭借它的说服力，能让它的实践者统治城邦中的其他人；能让苏格拉底提及的其他专家（医生、教练）成为他的奴隶；能通过他对人民的控制来确保商人替他赚钱，而不是替商人自己赚钱（452D—E）。换言之，说服力是获取更为根本的重要权力——做你想做的任何事情——的一种方式，就像珀鲁斯加入讨论时所明确论辩的那样；与此同时，珀鲁斯还将这种权力比作是僭主掌控生死及财产的那种权力（466B—C）。卡利克勒斯的理想强者——真正的人——天生能够挣脱由多数人所强加推行的律法习俗的束缚，并且彰显自己才是众人的主人（483E—484A）。民主本身的愿望是将个体和集体进行"自我决定"的自由交予其公民。然而，对于民主和修辞的这重矛盾，修辞术的三位支持者皆试图保持沉默，这种漠不关心的表现着实让人感到惊讶。[2]

苏格拉底从一开始就质疑修辞术的自我描绘。他将会论证，它实际上是讨好人民的一种手段。苏格拉底将修辞术置于专业实践的详尽分类之中。真正的技艺，比如医学和立法，能够解释自身并解释自身如何促进个人之好。与之相对的是那些只为满足民众的技艺，比如烹饪和智术。它们不能解释自身以及自身如何促进个人之好，不过是在模仿那些能够解释自身的技艺（462B—466A）。修辞术非但没有把真正的自由授予其拥有者，反倒证明自身是某种十足奴性的东西（521A；cf. 518A）。苏格拉底和卡利克勒斯的对话刚开始，他就谴责卡利克勒斯无法反对民众，这种情形就像是爱慕者改变自己的观点来迎合所爱之人的任何意见（481D—E）。与此相关的特别有趣的论辩部分见于之后的一段文字，苏格拉底以卡利克勒斯完全同意的观点开启

---

[1] *Gorg.* 447A—C. 我们很想稍微更近一步，于是说（Ober 1998：194）："因此，苏格拉底起初被看作是批评型的公民，他已经在公共广场公开地实践他的使命，义不容辞地让他的同伴变得更好。"关于苏格拉底的民众理智类型的更多讨论，参见 Blondell 2002：75—80。

[2] 关于这段论证的更多陈述，参见 Euben 1994。另一方面，阿里斯多芬的戏剧——并未提及伯里克利认为雅典帝国实为专制的著名态度——表明，专制对民众的吸引可能就像禁果之欢愉：参见 Henderson 2003。从公元前430年开始，喜剧作家 Cratinus 不止一次讽刺伯里克利，说他本人行事就像专制君主：Henderson 2003：162—163。我们也不应忘记柏拉图的说法，"当名专制君主，行你意欲之事"通常被认为是人生一大美事（*Laws* 2.661A—B）。

了这场论辩（510A—E）。正如卡利克勒斯所同意的，为了尽可能地避免自身遭受不义，为了在城邦中行使大权，人民需要和统治者保持友好的关系。那就意味着，要发展与统治者（非常耐人寻味的是，苏格拉底抓住"无知的暴君"这个案例不放）一样的性格及好恶，[1]不然的话，统治者会看他的朋友不顺眼。关键时刻于是到来。苏格拉底接着将这一原则用于民主环境（*Gorg.* 513A—C）：

> 如果你认为这世间有人将传授你某种能使你掌握城邦大权的技艺，可你却不被它的政治特性所同化——不论这是好是坏；那么在我看来，卡利克勒斯啊，你正在犯一个大大的错误。这不单是模仿民众的问题。依你的天性，你一定会向他们看齐，如果你打算就你和雅典民众的友谊有所实质进展的话……这就是原因，那人将使你像极了这些人，那人将以你想成为政治家的方式让你成为政治家和雄辩家。全体人民喜欢那些符合他们自身精神的演说，而那些不符其精神的演说则会冒犯他们。

卡利克勒斯并不喜欢这个结论——他无法相信这个结论是对的。不过，柏拉图却将他作为该结论活生生的例证。柏拉图将他描绘成这样一个人：认为幸福在于坚持自我而不受约束的自由，并享受人可能拥有的任何一种欲望的满足（491E—492C）。柏拉图认为卡利克勒斯至少就其意愿而言已经同化于《理想国》第八卷所断定的具有民主特征的生活方式。卡利克勒斯的理想近似于苏格拉底此处对于民主灵魂的描写：完全没有秩序和必然性，将其全部欲望同等对待，在不加选择的追逐中，认为生活就是活得"快乐、自由和幸福"（*Rep.* 8.561D）。

此处更见讽刺的是，自卡利克勒斯第一次介入论辩起，苏格拉底就已致意他的"言论自由"（*parrhêsia*），即他表达自我的那份坦诚（487A—D; cf. 491E）。雅典人歌颂"言论自由"是其民主制度所培养的自由的一种表现。[2]这明显适用于卡利克勒斯所说的"言论自由"。身为一名雅典人，卡利克勒斯最看重这样一种世界观，即那些有能力统治弱者的人应当被委以重任，从而"表现某些自由、伟大且实在的东西"（485E）。因此，苏格拉底鉴于上文引述的论证，问他是否赞成有抱负的政治家作雅典人的"仆

---

[1] 参见 Ober 2003：230—232 的注释。
[2] 再次参见 Monoson 1994.

人"——其实苏格拉底是在故意戳他的痛处。苏格拉底只有将这个问题和某种提醒——提醒卡利克勒斯当初的直言不讳,提醒他现在应当保持同样的方式(521A):"此时也要说得好,说得高贵!"——联系在一起时,疼痛感才会加剧。民主要求那些建议者既奉承又坦诚,这很难说是一种舒适稳定的结合。这种诊断在现代的历史分析中得到了回应:[1]

> 旨在于控制政治精英的雅典体系之所以行得通,正是因为它建立在一系列的矛盾之上。演说者不得不同时属于精英和大众,而且两派人士都期望他能定期证明他的成员资格……富有的演说者给予人民物质上的恩惠,通过攻击他们的敌人来保护他们,并尽力为他们提供好的建议,因而他们对他感恩戴德。不过他同样感激他们,因为每逢他公共演讲之时他们都会侧耳倾听,在政治审判时会支持他,或者在公民大会上为他所支持的提案投上一票,或者准许他利用其政治职务谋取物质利益;他着实欠了民众的人情。通过责任上的相互关联,恩惠(Charis,即慷慨/感激)把演说者和听众捆绑起来。不过,恩惠及其所导致的捆绑可能会变得危险。只为取悦并赢取恩惠的演说家会背叛他的职责,继而危害人民,通过把他们和他自己绑在一起……对于演说者的矛盾期望显然利于民众……大众制定规则,而且总是集裁判员和记分员二者于一身;他们为那些政治游戏的玩家们发明了一种内在矛盾的模糊规则,而这种规则允许民众为其自身之故保有某种根据其内在信念重塑其自身判断的权利——于是继续控制国家。

在现代极好的希腊文版的《高尔吉亚》中,道斯(E. R. Dodds)注意到苏格拉底在一页或二页之前对卡利克勒斯的告诫(519A—B,背景为议论雅典人反咬政治家的趋势):

> 阿尔喀比亚德,我的朋友,要是你不小心,他们可能就会抓住你,考虑到他们失去了他们从一开始就致力于拥有的东西以及他们后来已经赚到手的收益——但你无需为他们的问题负责(即便你可能已对他们作出了一番贡献)。

---

[1] Ober 1989:335—336.

道斯提出了一个尽管必属推测但却吸引人的建议:[1]

> 在伯罗奔尼撒战争令人绝望的最后几年,更不消说在战争结束之后的革命岁月,如此雄心壮志并且对此又这样危言直白的人很可能早就命丧黄泉了。我推测卡利克勒斯——这篇对话中的他正在着手一种积极向上的事业(515a)——死得太早以致于无人铭记,若不是柏拉图记得他的话。

无论历史上的卡利克勒斯本人最终选择坦诚还是奉承,柏拉图的读者皆要考虑到,真正坚持民主"言论自由"到最后的雅典人是苏格拉底本人(521E—522B处设想的儿童陪审团跟前的审判提醒了我们)。柏拉图从未遗忘这个主旨。正如萨拉·莫诺森所论,在《法义》中,"我们发现他戏剧性地挪用了哲学的言论自由理想"。[2] 其背景是管控献祭及节日的艰巨事业。神的指导是必要的——如果神的指导不存在,雅典访问者便热切地想望某位"苏格拉底"(*Laws* 8.835C):

> 就目前的情况来看,我们似乎需要的是一名无畏之人,他将为"言论自由"设定独特的价值,并且讲述他所认为的最利于城邦及公民的事物。当他在那些灵魂已然堕落的听众面前言说时,他将推荐那些符合整个社会政治体系并与其保持一致的事物。他将面临巨大的嗜欲,而且找不到人类同盟。单就追随理性而言,他将是孑然一人。

2.3 修辞和雅典历史

回到《高尔吉亚》:为了理解苏格拉底所说的"卡利克勒斯和阿尔喀比亚德并非雅典政治问题的成因",我们必须把这番话放入整个即时语境内来看。这番话出现于卡利克勒斯所推动的系列论辩之中。卡利克勒斯声称雅典的政治家一度不曾奉承民众,却让公民变得更好,比如伯里克利、西蒙

---

[1] Dodds 1959:13。另一方面,就像 Nicholas Denyer 向我建议的那般,不管怎样,关于卡利克勒斯其他信息缺失的其他解释可能是他这个人完全无关紧要:夸夸其谈,然而在行动上完全无能——而且可以想象他直到晚年都默默无闻。

[2] Monoson 2000:179—180.

(Cimon)、米提亚德（Miltiades）和忒弥斯托克勒（Themistocles）（503B—C）。苏格拉底兴致勃勃地抨击了这个论点。这些领导者最后都遭到了人民的反对——他毫无说服力地辩道，真正经过他们改造的公民对他们的态度断不会如此。他提到了反对伯里克利的抱怨声：伯里克利让雅典人变成了"懒鬼、懦夫、话痨和乞丐"（515E），因为他开创了雅典人领薪参加大会和担任陪审员的先河。苏格拉底承认，就服务于雅典人的欲望而言，这些备受尊崇的人物比当前的这代政治家表现得更为出色。这就意味着他们导致了更多的危害，只不过危害的效应需要时间来显现，所以他们躲过了指责。正如苏格拉底向卡利克勒斯所说的（518E—519B）：

> 你把那些款待雅典人并给予他们大量他们所欲之物的人夸上了天。人们也说是那些人让城邦变得伟大。但他们没有意识到，因为过去那些人物的缘故，城邦如今伤口溃烂。他们的城邦到处是那种港口、船厂、城墙、贡品以及垃圾，却没有一点点节制和正义的想法。当疾病危机来临之时，他们将埋怨他们现在的建议者，而赞美忒弥斯托克勒、西蒙和伯里克利这些应对疾病负责的人。阿尔喀比亚德，我的朋友，要是你不小心，他们可能就会抓住你，考虑到他们失去了他们从一开始就致力于拥有的东西以及他们后来已经赚到手的收益——但你无需为他们的问题负责（即便你可能已对他们作出了一番贡献）。

对于我们主要从修昔底德那里得知的雅典历史，柏拉图并不认同。[1] 实际上，苏格拉底对其所提及的那些政治家的控诉是"完全反修昔底德的"。[2] 于修昔底德而言，忒弥斯托克勒是真正伟大的政治家，尤其以敏锐的政治判断而闻名（1.138.3）；伯里克利则在一片夸耀声中得到了彻底的辩护：出于对城邦的热爱，他不仅了解政策，还指导人民——而且更重要的是从中牟利。自他之后溃烂开始（2.65.8—10）：[3]

> 伯里克利之后，雅典之所以衰败，也有部分原因出自伯里克利。他

---

[1] 柏拉图在《高尔吉亚》中回应了修昔底德对伯里克利修辞的阐释（较小程度地回应了《美涅克塞努》），更多内容参见 Yunis 1996: 136—156。

[2] Yunis 1996: 142.

[3] 译文来自 Yunis 1996: 67.

把他的权利归功于公众的尊敬,归功于智慧,并且已经最大程度地证明了他本人的廉洁。他自由地遏制了民众,领导他们而非被他们领导,因为他发言不是为了取悦他们,从而凭借不正当的方式获取权力。他能够基于公众的尊敬说些反对他们的话,甚至激怒他们。不管怎样,只要他见到他们的自信骄傲毫无道理可言,他的言辞就会让他们有所畏惧;当他见到他们毫无缘由地畏惧时,他就会让他们再度恢复信心。民主存在于理论当中,但事实上它是杰出公民的统治。与此相反,伯里克利的继承者们——他们更多是伯仲之间,却要争出个第一——开始把事务的管理交予那追求快乐的人民。

柏拉图和修昔底德事实上一致认为:在真正成熟的民主社会里,政治和政治演说将不可避免地由奉承和欺骗——对民众的奉承和欺骗——构成。柏拉图反对的是修昔底德所讲述的政治和政治演说逐渐衰退的故事(其最低潮是公元前414年的公民大会讨论,大会决定发起那场灾难性的西西里远征)。正如柏拉图所见,忒弥斯托克勒和伯里克利时期的民主政治和伯里克利之后的民主政治并没有真正明显的不同。[1]

他间接表达了他对公元前431年为纪念阵亡将士而作的伯里克利葬礼演说的评价。修昔底德把这场演说描绘成伯里克利领导下的公共生活之开明和政治决议之理性的巧妙证明(2.35—16)。柏拉图显然将其视为满足民众的一次运用,其显著程度不亚于任何其他的民主修辞实例。他在短篇对话《墨涅克塞诺斯》(《高尔吉亚》的姊妹篇)中非常清晰地表达了他的观点。对于这种行径,苏格拉底尽是嘲讽(*Menex.* 234C):

> 我亲爱的墨涅克塞诺斯,多少世代以来,战死沙场必都是好的。亡者得到极好的安葬,即便他是一名穷人。而且,智慧之人将会歌颂他,尽管他可能并不优秀——智慧之人发表的不是随意的赞美言辞,而是精

---

[1] 柏拉图对历史叙事(作为获取政治真相手段)仿佛有所不满,对此他的方式是借助《高尔吉亚》所展示的众所周知的年代顺序之忽略。伯里克利刚死(503C),以及高尔吉亚现身雅典,二者表明具体时间是公元前427年。但是其他细节所规定的日期则要晚得多:例如,苏格拉底"晚年"是名议会成员(473E)——暗示了阿吉努萨(Arginusae)战争后对将军们的审判(参见 *Apol.* 32B)——这肯定发生在前406年(更多详情参见 Dodds 1959:17—18)。Vidal-Naquet 思考了有关这些"年代错误"的观点(1995:23—28)。

心准备的演说。[1]

此外，因为演说者把城邦和公民纳入他们的演说之中，所以"他们的演说让我感到非常骄傲，在我聆听的时候我总是被带离自身，沉醉于他们的魅力，忽然之间，我觉得自己已经比之前更强、更大、更好"（235A—B）。[2] 接着，柏拉图笔下的苏格拉底发表了自己具有模仿风格的葬礼演说。[3] 一篇赞美雅典及其历史的颂词（全面运用了该体裁的常见修辞）。它的开头明显有意回应了修昔底德演说的开头，因为它声称（修昔底德笔下的伯里克利会表示反对）此类演说实践是门学问[4]——诚如妮可·洛罗（Nicole Loraux）所示，对于民主的自我认同表达而言，这些演说皆是重要的示例。[5] 同样重要的还有苏格拉底对这篇模仿演说的作者身份的声明。他说这篇演说是由伯里克利的情妇，即名妓阿斯帕西娅（Aspasia）所写。另外他还说，她也是伯里克利葬礼演说的真正作者，并且她在当前的演说中加入了她书写以前那篇演说时所准备的材料（236A—C）。换言之，这个惊人建议暗含了某种看法，即伯里克利的修辞（就如他情人的职业活动）旨在于向其听众提供唯一的一样东西：快乐，尽管很有气派。[6]

该反常演说的最为反常的特征可能是它对年代顺序的公然漠视。苏格拉底的历史叙事以大段文字结尾（224D—246A），这段文字论述了伯罗奔尼撒

---

[1] "精心准备的演说"暗示了对演说撰稿人——比如吕西亚斯（Lysias），他是一名狂热的民主主义者，还是现存葬礼演说的作者——的批评。苏格拉底所作演说的许多内容仿佛是为了反驳吕西亚斯的演说：例如，他称赞萨拉米海战是雅典人最伟大的胜利（*Epit.* 48），而在《美涅克塞努》（241A）中则降至第二，排在马拉松战争之后。参见 Kahn 1963：230—232。

[2] 诚如 Loraux 1986：311 指出，这段喜剧性的反话完全就是柏拉图对阿里斯托芬的抄袭，参见 Wasps 636—642。

[3] 模仿作品，而非诙谐模仿：演说当中（只关乎苏格拉底对此的评论）没有黑色幽默或其他幽默。那些把它看成诙谐模仿的读者发现他们自己会对该演说的总结陈词感到不解，该演说最初由死去之人向其孩子所作（Menex. 246B—249C）；并且他们有时会得出结论说柏拉图此处具有讽刺之意，还表达了他本人的严肃思想（比如 Monoson 2000：199—202）。我们需要的是对模仿作品的正确评价：如果葬礼演说的模仿作品不失为一份佳作，它自然会感动我们，使我们饱含感情，即苏格拉底开头描述的那类行径所唤起的那些感情。

[4] 参见 Kahn 1963：221—224。

[5] 参见 Loraux 1986。

[6] 关于《美涅克塞努》的爱欲主旨，参见 Monoson 2000：193—196。

战争结束之后至公元前386年签订《大王合约》（该合约结束了希腊人和波斯人之间的敌对状态，但协议完全利于波斯而贬低雅典）这段时期的国际政治。而苏格拉底和阿斯帕西娅在那时皆已过世很长时间。年代错误乃是用来突显柏拉图借苏格拉底之口所说的近期事件。以下的推测颇具说服力：促使柏拉图在那个时候——大概在合约缔结后不久——书写《墨涅克塞诺斯》的是这样一种认识，即近期事件的结果证实了柏拉图对于民主以及政治修辞（维持民主的帮手）所致灾难后果的全部设想。[1] 关于苏格拉底演说的详细内容，更引人注意的是它持续地隐瞒令人不安的真相。比如，公元前415年~前413年灾难性的西西里远征被描述成一场具有高度原则性的——并且近乎成功的——解放战争；三十僭主集团的过分行径被悄然略过；对于近期事件的记述则尽其所能地将雅典人描绘成独自对抗波斯的一方，而现实情况是他们在这期间的所作所为显示出一种同波斯人以及其他多数派别之间的利己妥协。"他（柏拉图）的其他作品皆无法比拟我们此处了解到的歪曲篡改，其中某些篡改所牵涉的事件如此闻名，发生时间又如此之近，以致于它们的曲解只能说是有意为之；而且篡改如此明显，也不可能说是为了欺骗而作。"[2] 这就是柏拉图的"政治参与"（engagé）：一名有所活动有所参与的内部批评家，他写了一篇旨在于评论和反思某起特定政治事件的应景作品。[3] 该对话作品持续地将雅典历史理想化，于是苏格拉底的演说变得可以理解了。它行之有效地论证了对于民众的那种奉承，而政治家就是用那种奉承来喂养大众的幻想：失败是真正的成功。

3.《法义》论民主与自由

3.1 情境式地考查《法义》

如果我们再往回追溯大约三十年，即公元前355年至前359年之间，我

---

[1] 这种推测是 Kahn 1963 一书的主旨。
[2] Vlastos 1973: 190—191. 关于歪曲篡改的列表，参见 Méridier 1931: 59—64.
[3] 即使证据仅限于让我们对促进其创作的文化政治环境匆匆一瞥，情况似乎是，一系列事件（终结于《大王合约》）呈现的（对波斯的）卑劣妥协着实触犯了柏拉图。《理想国》第五卷有一处引人注目的泛希腊化文字——之所以引人注目是因为，就苏格拉底的论证主线而言，它显得无缘无故——把希腊人和"野蛮人"看作天生的敌人（5.469E—471B）。正如 Yunis 所言："战争是柏拉图永远愿意承认和顾及的生活事实。"（1996: 144）

们将发现自己置身于《法义》的迥异世界。[1] 一方面，该对话的发生地点不在雅典（柏拉图的其他对话都发生在雅典），而在克里特。另一方面，同样不寻常的是，对话者并不包括苏格拉底。即便在那些不以他为主要发言者的对话中，比如《蒂迈欧》、《智者》、《治邦者》，他都会有所作为；在某种程度上，他的"在场"显然很重要。因此，他在《法义》中的缺席值得我们注意。这明显是一种极其不同的对话。匿名的雅典访问者（可以说）取代了苏格拉底的位置。他和斯巴达人墨吉罗斯（Megillus）同是克里特人克里尼亚（Cleinias）的客人。《法义》的开场是三位老人在夏日炎热的山坡上艰难行走。出于不明的宗教目的，他们前往伊达山（Mt Ida）上的宙斯洞穴。据荷马说，那里是伟大的米诺斯（Minos）——传说中的克里特立法者——与神交谈的地方。"神"是整篇对话的开篇之词，这表明了关于法律的所有理论思考的基础及终极核心：访问者问道，克里特的法律应该归之于神还是归之于人（1.624A）。[2]

随后，访问者特意用"政制和法律"来描述他们将要进行的对话主题（1.625A）。[3]《法义》确乎讨论了"政制"，即社会政治体系，同时还讨论了法律（nomos）的本质。之后便开始为克里尼亚及其客人所理论建构的殖民地设计法典（3.702B—D）。第三卷的开头首次提出了"设计法典"这个论题：一开始讲文明的起源，接着提出一种反思性的政治体系史——突出斯巴达并最终转向波斯和雅典。设计法典的事业要想获得成功，就需要满足各种前提。这些前提得到了具体说明之后，在第四卷的开头（4.704A—712A），雅典访问者转向立法事业，此时他提出的第一个问题很是紧要："那好，我们要为这座城邦指定什么样的政治体系（politeia）呢？"（4.712B—C）。他的回答是：现存的形式（民主制、寡头制、贵族制和君主制皆赫然在列）全都不行，唯独一种可行——在这种政制中，法律是那些职权者的主人，也就是说职权者是法律的奴隶（4.712C—715D）。届时众人将知道，他所设计的与该原则相符的体系类似于《理想国》中的理想城邦（5.739A—E）：诚然，《理想国》在处理"其理想能否实现"这个问题的时

---

[1] 关于《法义》的介绍，参见 Laks 2000；也可参见 Stalley 1983. Morrow 1960 的主要研究仍然不可或缺。

[2] 关于《法义》中剧中人物和背景的含义的进一步讨论，参见 Schofield 2003。

[3] 对"政制和法律"语言的高见，以及二者在相关语境中的相互转换，参见 Finley 1975a：37—38。

候就已预示了这种类似（*Rep.* 5.471E—473B）。[1] 比方说，与《理想国》如出一辙的是，女人在理论上应和男人一样同为城邦的依托，教育以及其他制度的安排皆要与此相符（6.780E—781D）。不过，《法义》在很早的时候就已表明，目前将不会废除核心家庭（4.720E—721A）。私有财产——《理想国》中的护卫者不应具有的另一样事物——将在高度限制的基础上得到恢复，但所有权应被视为城邦整体所有（5.739E—740B；就家庭分配到的土地而言，公民需要问的问题是："我如何能用它来造福城邦？"）

然而，这篇对话并没有被命名为《理想国2》。柏拉图称它为《法义》，不仅指出了它的主题，还显示了他的写作视角。对比《理想国》所隶属的政制传统，我们没有证据表明之前的人们有写过以"法律"（或"法义"）为题的理论作品。"法律"这个词所唤起的联想是相当不同的。雅典访问者不是匿名的苏格拉底，而是像梭伦（雅典）和吕库古（斯巴达）那样的智慧立法者的继承者。[2] "雅典访问者"这个称呼无疑是为了让人想起梭伦。希罗多德记录了梭伦到达萨迪斯（Sardis）时吕底亚王克洛伊索斯（Croesus）的欢迎辞（1.30）："雅典的访问者啊，关于你，我们听闻甚多，因为你的智慧和你的游历。你已穿越大半个地球，在哲学沉思上力求精进。"正因如此，《法义》中的雅典人拥有各式社会政治制度的广泛经历（1.639D），而不同于他的斯巴达谈话者和克里特谈话者。他来到克里特不单是为了献出他的智慧，还为了学习：此行类似吕库古之行，希罗多德根据斯巴达人自身的说法，记叙吕库古从克里特那里借来了斯巴达的社会政治体系（1.65）。或者说得更确切些，不是为了学习，而是首先为了体现这样一种认识，即《法义》对封闭的政治社会体系的设想（公共法律进行全面的管制）应归之于多利安（即斯巴达/克里特）模式——尽管在法典内容上多处借鉴并修改了雅典法律；[3] 其次为了表明访问者像梭伦那样，既是雅典人，但就其知识

---

[1] 参见 Laks 1990：213—217，也可参见 Laks 2000：267—275.

[2] 参见 Phdr. 278C；Laws 9.858C—E. 吕库古这个人物有些模糊，可能神话多于史实。至于梭伦，M. H. Hansen 写道（1991：299）："德摩斯梯尼（Demosthenes）时代【即公元前450年左右】的绝大多数雅典人无疑由衷地相信他们的民主可以追溯到梭伦（或者甚至到忒修斯）；因为他们没有区分——而我们很自豪地去区分——史实和神话。当今，我们将梭伦置于历史书籍，而将忒修斯置于神话书籍，但是对于普通的雅典人而言，他们皆从属于同一个故事；从而，忒修斯的历史性超出我们的接受范围——梭伦则更偏向神话。"

[3] 参见 Morrow 1960；Saunders 1991.

的广度和洞察力而言,又脱离雅典人。[1]

公元前 4 世纪的雅典人认为梭伦不仅是他们绝大多数法律的负责人,还是他们民主政制的缔造者。[2] 直至公元前 4 世纪中期,是否可能存在某种仍然适用于梭伦政体改革之根本要素的"硬信息"(hard information)——尽管亚里士多德学派所作的《雅典政制》(*Ath. Pol.* 5—12)当中存在着一种历史性的统一解释——历史学家对此意见不一。[3] 但可以肯定的是,通过诉诸梭伦的权威,法庭上的撰稿者和发言者(他们有着各自不同的政治劝说议程)利用他们对梭伦改革的所谓认识来满足他们自己的目的。比如,极其民主的演说家德摩斯梯尼(Demosthenes),虽不怎么说起梭伦的名字,但他确信梭伦给予了法庭(即公民法庭)不受约束的权力(*Against Timocrates* 148);并且可以确定的是,其他诸多资料向我们传达了类似的印象。[4] 按《雅典政制》所载,法庭权力范围的扩大被视为梭伦改革当中最为显著的民主要素——以至于给予民众决定整个政治体系的话语权(*Ath. Pol.* 9.1)。我们可以比照柏拉图的竞争对手,修辞教师伊索克拉底:对于当时的民主政治,他和柏拉图的立场相同;他主张重新引进"我们祖先遗留下来的民主"(*Areop.* 15)。他的《关于战神山议事会的演说》——该作品大约写于公元前 355 年,当时雅典维持帝国的第二次短暂努力以失败告终,为了唤醒雅典,他写了这篇演说——把这种祖传的民主制度归之于梭伦和克勒斯提尼(Cleisthenes)(*Areop.* 16)。对于公民法庭,却只字未提。他更看重二者的折衷:一者是人民任命执政官并向其问责的权力,另一者是赋予职权者——这些职权者因为优秀而当选,而非凭借抽签(当时雅典的绝大多数执政官通过抽签当选)——的管理职责(暗示公民大会在此没有用处)

---

[1] 至于梭伦,参见 Ker 2000;更为简要的是 Nightingale 2004:63—64。

[2] 梭伦,作为雅典"祖传政体"的缔造者,在公元前五世纪晚期开始进入人们的视野:确切地说在前 403 年,三十僭主集团倒台后民主复辟,也可能在前 411 年,那时寡头政权当道。至于明晰的解释,参见 Finley 1975a:34—40;也可见(对前 411 年的证据更为自信)Hansen 1990:88—90。

[3] 这个问题的新近总结讨论,参见 Rhodes 2006;关于亚里士多德《雅典政制》的所有相关问题,参见 Rhodes 的杰作:*A Commentary on the Aristotelian Athenaion Politeia* (Rhodes 1981)。

[4] 参见 Rhodes 1981:162,论 *Ath. Pol.* 9.1 的部分,以及主要引用:Aristotle *Pol.* 2.12, 1274a27, Plutarch *Solon* 18.3。

(Areop. 21—27)。[1] 他还强调了祖传民主政治当中派给最高法庭委员会的监管城邦"美好秩序"的职责，比如监管年轻人的度日方式——倾心于骑术、体育、狩猎和哲学，而不是纵情于赌博和牧笛女（Areop. 36—55）。

《关于战神山议事会的演说》发表的时候，《法义》正在创作之中。《法义》的议程虽然不同，但时代气息却相同。它将其政制设计的路径置于历史的形象及功用所构成的同样广阔的背景语境之中，它的见解和《关于战神山议事会的演说》的观点之间也有着显而易见的密切关系。当我们思考《法义》第三卷的最后一部分（若采用特雷弗·桑德斯的译文，便是"历史的教训"，其标题为"君主制和民主制"）[2] 时，这就是我们需要领会的背景语境。

3.2 民主和自由

雅典访问者已经清楚地表达了以下观点：立法者在为城邦的政治体系制定法律时，应当努力达成三件事——自由（即政治自由）、智慧（即政治判断）和友谊（即社会内部的意见一致）。他现在进一步阐明（693D—694A）：

> 雅典人：这样说吧，有这么两种源体系，可以说是它们生出了其他所有的体系。君主制是其中一个的确切名字，民主制则是另一个的。波斯人已经把前者发展到了极致，我们的国家则把后者发展到了极致；事实上其他所有的体系，正如我刚才所说的，皆是这二者的变种。对于某一政治体系而言，结合二者绝对至关重要，如果（这当然是我们建议的要点，既然我们坚持认为城邦若无这两种要素则无法真正建构）——如果它要享有自由、友谊以及好的判断的话。
>
> 克里尼亚：当然。
>
> 雅典人：其中一方只会狂热地信奉君主制原则，另一方则单单信奉自由理想；没有一方达成了二者的平衡。你们的城邦，斯巴达和克里特，就做得好多了。曾几何时，雅典和波斯可以说并无什么不同，但是现在的情况却大不如前了。让我们快速地审视其中的原因，可以吗？
>
> 克里尼亚：当然可以——如果我们真的是要完成我们已经着手的事情。

---

[1] 亚氏在《政治学》（2.12，1274a15—21）讲述了一个类似的故事——可能反映了"反对派知识分子"当中的普遍观点（至于术语概念，参见 Ober 1998）。这位梭伦实际上成了"温和派人士的老前辈"，Vidal-Naquet 1986b：270.

[2] Saunders 1970：143.

凭此鼓励，访问者开始了他的教言。

"现在的情况却大不如前了"，这句话包含了理解"柏拉图现在怎能让某一民主要素成为任一美好政治体系不可或缺的要素？"的线索，尽管他在《高尔吉亚》中所说的一切明明是为了谴责民主，在《墨涅克塞诺斯》中则比较含蓄——更不用说《理想国》，我们将在第三章用更长的篇幅来讨论这个文本。柏拉图笔下的雅典访问者将继续讲述同一种退化故事：从真正的自由退化成堕落的自由。正如伊索克拉底在《关于战神山议事会的演说》中所言，这种堕落的自由在当前的雅典大行其道。"曾经管理城邦的那些人"并没有引进现在的这种社会政治体系，即"教育公民把放纵视作民主，把不法视作自由，把直言视作平等，把准许做这些事视作幸福"的这么一种体系（Areop. 20）。关于历史的教训（紧随前面的第三卷引文），就柏拉图而言，他让雅典访问者解释了为何"拥有一切权力的完全自由远远比不上屈从于某种适度的他人统治"（698A—B）。他把二者之间的差异和雅典衰退的叙事相结合，即雅典从"屈从于某种适度的他人统治"——代表者是公元前5世纪早期波斯入侵时仍具效力的梭伦政体——衰退为当前盛行或至少即将盛行的"极度自由"。毫无疑问，柏拉图心中有个特别梭伦式的政制。关键段落如下所示（698B）：

> 波斯攻击希腊的时候——实际上是攻击欧洲土地上的每一个人，这或许是更好的说法——我们拥有一种古老的政制。这种政制根据四种财产等级来任命众多的公职。我们还有一种主宰:[1] 敬畏（aidôs）;[2] 凭此我们自愿生活在随之有效的法律的奴役之下。

---

[1] 希腊有"一种女主人"（depotis tis）：但是"女主人"现在满脑想的是性，而非专制。

[2] Aidôs, 此处译成"尊敬"（respect），是贯穿《法义》的有力主旨（参见 Cairns 1993：373—378）。柏拉图（1.646E—650B）认为它开始于惧怕羞耻（想到破坏社会准则），这种惧怕内在化并习惯化，继而形成"节制"（sôphrosunê）德性的基础。他对"尊敬"的处理很是传统——确乎"仿古"，诚如 Cairns 所议（1993：375 n. 95）——并且强化了"遵守而非献身"（1993：376）的氛围，访问者设想的理想社会到处弥漫着这种氛围。在他的雅典历史叙述中，对梭伦法律的"尊敬"仍然激励着那些在萨拉米抗争波斯人的雅典人，尽管如此，这座城邦及其宗教场所没有得到保卫，"尊敬"也未曾因为团结而得到保护，这种团结来自对敌人的惧怕，其中包括那些缺乏"尊敬"的懦夫所感到的惧怕（关于这个观点，参见 Rowe 2007）。"尊敬"的消逝——深刻的传统主题（比如 Hesiod, *Work and Days* 197—200; Theognis 289—92; Euripides, *Medea*: 439—440）——导致了城邦的衰落（3.699A—701A）。

格兰·莫罗（Glenn Morrow）指出，四种财产等级是"梭伦政体众所周知的一个特征"，无论它们是由他制定的，还是他出于自己的目的进行承袭修改的。[1] 然而有趣的是，访问者没有像伊索克拉底（*Areop.* 16）和亚里士多德（*Pol.* 2.12，1273b38）那样称其政制为民主制。柏拉图明显不想让他对波斯及雅典祖传政体的记叙看起来像是早前声明（即任何完好的体系都会结合君主制和民主制两种要素）的某种折衷——正如他在之后详细说明的，他的路径是阐明他本人理想政制中的委员会（负责管理城邦日常事务的机构）的选举规则（*Laws* 6.756E—758A）。[2]

这个有关雅典的故事和波斯衰退的类似叙述很吻合。自居鲁士智慧中庸的君主统治（公元前 6 世纪中期，那时自由受到尊敬，社会和谐得以促进）之后，波斯开始衰退，直至其当前的危机四伏。因为他们过分地执迷于剥夺人民的自由以及引进专制，波斯人已经摧毁了友谊和共同利益。他们的统治者根据他们自身的利益制定政策，而不让人民和他们所统治的那些人受益。结果，"当他们需要人民为他们奋战的时候，他们发现共同的战斗目标已然不在，面对危险和战斗的热血荡然无存：他们有成千上万的士兵，却对战争起不了什么作用"（697D—E）。

在雅典人这边，访问者强调的不是政治上和军事上的衰退，而是一种全面的衰退：对权威的各种敬畏即将消散。谈及民众对法律的态度，导致这种情况发生的自由大大不同于"适度"的自由（我们不妨如此称呼）。"在旧

---

[1] Morrow 1960：84；相关文本 *Ath. Pol.* 7.3；Aristotle *Plo.* 2.12，1274a19—21；Plutarch *Solon* 18.1—2. Morrow 辨道，访问者描述政制的其他要素——公民成为官员的资格和财产条件以及尊敬法律有关——也导致了梭伦的立法。

[2] 诚如 Richard Stalley 所言（Stalley 1983：119），这些规则"特别复杂"，每个等级经过繁琐的提名程序后投票选出候选人，候选人数是当选人数的两倍，最后在这些候选人中剔除一半得出当选人员——操作方式为抽签。这个体系的重点在于结合运用了随机性的民主原则——"为了避免街上众人的愤怒"——和君主原则或精英原则，从而确保更大的德性获得更大的认可。但是很明显，抽签的运用位列第二，而且作用"尽可能的小"：它引入一种虚假的平等，与真正的平等不同，真正的平等是多者多得，少者少得（6.756E—758A）。这种安排大体上体现了《法义》的制度精神。公民大会无权制定受雅典民众喜欢的政策（它的权力似乎主要限于选举官员和委员会成员），而且公民法庭的作用看来也大肆缩减。与此相对，相比当前的雅典，行政官将拥有更大的权力，尽管他要接受各种审计，并且更加广泛地处于"法律的奴役之中"（4.715D）。平衡点在于高度怀旧的梭伦政制，如亚氏所言（*Pol.* 2.12，1274a15—21），亦如伊索克拉底所言（*Areop.* 21—27，对于平等，他甚至持有相同的论点）。更多参见 Harvey 1965。

的法律之下",访问者说道,"人民没有掌控一切的权力——他们自愿活在法律的某种奴役之中"(700A)。败坏并非从政治或社会的领域开始,而是起始于文化更迭。说得更明确些,人们抛弃了支配音乐表演的客观规则及标准,于是导致了该领域内的完全自由,或者说所谓的"剧场制"(theatocracy)取代了"音乐的贵族制"。正如伯里克利的老师音乐家达蒙(Damon)所言(根据《理想国》4.424C),这引发了人们对法律的普遍不敬——并且开启了对自由的追逐。[1]一旦自由成为主流价值,我们可以预料人们首先会拒绝服从他们的统治者,其次拒绝服从他们的父母和长辈,然后试图挣脱法律的权威,最后漠视誓言、承诺、以及诸神。简言之,我们可以预见苏格拉底在《理想国》第八卷(8.562C—564A)讨论自由导致的无政府状态时所散乱罗列的同类后果。

访问者所赞赏的"适度"自由在于何?他从未给出明确答复。至少有两样事物似乎为他所想。第一,自愿接受法律的统治——假若不是这样,那么政制称不上是政制(3.690C,8.832B—C)。第二,自由参与政治体系——假若公民是真正的公民,而不纯粹是统治者的奴隶,那么他们必然喜爱这种自由。《法义》的前两卷一开始就阐明城邦需要让其公民有德性,并且用很长的篇幅讨论了合乎该目标的那种教育。该目标的一个普遍规划是:应当"使个人热切地渴望成为一名完美的公民,即知道如何根据正义的要求进行统治和被统治"(163E),以及在接下来的段落所强调的,在任何情况下"心甘情愿地、无拘无束地"践行正义(2.663E)。对比《理想国》第八卷所讽刺的无政府的放任自由,这种自由有着截然不同的面貌。

倒不是说《理想国》自身没有关乎自由的说辞。苏格拉底积极地谈论自由,并在很多地方将其与理想城邦相关联。有时,他想的主要是其政治独立性——比如,他把护卫者阶层描述成"城邦的自由工匠"(*Rep.* 3.395C)。但是即便在此,也可能存在其他言外之意。他紧接着谈论护卫者阶层从孩提时期起就应效仿的那些楷模:"勇敢、自律、敬神、自由之人,诸如此类。"所谓"自由之人",他的意思是具有独立的精神的人,正如他在不久前再次

---

[1] 柏拉图认为音乐表演的改变是政治退化的催化剂,他对此的详述乍听之下很牵强。然而,老寡头同样担心"那些音乐实践"的民主破坏力(*Ath. Pol.* 1.13);而且民众认为达蒙过于阴险故将他放逐,即通过公民投票将其流放(Plutarch, *Pericles* 4)。公元前五世纪以及前四世纪早期,精英霸权在文化领域以至政治领域的覆灭在政治上可谓意义重大,民众和精英皆如此认为。关于证据和讨论,参见 Csapo 2004; Wallace 2004; Wilson 2003, 2004。

谈及护卫者阶层时所说的，他们必是"自由的，惧怕奴役而非害怕死亡"（378B）。同《法义》一样，《理想国》也认为一种非奴性的教育——强调自由人乃一独立的灵魂——尤其重要。在第六卷中苏格拉底说，普通人"没有花费足够的时间来聆听美好自由的对话，这种对话随意地采用各种方法来获得知识，并奋发向上地探寻真理"（6.499B）。这是一种贵族式的自由概念，在对话中仅限于精英阶层的讨论，对此我们也没什么好诧异的。[1] 然而，《理想国》并没有明确承认自由是美好城邦建制所需的基础价值。

为何《法义》要在其完好政治体系的正式方案中强调（各种）自由和智慧，而《理想国》却无如此强调？难道这是对《理想国》的含蓄批判——柏拉图的看法发生了改变？首先，《法义》之所以在此问题上明确表态，原因在于它从事政治哲学的独特路径。《理想国》发展了一个乌托邦的理想，然后以高高在上的根本视角，否定了所有的可选体系及其各自特有的价值方案（民主和自由皆包括在内）。当前的雅典（当柏拉图决定对其进行描述的时候）因为民主政治而衰退，斯巴达因为荣誉政治（Timarchy）而衰退。这就是迈克尔·沃尔泽（Michael Walzer）所说的排斥性批评。《法义》则走了条完全不同的路径。正如桑德斯指出，它着手于用历史的方式——确切地说，是以诉诸历史神话的方式——表明美好政治体系的建构原则。假定我们的工作是从历史的精华和糟粕当中学到同样多的道理：用沃尔泽的话说，即内在性批评。对于他的雅典读者而言，那段历史是一段民主的历史。但这不一定就意味着，自创作《高尔吉亚》和《墨涅克塞诺斯》以来的那段时间内，柏拉图就对历史尊敬有加，并将其视为理智探索的一种模式，[2] 尽管《法义》第三卷在讲述他的相关说法时确乎显示了某种兴趣。最后，重点在于这篇对话的修辞体。在《法义》中，柏拉图决定以这样一种语言向他的读者言说：与《理想国》不同的是，该语言不会对他们先前所熟识的概念框架提出挑战。

结果，当《法义》谈及雅典、民主和自由时，它听起来和公元前四五世纪的其他诸多文本没有什么差别。其中最为著名的是希罗多德归之于斯巴达废王德马拉图斯（Demaratus）的言论，他对薛西斯（Xerxes）说（公元前

---

[1] Raaflaub 1983：527—536 讨论了这种对自由公民含义的贵族式解释。关于它在描述哲人自由方面的运用（见下文 3.3 节），参见 Nightingale 2004：118—127。
[2] 他的这番陈述是 Samaras 2002 的基本主旨。关于这个问题的回顾，以及相关文献，参见 Nightingale 1999（他对此的答复也为肯定）。

480 年波斯远征希腊的前夕）(7.164.4)：

> 斯巴达人单人作战时，无人能出其右；而他们团队作战时，亦是首屈一指。原因在于，尽管他们自由，但不是完全的自由。因为他们有位主宰在他们之上——法律——他们畏惧法律甚于你的臣民畏惧你。

柏拉图有关"自愿奴役"于法律的矛盾说法完全就是把德马拉图斯的箴言从斯巴达移至梭伦所在的雅典。他接受有关希腊自由及波斯专制的流行思想，还暗中对比了奴役隐喻的不同用法：奴役于统治者（否定了值得拥有的任一自由）和奴役于法律（作为一种行为准则，加强了政治自由所致的责任感）。对古斯巴达极为推崇的卢梭写下了这么一段著名文字（《社会契约论》1.7）："不论是谁拒绝遵从大众的意愿，社会整体都会强迫那人遵从，意思不外乎是他应当被迫自由。"另外一种可能：不是虚幻的绝对自由，而是剥削和专制。德马拉图斯对这种阐述想必是感到困惑的，而且他的确表达了这种基本情感。德马拉图斯的思想倾向于避开诸如此类的矛盾说法。大约在公元前 353 年发表的一篇演说中（那时柏拉图正在写《法义》），德马拉图斯仍说（*Against Timocrates* 5）："我认为没有哪位在世之人会把雅典的繁荣、自由以及民主体系归结于其他事物而不归结于法律。"[1] 诚然，"民主人士在公开的论战中反对另外两种政体（即寡头政体和君主政体）的支持者，并且试图独占那特殊的高地"。[2]

因此，一旦涉及自由，我们便有证据证明《法义》的修辞意旨不同于《理想国》。可是哲学见解也发生变化了吗？或许，说成发展会更合适一些。

---

[1] 参见 Cohen 1995：52—57。关于雅典民主和（柏拉图和亚里士多德的）政治哲学二者所构想的法治道路的诸多不同，该书提供了启发性的评论。该书还评论了雅典在实际诉讼操作中诉诸法律的方式，这种方式展示了冲突社会的逻辑和动力（也可参见 Todd and Millett 1990；Carey 1994）。对于《法义》设想的社会，学者们的评价不一。因此，P. Vidal‑Naquet 论道（1986c：296）："《法义》中的城邦'从该词的词源意义上说'是神权政体，但仅有其表，尽管它在古典城邦（即基于每位公民职责的团体）的最细微处也有所体现。传统的机构和行政官近乎虚设；君主另当别论。"另一方面，Cohen 写道（1993：313）："法律的君主式'统治'只是虚构出来说服公民以某种确定的方式追求公民德性。就是说，因为法律的持续权威只取决于公民规范生活的意愿，所以法律的主权在其公民那里得到体现。"

[2] Hansen 1991：74（引用了演说家 Aeschines 1.4—5，他谈论的是专制，而不是君主制）。

"知道如何根据正义的要求进行统治和被统治"（Laws 1.643E），以及拥有公民所享的政治自由，这对于《理想国》中的统治阶层和军事阶层而言也至关重要。诚然，《理想国》的经济阶层没份参与统治；不过就此而言，《理想国》和《法义》并无真正明显的差异，因为那些从事卑微职业、手工业、贸易（"对于自由人而言不是很合适"的某些工作：8.842D；cf. 11.919D—E）的人现在被完全排除在公民行列之外，就像亚里士多德在《政治学》第七卷和第八卷所描述的理想城邦那样。[1]《法义》那梭伦式的民主自由所牵涉的内容——自愿受法律奴役，而非受专制者的压迫奴役——至少和《理想国》之理想城邦内的所有阶层达成的共识有着紧密关联。所谓共识，就是尊敬其立法者（即苏格拉底及其讨论者）在第二卷至第四卷中所设计的政治协议。"必须同意法律"，乔治·科罗斯克（George Klosko）写道，"这使得《法义》不同于柏拉图的其他政治作品。"[2] 关于《法义》和《理想国》之间的对比，科罗斯克的回应虽然不难理解但却容易导致误解。[3]《理想国》拒绝提供立法详情，它认为这些详情对于它起草政制而言可有可无（4.425A—427A）；它也没有特别评论"同意法律"。毋庸置疑，《法义》——如其书名所示——在以上两个方面都发展了柏拉图的想法，即便他的视角没有发生根本的转变。不过，《理想国》对"同意"自有其说法。它把美好社会内的"共识"作为自然协调好坏——"在城邦和每个个体之中，何种因素应占统治"——的一个功能（4.432A—B）；接着"共识"被描述成"统治者和被统治者的共同意见"（4.433C）。[4]

在《理想国》或《法义》中，被统治者的"同意"到底有多自愿？它有没有通过批评原则的检验？该原则可表述为："如果'同意'本身是由那

---

[1] Bobonich 2002：417 赞同"《法义》的城邦完全不再有生产阶层的公民"，但是这个事实似乎不见得影响他对《理想国》和《法义》的政治哲学进行诸多比较（例如，在该语境下，城邦是否被设想成一个德性共同体——在他看来，《理想国》否；《法义》是）。同类事物无需比较。另一方面，我们应当像 Vidal-Naquet (1986a：232—234) 那样注意到卷十一的特别段落。雅典访问者说工匠阶层"已经共同为我们的生活提供了有用的东西，他们用他们的技能制造了这些东西"，他们献身于雅典娜和赫淮斯托斯；他接着把军事工兵定义为那些"通过其他技能（关键在于防御），确保工匠所造物品的安全"（11.920D—E；他们献身于雅典娜和阿瑞斯）。

[2] Klosko 1986：227.

[3] 关于和《治邦者》的比较，参见第三章第五节。

[4] 关于《理想国》"同意"的进一步讨论，参见下文第六章第五节；也可参见 Kamtekar 2004。

应被证明为正当的强制力量所致",不管错误意识的操控如何进行遮蔽,"那么对某一正当行径的同意并不算数"。[1] 该原则认为,人民之所以同意,并不在于"真"或"好"(良好的教育即在于此),事实上却在于威权。乍听之下,它的确应该是社会政治批判的必要工具。不过,那种因果关系的证明向来是不简单且具有争议的。所以,批评原则作为正当性的一种检验是有问题的。但批评理论家们并未气馁。哈贝马斯(Jürgen Habermas)试图进一步发展理论资源来应对困难。他提出"一种思想实验——在'以自由为主旋律'(herrschaftsfrei)的空间中避免不正当的规范性权力——其意旨为:如果某一信念是合理的,那么在那些情况下,它本该为人们所接受"。[2] 而在下一节,我将表明柏拉图在《法义》中所发展的立法"序幕"(preludes)理论。该理论提出了某种类似于哈贝马斯"思想实验"的东西,还预设了"完全的理性自由"的概念——此概念将支持该篇对话所设想的"同意"的正当性。[3]

3.3 理性自由

《法义》发展的所有思想中,最为有趣的——在访问者看来也是最为新颖的(4.722B—C)——可能是两种法律的差别,或者确切地说,是两种立法路径的差别。毋庸赘言,法律是独断的命令:"做这个,不然你会受到那样的对待。"立法者打交道的对象是自由民,而不是奴隶。对于立法者而言,最好是进行得更温和些,在法律之前先设下序幕。序幕的思想经得起进一步的检验。我在此处会讨论它所引致的若干问题。其他问题则在第七章进行解释。

"序幕"没有给出命令——如果"序幕"成功地让人民心生好感,让他们更加适合于学习,他们便会更加顺从地接受法令。访问者将序幕和法令并称为立法的"双重"方法。通过对比奴隶身份的医生和自由人身份的医生,

---

[1] Williams 2005:6。也可参见他对该原则以及哈贝马斯相关辩护的更为完整的讨论,Williams 2002:219—232。

[2] Williams 2002:225. 至于哈贝马斯的思想实验——"理想的演说情形"——他提及 Geuss 1981:65 ff. (也可参见上文1.2节)。Williams 也认为需要用假设的措辞来阐述"检验"(2002:227):"如果他们真的明白了这种信念的形成过程,他们会放弃它吗?"

[3] 面对城邦正当性这一观念——包括对诉诸"同意"的信心——困难重重,相关的简要讨论参见 Geuss 2001:57—68。

访问者设想的那种劝说得到了说明。[1] 奴隶医生只是向病人发令。相反，访问者是这样谈及自由医生的（4.720D—E）：

> 自由医生的问诊主要关注的是治愈病人。他检查他们的病因，然后诉诸自然，同病人及其朋友分享他的想法。他通过这种方式从病人身上了解某些情况，同时他还尽其所能地指导患者。直到他以某种方式成功地说服了病人，他才开出药方。接着，他劝说病人继续合作，并尽力让病人恢复健康。

这段文字在第九卷中再次出现，访问者将自由医生与自由人的谈话比拟为哲学（857D）："就他的说服方式而言，他几乎是在从事哲学——掌握症候之源，让问题回到身体的整个本性上。"[2]

因为比拟的缘故，该说法有其潜在的误导方面。[3] 从《法义》制定的立法序幕的诸多例子来看，[4] 序幕显然是单向的，只有从立法者到全体公民；而非（前面的引文所示）两个个体之间的对话。序幕的作用更像是预防药，而不是人们生病之后与医生的交谈：旨在于让惩罚——类似于医学干涉——变得不必要。序幕的目的在于说服公民，如果他们遏制了正在讨论的法律所禁止的不良活动，那么他们将会变得更好，或者是城邦将变得更好，或者二者都将变得更好。如果他们不节制的话（也就是说他们"病了"），那么不管他们愿意不愿意，他们都将依据法律的规定受到惩罚——如果医生没

---

[1] Geoffrey Lloyd 已经指出，柏拉图对奴隶医生和自由医生的区分几乎确定是他本人的建构。它首先安抚地说医生具有助理，接着进一步表明，若医生拥有一种基于"自然本性"的知识，那么他们的助理只是通过观察和遵从他们的主人才学到这门知识（4.720A—B）。克勒尼阿斯欣然接受这两点：我们毫无理由去质疑它们的历史性，尽管第二点很可能在进行概括和高度简化。但是奴隶/自由的两极分化，以及两种不同处理形式的对比，并未得到其他希腊医学实践证据的证实；而且很有趣的是，克勒尼阿斯也没有认为这是事实。

[2] 关于这些文字（更为广泛地说，关于序幕）的讨论，参见 Bobonich 1991；也可参见 Bobonich 2002：97—119。

[3] 访问者并未声称（而洛布版翻译却致使读者相信）它是"一个非常精确的比喻"（4.722B）。这位希腊人其实说的是，两位医生的情况"非常正确地对比了"立法的两种可能模式（劝说和强迫）——"一种极其合适的比较"，桑德斯在其企鹅版中如此翻译。

[4] 至于讨论，参见第七章 3.2 节。

有说服病人的话,情况则完全相反。立法的实质仍是恐吓,就此而言恐吓开始生效。[1]

柏拉图不可能没有意识到这些论点。关于医生的类比,有没有一种解释可以推翻这些论点?能够更好地理解该类比的一个策略是:假设它关乎公民的劝说权,而不是(令人难以信服地)表明"劝说序幕"作为社会控制工具的实际运作方式。根据这种解释,因论证之故我们假定某位公民已经做了不利于其自身之好、抑或城邦之好、抑或二者之好的事:即他"病了"。假设该公民最后遇到了立法者。于是,这次苏格拉底式的相遇会被认为是有教育意义的(这是在教育公民,而不是在为他们立法,访问者如是说:9.857D—E)。换言之,这是一场对话。在对话中,专家("医生")从外行("病人")那里获取有关后者道德状况的信息,直到两件事情达成:(1)"医生"在科学诊断的基础上知道如何改善状况;(2)"病人"承认(1)在诊断基础上所确定的方法和目的适合于他的个人情况。序幕的道德内容必定措辞笼统。但就此观点来看,我们应当认为它提供了种种考量。道德状况不佳的人很可能需要接受这些考量:如果帽子合适,他就该戴上它。

根据此种解读,《法义》的立法活动——包括序幕在内——实际上(对于公民而言)就是一种社会控制的工具。不过,它正确地(对于我们、批评家以及参与体系设计的人而言)总结了无数次苏格拉底式的对话所会实现的自动结果:对话总是在专家(具有专门的道德知识)和外行之间进行,并且总是有意聚焦于改善后者道德状况的需要上。简言之,它沿袭了传统的家长制线路。此处的辩护(回到第1.2节末尾搁置的问题)和哈贝马斯的原则具有某种类似。但是这种类似远远达不到审议民主理论的要求,因为公民不处于理智状态,于是乎在审议方面无法和立法者平起平坐,而且公民也的确没有以民主的方式参与立法的审议进程。[2] 尽管如此,柏拉图之所以认为这

---

[1] 参见 Stalley 1994:170。我很感激 André Laks 对此问题的回信。
[2] 然而,我们可以辩论说柏拉图的规定满足了一种原则,即"某种规定可以具有合法性,当且仅当所有那些可能受其影响的人在理性讨论之后能够同意它",Habermas 1995:16(在于如何理解"讨论之后能够……")。Cohen 1993:312—313 论证柏拉图的公民确实具有真正的审议职责,为此他特别援引了《法义》5.745E—746D。但是所有这些文字说的是:(1)立法者诸多规定的落实将取决于公民"接受"这些安排(划分排列不可分割的土地,限制财产,禁止金银,禁止贸易和金融,等等)的意愿。紧随其后承认(2)立法者很可能只是在处理梦想和虚构的模型。立法者的回应是提议(3)无论谁在"论证这一范式",他都应该再现最真最好的全部要素,不过

种辩护是需要的，大概（诚如该类比所强调）是因为以下事实：立法面向自由的公民。正如他对该想法的分析所示，这意味着要向有责任心的共同体成员——共同体的设立主要是为了让他们成为有道德的好人——进行言说（Laws 1.630C；4.705D—706A，707D；12.963A）。[1]他们若不同意那指引生活的立法框架，"奴役于法律"就不能称为自愿，而应称为无条件的奴役。再重复一遍，医生的类比表明，此处的同意是知识较少的理性人鉴于苏格拉底（与知识较多的理性人）的审议而给出的同意。序幕完全体现了此类审议的结果，并且就其自身而言，可谓满足了公民的劝说权。若要表达得更精确些，可以换成规定形式：公民有权获得被劝说的机会；也可以换成声明形式：如果他们讲理，那么他们将会同意。

照此解释，柏拉图要求序幕先行于法律。这和罗尔斯明确使用的"假定同意"的概念（他说的是处于无知之幕的人们所达成的同意）[2]有若干相通之处。多说一句，人们还普遍认为霍布斯的契约假说——若人们要离开自然状态，就不得不订立契约——必须依靠"假定同意"这个概念。大致而言，众人对罗尔斯的批判并没有将火力集中于"假定同意"这个概念本身的正确性上。[3]众人更常质疑的是，该设想会不会仅仅是"任何个人顾及自身利益进行理性选择"的戏剧化改编。但是契约肯定预设了更多的内容：政治共同体的成员拥有为诸原则（即决定成员像合作伙伴那样生活的原则）进行理性辩护的同等权利。[4]该预设是否真的要求或需求"一致同意"的表达，这可

    对于那些不管怎样皆无法完成的要素，应该予以忽略，而对于剩下的要素，应该尽力做到最好。最后，也是在此问题上最重要的一点，他表明（4）论证者和立法者为了内在的一致性，应当同时考虑方案中的优势和过度要求。这里（特别是在论证者和立法者之间的重要讨论中）压根不存在公民整体的审议职责。腓特烈大帝对此的处理仿佛要好许多。1784年，"他跨出了非凡一步，允许公开讨论普遍法典（Allgemeines Landrecht）草案的精华部分。虽然只有专家得以参与，而且影响的也只是法典的某些方面，但是它唤起了普鲁士知识阶层的极大热情（凯瑟琳大帝作了适当变动，同样向立法委员会曝光她的 Nakaz）"（Blanning 2002：228）。

[1] 参见 Stalley 1983，ch.4；Bobonich 2002：119—123.
[2] 参见 Rawls 1972：21—22.
[3] R. Dworkin 持反对意见："假定契约不只是真实契约的苍白形式，它压根就不是契约。"（Dworkin 1977：151）但 Dworkin 的观点似乎是：我们因此不应当根据字面意思进行理解。在余下的讨论中，不管怎么样，他接着提出了一种对待真正哲学作品的同情式解读，他在对《正义论》一书的解读中就是这么做的。
[4] 至于讨论，参见（除了 Dworkin 1977：ch.6）Freeman 1990（对当代理论家的讨论）；至于霍布斯等，参见 Harrison 2003：ch.4.

能仍是个问题。有趣的是，不论在《法义》这里，还是之前在《克力同》那里引入"政治责任依赖于城邦和公民之间不甚明确却为有效的契约"这一观念时（Crito 51C—52C）[1]，柏拉图本人都没有使用过个体之间的"一致同意"——尽管他十分清楚它在出现于智者当中的社会契约理论那里很流行。[2]

我们可以得出结论：劝说权源自政治自由，其基础在于公民所拥有的我们可以称之为"理性自由"的那种潜能。[3] 柏拉图不曾用这么多的字句来阐明斯多亚主义者借悖论所表达的原则：只有智慧之人（即完美理性之人）才得自由。正如斯多亚主义者所言，只有智慧之人不受激情的奴役，而激情会妨碍我们识别真正的好，并且妨碍我们成功地追求这种好。在《理想国》哲人们的灵魂内，正是理性对激情和欲望的统治给予了他们实现"好"的力量，诚如《高尔吉亚》所言，每个人都很想要"好"，但很少有人认为他们拥有"好"（例如4.441E—442C）。第七卷洞喻（7.515C—D）的描绘则让人难以忘怀，它说实现"好"就是挣脱假象的束缚。[4] 同理，灵魂完全受控于欲望动机的那些人被描述成处于真正的奴役状态（9.577C—579E）。对于自身理性不能控制欲望的那些人，劝说旨在于让他们认识到，用格雷戈里·弗拉斯托斯（Gregory Vlastos）的话说，[5] "拯救的希望仅仅在于，生活于另一个人的道德监护之下"。所谓道德监护，实际上是他们奴役于最优秀的人——此人的灵魂是理性在统治（9.589—581A，这段文字满是自由和奴役的字眼）。他们没有权利去敬畏其他心灵，这便是柏拉图"理性自由"思想的潜在之意。

灵魂内的理性统治也是《法义》德性概念的主旨（基础文本是1.644D—645B）。与《理想国》如出一辙，柏拉图自始至终设想的不单是工具性的理性概念，还有本质性的理性概念。后者能够真正把握真实，追求与之相符的"好"，并最终决定我们的性情和行为。[6] 在《法义》中，正是这种认识真理的能力（而不是《理想国》中归于哲人的那种圆满）使得人

---

[1] 对该思想的大体讨论，及其地位尤其是"沉默"契约的讨论，参见 Kraut 1984: ch. VI.
[2] 《理想国》（2.358E—360D）第二卷开头，他让格劳孔用它来挑战苏格拉底。有关讨论参见 Schofield 2000a: 203—207。
[3] C. D. C. Reeve 称之为批判自由（回应了哈贝马斯和黑格尔，他提及后者而未提及前者），将其定义为拥有（理性批判理论所认可的）那些欲望并满足那些欲望的自由——参见 Reeve 1988: 233。
[4] 参见 Moravcsik 1983: 233.
[5] Vlastos 1995: II. 94.
[6] 关于这种理性概念，希腊哲人普遍共有，参见 M. Frede 1996。

们可以践行公民自由。克里斯托弗·波波尼奇（Christopher Bobonich）令人信服地论道，正在谈论的这种能力除了包括对于好坏的真正信念之外，还被访问者描绘成了某种智慧。它知道事物为何是对为何是错，抑或为何是好为何是坏，即便（比如说）其拥有者无法理解有关德性是"一"（unity）是"多"（plurality）的哲学解释。[1] 因此，我们可以得出一个推论：柏拉图关乎理性的自由"并非一有百有一无百无；我们越是愿意让理性支配我们的生活，我们就越自由。"[2] 尽管如此，仍然是哲人实现了最高程度的自由。柏拉图就此主题写过的最为雄辩的文字当属《泰阿泰德》的"题外话"。在那题外话中，从事诉讼的那些人目光短浅，他们的奴性和哲人的博大视野形成了鲜明对比。哲人"确乎在自由和闲暇当中成长"，能够"看到整全"，并且"在用他们的演说实现和谐时知道如何赞美诸神及有福之人的生活"（*Tht.* 175A，175E—176A）。

4. 结论

本章聚焦于雅典人柏拉图。当柏拉图对民主进行反思的时候，雅典从未脱离他的视域。接连不断的对话夹杂了他对当时民主关键承诺的批评，以及他不重写雅典历史的不断尝试——每种尝试皆有完全不同的模式。柏拉图似乎认为历史是某种修辞。他对历史的重写属于他批判修辞术的一部分：表明某一修辞可以取代修昔底德式的叙事（比如《墨涅克塞诺斯》中那夸张的取代）。对于雅典人鼓吹的政治自由应当如何进行理解和评价，他只有在《法义》中极其明确地表达了更加积极的看法，即政治自由是任何真正的政制必不可少的基础之一。不过，在我们进一步探究柏拉图本人有关理性及最佳城邦的思想之前，我们需要更加深入地了解他对民主的分析。我们在此将会关注的主要文本有《理想国》的第八卷，《治邦者》和《普罗塔戈拉》。

---

[1] Bobonich 2002：194—200.

[2] Stalley 1997—8：157. 理性人的自由不等同于追求快乐，柏拉图认为快乐是"民主"之人的特征（Rep. 8.561A—E）。Geoffrey Lloyd 向我建议，它可能更接近于亚氏在《形而上学》12.10，1075b19—23 所描述的家庭自由成员的情况："那些自由人至少如其所愿地自由行动，但是对他们而言，所有或大部分事物皆已注定；然而奴隶和野兽在公共之好上无所作为，并且在极大程度上任意地生活。因为这就是构成万物本性的那种原则。"我很感激 Michael Pakaluk 对"政治 vs 理性自由"的评论。

三　民主如何成为一个问题

1. 从对立到复杂

2005年8月28日，在数月的协商和讨论之后，伊拉克国会终于通过了新宪法。可它没有得到逊尼派代表的支持；阿拉伯国家则担心区域安全；而许多政治评论家预测未来的形势会比现在更为严峻。不过，布什总统祝贺伊拉克人民在从独裁转变为民主的道路上迈出了一大步。他提到了言论自由、结社自由以及该宪法文本所认可的其他自由。他还谈到，一个自由的民族在自由通过的法律下的投票箱那里找到了自我表达。简言之，他唤起了一整套的对立概念。自由（以及诸多自由权）、法律、自我决定和自我表达等，都被归到了民主这边；相应地，压迫和剥夺权力则被不详地关联于专制独裁和那惧怕随着独裁的告终而最终失败的滥用暴力者那边。

和其他政体相比，民主政体总是被人尊敬或厌恶地高举起来。[1] 从公元前5世纪的雅典留下来的诸多证据[2]都把这个问题表述成一种抉择：是选民主制还是选独裁的古代先驱，即僭主制或绝对君主制。[3] 东方专制和希腊自由的冲突构成了希罗多德《历史》的整体观念。雅典弑君者哈莫迪乌斯（Harmodius）和阿里斯托格同（Aristogeiton）（公元前514年暗杀希普帕库斯）在雅典的民主意识形态中颇具威名——尽管强大的阿尔克迈翁家族也在竞逐"解放雅典"的美名，该家族最出名的成员有伯里克利和阿尔喀比亚德。在修昔底德的笔下，叛变的阿尔喀比亚德在公元前415/414年的冬天告

---

[1] 纵观西方文明史，厌恶占据主流，参见 Roberts 1994。
[2] 柏拉图《法义》第三卷即是如此；参见第二章第三节。
[3] 主要参见 Lanza 1977；Giorgini 1993；Morgan 2003。

三 民主如何成为一个问题

诉斯巴达人（6.89.4）："我的家族总是反对僭主（而反对行使绝对权力之人（dunasteuomenoi）的任何力量皆被称为民主），[1] 这正是我们持续领导民众的原因所在。"但是众所周知，雅典人如今怀疑他本人志在僭主，尤其是因为他卷入了两起有关宗教情感的暴力事件：戏谑模仿宗教秘仪，以及损毁赫尔墨斯头柱。就具有僭主野心的政治家而言，阿里斯托芬的《蜂》和《骑士》（公元前420年代的作品）早已充分设想了其反民众（dêmos）的阴谋。[2]

诚然，诗人品达预设了政制或政治体系的三分（一个人的统治，少数好人的统治，多数人的统治：Pythian 2.86—88，大概公元前468年）。这种分析渗入了大众的意识。修昔底德对雅典民众的意见——秘仪事务"是寡头阴谋或僭主阴谋的所作所为"——的记述就表明了此种渗入（6.60.1）。[3] 而引人注意的是，在该分析的最早的全面陈述当中（在希罗多德那里），波斯的贵族们就权力分配的问题展开了讨论，他们之间的最大争论在于民主制相比君主制而言的优点和缺点，而这反映了《历史》的整体中心思想。相较之下，寡头制在该文本中尚未达到理论的高度（3.80—2）。[4]

不过，公元前5世纪后期有两位希腊作者立志于建立理论，在他们那里寡头制得到了更为显著的重视。当修昔底德和"老寡头"讨论民主时，占据中心舞台的仍是"对立"。但现在是民主制和寡头制的对立。"少数人统治和多数统治之间的对立"，正如罗杰·布洛克（Roger Brock）和史蒂芬·霍德金森（Stephen Hodkinson）所言，"贯穿修昔底德对公元前5世纪后期政治活动的解释分析"。[5] 老寡头的小册子也完全一样，尽管他更喜欢对比人群中"有用"（chrêstoi）的、出生高贵的富者和可鄙的（ponêroi）、"杂众的"（dêmotikoi）穷者（Ath. Pol. 1.5；至于他对寡头制及民主制术语的运用，可以参见 2.20）。亚里士多德写《政治学》时已是将近百年之后，（他说）此时大多数人以为只有两种政体，即寡头制和民主制；他认为这对于大多数的实际目的而言也已经足够了（Pol. 4.3, 1290a13—19；5.1, 1301b39—1302a2）。当然，老寡头大体上反对民主的意识形态，而且不像亚里士多德

---

[1] 为了竭力取悦斯巴达人，亚西比德让自己和民主保持距离。他将在几行之后称其为"公认的愚蠢之举"（6.89.6）。
[2] 参见 Raaflaub 2003。
[3] 本章第四节对柏拉图在《治邦者》中挪用和详述三分法（一/少/多）有所评论。
[4] 参见 Raaflaub 1990：41—5；Pelling 2003。
[5] 参见 Brock and Hodkinson 2000：17。

那样特别明显地关注僭主的潜在威胁。他本人的看法似乎是那种同情斯巴达的雅典贵族异见者的观点。修昔底德对寡头制和民主制之二极对立的强烈兴趣首先来自他对内乱（stasis，党争）的思考。所谓内乱，就是伯罗奔尼撒战争期间雅典和斯巴达为了促进其自身利益而煽动起来的希腊各地的内部公民冲突（3.82.1—2）。它们打着民主制和寡头制的旗号［确切地说，是在"普通公民的平等权利"和"温和节制的贵族政治"的动听口号下（3.82.8）］进行争战。不过，对政体改革的兴趣以及由此引发的讨论——该讨论是公元前411年和公元前404年雅典短命的寡头政治革命的一部分——也可能影响这一议题。[1]

对比之前种种，《理想国》第八卷和第九卷在鉴定和分析政制时所表现的复杂精细完全不在一个数量级上。将单一的两极对立（民主和……）取而代之的是，柏拉图对比了他在第二卷至第四卷所建构并在第五卷至第七卷进一步阐述的"好城邦"和四种坏体系（或者说一系列缺陷体系，对应灵魂的各种状态）。他表示这只是从无限可能中选取了部分而已（*Rep.* 4.445C—E; cf. 8.544D）。他选取的那些体系皆有缺陷——表现在各自的社会心理结构内的离心力，以及驱使一个结构变成另一个结构的原动力上。选取的四种样本政制为荣誉制（以克里特和斯巴达为典型）、寡头制、民主制和僭主制。[2] 与之相称的是荣誉人格、寡头人格、民主人格和僭主人格。柏拉图借苏格拉底之口陈述了这样一种情况，即城邦或灵魂可以轻而易举地从前一种状况堕入后一种状况，最后进入极端情况（僭主制或僭主，被描绘成不义和不幸的典范）。他的解释一方面补充了第二卷至第四卷的讨论，另一方面，为了说明政治及心理结构的相似性，它也依赖于第二卷至第四卷中的灵魂要素动因的三分法：理性、激情和欲望。

---

[1] 参见 Osborne 2003.

[2] 对于寡头制、民主制和僭主制赫然在列，读者们应该不会觉得奇怪：正如我们所见，三分法已经为人所知，品达和希罗多德对它的运用就已表明此点。但是第四种类型——荣誉制——的鉴定则是柏拉图的原创，毫无疑问这源于某种确信，即在克里特和（尤其是）斯巴达那里发现的极其独特的社会形式无法轻易地融入三分法；同时这也是出于他全面计划（在灵魂中激情要统治的类比）的需要。柏拉图的划分和色诺芬《回忆苏格拉底》4.6.12 具有某种类似，因为色诺芬也确认五种政制：君主制、僭主制、贵族制、财阀制（柏拉图寡头制的另一种说法）和民主制。但是色诺芬对其五种政制在术语上（法律和同意，抑或没有法律和同意，以及官员资格）的区分比起柏拉图更加符合宪政。有关讨论参见 Sinclair 1951: 169—171。

因此，公元前 5 世纪人们为之而战的全部选项——或在辩论中，或在街道上，或在战场上——在理想观点看来，皆被拒斥为劣等的社会政治体系。而这些体系在或多或少有所缺陷的个体人格那里得到了呼应。柏拉图对它们进行了批判，但他不单单依赖于《理想国》第四卷结尾处提出的心理学。出于他本人的目的，他还大量运用了当时流行的历史政治传说。其中的一个著名案例就是，为了说明僭主制，他显然用了佩西斯特拉图（Peisistratus，公元前 6 世纪的雅典僭主）和西西里叙拉古的狄奥尼修斯一世作为示范（Rep. 8.565D—569C）。[1] 我将从柏拉图对荣誉制和寡头制的处理来说明此点内容。

首先，柏拉图没有声称或暗示这些政体可能是某种贵族制：最好的那些人进行统治，即修昔底德（3.82.8）所论述的并且在（例如）老寡头（Ath. Pol. 1.2—9）那里得以证明的自我形象，或者是希罗多德（3.81.3）笔下参与波斯贵族讨论的墨加布库斯（Megabyxus）所论述的自我形象。他将"贵族制"这个术语留给了那些真正具有德性的人——他本人理想城邦中的优秀聪慧的护卫者——的统治（Rep. 4.445D，8.544E）。荣誉政治当中，统治者通常是争强好胜的那类人，而不是真正具有德性的聪慧护卫者；荣誉政治"具有一个显著特征，即激情要素的统治：对胜利和荣誉的热爱（philotimia）"（Rep. 8.548C）。这是对斯巴达社会显明的黩武主义特征的一个诊断，[2] 亦是柏拉图社会心理学的一次鲜明运用。他在第四卷（4.435E—436A）已经预示了这种社会心理学，并且在后文中进行了更为详实的阐释（9.580D—581E）。不过，在解释美好城邦如何可能堕入荣誉制时，他不单单断定了一种对荣誉的热爱，还假定了一种对金钱的热爱——此乃统治阶层心态的张力所在。这就是他们为何准许他们自己拥有私有财产（理想城邦对护卫者阶层的强行规定与此相反）的原因，这也是他们为何会生出一种对金银的秘密热爱并将金银囤积于金库和保险库的原因。而这种热爱届时将播下寡头制的种子（8.548A—B，550C—551B）。对于荣誉制的这种描述，有两点值得注意。第一，它显然体现了这样一种认识，即私有财富的积聚是传统

---

[1] Adam 的评论收集了狄奥尼修的类似案例：Adam 1902；II. 257—261。
[2] 正如人们经常注意到的，柏拉图此处并没有尝试描述独特且极度复杂的斯巴达政体。有关这点的讨论，参见 D. Frede 1996：260—262。她的评论很恰当：柏拉图在这里没有没有做政治科学或经验社会学式的考察，而做的是道德谱系学式的考察。

斯巴达社会体系的一个基本要素;[1] 它还特别让人想起了希罗多德有关斯巴达国王阿瑞斯通之金库的讲话（6.62.2）。它同时也反映了这样一种普遍观念，即斯巴达国王和统治阶层的其他成员特别易受贿赂的影响。[2] 事实上，在战时的戏剧当中，阿里斯托芬和欧里庇得斯普遍认为雅典人与其他人不得不对付的那些斯巴达人不但奸诈（主要的控诉）[3]，而且是卑鄙的牟利者（aiskhrokerdeis；Ar. Peace 619—27; Eur. Andromache 445—52）。第二，即使从荣誉制到柏拉图所谓的寡头制的转变原因要比他的解释更加复杂且更具结构特征，但"显然，至公元前四世纪，斯巴达正急遽地变成某种财阀制——富人阶层统治社会，他们的野心让他们逐渐远离普通的斯巴达公民"。[4]

柏拉图认为寡头制是一种以财富为唯一标准和唯一目的的政体及社会形式（Rep. 8.554A）。[5] 显然，寡头们并不是这样看待寡头制的。他们不会反对柏拉图的说法，即寡头制就是引入财富作为参政资格的限定条件（8.551A—B，553A），但他们辩解说财富更能为集体贡献"人力和资源"。[6] 对于民主主义者而言，这种说辞不难反驳。比如，叙拉古人阿忒那戈拉（Athenagoras）说道（Thucydides 6.39.1—2）：

> 有些人会说民主制既不理智又不公平，还说富人最有能力进行统治。而我对此的第一个答复是：民众是全体人民的称谓，而寡头制只表明部分。第二，尽管富人阶层的确是城邦财富的最佳守卫者，但在思虑方面的最佳人选却是智慧者，而对听到的内容进行裁决的最佳人选则是众人。如今的民主制中，所有这些事物皆被公平分享，不仅整体如此，而且每个特定部分的人群亦是如此。可是，寡头统治集团却让众人分担

---

[1] 参见 Hodkinson 2000；ch. 13.

[2] "希罗多德把潜在的、声称的和实际的赠礼或贿赂收受的故事（共八个）更多归于斯巴达，而非其他希腊城邦"（3.56, 3.148, 5.51, 6.50, 6.66, 6.72, 6.82, 8.5），Hodkinson 1994：185.

[3] 参见 Bradford 1994；59—85；Hesk 2000；ch. 1.

[4] Hodkinson 2000；432；31—32. 色诺芬是这种观点的著名支持者：参见 Lac. Pol. 14。

[5] 亚里士多德在《政治学》5.10, 1311a9—11 亦有重申。但是正如 W. L. Newman 指出（1887—1902：4. xxxiv），他有时把逐利视作"多"的特征（Pol. 2.7, 1266b38—1267a1, 6.3, 1318b16—17）；并且他反对柏拉图的看法，认为"寡头制之所以出现是因为官员贪财"这种看法很荒谬（Pol. 5.12, 1316a39—b6）。

[6] 参见修昔底德 8.65.3, 前 411 年革命时寡头派的说法（也可参见亚氏《雅典政制》29.5）。有关寡头意识形态的讨论，参见 Brock and Hodkinson 2000；16—20。

三 民主如何成为一个问题

危险,而自己去多拿利益——事实上是拿走了全部的利益。

柏拉图至少有两点和阿忒那戈拉看法一致。于他而言,寡头制的首要缺陷就是它把统治资格系于财产条件(*Rep.* 8.551C):"如果你根据财产条件这种方式任命船长,从而拒绝任命穷人,哪怕他更有资格,想想这将是怎样一个情况。"第二个缺陷是这种社会贫富过于悬殊:"一座穷人的城邦和一座富人的城邦,生活在同一个地方却不断密谋打倒对方"。(*Rep.* 8.551D)阿忒那戈拉指控寡头们贪婪(*pleonektein*,"所取超出他们的公平份额")。柏拉图认为贪婪是推动并解释整个寡头体系——如果你愿意的话,可以说是寡头体系的范式,[1] 但柏拉图想到的无疑是公元前404年雅典三十僭主的寡头行径[2](观察者们从不同的政治视角出发,都同意三十僭主的寡头行径乃贪婪所驱)[3]——的动力所在。当柏拉图转而考虑寡头人格时,一切都一清二楚了:于他而言,寡头行径表明灵魂的主导力量不是理性或者激情,而是"欲望和热爱金钱的要素"(8.553C)。[4]

根据《理想国》第八卷的叙述,寡头制未得善终。届时,富人完全丧失自制力,百无聊赖地奢侈放纵;而穷人开始被剥夺公民身份,或者负债累累,并且越来越不满。此时的政治体完全不健康,可能真的是"病了",哪怕最微小的刺激也会引发公开的冲突。正是在这种环境下,穷人觉察到寡头统治集团的虚弱。他们完全可以推翻政权,进而建立民主政体及其平等主义的诸多制度。正如苏格拉底对该问题的阐释(8.557A):

> 当穷人阶层胜利时,当他们杀死某些反对者,流放另外一些,并且为剩下的那些人提供平等参与政治体系及获取公共职务的机会时,当城邦的公职主要是根据抽签来进行分配时,它大概就变成了民主政体。

然而贫富差距并未因此终结。当物质的公民整体享受其无政府的自由从而任意行事的时候,富人阶层的财物尽遭没收,民主政治家取走大部分后再由穷

---

[1] 参见 D. Frede 1996:262, 266—269。
[2] 《第七封信札》(324D—325A)描述三十僭主统治的那段时期对柏拉图造成了特别创伤性的影响。不论柏拉图本人是否是这封书简的作者,这都完全可能是真的。
[3] 至于证据,参见 Balot 2001:219—224。
[4] 至于柏拉图金钱心理学的更为完整的探究,参见下文第六章。

人重新分配余下的部分。彼此的怀疑和敌意渐渐滋长，敌对情况更甚于寡头制之时，直至穷人阶层找到一名斗士"发动内战打倒那些有产阶层"（*Rep.* 8.566A）。这位强者接下来必然要求并获得了侍卫配备——专制和奴役民众的条件从而成熟。

在此衰退叙事中，促使每个政体相继垮台的原因是统治阶层愈发猛烈地追逐更大的财富。这个故事以何种方式写就？亚里士多德认为柏拉图的意思是：比如说，寡头制通常——若非"总是"的话——变成民主制；类似地，民主制变成僭主制（*Pol.* 5.12）。亚里士多德（他在现代有一批学术拥趸）出于以下缘故批评柏拉图（*Pol.* 5.12, 1316a23—4）："反向转变也可能发生。比如，民主制能够变成寡头制，而且事实上变成寡头制比变成君主制要容易得多。"我们很难相信柏拉图会持截然不同的观点。实际上，他笔下的苏格拉底的发言避免了"某种规律在决定变革方向"的意思，特别是在他的下列陈述当中（*Rep.* 8.556E）："一座不健康的城邦只需一个微乎其微的缘由——一方向寡头城邦寻求外围帮助，另一方向民主城邦发出求救信号——就会生病，从而开始自我争战。"[1] 苏格拉底继续说道，一旦穷人在内战中胜出，并且建立一个提供平等政治参与和平等任职机会（主要通过抽签）的体系，那么民主社会就将到来。他并没有说这是开创民主政治的唯一方式；他更没有说，若民主制以这种方式发生，它必然就会取代寡头制。[2] 但他确实坚信这样一个归纳命题：占据多数的穷人阶层一旦发起反对少数人的运动，他们总会扶持一名斗士。不过柏拉图很谨慎。他没有说这些斗士必然变成僭主，他只是说"斗士的这种地位是产生僭主的唯一根源"。他还说，一旦这个人开始杀戮和流放人民，并示意要普遍取消债务和重新分配土地，那么结果必然是：要么他被他的敌人所杀，要么他将成为僭主，即"从人变成狼"（*Rep.* 8.565E—566A）。[3]

---

[1] 这句话明显让人想起修昔底德关于伯罗奔尼撒战争期间内乱的著名说法（并未假定寡头制和民主制之间的变化只有唯一一种方向）：参见 3.82.1。

[2] 正如 Dorothea Frede 指出，柏拉图几乎不指望他的读者相信这就是雅典民主的出现方式（D. Frede 1996：262—263）。

[3] 马基雅维利的想法非常相似（*Discorsi*, 1.40）："如果人民被诱导从而错误地敬仰某人，因为他贬抑他们所厌恶的那些人；如果那人还机智聪明，那么以下情况总将发生：那座城邦将诞生一名僭主。因为他会候着，直到他凭借民众的支持处理了贵族；他不会马上压迫人民，直到他处理了它，那时民众将会认识到他们已降身奴隶，而且无路可逃。"

因此，尽管在象征方面和示例方面极为重要，《理想国》第八卷描述的政体变化序列并没有确定的术语加以表示。克里斯托弗·吉尔（Christopher Gill）抓住了柏拉图计划的精髓，他写道：[1]

> 第八卷对堕落政体的全面论述虽然看上去是依照时间顺序表述的（从而被奉为一种史诗性的历史，在某种程度上类似于《克里底亚》），事实上却是根据纯粹理论性的原则进行编排的。

那是什么原则呢？以下是多萝西·弗雷德（Dorothea Frede）富于启发性的建议：[2]

> 他的意图是描绘模板城邦。它们真的名副其实，因为每个模板城邦都只决定于各自的特定价值（参见548B—C）。因此，在他所说的荣誉制中，勇敢是唯一得到承认的价值；寡头制受财富所驱，因为财富是它的唯一目标；民主制则自由至上；而僭主制意味着奴役于僭主的最坏欲望。

她接着问道：[3]"如果柏拉图旨在于论证每个模板城邦因其基本价值之垄断而导致的诸多问题，那么他为什么要用衰退故事的形式来呈现呢？"她继续说道：答案肯定和社会动荡有关——若理性不再控制激情和欲望，社会必然动荡。真正的威胁来自欲望，它在荣誉制下已然暗潮涌动，在其他三种堕落体系中更是愈发彰显。一旦理性失去了它对社会的控制，欲望就会扶摇直上，更具毁灭性和自我毁灭性的后果随之而来。而采用时间顺序最能渲染这些内容。

2. 民主、平等和自由

柏拉图断定寡头制只受贪婪驱使。至于它自称的德性、能力以及对公共

---

[1] Gill 1977: 300. 他比较了《理想国》8.545D—E, 547A—B 和《克里底亚》108C。也可参见 Adam 1902: II. 195—196，他对此问题的稳妥处理无人能出其右。

[2] D. Frede 1996: 266—267.

[3] D. Frede 1996: 268.

利益的关注,柏拉图则完全无视。这是任何一位民主主义者都可能会称赞的排斥性批评[1]。民主制这边就完全不同了。柏拉图接受民主制的自我陈述。在民主制下,平等和自由确乎盛行。但它们是混乱之法,而不是美好生活之方。民主的逻辑是自我毁灭性的。

柏拉图在解释民主的时候,说平等和自由的作用各不相同。对此某些东西需要立即加以说明。苏格拉底一开始就认定民主是关于平等政治参与和平等任职机会的民主(8.557A)。随着解释的深入,他回到平等主题。他用以下定论总结了有关民主生活方式的一段文字(8.557A—558C):"你期待它是一种令人愉悦的政体——无政府的、多姿多彩的,还给予一种不论在同等事物上还是不同等事物上的极端平等。"这个论断接着引发了苏格拉底的一番详细描述。他描述这种平等——扩展到生活的各个领域,而不单单是政治——会走向最终毁掉民主的无政府状态(8.562E—563E)。不过,他把自由(而非平等)定为民主生活的标志特征(8.557A—558C)。苏格拉底进一步说道(8.562B—C):"这就是你在民主城邦听到的说法——在自由之中,它拥有最精美的财物;对于那些天性自由的人而言,它因此是唯一的居处。"他如何理解此处的"自由"?它不是那种体现柏拉图理想的理性自由,[2] 而是个人可以"做其想做之事"的自由(8.557B)。在具有民主起源及其政体安排的政治体系下,为什么要特别歌颂自由?原因在于苏格拉底不想说明的某些东西——尽管,一旦自由被认为是不受限制的个人自由,那么无政府状态的平等成为定局的原因也就一目了然了。

苏格拉底在讨论民主时为何要(以不同的方式)论及平等和自由,其实不难理解。平等(确切地说是"isonomia",意为法律之下的平等,即大家普遍认为的政治平等)很有可能是希腊人为民主起的第一个名字[3]。在希罗多德笔下的不同政制支持者的讨论中,这种平等涉及整个共同体的抽签、问责和决议(3.80.6)。他还在其他地方将公元前6世纪末佩西斯特拉图(Peisistratid)僭政垮台之后的雅典崛起同克勒斯提尼政制引进言论平等(isêgoria)联系起来(5.78)。关于雅典人如何理解他们的民主平等,公元前5世纪的其他作者提供了更多的证据。柯特·拉夫劳勃(Kurt Raaflaub)

---

[1] 排斥性批评和内在性批评的概念已经在第二章3.3节有所介绍,这要感谢 Walzer 1987。

[2] 参见第二章3.3节对柏拉图对话中此种思想表现的讨论。

[3] 参见 Ostwald 1969,Vlastos 1964,Raaflaub 1996。

特别引用了欧里庇得斯和修昔底德的文字。[1]

> 在《乞援人》中,欧里庇得斯强调投票平等,(通过共同控制法律并且公布法律从而得以保证的)司法平等,(根据每年轮流统治的原则从而得以规定的)权力平等,以及平等的最高实现活动——言论自由。在葬礼演说中,修昔底德关注在法律跟前进行个人辩护的平等,以及政治参与和机会的平等。

拉夫劳勃在审查了众多较为间接的证据之后推论,"公元前5世纪的文献反映了亚里士多德讨论民主平等的全部要素"。[2] 柏拉图预设读者已经掌握了这些知识。因此,他之所以在557A处简要提及了造就民主的平等参与政治体系和平等拥有任职机会,这至少是个原因。

人们歌颂自由是民主政治的主要成就。在人们意识到平等是民主的本质属性之后,对自由的歌颂才出现于雅典——可能仅仅出现于公元前5世纪中叶。[3] 关于公元前5世纪的证据,拉夫劳勃说道:[4] "焦点始终不变:民众进行统治(即,所有公民参与城邦统治),因此城邦是自由的。"换言之,民主的自由和平等息息相关。政治平等的要点在于它为自由及其实践提供条件。谈到自由,尤其要说两点:公民共同管理城邦事务的政治自由(不同于寡头制或僭主制的情况);每位公民按其意愿生活的社会自由。关于雅典人的自由思想,修昔底德笔下的伯里克利葬礼演说给出了经典的表述(2.37.2—3):

> 我们共同体的政治生活以自由为标志;至于我们日常活动中的相互猜疑,如果我们邻人的所作所为是为了让他自己高兴,我们不会不赞成,对于那些如此讨厌但却无害的行径我们也不会面露愠色。

---

[1] Raaflaub 1996:141.

[2] Raaflaub 1996:142. 他提到《政治学》3.13,1284a19 的陈述,"人们认为民主城邦旨在平等,平等在其他一切事物之上",《政治学》6.2,1317b17—1318a10 有详细叙述。

[3] 此处我赞成 Raaflaub 1983,而非 Hansen 1996(参见 Raaflaub 1996:162 n. 27, 163 n. 44)。

[4] Raaflaub 1983:521.

亚里士多德在分析民主时确定了自由的两个维度（Pol. 6.2, 1317a40—b17）。而且我们有必要再次提醒自己注意约翰·邓恩在《让人民自由》中的论证：民主化不仅意味着一种基于平等原则的政治秩序，还意味着它对社会、文化及经济生活的影响——通向"一个信仰、尊重甚至忠诚皆已大量消逝的世界"。[1]

因此，当柏拉图笔下的苏格拉底从"平等参与政治体系"讲到"自由是民主生活的主旨"时，《理想国》第八卷的第一批读者不觉得有什么地方需要解释。不过，他们必然会留意到他对民主生活方式的讨论完全聚焦于社会自由，却压根没有论及他们"想要自由和统治"这件事（正如老寡头所说：Ath. Pol. 1.8）——这和阿里斯托芬在一部又一部戏剧中所描绘的雅典景象形成鲜明对比（民主的政治维度为他提供了大多数的娱乐机会）。苏格拉底告诉我们，民主城邦"充满自由和直言（parrhêsia）"，并且个人可以"做其想做之事"（8.557B）。他接着详细说明了这些公开规定的影响。随后的一段文字（8.577A—558C）以及对"定义自由为好"所致影响的进一步解释（562A—563E）向我们表明，承认"任何人可以做其想做之事"是如何导致了一个放任的——最终却极度无法容忍的——社会。其中包括，放任思潮是如何导致所谓的平等宪法原则的内在化。因此，用苏格拉底在558C处谈及民主时的总结话语说："它是一种令人愉悦的政体——无政府的、多姿多彩的、还给予一种不论在同等事物上还是不同等事物上的极端平等。"[2]

"无政府"这一用辞表明，如果我们以为该语境中柏拉图笔下的苏格拉底在民主生活方式的政治方面完全保持沉默，那么这将是错误的。在第八卷的这部分内容中，还有一段更加奇怪的文字。苏格拉底设想"做其想做之事"的社会自由在吞噬政治领域（8.557E—558A）：

> "这座城邦没有强制任职，"我说，"即使你很有资格担任职务；也无须服从那些任职者，如果你不乐意的话；城邦开战之日不一定要服兵

---

[1] 参见 Dunn 2005：130—138, 160—172；引用来自 p. 184，第二章1.3节亦有引用。准确来说，柏拉图正是强调"尊重"的消逝，他设想那时不单儿子轻视父亲，学生轻视老师，而且马匹和猴子都会冲撞行人，若行人不给它们让路的话（Rep. 8.562E—563D）。

[2] 注意，"还给予一种不论在同等事物上还是不同等事物上的极端平等"这一原则就已暗含了尊敬的结果。

役；众人和睦之时不一定要守和睦，除非和睦是你所愿。还有，即使法律阻止你担任职务或陪审团成员，你也可以设法出任公职或陪审团成员，如果你有兴致这么做的话。短时间之内，这难道不是一种天赐的可喜的生活方式吗？"

"很可能吧，在短时间之内。"

这听起来更像是阿里斯托芬的想象，而不是雅典的实际情况（例如，《阿卡奈人》中反英雄的狄开俄珀利斯在城邦争战的时候努力争取个人的和平）。不过，柏拉图可谓一石二鸟：既清楚地表述了"把自由推向极端"的逻辑后果，又如强流般地讽刺了现实。[1] 他继续这种风格：个人自由伴随着对他人的容忍，这同样具有讽刺效果（558A）。柏拉图一会儿很亲近民主，一会儿又很排斥它。他说起话来就像个牢骚满腹的雅典人，因为他运用了喜剧作家的内在性批评修辞。但这种评论要置于对所有现存政治体系进行排斥性批评的整体框架之中。

通过这种讽刺叙事的模式，柏拉图详细表述了民主政治的一个矛盾。民主在于公民自由地参与统治，在于他们敬畏那决定其自由实践的法律及政体框架。但是，如果行己所愿的自由——民主也将此奉为圭臬——被推向极端，人们将会认为自己有权无视法律及政体框架，有权依据他们的意愿而不是根据法律的规定来参与或不参与统治。请注意，我在表述时用了"如果"；而柏拉图的文本没有"如果"，他的陈述是"确乎发生"。就柏拉图而言，这不单单是异想天开或漠不关心。柏拉图的叙事之所以采用这种形式，是因为它会在解释"欲望对社会的控制将导致毁灭性的后果"的整体语境下发挥作用。金钱已然攻陷寡头社会。寡头制被推翻之后，金钱欲仍在蔓延，即使它不再让人沦陷。第九卷后面的一段文字说得明白（580D—581A）：柏拉图认为人们爱钱的一个原因是它可以满足人们所有的其他欲望。所有欲望得到满足就是民主政治在物质主义引发的螺旋式下降过程中所达到的那个阶段。[2]

---

[1] 该评论类似于 D. Frede 1996：263—265，267—268 处的说法，尽管她不认为雅典人会因为真正的讽刺（区别于民主理想之反证的论证力量）而被说服。可能柏拉图（和阿里斯托芬一样）说雅典真的如此，是希望逗乐人民，而非说服人民。不过，我认为他对讽刺的主旨会有所认同：雅典不再具有足够的尊敬，也没有有效培育尊敬的文化基础。

[2] 不难承认，民主政治中的每个人实际上都在挣钱（8.564E）。有关金钱和欲望的进一步讨论，参见第六章，尤其是第二节和第三节。

因此，暂不论其他，鉴于"行其所愿"的社会自由，大部分人在民主制下将会做的就是金钱使得他们能够做的——满足他们的欲望。因为民主社会受欲望控制，所以柏拉图认为他自己有资格假定：社会自由的实践最后必然会战胜对（支持社会自由和政治自由的）法律框架的尊敬。接下来，他转而考虑他所描述的民主个体。柏拉图相当明确地表示，民主个体特有的生活方式就是平等而实际上混乱地追逐他所感受到的各种欲望。这使得他"生活舒适且多姿多彩，就像民主城邦那样"（8.561A—E）。

3. 民主和多元主义

在荣誉政治中占据主导的那类人是争战者，而在寡头政治中则是狂热的敛财者。鉴于民主政治对自由的重视，我们可以预料柏拉图会认定这类社会的主导者是我们所谓的自由主义者：主张个人自由至上继而影响民主生活方式。可这不是事实。其中一个原因和柏拉图用来解释诸多社会及其政治体系之差异的哲学总策略有关。在他看来，这类差异最后明显根植于人类心理学——理性、激情和欲望。因此，他不仅假设了三类基本人员（哲学的、争战的、物质的），还进行了有力的推测：根据以上假设可以解释任何社会——民主社会因此也包括在内——的典型特征。另一个原因和自由在影响行为方面作为"好"的作用方式相关。如果某人把荣誉和胜利，或者金钱和利益定为其目标，那么为了实现目标，他的诸多行径很可能会以上述方式进行建构——比较典型的有战士和商人的生活。然而，自由（就像现代的权利思想）是可实现的"好"。它是个人"做其想做之事"的自由，亦是重述苏格拉底再造方案的自由。在一个视自由为好的社会，生活方式的建构主要依据的不是追求自由，而是追求那自由使得人们能够追求的事物"想做之事"。或者说，诚如苏格拉底的明确说明（8.557B）："在许可（那样做）的情况下，显然每个人都能够以自己喜欢的任一方式来安排自己在城邦中的生活。"

苏格拉底此时得出了结论（557C）："总的来说，我们发现这个社会政治体系的人员类型最是多样。"民主政治没有哪种人占据主导，不像荣誉政治和寡头政治，或者苏格拉底及其对话者所建构的美好城邦那样。民主政治的特征来自它所促进的生活多样化。柏拉图在断定"多样化"的时候，清晰地论述了一个深刻的见解，即民主社会本质上是一个多元主义的社会（用现在的话说）。[1] 在一个"积极自由"至上的体系当中，鉴于人们在信仰、文化、（柏拉图提出的）心理类型上的多样化，我们可以预料生活方式的普遍多样化。柏拉图走得如此之远，以至于他笔下的苏格拉底以出乎意料的夺人眼目的方式作出声明：民主政治包含"各种政治体系，因为它许可"个人做其想做之事（8.557D）：

"任何想要建立城邦的人，就像我们已经在做的那样，将很可能发现他不得不前往一个具有民主政体的城邦，并且在那里选择他想要的任何一种政治安排。这就像在集市购买政体。接下来是他的抉择时间，他能够在那些政体当中找出一个来。"

"是的，"他说，"他不太可能认为供他选择的模板是短缺的。"

接下来我将表明此处暗含的逻辑。某一特定社会政治体系的生活方式是针对该社会——起主导作用的整体人格类型——的某种规划。在民主社会中，每一种人格类型都很有影响（这便是阿德曼图一定要让苏格拉底设想的"满是模板"）。因此，从任何一种类型出发，我们都能够规划出相应的生活方式。该生活方式将成为相应的社会政治体系——在该体系中，那种人格类型决定了社会的秩序、统治安排及其视作至高价值的"好"——的特征。正是在这个意义上，民主制是种"政体集市"。毋庸置疑，我们在雅典不难发现荣誉制或寡头制的典型人士——不过，对于《理想国》所描绘的理想社会而言，苏格拉底或许是其唯一可能的典范人士。

对于刚刚引用的文本，近来有些评论家提出了一种不同的解读。他们认为柏拉图在引进一个有关知识社会学的富有雄心的论点：只有在言论自由的民主社会中，基本的自我批评（以及人类多样性的知识）才成为可能——人们需要这种批评"来设想某个和人们当前所在社会完全不同的政体"。[2] 因为柏拉图在即时语境当中验明了所有的内在缺陷，所以这会使得民主政体成为一个他在其中发现独特理智优势的体系。不过，他笔下的苏格拉底探讨"言论自由"的重点并不在此。他做的是截然不同的事：以高度戏剧化的方式强化这么一条讯息，即民主政治当中的人格多样化真是引人注目。

---

[1] 对于这个议题，Mitchell and Lucas 2003 有很好的把握，他们把讨论《理想国》对待民主的章节命名为"柏拉图和多元主义"。
[2] Roochnik 2003：79. 参见 Griswold 1999：16；Monoson 2000：166—168.

关于第八卷对民主的处理，我的解释和伯纳德·威廉姆斯甚有影响且高度批判的解释完全相左。[1] 尽管威廉姆斯认识到柏拉图笔下的苏格拉底将民主制描述成一个"其中有各种人"、"各种性格点缀其间"（像极了一件彩色衣裳）的体系，但他认为柏拉图鉴于主导原则必然会说：（1）民主制从作为统治者的大多数人那里获得其特征，（2）大多数人因此肯定具有"民主"的性格。他注意到，柏拉图笔下的苏格拉底通过城邦与灵魂的类比提出（3）民主的性格"一直在变，没有任何技艺，准备放纵欲望（epithumia），等等"。威廉姆斯的结论可谓昭著：[2]

> 柏拉图再次游走于社会层面和个人层面。他似乎倾向于混淆以下两种截然不同的情形：公民当中存在各种性格，和多数公民具有一种多重性格，即一种变化无常的性格。

我们首先要质疑的是（1）。威廉姆斯之所以认为柏拉图会认为（1）和（2），是因为他把关于苏格拉底言论——"一个城邦从其公民那里获得特征"——的最为可行的解读当作主导规则：

（P）A 城邦是 F，当且仅当它最具影响的或占据主导地位的首要公民是 F。

（P）试图清晰地说明苏格拉底相当含糊的陈述（S）：各种不同的政制并非来自虚空（确切地说——用谚语表达——"来自橡树或来自石头"），而是来自"城邦内的诸多性格"（*Rep.* 8.544D—E）。我们如何检验（P）是否有助于确切表述苏格拉底所说的内容？一个明显的策略就是，看它是否很好地解释了第八卷接下来讨论特定政体的具体文字。即便是荣誉制——其首要公民是致力于追求荣誉和胜利的激昂之人——（P）也未能把握住苏格拉底对该社会特征的解释说明。他实际上说的是（8.548C）："它有一个显著特征，这个特征来自激情要素的统治：对胜利和荣誉的热爱。"换言之，他笔下的苏格拉底提及某种特殊动机的显著地位，并且用灵魂的主导部分来解

---

[1] Williams 1973：201—203. 关于他的结论下边的第一步到第三步的论证，就解释表述而言，我将为此负责。
[2] Williams 1973：201.

释这种动机。民主制就更不必说了——（P）无法表达柏拉图的所思所想。

柏拉图对以下做法毫无兴趣：用公民那里的"民主"来解释城邦的"民主"。显而易见，文本的意思是（V）民主城邦具有一个多样化的特征，因为其内盛行的人员类型极其多样化。（V）肯定了民主自由所需的多元主义。但是，（V）不能用威廉姆斯的（P）来表达，其表述倒很接近于苏格拉底本人的陈述（S）。威廉姆斯之所以不考虑（V），原因可能是（V）既没有说明也没有暗示民主社会的统治者是何身份。我们在此只消记住一点：和托克维尔一样，柏拉图对社会政治体系的整体生活方式及价值观念的兴趣不亚于（如果没有超过的话）他对政体安排的兴趣。因此，我们没必要认为威廉姆斯所说的（1）（民主制从作为统治者的大多数人那里获得其特征）就是柏拉图的本意，（2）（大多数人因此肯定具有"民主"的性格）就更不必说了。

威廉姆斯可能还想论辩说他对柏拉图有关民主的处理的主要反驳仍然成立：两种观点——一种观点是城邦的多样化源于公民性格的多样化，另一种观点是源于每位公民自身性格内部的多样化——相混淆。显而易见，第一种观点（而非第二种观点）表达了柏拉图对于民主的看法。同时也不难看出为何有人会推测他有关城邦和灵魂的纲领性陈述使他不得不主张第二种观点。推测的理由在于：为了支持"问答不仅要考虑有所缺陷的社会政治体系，还应考虑其所对应的个体灵魂的缺陷性格"这个提议，苏格拉底在第八卷开头说出（S）。除此之外，回到第四卷，苏格拉底在首次引入城邦与灵魂的类比之后，为了支持对该类比的探讨计划，他作了一番精神上接近于（S）的评论——比如，他说色雷斯人民和西徐亚人民的气概只能归之于每个色雷斯人和西徐亚人的气概。

苏格拉底的这些举措可能暗示"气概"——荣誉制的标志——的正确解释在于（比如说）"荣誉灵魂的气概"（他在第八卷说明了荣誉政制之后，紧接着讨论了荣誉灵魂）。寡头制的物质主义亦是如此。不过严格说来，苏格拉底明确主张的只是：(a) 政制（the types of political‑ocracy）对应人治（human‑ocracies，结果证明是极度复杂的），(b) 这是因为政治体系源自其成员的心理倾向（即他们的主要性格特征）。正如法拉利（G. R. F. Ferrari）近来的长篇论述所示，就荣誉制对应具有荣誉灵魂的个体、寡头制对应具有寡头灵魂的个体而言，他进行描述分析的要点在于：对于当前讨论的"社会"，理解要适可而止。正如《理想国》的主要道德议程所要求的，首先要阐明个体心理学,尤其是要阐明理性控制一旦不再就会导致的堕落和无常。[1]

就民主灵魂的情况而言,这也是首要目的。诚如我们所见,民主制的特征不是来自"民主灵魂"(无论定义如何)的统治,而是来自民主制内各种灵魂的活跃状态。尽管如此,对"城邦类似灵魂"的普遍预期使得某种特殊个体成为可能。这种个体是为典型,把反映了民主社会多样化的心理结构纳入其自身之内:在某种程度上,你能从该个体的行为中一下子读出那种多样化——简言之,该个体就是多才多艺、表面上魅力十足的阿尔喀比亚德;抑或是卡利克勒斯那样的人物,其灵魂以平等主义的姿态从哲学爱好跳到争战爱好,再跳到物质爱好。这便是苏格拉底描述的完完全全的民主灵魂——正如我们所言,民主制像个集市一样。这种个体形象并非要向我们呈现民主生活的某种典型。[2] 因为它和苏格拉底的荣誉个体形象[其实被描述成:能和实际上"治理得不好"的任何社会共存(549C)]以及寡头个体形象(过于吝啬以致于在政治上走不了多远)没什么不同。它们的出现并不是为了归纳,而是为了生动地说明:如果灵魂受制于竞争意识或物质主义或对多样化的热爱,那么注定复杂的灵魂生活可能会是个什么样子。[3]

4. 民主和无政府

罗斯·哈里森(Ross Harrison)对民主理论进行了深入的研究,针对政府思想和不可剥夺的个人权利信念之间的张力,他如此说道:[4]

> 如果个人真的拥有他人不得侵犯的权利,那么任何一种绝对权力或最高权力似乎都不可能存在。不论该权力是民主的还是专制的,其中仍

---

[1] 参见 Ferrari 2003: chs 2 and 3;也可参见 D. Frede 1996: 269—274,尽管她在个体塑造和相关社会之间设定了比 Ferrai 更为紧密的联系。

[2] D. Frede 1996: 271 对此有很好的论述。她的建议很有意思,也更具争议,即柏拉图是想要描述民主社会精英阶层中的一名典型成员(ibid. pp. 271—272)。除了精英,没有人能够拥有男人民主生活方式的闲暇和资源。但是,于他而言的"典型"指的是他的人格反映了民主社会的多元主义。

[3] 至于灵魂结构内的对多样化的热爱的原因问题,参见 Cooper 1984: 10—12; Scott 2000: 22—26。这个问题后文将简要讨论,见第六章第三节。

[4] Harrison 1993: 141.

三 民主如何成为一个问题

有某些东西在当下看来是不合法的。因此，看样子根本没有绝对的权力；于是政府是否可能的问题随之而来。

柏拉图在《理想国》第八卷对民主的描述似乎得出了相似的结论。如果一个社会真的视其成员的自由为至好，以致于人人可以做其想做之事（诚如我们在上文所见的苏格拉底解释），那么社会自身将无法行使任何权力。[1] 它无法让其公民出任公职、听从官员的指令、服兵役、担任陪审员——或者阻止他们做所有这些事——若它不放弃或限定它所致力的自由的话。可见，自由意味者"一种放任的完全自由"。[2] 其结果就是无政府，就像第二节引用的苏格拉底总结所言：民主制将会是"一种令人愉悦的政体——无政府的、多姿多彩的，还给予一种不论在同等事物上还是不同等事物上的极端平等。"(*Rep.* 8.558C)。

正如我所呈现的柏拉图分析，他其实是在理性地分析那致力将个人自由最大化的政治体系的可能情形。与此同时，我们显然是要考虑雅典。诚然，苏格拉底明确诉诸经验——阿德曼图对此表示肯定 (8.558A)：

"遭受法庭审判的那些人态度轻松，这又怎么说呢？难道这种态度是不文明的吗？或者说，难道你从未见过在这种政体当中，被判死刑和流放的人仍然来去自由，就像已故英雄的灵魂那般神出鬼没？"

"我见得多了，"他说。

有些评论家将此视为讽刺，因为他们觉得这种看法如此牵强以致完全错误。例如，茱莉亚·安纳斯（Julia Annas）完全驳斥了这种看法："柏拉图知道雅典人不可以不遵守法律（苏格拉底无法忽视他的死亡判决！）。"[3] 她接着以强烈谴责的笔触描写了雅典妇女的社会地位。然而事实是，正如亚当在其希腊文《理想国》的权威评注中所指出的，《克力同》中的苏格拉底（他在

---

[1] Mitchell and Lucas 2003: ch. 9 赞成此分析，并将其作为批评当代多元主义的基础。他们辩论道，更加成熟的民主政治的各种特征——例如需要普遍道德（具有独立于国家法律的权威），或者需要公认的理性讨论和批评的经典（经过出版自由的运作）——"根本上取决于一种有关客观之好的'柏拉图式'观念，并且人能够认识这种好"（ibid. pp. 123—124）。

[2] Annas 1981: 300.

[3] Annas 1981: 300.

牢房中等待死亡）和克力同的对话自始至终没有离开双方的假设：若他想要逃走，操作上将没有太多困难——对于相同境遇的其他人而言可能也是如此。[1] 公元前5世纪和前4世纪的希腊历史学家讨论雅典城邦法律的有限执行力并视此为一个问题——这并非无的放矢。毋庸置疑，一个特别随和的宽容形象万众瞩目地出现在雅典的意识形态中（伯里克利的葬礼演说），也出现在对雅典习俗更具恶意或更具讽刺的描绘中（阿里斯托芬和"老寡头"的作品）。[2] 不过，雅典的意识形态同样认为法律的至高统治权极其重要。现实自是复杂的，任何一个真实社会皆是如此。我们的问题并非在于雅典是否比同时代的其他希腊社会具有更多的宽容，而是柏拉图将民主等同于无政府的分析能够在多大程度上不兼容于宽容。事实上，造就不宽容的方法很快就会出现。

苏格拉底在介绍民主制转变成僭主制的那段文字中发展了无政府主题。让他感兴趣的是"自由"的自我毁灭力量——如果永无休止地追求自由以致于忽略其他任何事物的话。他说这种情况一旦发生，对统治者、父母、老师的尊敬就会消失，取而代之的是自由和平等的宣言（包含了移民、妇女、奴隶甚至家畜）。结果不再是先前描述的宽容，而是一方傲慢侵犯，另一方恐惧奉承。苏格拉底总结道（8.563D—E）：

> "接下来是对这些收集而来的全部观察资料进行归纳总结。你注意到了吗，公民的灵魂变得如此敏感，如果有人试图施加哪怕是最轻微的奴役，他们都会感到愤怒，并且觉得难以忍受。最后，我想你是知道的，他们甚至不理会法律——成文的或不成文的——他们确定，根本没有人能以任何方式主宰他们。"
>
> "是的，对此我很清楚，"他说。

直到最后，苏格拉底仍持有一个至关重要的分析论点（他再次描述它符合雅典现实），即，坚持"自由应当不受任何限制"意味着法律和习俗必然被

---

[1] Adam 1902：II. 236（on 558A3）.
[2] 柏拉图让苏格拉底参与逗乐（8.563C—D）："若脱离自身来看，你肯定不会相信，此处的自由家畜比其他城邦要多得多。狗真的就像它们的女主人，正如俗语所说。而马和猴则习惯在街上完全自由地游荡，趾高气昂，冲撞行人，若行人不给它们让路的话。所有这一切就类似于完全的自由。"阿德曼图说他不在城邦的时候常有这种感受。

（比如《高尔吉亚》中的卡利克勒斯）视作施加奴役。

接下来，柏拉图笔下的苏格拉底继续论证这种情况是不稳定的，其中还特别说到民主制变成僭主制——即"过度的自由"变成"过度的奴役"——的条件已然成熟（*Rep.* 8.564A）。其关键思想在于：城邦冲突正成为必然。苏格拉底表明起因是挪用富人阶层的财产——大概是不尊敬财产法的后果。富人阶层将予以反击（"他们真的这么做了，愈发像个寡头，尽管他们不是有意为之"），[1]"弹劾、审判、合法复仇"，而这导致了某位强者（作为人民的斗士）的到来（*Rep.* 8.565B—C）。我们很难认为这是初始情况发展而来的唯一情形（柏拉图显然就此想到了庇西特拉图的上台，甚至还想到了西西里的狄奥尼修斯一世）。[2] 然而，如果将"自由"提高到至好地位意味着人人有权要求自己不受法律或其他的限制，那么某种混战必定是不可避免的。

柏拉图在解释无政府的民主自由时，似乎遗漏了某种民主思想——即"人民统治"。第八卷对民主的讨论强调它立志于并成功地促进个人自由，而不是促进集众——即要求政治演说家卑躬屈膝的广大听众——的自由（《高尔吉亚》和第六卷的比喻）。对于处于战争与和平、生与死、民主集会及法庭中的众人实际上能够作出重大有效的决定，这种观念似乎处于被遗忘的危险之中。其实，苏格拉底对该议题是有所言语的。在描述阶层冲突开始的时候，他说民众的最大部分——政治上无所作为并且没有多少财产的体力劳动者——是民主政治最大且最重要的群体（当他们聚集一处时）。不过，他和阿德曼图都认为这个群体没有斗争的动机；除非政治家们向他们保证，当他们那样去做的时候，劫掠而来的财富会分给他们一份（*Rep.* 8.565A—B）。于是该议题——稍显离题，却没有任何理论争议——就只好屈居次席了。它没有被柏拉图此处的计划——表明自由至上的后果——欣然采纳。他似乎认为民主政体生性赢弱［但其极权潜力很可怕，道德败坏由此而来；与《法义》同处后期的一篇对话作品（译注：《治邦者》）重述了这个图景］。[3]

《治邦者》（303A）的政治体系分类明确采用了上述立场："我们可以认

---

[1] 一个醒目评论和一个甚至更醒目的限定条件，证实了 Dorothea Frede 的论点（D. Frede 1996：266—269）：柏拉图对寡头制（其他政体也是一样）和寡头人格的解释描绘了一个理想类型，现实生活中的寡头并不足以进行例证。

[2] 参见 Adam 1902：II. 257, on 566D.

[3] 参见《法义》3.700A—701D, 它所描述的极端民主的雅典已经变成"堕落的剧场政治"极为有名：上文第二章 3.2 节有所讨论。

为多数人的统治在各个方面皆为羸弱；和其他体系相比，它成不了大事，无论是好事还是坏事，因为民主政体的公职分散在人群的各个部分。"爱利亚的访问者——热衷于分类，这完全就是他的特点，有他出现的对话（《智者》和《治邦者》）也附带这个特点，虽然在《理想国》中不怎么明显——承袭传统的政体三分法［希罗多德笔下的波斯贵族们的讨论（3.80—2）］，并且将每种政体再一分为二：好的和坏的，划分依据在于是否遵循法治（*Plt.* 302B—E）。[1] 在此基础上，君主制——诚如平日所见，不是政治专家的统治——区别于僭主制，贵族制区别于寡头制，好的民主制区别于坏的民主制。[2] 好的民主制被称作最差的法治体系和最好的非法治体系——正因为民主制是比较弱的一个体系。所以，和君主制或贵族制相比，它处于不利地位；和寡头制或僭主制相比，它反倒没那么讨厌（*Plt.* 302A—B）。诚然《高尔吉亚》或《理想国》不见得对民主制有什么好感，可《治邦者》这种图解式的政治考虑也很难说是倾心于民主制。[3]

5. 民主和知识

5.1 《治邦者》

《高尔吉亚》已经论证修辞术——给人的感觉是它和民主政治的行径密

---

[1] 于他而言，这些皆是"不正确的"政体形式（302B），因为对比了唯一正确的形式：政治专家进行统治（*Plt.* 291D—293E；301C—D）——对此的讨论参见下文的第 5.1 节和第四章。亚氏在《政治学》3.7 中表述了一种不同却相似的三分之后再二分。这只是《治邦者》和亚氏《伦理学》《政治学》众多相似中的一处。这些相似促使我们去感受他们对早期学园讨论的不同思考。

[2] 亚氏区别更好和更坏的依据是：根据公共利益来统治，还是根据统治者个人或派系的利益来统治。Cf. *Laws* 4.715B.

[3] C. Griswold 不止一次提议：柏拉图向我们指出"由自由公民构成的合乎宪法的民主制对于当时的世界而言是'最好'的政体"。See e.g. Griswold 1999：123；cf. e.g. Versenyi 1971：234—6；and Monoson 2000：120. 该提议假定访问者并不认为君主制或贵族制——诚如定义——是可行选项，可这样的假定会破坏他的整个分析，正如 T. Samaras 指出：参见 Samaras 2002：196 n. 19. 对"某人意愿并且能够以德性和专门知识进行统治"这一想法的憎恨解释了现实情形（*gegone* vs. *genomenon an*），正如访问者所见：僭主、君主、寡头、贵族、民主的统治皆列在目，它们之间并无分别（301C—D）。

三 民主如何成为一个问题

不可分——不是知识。[1] 然而，有没有一种知识可以支撑民主政体？《理想国》认为没有。第八卷的民主讨论对此只字未提——其议程当中不好消化的又一议题。但第六卷——特别是城邦之船的比喻（487A—489A）——明确表示，若没有哲学，政体将使其自身失去接近真正知识的机会。[2] 有两篇对话作品对这个问题进行了更为深入的探讨：后期的《治邦者》和较早时期的《普罗塔戈拉》，它们明确考量了知识在统治中的作用。最后的结论皆为否定——在柏拉图考虑了特别民主的知识的可能性之后。

柏拉图在《治邦者》中论及所有的"不正确"政体——包括民主制（不论是法治的还是非法治的）——时所持的主要观点是它们无法比拟那个"正确"体系：具备政治知识或治邦之术的人进行统治。柏拉图对民主制的所有指摘当中，最根本且最像苏格拉底的指摘是它无法提供真正的政治知识。为了尽量生动地说明这份指摘，他再次使用了《理想国》城邦之船的比喻。在提出"正确管理城邦的至真标准——根据这个标准，智慧之人和好人将管理被统治者的所属之物"——在于"其是否对他们有利"之后，对话的主要参与者（即爱利亚的访问者）阐明了他心中的智慧概念（Plt. 296E—297B）：

> 航海家一直在留意那些有利于船只及水手的事物，他并非通过书写条文，而是通过提供其技艺作为法律，来保护其水手同伴。所以按照同样的方式，政治体系也不会有什么差池。如果政治体系来自于那些能够进行如此统治的人——他们凭借其技艺提供比法律更加有力的事物——这难道会有什么差池吗？智慧的统治者们所做的一切都不会出错，因为他们关注一件重大的事情：如果他们总是凭借其技艺的理智运用为城邦公民进行正义分配，那么他们不但能够保护公民，还能尽量地让公民从坏人变成好人。

然而（Plt. 297B—C）：

> 不管是什么样的公民集体，都无法获得这种技艺从而理智地治理城邦。我们必须转向一小部分人——人数稀少甚至少到只有一人——来找

---

[1] 参见第二章第二节。
[2] 参见第一章第三节的简要讨论，第23—24页。

寻那个正确体系。而且我们必须视其他体系为仿制品，只是其中有些仿制得好，有些仿制得差。

这就是老苏格拉底的主要观点。回到《拉克斯》，苏格拉底曾说（184C）："在我看来，好的决议在于知识，而不在数目。"而在《克力同》中，他提出一个值得注意的论点：因为在身体健康方面我们请教医生，所以关于什么是正义、光荣、好以及它们的对立面，我们不必在乎多数人怎么说，而要指望那"知道正义与不义的人——此人以及真理本身"（*Crito* 48A）。我们将在第四章更充分地考虑柏拉图对"政治知识"这一主题的处理。此处追究的问题是民主制能否为其自身争取到有关政治知识的任一概念。

《治邦者》通过进一步地阐释船喻和医生类比（出于简洁性的考虑，下文我将主要论述船喻），探讨了政治知识和民主的问题。[1] 在《理想国》版的城邦之船中，为了控制大船而相互斗争的无知水手们——民主政治家——只在意"获取控制权"。他们一旦掌权，就完全不关心怎样去掌舵，而且他们对航海知识也完全没有概念。他们会把真正懂得季节、风和星辰（航海需要这些知识）的人视为无用的"观星者"，认为他只是"咿呀个不停"（*Rep.* 6.488D—489A）。相比之下，《治邦者》设想的情形旨在于获取民主制或寡头制所能达到的最佳状态。《治邦者》中的水手虽然仍旧无知，但正确地意识到了实际驾船的问题，而且他们试图根据理性原则来处理这个问题。然而，他们再次认为专业的航海知识并非他们所需。他们对曾经拥有的航海家们失去了信心，于是求助于规章制度，但规章制度的形成过程与知识或技艺无关（*Plt.* 298C—E）：

> 访问者：我们应召集我们自己的大会——要么是全体人民，要么只有富人阶层。总的说来，大会应允许外行和工匠参与航海讨论，以及有关船只、器械、工具、武器的讨论。水手应把这些意见用于驾驶船只，用于处理他们可能面临的危险——不论是威胁实际航行的风浪，还是遭遇海盗，亦或是可能发生的三层划桨战船间的海战。然后，无论大会决定如何，不管是采纳航海家的建议，还是外行者的意见，我们应把它记

---

[1] 访问者没有明说他特别针对民主制，但是不断提及具有高度雅典民主特征（如果不是独有特征的话）的政治机构和程序，读者从中得出的结论自然无需多言。参见 Dusanic 1995。

在石柱或石板上。我们也应认可某些未成文的祖传习俗。至此，这些东西将成为我们未来航海的根据。

小苏格拉底：你说的东西太奇怪了。

访问者作了一个假设：在没有技艺的情况下，人们很可能认为，他们依靠规章制度就能最大程度地接近理性或知识。

小苏格拉底之所以明显发现访问者描绘的情形很奇怪，其中一个原因就是，依靠规章制度取得航海——或者政治——的成功这一想法不符合他们二人之前达成的共识（294A—B）：

> 法律从来不能同时精确地包含对于众人而言最好的东西和最正义的东西，因此便要规定最为有利的做法。人类及其行为的不统一，以及人世变幻无常的事实，阻止任何一种技艺在任何领域作出普遍适用且永远有效的任一简单决定。

正如这两名对话者所言，事实是：要保持船只在航线上航行，随机应变的能力必不可少。也只有技艺能够做到这点。但访问者论辩说，若在某一政治体系中，众人同意统治领域没有技艺而只有规章制度和循规蹈矩，那么"视航海术高于成文规章"的任何人都将被称为"观星者，某类咿呀不停的智者"，并因为败坏年轻人的缘故被带往法庭，如果被判有罪还要面对极端刑罚（*Plt.* 299B—C；在《理想国》版的船喻当中，较少原则性的水手认为这种人完全是无用的怪胎）。尽管如此，随后的言论表明，对技艺采取这种态度的民主政体或寡头政体可能会声称其自身拥有"知识"（299C—D）：

> 人们规定法律最具智慧——前提是没有人不知道医学和健康，或者航海术和航海，因为任何人都要凭此来理解成文的规章制度和已有的祖传习俗。

换言之，同时也为了阐明船喻，就我们关注的政治而言，有关规章制度——法律和习俗——的知识就是这些政体所具有的全部知识。

这是民主政体或寡头政体对"政治知识"这类事物所能达到的最高认识。柏拉图无疑认为它明显具有不合理的缺陷。他接着描述访问者在设想一个所有领域的知识皆是如此的世界。而小苏格拉底明确指出了其中的不合理性。他说,假如是那样的话,各种技艺将不可挽回地消失,而且"生活——现在尽管艰辛——届时将完全过不下去"(*Plt.* 299E—300A)。在访问者看来,这未免走过了头。他回应道,(a) 如果那些通过抽签选出的任职者出于某种图利动机完全忽视规章制度,情况才会变得更糟。至少,通过不断的摸索,通过审议和公众同意,规章制度建了起来(300A—B)。稍后,他表明(b)在政治领域内,"根据没有知识的成文规章和习俗"行事的城邦虽然遇到极大的麻烦——麻烦不小于船之沉落(该船根据类似的原则进行航行)——但是以此方式进行统治的某些城邦具有一种自然恢复力能让它们无限期地存在下去(301E—302A)。[1] 忽略这一切将是个很大的错误(300B)。然而,现存的寡头政治和民主政治经常发生以下情况:极其无知的堕落的政治家们摧毁其城邦,因为他们认为他们拥有真正的政治知识(302A—B)。[2]

从柏拉图对该问题的处理来看,通过不断的摸索、审议和公众同意建立起来的法律习俗显然不是他所认为的知识。与此同时,他似乎承认在民主政体或寡头政体中,法律习俗可能会被视为智慧和技艺的主体。约西亚·欧伯最近在解释公元前5世纪后期及公元前4世纪雅典的意识形态时提出的"民主知识"的想法倒与此相映成趣。[3] 欧伯确定了雅典意识形态的核心要素:(1)雅典人的先天优越性;(2)政治平等的理想;(3)一致同意的可欲性和公共言论的自由;(4)集体决议的更高智慧;(5)精英公民对民主的威胁(即使他们被视作民主进程必不可少的参与者)。他还表明,这个意识形态运作起来很像社会政治建构的福柯式的"真理政权"——城邦据此决定何者为真、何者为假,以及真假如何确定,何人有权确定。因此,它在雅典民主中获得了"知识"的地位。

---

[1] 斯巴达——在古代因为它持久的政治体系而闻名(参见 Polybius, *Histories* 6.10)——可能是柏拉图心中的至高案例。诚如他在《法义》中对当时民主雅典的明确讨论(3.700A—701E),他仍然认为他的母邦在通向极端的无法无天和最终的灾难。

[2] 在《治邦者》中,柏拉图对民主的看法因此仍是极度批判。能够设想的最好的情形就是,假若它"根据不具知识的成文规章和习俗"行事,它可以血流不止但无限不屈地生存下来。以这种方式行事是它所能达到的最接近于——显然根本不接近——"很好地仿效了知识统治的真正政体"(300E—301A)。至于解释《治邦者》300—303的诸多困难,以及此处处理它们的方法,参见 Rowe 2001。关于另一种处理(以及对 Rowe 有关《治邦者》291—303 之更早研究的批评),参见 Michelini 2000。

[3] Ober 1998:33—36。

柏拉图在《治邦者》中所认为的寡头政治或民主政治的"智慧"显然并不与此完全重合（欧伯列出的1、2、5三条确乎是雅典所特有，也确乎是民主所特有）。但有所重合就足够重要了。特别是（3）和（5）——如果我们将"精英"解释成"知识精英"——很好地映射了柏拉图的分析。柏拉图强调该"智慧"的经验主义基础——而非其社会结构。这只是在表面上不同于欧伯的路径而已。欧伯认为雅典人自己会假定："民主知识"的发现及确认在很大程度上是通过实践经验，而它的维持靠的是雅典人自身的意愿——意愿在实践中保卫它。

5.2 《普罗塔戈拉》

柏拉图曾在更早的一篇对话作品——《普罗塔戈拉》——中认真探究了类似"民主知识"（或者说基于经验规范的智慧）的观念。《普罗塔戈拉》上演了苏格拉底同重要智者普罗塔戈拉的交锋。一番铺陈之后，讨论聚焦于普罗塔戈拉的自称为德性之师。与其他智者一样，在公元前5世纪晚期的求知风气下，他之所以可以成为一名新兴的希腊教育者，在于人们相信德性也是一门技艺（其他技艺有数学、医学、航海术等），还在于人们一致认为德性不仅是一种天资禀赋或后天实践，还是你我可从老师那里习来的知识。关于他本人承诺传授的德性，更加具体的描述是"处理个人自身事务的智慧，以便最有效地管理个人自身的家庭事务和城邦事务，以便在演说及相关行为方面成为城邦当中真正具有影响的人"（*Prot.* 318E—319A）。苏格拉底对该声称提出了质疑。他首先论辩说，民主雅典的政治经验表明这种智慧无法传授——至少雅典人这样认为。简言之，民主实践对普罗塔戈拉的整个教育章程提出了严重的质疑。

普罗塔戈拉的回答虽然含蓄，但值得注意的是，他明确表达了"民主知识"的概念。不过，我们在考虑他的回答之前，需要在"质疑"上花些时间。关键在于"技艺"这个概念。苏格拉底首先让普罗塔戈拉承认他此处所认为的智慧是一种政治技艺，即随后说明的让人成为"好公民"的那种能力。他的主要反驳（A）在于指出两种方式——一种是公民大会就某个专业议题（比如建筑物或船只的结构）的意见征询方式，另一种是它就城邦事务管理的审议方式——的巨大差异。至于前者，雅典人召集工匠（建筑者，造船者），而不睬非专家人士。至于后者，他们允许任何人发表意见——富人或穷人，贵族或平民——并且没有人会因为演说者有老师或没老师而反对他。苏格拉底说道，我们断定他们并不认为政治提议是门技艺，于是他们认为有关政治提议的才能无法传授（*Prot.* 319A—D）。

他还添上了在当时争论中看似寻常的一个补充论证（B）。最好最智慧的政治家们——他在此提及伯里克利（不同于《高尔吉亚》的语调），还在《美诺》中提及忒弥斯托克勒（Themistocles）、亚里斯提德（Aristides）以及梅勒西亚（Melesias）的儿子修昔底德[1]——把他们的儿子送到相应的老师那里接受良好的教育（*Meno* 93A—94E）。不过，在伯里克利自己擅长的政治智慧领域，他并不亲自教导他的儿子，他也没有因此送儿子到其他人那里。从以上内容及论证（B）可以得出明显结论：德性不可教（319D—320C）。

相当有趣的是，《理想国》版的船喻再次论述了整个问题。关于水手（对应于民主政治家）和航海术（即统治技艺），苏格拉底说了四点：（1）他们从未学过这种技能；（2）他们无法表明他们的老师是谁，也无法表明何时学过它；（3）他们说这种技能不可教；（4）谁说它可教他们就准备攻击谁。这比《普罗塔戈拉》中苏格拉底所作的论证更进了一步。政治技能的"不可教"不再是只从民主及其政治家的运作方式推断出来的。如果是政治家本人推断出该结论的，那他们肯定会有一番自我陈述。而船喻认为这就是他们的自我陈述。从这个意义上说，它除去了假象，进而揭示他们只是渴望权力。与此同时，通过对比他们和真正的航海家，即真正知道统治在于何的哲人，柏拉图笔下的苏格拉底认为哲人掌握的那种知识可以传授。《理想国》第六卷和第七卷描绘的数学及辩证法的教育方案，以及著名的线喻和洞喻，都将为这个设想提供某种有力的支持。

换言之，关于可教性的问题，《理想国》中的苏格拉底和普罗塔戈拉处于同一阵营。而在《普罗塔戈拉》中，苏格拉底驳斥了德性可教的论点。人们因此猜测苏格拉底只是在表现争论的姿态，而不是在陈述他或柏拉图本人的观点。对话进行到最后，他已经建立了他自己的理论基础，断定德性只能是一种知识。就此，他认识到他貌似应该赞成德性是可教的。在该情况下，他还需追问论证（A）和（B）——这两个论证导致了相反的结论。苏格拉底或柏拉图重新考虑（A）和（B）的方式不难设想。这两个论证（尽管无疑是讽刺的）明显以如下假设作为前提：雅典的民主政体智慧地处理政治事宜，并且伯里克利是一名优秀智慧的政治家。但《高尔吉亚》和《理想国》

---

[1] 这名政治家与伯里克利同时，并且是伯里克利飞黄腾达前的主要对手，而不是《伯罗奔尼撒战争史》的作家。

提供了充分的证据证明，柏拉图认为这种假设是错误的。[1]

《普罗塔戈拉》描述了普罗塔戈拉反驳（A）和（B）的方法——该方法没有触动民主制对政治的诸多设想。（A）的讨论与我们本章的意图更为相关，所以我将单独关注普罗塔戈拉对（A）的回应。接下这个挑战后，他首先讲述了一个有关文明起源的神话故事。人类被赐予各种天赋和后天技能，随后建立城邦防御野兽，但事实是他们无法在城邦中共同生活，因为他们没有政治技艺。宙斯命赫耳墨斯把"正义"和"尊敬"散布到他们之中，不然的话他们的生存处境会很危险。赫耳墨斯受命所行的散布似乎不是散布专业技能（比如医学，对于某个特定群体而言一名医生就已足够），而是某种普遍散布。散布的是每个人必然具有的属性（如果要有城邦的话）。这个神话的寓意是：公民的德性（即普罗塔戈拉承诺传授的东西）就其核心意义而言乃是正义（正当的社会行为），而且社会中的每个人都得获取一定程度的德性（如果社会要继续存在的话）。

那么，如何获取德性？普罗塔戈拉从神话转向解说。他说整个社会从孩提时起就通过习惯和奖惩命令向人们灌输德性（他本人在此方面完全具有一种特殊的能力，这并非是另外一种专门知识）。人人皆是德性之师，就像社会当中的每个人通过时刻言说希腊语来传授希腊语——苏格拉底没有注意到这点，因为他假定德性是一门需要专家来教的专业技能。由此看来，雅典人是对的，他们认为德性可教［和（A）相反］，他们还假定：因为人人接受德性教导，所以人人具有政治提议的才能。

关于柏拉图在此置于普罗塔戈拉之口的论辩，众人已经讨论甚多。长久以来，人们称赞它实际上是现存的古代希腊文献中对民主的最具洞察力的理论辩护。[2]

---

[1] 类似的评价很可能适用于《美诺》（和《普罗泰戈拉》同一序列）。关于它的主要问题——德性可教与否？——柏拉图笔下的苏格拉底最后回答：它不是知识，因而不可教，它是"来自诸神的礼物，并不伴随理解，除非我们的某位政治家能够让其他人成为政治家"（99E—100A）。这个声明和以下视角一致：即，我们实际拥有的最好政治家——再次谈及忒弥斯托克勒和伯里克利——没有知识，因而没有真正的德性，但是如果某些人拥有真正的德性，那种德性会是一种可以传授的知识。进一步讨论参见 Guthrie 1975：236—265。

[2] 参见 Prior 2002，有选择性地提供了文献评述。Prior 认为这个论辩可能是柏拉图的创作，而不是普罗塔戈拉的言行。但是许多学者则不这样认为：参见 Guthrie 1969：63—68, 265—266; Kerferd 1981: chs 11 and 12。我倾向于以下观点：普罗塔戈拉的材料极可能构成了神话的基础，而柏拉图本人却利用它来为民主制提供理论基础。不管怎样，柏拉图笔下的言语是一位对"多数人"的理智只有蔑视的思想家的某种诡辩：see *Prot.* 317A, 352D—353A。

它的辩护力量在于它将民主扎根于某些基本条件——如果共同体存在，不管它们多大多复杂，就必须满足这些基本条件——的策略。政治体系的存在所必需的社会德性是那种足以积极参与其决策过程的社会德性。为了满足存在条件，某事物必须普遍散布；正因如此，该事物对于决策目的而言是普遍有效的。可见，如果德性要像知识一样可教，就必须发展非专业性的"教导"及"知识"概念来解释"德性可教"。我们可以说这些内容都是关涉行动的："教导"的实现主要靠一系列的普遍用于影响行为的基本方法，接受这种教导的人知道如何行为。

特别是在致力于描述此类教育方法的操作细节及其试图达成效果的段落中，有一些材料柏拉图在其他地方也将用到——尤其在《理想国》的第二卷和第三卷，苏格拉底在解释护卫者所要接受的诗歌、音乐和体操的教育时就用了其中一些材料。柏拉图显然认为基本的性格训练必须采用普罗塔戈拉所描述的形式。不过，我们无需考虑他为何不认为普罗塔戈拉的论辩替民主政治作了充分辩护。相比基本的正义和尊敬他人，此处更关乎政治决策，即使（诚如之前的《治邦者》引文所示）正义是正确决策的终极标准。统治——在城邦之船的类比中对应航海——要求一种远远超出道德基本要义的理论上和实践上的双重理解。普罗塔戈拉似乎认为论证了正义的普遍能力就同时展现了具备"其余政治德性"的能力——但他完全错了。在他不得不承受的漫长辩驳中，关于他所谓德性的精确含义，关于德性不同要素之间的关系，尤其关于知识在德性中的地位，苏格拉底为何对他催逼甚紧，也就不难理解了。

6. 结 论

在《理想国》的第八卷中，柏拉图透露自己是一名作者和思考者，他不仅从内部视角，还从其哲学理想的更高立场来看民主。虽然他不喜欢他所看到的事物，但是他对民主多元主义及其无政府倾向的洞见催生了一份新颖有力的社会政治分析——该分析的某些活力和机智应归功于民主自身。[1] 因

---

[1] J. Adam 走得太远以至于声称"柏拉图对民主和民主之人的整个解释（557A—565C），尽管明显夸大，但相比其他流传下来的古代文献而言（唯独除了阿里斯托芬），让雅典离我们更近"，参见 Adam 1902: II. 234。他明智地补充道："我们可以看到，柏拉图完全清楚雅典生活的多姿多彩，但是即便如此，民主对于他而言不值得赞扬。多样性是那致命的差异性（anhomoiotês: 547C; cf. 4.444B）的后继者，该差异性同样会毁灭城邦和灵魂。"

其主题所限，他所描绘的寡头政治更是悲催。他此处的视角（正如他讨论荣誉制时的许多方面）包含了诸多流行了很久的观点——尤其见于雅典的民主演说。在《治邦者》和《普罗塔戈拉》中，我们似乎瞥见了民主制试图进行的辩驳。可辩驳开始没多久，它就声称民主靠知识支撑，于是其缺陷就立显无疑了。

如果"民主知识"最后证明是一种假象，那么柏拉图的替代方案又是什么？迄今为止，我们已经见他初步勾勒出了一个回复——通过航海家（或医生）和政治家（或哲人）的类比。可是，治邦之术和哲学是一样的么？抑或说，它是某种自成一体的技艺？这是第四章将要探究的主要问题。

四 知识的统治

1. 哲学还是政治技艺？

"理解我们生活于其中的世界",约翰·邓恩于1992年写道,[1] "要求一种极为复杂的认知分工——或许比人类力所能及的划分还要复杂,而且肯定远比他们已成功创建的划分更为复杂和更为可靠。"最近十来年给人的感受更是肯定了这个论断。对理解的全球范围的挑战——不论我们考虑经济体系,抑或气候变化,抑或恐怖主义——在每天的新闻播报中清晰可见。获得这种理解并进行有效利用,可谓一种日益紧迫的政治需要。

邓恩接着用明显是柏拉图的话来表述该问题的一个基本方面:[2] "我们应当如何精确地看待二者——一者为科学或知识,另一者为各种人都有权进行统治甚至在不同的可能统治者的各自优势之间进行抉择的主张——的关系?"他评论道:"这是个极难的问题,我们至今还没有任何连贯的想法对它作出权威回答,哪怕是一丝的权威。"他又说它是"在现代民主生活的公共记录中大体上被删除的一个问题"。民主的设计是为了"避免直接的镇压",而不是保卫"有效理解的稳定产生"。但是柏拉图的迫切问题——以这样或那样的方式——需要一个回答。

当然,柏拉图本人对此的回答未必为今人所接受,即便它是令人满意的。柏拉图自己非常清楚《理想国》的假设——具有必要知识的统治者,准确说来是因为知识才合法地成为统治者——是个乌托邦,即不可能实现的一

---

[1] 文集表示的是自克勒斯提尼改革雅典政制以来的2500多年的时间,Dunn 1992:257.
[2] Dunn 1992:260.

四 知识的统治

种可能。[1] 然而,阅读柏拉图也许仍会带来启发,这并非是为了对付"知识如何产生有效统治"的问题,而是为了处理"需要何种知识或理解"的在先问题。在柏拉图的作品中,反复出现的回答似乎是两个,而不是一个。其中一个是特别的政治技艺(管理其他专家的知识和技能),另一个则是哲学智慧,尤其是道德智慧。

两种观念在当代皆有回响。小布什总统对于美国选民而言之所以是富有魅力的,[2] 其中的一个显著因素可称之为信念,即选民相信他代表了一种以有力的道德宗教哲学作为根基的领导理想。[3] 与此同时,选民认为他的立场是坚决反对大政府的,即反对国家广泛地管理经济和市民社会,并且不热衷于"科学导向"的政策。然而,一旦社会从保守的极权政体的意识形态中解放了自身(情况各自不同,比如西班牙和俄罗斯),"技术官僚"(常为支持自由市场的经济学家)通常是继任政体所生变化的始作俑者。此处的假设是:这些国家渴求繁荣富强,但它们所在的世界现在发展如此之快,如此之复杂,以致基于技艺的变化管控不可或缺。

这些信念只是那些流行甚久的思想的最新化身。本章将通过两位英国思想家——密尔和本杰明·乔伊特(他们身上体现了维多利亚时代对于理性力量及其社会影响前景的高度自信)——的作品对那些思想进行初步的探究(第二节)。此二人皆从柏拉图那里汲取灵感:密尔的灵感主要来自《治邦者》的"科学"统治观;乔伊特的灵感则来自《高尔吉亚》和《理想国》的"哲人是真正治邦者"的理想。[4] 第三节和第四节接着转向柏拉图本人的文本。第三节考查对话作品——《卡尔米德》和《欧绪德谟》——当中政治专家极其成问题的最早面貌。第四节考量《理想国》中所设想的使哲人成为统治者的哲学究竟是为何物。两种截然不同的政治知识概念在这些不同的语境中皆起了作用,而人们对此却尚未给予足够的重视。柏拉图如何设想它们的关系——他是否认为它们甚至可以共存——这乃是第五节(《治邦者》)和第六节(《理想国》和《法义》)要处理的问题。最后,第七节试图总结这三篇对话的政治计划对待知识的某些重要差异。

---

[1] "乌托邦"这个术语具有很多含意。第五章会有更完整的讨论,就乌托邦愿景的可行性而言,我选择一种更为开放的用法。
[2] 即觉得他富有魅力的那部分选民。
[3] "哲学"指的是一整套基本的道德宗教信仰,而不是柏拉图更具限定性的解释。
[4] 对此主题更为全面的介绍,参见 Burnyeat 1998。

2. 密尔和乔伊特论柏拉图

2.1 密尔的"科学统治者"

密尔从孩童时期起就开始用希腊文阅读柏拉图。1866年，他在《爱丁堡评论》上发表了对《柏拉图和苏格拉底的其他同伴》三卷本［此书为他的朋友兼同事，即激进的乔治·格罗特（George Grote）所作，于1865年面世］的长篇评论。[1] 为了准备书评，密尔重读了希腊文版的柏拉图全集。格罗特的这本书第一次面向英文读者对柏拉图进行理论性表述，密尔说他觉得他自己几乎完全赞成格罗特的解释和评定。该书仍是值得研究的经典作品——"少数不朽作品"之一，诚如一个世纪之后格思里（Guthrie）的《希腊哲学史》所言。[2] 至于密尔本人的书评内容，我们可以恰如其分地称之为柏拉图全部哲学作品的"宏大综述"，[3] 该综述主要承袭格罗特的路径：结合了对苏格拉底方法的深深敬意，以及对柏拉图形而上学的更为谨慎的态度。格罗特强调的是柏拉图拒斥智者及其所有作品，密尔却把"老生常谈"——"认为传统看法和流行观点就是最终的事实"——视作他的主要敌手。[4] 有一点他明确表示异议，即格罗特对普罗塔戈拉相对主义的支持。"每个人"，格罗特说道，"在其心中皆有一个真理的标准，一个真理的理想；然而不同的人具有不同的标准。"[5] 密尔对此回应道："就真理的证明而言，的确如此；但就真理本身，我们知道并非如此。人们在说到真理时，仅仅意味着某个信念和其所要表达的事实之间的一致。"[6]

处理了柏拉图本人的认识论之后，书评走向高潮，即密尔对柏拉图的伦理政治学说的探讨——"这事实上是唯一能被视作根深蒂固且发人深省的信念"，而（比如说）理念论和回忆说届时会"退出他的思考"。[7] 对于"发

---

[1] Mill 1978.
[2] Guthrie 1975: xv.
[3] By F. E. Sparshott, in Mill 1978: xxxviii.
[4] Mill 1978: 403.
[5] Grote 1865: II. 512.
[6] Mill 1978: 427.
[7] Mill 1978: 431, 423.

人深省"的学说,密尔只在意其中的一个要素——他显然觉得它极具吸引力。它便是柏拉图在伦理学和(尤其是)政治学当中为"知识"指定的角色。密尔认为柏拉图在高扬知识。所谓知识,"不是理智,或者说纯粹的智力,柏拉图对此压根没有盲目崇信;而是科学知识,以及科学习得的技艺,它们在生活的各个方面皆不可或缺,在统治中更是如此"。于他而言,这是"柏拉图实践学说的主体思想"。[1]

对于密尔而言,柏拉图的道德政治的知识论优劣并存。他先从优势开始:[2]

> 首先,柏拉图对真理的有力主张(具有超越的重要性和普遍的适用性):统治工作是门技术活;统治并非是偶然为之的事情,也并非是在干其他工作的同时顺便为之的,一个人如果没有经过广泛自由的全面教育——长时间的特别专业的辛苦学习,不单是为了获取实践技巧,还为了达到专业精通——就不能胜任统治工作。

柏拉图的错误在于他假定这样训练出来的统治者"永无谬误"(或者类似的观念),并认为"其他人相较之下如此愚蠢,以至于不论在他们自己的统治中,还是在审查其科学统治者的行径中,他们都不适合发言或掌权"。但密尔显然认为,如果根据这些批评进行一番调整,那么统治专业化的基本思想将作为最重大的有效原则完整地保存下来。

密尔支持"要有一名科学统治者"。[3] 格罗特对此肯定不以为然,因为他拥护雅典民主,并且追随普罗塔戈拉对于知识和真理的相对主义看法;他压根不喜欢柏拉图主义的这个维度,把《法义》中"科学独裁者"负责立法的建议和"中世纪天主教以及宗教法庭自认为永无谬误的迫害精神"相提并论。[4] 尽管如此,密尔在表述他对柏拉图"科学"的理解时,明显受到

---

[1] Mill 1978:432.
[2] Mill 1978:436.
[3] Mill 1978:439. 我在本章只是试着呈现作为柏拉图解释者的密尔。他在 *Considerations on Representative Government*(1861)和其他地方尝试建立民主理论的指导原则,即"经过特别训练的少数人所具有的后天知识和实践智慧"("除非民主政体认为技术活应由技术人员来做,不然技术性民主根本不可能有所进展"),参见 Holmes 1989。
[4] Grote 1865:III. 409—419, with Turner 1981:395, 402—403.

了格罗特的启发——格罗特雄辩地阐释了《治邦者》中的系列论证[1]，这是密尔引用《柏拉图和苏格拉底的其他同伴》字数最多的一处。[2] 特别有意思的是他本人从《治邦者》那里得出的对"科学"的定义（放在引文的开头）："对人类事务——于人类而言什么最好——的哲学理性认识。"[3] 密尔的定义表明了他为什么首先选取《治邦者》，而不是选取《理想国》来解释柏拉图政治思想中的知识定位。实际上，《治邦者》讨论的知识可以说是聚焦于人类事务。《理想国》则不同，其中区分哲人（继而哲学王）和非哲人的那种知识无疑是关于理念世界的永恒不变实体的形而上知识。

密尔肯定很难将形而上知识说成是他认为统治所必需的有关人类事务的专门知识。诚然，他认为《理想国》和《治邦者》发展了同一个统治理想。在前边的引文中，他说该理想就是"统治并非是偶然为之的事情，也并非是在干其他工作的同时顺便为之的，一个人如果没有经过广泛自由的全面教育——长时间的特别专业的辛苦学习，不单是为了获取实践技巧，还为了达到专业精通——就不能胜任统治工作。"这正是他对《理想国》的清楚总结。《理想国》认识到社会可能会对那些拥有必要统治天赋的人造成腐蚀性影响，因此教育方案和训练计划的制定就是为了消除不良影响（通过让那些人远离其他的职业和爱好）——密尔强调了他对该认识的赞赏。[4] 简言之，看来《治邦者》阐释何为"科学统治"，而《理想国》告诉我们需要何种具体的社会及教育安排来培养胜任统治工作的人。又，《理想国》独特的哲学观以及相关的形而上学如何影响其理想统治者的学说？密尔完全没有谈及。关于这一方面，我们可以转向维多利亚时代的另一位伟大的柏拉图主义者。

2.2 乔伊特的"真正治邦者"

相比格罗特的《柏拉图和苏格拉底的其他同伴》，本杰明·乔伊特对柏拉图对话作品的翻译使得柏拉图的作品更为英语读者所知。这一翻译首次出版于1871年。在1875年的第二版中，他扩展了《高尔吉亚》的序言部分（主要是他自己的批评思考），在他讨论的各种问题中有这样的问题，"谁是真的治邦者？谁又是假的治邦者？"他的解决方式是重提柏拉图，来构成他

---

[1] 参见第三章5.1节。
[2] Grote 1865：II. 483—486, quoted in Mill 1978：433—434.
[3] Mill 1978：433.
[4] Mill 1978：436—439.

本人的当代思想。《理想国》——而非《治邦者》——是主要的灵感来源。相比密尔而言，乔伊特对《理想国》统治路径的理解不怎么有选择性——由此导致的差异立见分明。乔伊特对真正治邦者的最初描述摘录如下：[1]

> 他不是纯粹的理论家，也不是权谋术士；他同时考虑整体和部分；他知行合一。虽然他被迫降到这个世界，但是他不属于这个世界。他并不关心权力、财富和疆域扩张，却在乎某种理想境界：即所有的公民拥有健康生活的平等机会，他们皆可获得最高程度的教育，每个人的道德及理智品质都得到自由的发展，并且"好之理念"是世间万物的推动原则。他要解决的问题不单是自由实现的问题，也不单是秩序达成的问题，而是自由和秩序如何统一的问题。

《理想国》对哲人的处理影响了乔伊特的阐释。特别是（1）哲学王"不属于这个世界"，他是"降到"这个世界的；（2）哲人以整体的方式处理统治问题；（3）"好之理念"贯穿该路径；（4）理想境界（虽然更像是康德用语而不是柏拉图用语）为其政治目标设定了参数。与密尔一样，乔伊特本身也不怎么热衷于柏拉图的理念或理型的形而上学。但这并不妨碍他承认《理想国》对"治邦之术需要采纳理想视域"的坚持。

在随后的篇幅中，关于其自身有限性的感受和实用主义——政治家若想有所作为，最好要有这些东西——乔伊特说了许多明智的话。他认识到这种实用主义不是完全苏格拉底式的。"苏格拉底，"他说道，"根本不是政治家，却告诉我们（*Gorg.* 521D）他是他那个时代唯一的真政治家。"该想法导致了乔伊特在探究《理想国》的哲学王观念的某些困境时得出了某些总结性思考。[2]

> 我们可以和柏拉图一起，设想一位理想的治邦者：知行完全合一，因为知和行不一定相互对立。然而，经验表明它们通常相互分离——普通政治家是他人想法的解释者或执行者，他们几乎想不出什么新的政治观念。现代也只有一两位政治家，比如意大利的治邦者加富尔伯爵（Cavour），创建了他们所生活于其中的世界。哲人天生不适合政治生活，他的伟大思想不为众人所理解，他过于远离现实问题。

---

[1] Jowett 1875：II. 307—308.
[2] Jowett 1875：II. 311.

可乔伊特最后认为（如其所言，一种苏格拉底式的想法），从未进入政治舞台的哲人可能对这个世界产生深远的影响。他引用了洛克、休谟、边沁及其他人作为例证。这些个体"在人们的心中播下种子，日后会变成不可抵挡的力量"。我们大概会认为洛克影响了美利坚共和国的国父们以及《独立宣言》，或者说，过去两百年来支持公共政策决定的规划程序无不采用了边沁的功利原则。

2.3 视角分歧

乔伊特注意到了哲学和政治之间的张力。《高尔吉亚》和《理想国》以不同的方式将此作为主旨，并视其为关键问题。密尔对"科学统治者"的阐释缺乏这种张力，因为"科学统治者"本身来自《治邦者》。尽管外观有所相似，但密尔和乔伊特却在谈论两种截然不同的理智动物。密尔所谓"科学统治者"的科学和政治不存在张力，也不能存在张力，因为——尽可能以哲学的方式——它被定义为人类事务的科学，由大量实践知识构成。密尔认为柏拉图的科学思想来自苏格拉底，"（色诺芬说）苏格拉底'把知道如何统治的那类人——而不是把持权柄的那类人，既不是由无能者（hupo tôn tuchontôn）选出的那类人，也不是抽得上上签的那类人，更不是凭借武力或欺骗爬上至高位置的那类人——视作君王和统治者'"（Mem. 3.9.10；密尔用斜体表示）。[1] 接着，他介绍柏拉图的《治邦者》致力于讨论以下主题：何为"知道如何统治的那类人"。

乔伊特描述的哲人与此相反。他说哲人主要关注理想，即"不属于这个世界"的事物。他们从事理论研究，而且可能从未尝试将理论用于实践。确实，哲人"天生不适合政治生活"，他们的哲学视野和政治实践的现实之间很可能存在张力。当然，二者"不一定相互对立"；乔伊特设想（根据《理想国》）柏拉图的治邦者是成功的政治实践者（"需要他全身心投入的一项工作"，[2] 这和他的哲学天性以及哲学观点相悖）。因此，《理想国》结合哲学和政治的尝试并非注定失败。不过，经验大体上是反对这个尝试的。《高尔吉亚》中苏格拉底的"真政治家"概念（乔伊特看似解释了这个概念）——即哲人届时会通过他的思想来改变世界，而不是通过他本人对世界的直接干预来改变世界——更好地表明了哲学（几无例外）能够并且在事实

---

[1] Mill 1978: 432.
[2] Jowett 1875: II. 308.

上影响实践的方式。我认为乔伊特是说,就此问题而言,《高尔吉亚》——他所评论的对话作品——比《理想国》暗含更多的智慧。

在我看来,我们一直在考虑的这两种理解大致上都忠于各自文本的精神及中心思想。之所以会偏离柏拉图,不是因为不准确,而是因为坚信各自的思想仍然有效。然而,对于成为那类人——我们可以中立地称之为"理想统治者"——的资格条件,《治邦者》(诚如密尔的阐释)和《理想国》(诚如乔伊特的解读)的描述互不相容。在密尔那里,人类事务的实践知识是为资格;而在乔伊特那里,理论思考——无法使每个人天生就能胜任政治,其方向是远离尘世而步入理想界域——才为资格。该分歧无疑反映了维多利亚时代的两种不同的思想类型。但事实是,《理想国》和《治邦者》各自的理智世界迥然相异。很多现代学者认为它们互补,而非分歧——更别提互不相容了。本章的余下部分将试图弄清这个问题。

3. 统辖性知识

3.1 政治知识和好

密尔在柏拉图的知识焦点当中完全正确地发现了柏拉图思考普遍实践(特别是政治)时的"主体思想"。密尔为此谈及"根深蒂固的信念"和"教义"。不过,《治邦者》对该议题的处理无疑是说教性的。其他的对话作品则描绘苏格拉底在全力解决一个问题,即充分地解释政治知识或技艺可能是为何物。我们将要讨论的两篇对话——《卡尔米德》和《欧绪德谟》——前者的场景设在托瑞阿斯(Taureas)的格斗学校,后者设在吕克昂(Lyceum)的健身房。甚至对话的场景都暗示了精力充沛的锻炼,以及同性爱欲的氛围(《欧绪德谟》尤其如此)。这两篇对话的相对日期难以确定,尽管无人质疑它们都早于《治邦者》。[1] 从风格上说,它们应该属于早期对

---

[1] 这可能是 Gregory Vlastos 的特点。他对于它们以及其他苏格拉底对话的日期很是确信。他认为《欧绪德谟》是前期对话和中期对话之间的"过渡",而他论述苏格拉底的文字作品当中几乎从未提及《卡尔米德》,参见 Vlastos 1991。就我所知,他只有一次提及《卡尔米德》的论证分析:他过世后才发表的论述《普罗泰戈拉》和《拉凯斯》的文章, in Vlastos 1994: ch. 5, 在 pp. 114—116 简要地讨论了《卡尔米德》的 173A—174B,我们将在下文讨论该篇对话的总结性论证。Barker 1995: 18—33 评论了 Vlastos 对《卡尔米德》的相对缄默。Barker 的文章老练地批评了 Vlastos 对苏格拉底伦理学的建构,说他的建构没有显著的和自觉的认识论维度。

话作品（多数为"苏格拉底"对话）。[1] 就像此类的其他对话那样，苏格拉底——每篇对话的主角——将许多时间用于追问其他谈话者，来探讨他最喜爱的伦理主题（尽管他在《卡尔米德》中同等地关注知识和德性，在《欧绪德谟》中还接受智者欧绪德谟和狄俄尼索多罗斯对于他们最爱主题的提问）。同其他的苏格拉底对话一样，这两篇对话也没有得出什么肯定结果。不过，每篇对话都展示了方法论上的素养，并且探究或至少涉及了一系列的主题。这些主题致使某些学者猜测，它们和中期对话（比如《理想国》和《泰阿泰德》）有着更为紧密的联系。[2]

相比柏拉图的其他作品——包括《理想国》在内——《卡尔米德》和《欧绪德谟》更可以说是提前处理了《治邦者》开篇所陈述的议题。在《治邦者》中，爱利亚的访问者比较了政治知识和建筑师（architectôn）的技艺。建筑大师凭借其所拥有的理解力，"不像工人那样行动，而是管理工人"。政治知识类似于建筑术，其目标实现主要靠统治或控制各种次级技艺（Plt. 259E—260C）。[3] 在这两篇早期文本中，柏拉图对这种知识作了非常正式的宏大叙述——继而对比无疑更为实在却截然不同的某事物：关于"何者为好，何者为坏"的知识。《卡尔米德》和《欧绪德谟》试图清晰地表述一种统辖性概念的政治知识，事实上却以失败告终。这主要是因为它们无法表明它们试图阐明的专业政治知识和有关"好"的知识之间的可能关系。在有关"好"的知识这个关键问题上，两篇对话都没有提供清楚的解释。

柏拉图似乎诱使我们得出一个结论。作为普遍幸福的关键要素，"统辖性的政治知识"这一观念既可能是也可能不是某种幻想。然而，哲学的基本任务（也就是苏格拉底助产术的最终目的）有所不同："好"的本质，以及何为"好"的知识。如果这真的是柏拉图在《卡尔米德》和《欧绪德谟》中想要传达的隐含意思，那么要理解这些对话就要在某种程度上比照着《理想国》进行阅读。因为在《理想国》中，柏拉图笔下的苏格拉底明确承认关于"好"的问题是"研究的重中之重，正如你们时常听我所说"（Rep. 6.505A）。他紧接着处理了《欧绪德谟》的问题——在开始描述太阳喻、线

---

[1] 参见 Kahn 1996: ch. 2.
[2] 关于《卡尔米德》，参见 Schmid 1998: viii. 关于《欧绪德谟》，参见 McCabe 2002a: 363—366. 这两篇对话与其说是要提供可能的日期，不如说是在强调教益，即我们应如何解读柏拉图。
[3] 访问者只是充实了这种政治知识模式的细节，尤见305C—E，我的讨论则在本章第五节。

喻和洞喻之前,而这些比喻会取代对"好"(他承认"好"超出了他的理解范围)的权威说明。一种可能的解释是:《卡尔米德》和《欧绪德谟》的书写是特意为了设置难题,而柏拉图早已打算之后在其他地方以更加确定的方式处理这些难题。就《欧绪德谟》而言,对《理想国》特别主旨的提及——下文 3.3 节会有例子——事实上是如此显明以致于我们可以用"《理想国》"来替换"其他地方"。[1]另一种可能:两篇对话或者其中某篇对话预设读者已经熟知《理想国》,于是专心呈现随之而来的诸多问题——如果有关知识和好的二者关系的建议被忽略的话。根据这种视角,《卡尔米德》和《欧绪德谟》在年代上将属于中期作品。中期作品的书写证实了《理想国》的教导,不过所用的方式是审查典型的苏格拉底风格的可能运用。[2]当然,其他可能也是有的。[3]

我们考量了密尔对"科学统治者"的阐释,以及乔伊特对"真正治邦者"的陈述;并从中觉察到《治邦者》和《理想国》的潜在冲突——关于理想统治者需要具备的知识。时下的看法是,在诸如《卡尔米德》和《欧绪德谟》这样的对话作品中,柏拉图自身让人注意到调和二者——一者是专家治国观念的政治知识,这为《治邦者》作好了预备;另一者是道德知识之必要,即"好"的知识,它超过其他一切追问对象,它将是《理想国》哲学活动的最高瞬间的焦点所在——的困难。当然,这些对话引起的困难并不必然关联于(更不用说"等同于")我们在探讨密尔和乔伊特时所确定的那个问题。为了试着让攸关之处更为明晰,我们需要仔细研究这两篇对话的相关扩展内容:首先是《卡尔米德》,其次是《欧绪德谟》。

3.2 《卡尔米德》

《卡尔米德》的篇幅相当之短。像许多苏格拉底对话一样,关于它追问的主题,引用密尔在其未出版的翻译上所附加的看法,最后"没有确切结

---

[1] 这是 C. H. Kahn 采用的路径。他的前提是柏拉图全集的"预辩"构思或"过程呈现";关于此节主题的讨论,参见 Kahn 1996:206—209。Kahn 认为更加明晰的处理在时间顺序上其实晚于质疑讨论。不过,他强调问题的关键在于正确的阅读顺序(ibid. 41—42, 48)。

[2] 比较《大希庇阿》,解释参见 Palmer 1999:59—66。

[3] 关于《欧绪德谟》的进一步探讨,参见 McCabe 2002b。

论"。[1] 正如我们已经注意到的，人们通常认为它属于早期的柏拉图对话，尽管读者时常认为它对认识论的关切及其方法论上的老练让它远离（比如）《拉克斯》（论勇敢，在某种程度上读起来就像是《卡尔米德》的姊妹篇）。苏格拉底的主要对话者是卡尔米德和克里底亚。后者是柏拉图的亲戚，后来领导了三十僭主集团。"选取这些对话者"，正如查尔斯·卡恩（Charles Kahn）指出，[2] "能让柏拉图详述他自身家族及其姻亲的显赫名望。"他的意思是说，精心构思的开场白当中的这种"显著的自我关涉"表明作者对该对话具有"不同寻常的私人兴趣"。

主题是明智（sôphrosunê）德性——这个希腊词汇真的很难翻译（密尔提供了五种选择），其核心含义是"精神强健"（soundness of mind）或者（如密尔所云，good sense）"头脑清醒"，在不同的语境下又可以是"审慎"（prudence），"节制"（moderation）或者"自制"（self-control），但都具有理智上或道德上清醒的意味，尽管清醒所指各有不同。[3] 我将选取"慎重判断"（measured judgement）的意思。[4] 该篇对话的后半部分致力于持久地审查一个有关其本体的提议：明智等同于自我认识。苏格拉底对于自我认识有一整套假设：（1）它是一种二阶的自我反思性的知识——即所有知识的知识（knowledge of all forms of knowledge，包括它自身在内）；于是，（2）因为这种知识，某人将知道自己知道什么，不知道什么，同理其他人将知道他们是否知道他们声称知道的东西——比如说，某人将能够区分真正的医生和庸医；再于是，（3）这种知识是有益的。

为了证明（3），苏格拉底研究了以下可能性：慎重判断是一种统辖性知识，它通过控制家庭及城邦的管理来建构大好（*Charm.* 172D）。（3）的证明如下（171D—172A）：

"我们当中拥有慎重判断的那些人，以及受我们统治的其他所有人，

---

[1] Mill 1978: 186. 他补充说，它"像柏拉图的其他作品那样，只能看作是纯粹的辩证法练习，抛出各种观念却没有一种贯彻始终"。
[2] Kahn 1996: 187. 关于柏拉图家族的更多思考，参见 Michelini 2003: 59—60.
[3] Mill 1978: 407.
[4] 特别要注意的是，标准与克里底亚美化的斯巴达政制当中的明智相关（Fr. 6. 22 Diels-Kranz, with ibid. 17, 23, 26, 28），参见 Wilson 2003: 206 n. 107. 有关《卡尔米德》的讨论经常会注意到明智在斯巴达的寡头意识形态中很是惹眼：参见 Notomi 2000: 245.

将会让我们的生活免于错误。我们自己不会尝试去做我们没有弄明白的事，不过我们会找出那些做过此事的人，并把此事交给他们。至于受我们统治的那些人，我们不会把任何工作托付给他们，除非他们可以正确地完成他们所承担的工作——也就是说，他们在该工作上拥有知识。这样的话，家庭的运转将因为慎重判断而得到很好的控制，城邦的运转亦是如此，慎重判断负责的其他地方更是如此。错误消除了，正确又在掌控之中，人们在这种情况下必将表现优异；凭借优异的表现，于是达到幸福。克里底亚，这难道不是我们之前所说的'头脑清醒'吗？"我说，"之前我们谈到'知人之所知'和'知人之所不知'所建构的大好。"

"肯定是这样子的，"他说。

换言之，关于统辖性知识——该知识能掌控所有的次级知识及技艺——的可能性假设（A），我们能用的基本上只有统治所需的知识。因为（B）发展这种统治知识会产生很大的益处，所以我们通过正确的治理行为来寻求这个益处：幸福。[1]

不幸的是——根据苏格拉底刚刚给出的论证——（A）不可靠，（B）为错误。之所以说（A）不可靠，他给出的理由实际上只消看之前展开的论证（*Charm.* 175B—C）。苏格拉底的审查最后无法确定自我反思能力是否真的可能（169A—B）。于是，他得出结论：除了医生，没有人能知道某医学声明是否具有充分依据（171B—C）。然而，即使考虑到假设（A），他表示（B）的相关内容仍存在致命缺陷。统辖性的政治知识能凭借其对次级学科的控制来确保我们的身体健康得以改善，以及我们在海上和战斗中拥有更大的安全保障，但它不能向我们保证更多的幸福。苏格拉底论辩说，这是因为医学尽管能让人们健康，却不能让人们幸福。克里底亚为此主动说道，只有关于好和坏的知识才能让人幸福（174A—B）。他设法表明有关好坏的知识也可能隶属于统辖性知识。苏格拉底则指出，我们之所以获得幸福的益处，是因为有关好坏的知识，而不是因为统辖性的知识（174D—175A）。

《卡尔米德》有一点显而易见，即柏拉图对作为理想政治之根基的统辖性的"知识之知识"[knowledge of knowledge(s)]这一观念很入迷。它没

---

[1] 关于克里底亚的统辖性知识概念的政治应用，参见 Schmid 1998: ch. 7 的有趣讨论。

有被描述成是苏格拉底的某种观念。[1] 最初提出慎重判断等同于自我认识的人是克里底亚。他在一次具有说教意味的发言——这是他在对话当中最长且最为雄辩的一次发言（*Charm.* 164C—165B）——中提出此议，尽管我们已经知道克里底亚对 sôphrosunê 的"官方"定义是"做自己的事"（161B—162E）。[2] 在苏格拉底提出某些主要问题之后，又是克里底亚阐述了那个高度抽象的论点：慎重判断既是其他各种知识的知识，也是其自身的知识（166B—C）。在仔细考察了自我反思能力的概念之后，苏格拉底最后被迫强调这是克里底亚的观点，而且柏拉图笔下的克里底亚对苏格拉底批评的反应也表明这是一个自认为提出该解释并为此感到骄傲之人的表现（169B—D）。

毋庸置疑，克里底亚最早提出了有关自我知识的建议（164D—165B），而他很可能表达了苏格拉底发自内心且极为赞同的一个见解。毕竟，《申辩》所描述的苏格拉底质疑的整个目的是为了让人们审问自身的生活，其方式是通过弄清楚他们是否真的知道他们所认为知道的东西。不过，接来下引入的抽象公式——即自我知识就是其他各种知识的知识，也是其自身的知识——明显是非苏格拉底式的。这让自我知识远离个体及其灵魂和生活，并把它变成了某种类似于客观科学的东西。或许是历史上的克里底亚的思维方式使得柏拉图利用他来把苏格拉底的自我知识变成这种抽象概念。[3] 但没有独立的证据表明他实际提出了"知识的知识"的观念。因此，我们可以设想柏拉图是它的真正原创者。柏拉图对于统辖性知识这一观念的处理的广度和复杂程度几乎无法解释，除非这表明了他本人对该观念之可能性——届时还包括其政治可能性——的浓厚兴趣。与此同时，以下看法很具吸引力：克里底亚很可能采用了管理精英的视角，"管理精英在其专家下属的领域内毫无专门

---

[1] 该论点——常遭忽视或重视不够——在 Schmid 1998: ch. 3 那里得到了充分的论述。他尝试区分彻底苏格拉底式的无知之知的完美理想，和有关克里底亚的指导科学或统治科学的猜想。尽管该建议有其吸引人之处，但请注意，上文总结（169E—171C）的假设（2）的详细论证似乎同等地削弱了苏格拉底有关自身认识（以及他本人的问答法实践）有限的声称和克里底亚的任何立场，参见 Mckim 1985; Barker 1995; Kahn 1996: 197—203。

[2] A. N. Michelini 注意到《理想国》（4.443E—444C）使用了同样的公式来定义正义。他瞧出"一处暗示很强，即《理想国》宣布的明显反平等主义的正义定义来自克里底亚的作品"。参见 Michelini 2003: 63。

[3] 就像尼西亚斯（Nicias）的理智主义，使得柏拉图让他主动提出高度苏格拉底化的勇敢定义（《拉凯斯》194E—195A），但在苏格拉底的不断追问下，接着又表明他没有能力为它进行辩护。参见 O'Brien 1967: 110—117。

知识可言；然而，他们知道部署什么人到什么岗位，并且知道这些下属的能力和弱点在哪里"。不过话说回来，也可能没有确切的历史证据证实该猜想，"它（诸多观念之一）激励了三十僭主——至少他们当中诸如克里底亚这样的人自称在理智上有所成就"。[1]

尽管如此，全篇对话一直在提有关 sôphrosunê 的好处或益处的问题。对于接受审查的关于 sôphrosunê 定义的任何提议而言，该问题可谓一至关重要的检验，至少在卡尔米德的首次回答不被采纳的时候是这样的（*Charm.* 160B—D）。据该对话作品最后两三页的描绘，苏格拉底很快接受了以下想法：是知识催生了幸福的益处。但这得理解成"唯独这种知识——关于好和坏的知识"，而不单是"求知生活"，或者是克里底亚的统辖性知识（174B—C）。因此，《卡尔米德》留给我们的不只是它所探究的统辖性知识和道德知识两种对抗声明之间的张力；还有它关于"何者最为重要"的粗略结论（撇开密尔的定论不谈，从狭义上说，这是肯定结论，虽然与明智无关）。真正算数的是关于好和坏的知识，它"具有使我们受益的功能"（174D）。

有时候我们会想到说，柏拉图在《理想国》中有关"好"之理型的知识当作"最重要的研究对象"（*Rep.* 6.504D—E）——因为它"将其他一切技艺作为它的内容"——从而消解了张力。[2] 与此相反的看法是：它的内容只有"好"。有一件事突显了它作为知识对象的卓越之处："好"（而非关于"好"的知识）让任何其他有用有益的事物变得有用有益——包括其他技艺和各种专门知识。所以，如果我们掌握了其他各种知识，而没有掌握关于"好"的知识，那么我们将不知道它们所研究或产生的有用有益的事物是为何物（6.505A—B）。这不过是对《卡尔米德》关于"何者最为重要"的结论的详细说明，[3] 而非对其困难的解决。

3.3 《欧绪德谟》

《欧绪德谟》并不是典型的苏格拉底对话，它既没有把弄苏格拉底和非

---

[1] Barker 1995：31. Thomas Schimd 对同一见解提出了更有倾向的说法：三十僭主的意识形态"可能部分受苏格拉底的智慧统治之'梦'的鼓舞：综合了贵族制/斯巴达狂热和知识论/诡辩，类似法西斯并且出奇地堕落"：Schmid 1998：129。

[2] Sprague 1976：91.

[3] Kahn 1996：209.

苏格拉底的观念，也没有玩转苏格拉底和非苏格拉底的方法论。它包含了其他柏拉图作品（特别是《美诺》和《理想国》）的伏笔或回响。这便是很难在年代上或发展布局上为其归类的首要原因，尽管它确实不具备晚期对话的风格特征。我们可以称它为"展览品"：混杂了对（欧绪德谟和狄俄尼索多罗斯两兄弟表现的）"好争论的"、纯粹争强的诡辩推理的讽刺描述和苏格拉底嘲讽不减的两段哲学追问。好争论的对话和哲学的对话皆让人不解——个中缘由很是不同。

在苏格拉底的第二段追问的开头，对话着手处理幸福所需的知识的本体问题。在此语境下，《欧绪德谟》引入了政治技艺（即一种统辖性知识）的概念。苏格拉底预先区分了制作某物（比如制作七弦琴）所需的知识和使用该物（比如弹奏七弦琴）所需的知识，随后便有了制作（或追捕，包括发现在内）和使用的对比。推动该区分的是这么一种想法，即我们只能从我们制作或发现的事物那里获得益处，如果我们知道如何使用它们的话。于是乎有此提议：政治技艺将通过其对次级技能——比如将军术，将军"追捕"敌人并把将军术的"产物"交给握有政治技艺的君王或政治家来支配——的统辖运用来让我们幸福（*Euthd.* 288E—291D）。

可这是谁的提议？和《卡尔米德》如出一辙，柏拉图特意不让苏格拉底来言说统辖性知识的假设。事实上这是某种"曲笔"（understatement）。为了达到这个目的，柏拉图写了一篇在全集当中最不寻常的对话作品。它可以逐步分解成三个阶段。

（A）首先是这样一段文字——苏格拉底对导致幸福的技艺的本体问题作了一番嘲讽回答。他首先想到演说撰稿人的技艺，其次是将军的技艺。[1] 他的对话者——克里尼亚，一名尚未成熟的青少年，到目前为止是完全被动的天真应答者——通过援引苏格拉底对制作和使用的区分，就轻而易举地处理了这些建议。演说撰稿人是制作者（*logopoios*，希腊词汇的结构其实表明

---

[1] 这两个建议皆是玩笑话，如柏拉图时常所为，具有一种讽刺的意味。演说撰稿人不能使用他自己的作品，这着实让我们想起柏拉图的对手伊索克拉底。众所周知，伊索克拉底本人从未在公共场合进行演说（据说是因为他的声音绵软无力）。他很可能是《欧绪德谟》结尾部分（*Euthd.* 304C—306D）的攻击对象——他再一次被认定为演说撰稿人——哲学和政治学皆有涉足，却都不成功（尤见305C）。相比之下，有关将军的提议有点轻描淡写：我们可能会想起伯里克利，他对雅典政治的统治和他连续当选将军官职有关。

了这点），而不是使用者。就将军的情况而言，克里尼亚即兴说了两句：将军类似于制作者——猎人——不过，他也不是使用者（*Euthd.* 289C—290B）。

（B）其次，克里尼亚在阐述其对将军术的看法时，变得愈发老练，并且具有不可思议的创造力。他阐明了他对猎人和使用者的区分，前者将捕获的猎物交给后者。不单渔夫和厨师如此区分，数学家和辨证家亦是如此。"亦是如此"只有在指涉《理想国》第六卷和第七卷的知识论及形而上学的情况下才说得通（我们可以在理论上讨论《理想国》的文本是否在《欧绪德谟》之前就已写成）。克里尼亚的意思是，数学家之所以将他们的发现交给辨证家使用，是因为辨证家才是那个知道如何使用它们的人；[1] 同理，将军将他们俘获的大批军队交到政治家手里[2]。因此，将军术不可能是那种致使我们幸福的使用者技艺（290B—D）。把所有这些内容都归于克里尼亚，可以表明它们不归属于聚焦灯下的苏格拉底，不过代价是无法宣称它们是真实的。

（C）柏拉图本人立即表明了有关真实的看法。第三阶段的开场是克力同打断了苏格拉底对主要对话的转述，当时苏格拉底正向这位老朋友描述对话内容。克力同完全无法相信克里尼亚会说出如转述所说的那些话。苏格拉底即刻放弃了他的声明，但坚持说对话者无论如何不会是欧绪德谟或狄俄尼索多罗斯。为了向克力同说明该论辩接下来如何发展，他描述了他们所得出的结论，即他本人与一个或多个无名参与者共同问答的结果（*Euthd.* 290E—291C）。这无疑暗示了苏格拉底对于哲学论辩的看法——在强调苏格拉底之方法不同于智者之竞争方法的语境中，该暗示让人觉得熟悉，而且合乎时宜。关键在于论辩，而不在于你怎么看或我怎么看，尽管你和你的观点将经受论辩的详细检查（*Prot.* 333C）；论辩是典型的共同问答法（shared

---

[1] 我们也许能推断《理想国》所定义的辩证法是一种统辖性科学，因为它知道如何运用数学发现（*Euthd.* 290C）。

[2] "交给"（handing over）一词是《卡尔米德》和《欧绪德谟》的一处相同用语，人们通常认识到这两篇对话的紧密联系。在《卡尔米德》中，治邦者把其他职能交给专家，他们知道这些专家具有正确履行职能的专门知识（*Charm.* 171E）；在《欧绪德谟》中，制作者和猎人把他们的产品或猎物交给那些具有专门知识从而能够正确使用它们的人（*Euthd.* 290B—D）。

enquiry)——《拉克斯》尤其主张共同问答法（e.g. *Lach.* 187B—D, 198C—D, 197E, 201A—B）。[1] 但这不可能是唯一的或最重要的看法。其他对话几乎没有类似于克力同进行干涉这样的情节——为什么柏拉图在这节骨眼上完全放弃了惯常对话所表达的"真实的幻想"（illusion of authenticity）？他似乎在用"密码"书写。[2] 至于柏拉图对什么信息作了加密处理，只有留待后人猜想了。最重要的事情肯定是：不再宣称读者仍在（或只在）《欧绪德谟》之中，并认识到这是在《理想国》（可以说）。换言之，柏拉图在对我们说："这不是生活，而是文本——不单是文本，还是互文文本。"

根据苏格拉底的说法，共同问答法得出了更多的结论，其中包括他漫不经心地提到王权等同于政治技艺（《治邦者》重申此点），并在随后确定它是那种导致幸福的使用者技艺。相比柏拉图的雅典读者而言，我们可能会觉得发生于民主雅典的对话中的这个"等同"更加让人意外。事实上，公元前5世纪和前4世纪的诸多雅典文本，特别是具有贵族倾向的作者所写的文本，在涉及对统治他人的实践思想进行概念化的时候，就把王权视作默认体系。这显示了民主社会能在多大程度上容纳其他政治框架的视角。[3] 与此类似，柏拉图在《理想国》中提出哲学王，这表明他并不认为该假设的王权要素会特别造成干扰。他料到"哲学王（或后）应当是哲人"的想法是会引发争议的。不过，柏拉图在《治邦者》重申王权等同于政治知识的时候，王权的概念经受了某种彻底的解构（参见下文第五节）。因此，对"漫不经心"的怀疑仍将持续。

回到《欧绪德谟》，论辩的下一处转折反倒是彻头彻尾的苏格拉底风格。当苏格拉底向克力同讲起下列言论的时候，就预示了论辩的普遍特征（*Euthd.* 291B）：

> 当我们谈论王权的技艺，并且对它进行深入全面的检查，看它是否可能产生幸福作为其功能结果时，那我们就进入了某种迷宫。

事实上，一种统辖性的政治技艺的概念可能会为人们带来"幸福费"（hap-

---

[1] Gill 2000: 140.

[2] McCabe 2005: 207.

[3] 参见 Gray 2000: 146—151.

piness fares）——此处的"幸福费"不亚于《卡尔米德》中的"幸福费"。在和克力同的对话中，苏格拉底将这个概念置于典型苏格拉底式的反复追问之下。他首先说道，如果它是他们在找寻的技艺，那么它必然是有益的。在苏格拉底第一段追问的结尾处，他和克里尼亚就已得出结论：智慧或者知识是唯一的好。[1] 因此，如果构成王权的知识要将好处赋予人民，它就得让他们变得智慧——让公民变得富裕，或者自由，或者摆脱派系冲突只是向他们提供了某种既不好又不坏的事物。然而，因为知识是智慧之为好的唯一方式，所以知识给与的好处便是它自身——我们显然无法再说下去了，除非拥有它的人轮流向其他人表述它。特别要提及的是，知识之所以好或者说拥有知识的人之所以好的原因似乎完全模糊不清（*Euthd.* 291B—292E）。我们止步于"知识的自我反思"，该自我反思虽然异于《卡尔米德》探究的自我反思，但同样是无果而终的。

此处问题的根源显然在于先前承认"智慧是唯一的好"（*Euthd.* 281E）。基于一番详细论辩，所谓承认的意思是：除非知识控制它们，"不仅仅是我们重视的所有外在事物，比如健康、力量、财富；还有我们视为德性的所有事物——勇敢、节制等——可能会因为运用过度而造成危害，而不是造成福祉"（我引用了密尔的记述，他认为这是柏拉图对于"德性即知识"这一主张的最佳论辩）。[2] 该结论的此种阐述表明它终究预设了知识之外的某些"好"。此处进一步关涉《理想国》：苏格拉底扼要地驳斥了"实践智慧（*phronêsis*）即好"的提议，当时他的想法十分接近于《欧绪德谟》中的对一系列"迷宫"思考的驳斥。不论谁继续思考该提议所设想的是何种实践智慧，最后都不得不说："关于好的实践智慧"。而这可谓荒谬——因为这个回答要么使"实践智慧"自身陷入无限后退之中，要么让"好"的概念处于完全神秘的状态（*Rep.* 6.505B—C）。[3]

总而言之，在《卡尔米德》和《欧绪德谟》中，柏拉图皆表明了"统辖性知识"对他的吸引力，因为它是产生普遍幸福的美好统治的基础。在这两篇对话中，柏拉图都小心翼翼地将苏格拉底本人与这样的观念区分开来。在《卡尔米德》中，它来自克里底亚（就此而言，他在理智上似乎具有充分的影响力从而让人信任这一观念）的提议。在《欧绪德谟》中，它的外

---

[1] 对该论点的解释广为讨论。参见 McCabe 2002a：380—386。
[2] Mill 1978：432。
[3] Striker 1994：248。

观有所不同，它是在那来自《理想国》的有关使用者和制作者的看法闯入之际出现的。在两篇对话中，该观念的表达方式都过度形式化了，以至于让人无法接受它所声称建构的美好生活的关键。"求知生活"——即使我们借此来理解统辖性的政治知识——就其自身而言并没有告诉我们幸福必然要依靠的"好"的诀窍。两篇对话似乎都暗示其他事物反而带来实现（幸福所需的）智慧的最大希望：极不关心政治的苏格拉底对关于"好"的（更加实在的）知识的全神关注，而这至少是《理想国》的一个议程。

4. 哲学统治者

政治如何可能成为知识统治的领地？此乃一基本问题，我的意思是它激发了柏拉图对统辖性知识（诚如《卡尔米德》和《欧绪德谟》所探究）的兴趣。如果统辖性知识能够得到清楚表述，那将开辟一种真正的政治技艺的前景。普罗塔戈拉和普罗狄科（Prodicus）之流的智者，抑或高尔吉亚这样的修辞能手声称他们教授这种技艺，然而（据柏拉图评断）他们无法证实他们拥有知识或智慧。苏格拉底本人也指向这种技艺，假如我们相信他在早期作品（比如《克力同》（48A）和《拉克斯》（184C））当中的谈话内容（喜欢专家胜过大众意见），或者相信他在《高尔吉亚》中声称他是唯一一位试图弄清真正政治技艺的在世雅典人（521D）。就此而言，人们成为君王或治邦者的限定条件便是掌握关于如何统治的真正知识，即统辖性知识。设想这样一个政治体系——统治将托付给那些满足限定条件的人，即在统治事务上经过检验的专家们——将没有一丝的违和感。

"知识的统治"对于《理想国》的政治方案而言甚为根本。可这个观念的表述极其矛盾；《理想国》对此议题最为著名的表述显然就是一个自相矛盾的说法（*Rep.* 5.473C—E）：

> "除非"，我说，"要么哲人成为我们城邦的王，要么当下称之为王或权贵的那些人真心实意地从事哲学并获得成功——除非政治权力和哲学合而为一，并且强行阻止所有当前本性倾向于只从事政治或只从事哲学的人这么做——否则我们的城邦将麻烦不断。格劳孔啊，我怀疑人类也将麻烦不断。除非这事发生，否则我们刚刚在讨论中阐述的政治体系将没有机会变成一个可能继而变成一个现实。这便是我逡巡不前的原因

四　知识的统治

所在，因为我明白这是一个非常矛盾的说辞。人们很难认识到，城邦若想通过安排其居民的私人生活或公共生活而达到幸福，除此之外别无他途。"

以寻常的视角看（阿德曼图将在几页之后驳斥寻常视角），该矛盾说法就是：哲人最为古怪，说得好听点是无益于社会，难听点是大混蛋；而另一种表述是，如果你们希望人民的生活条件有所改善，哲人将是担负重任的最后人选（Rep. 6.487C—D）。根据《卡尔米德》或《欧绪德谟》的模式，"君王或治邦者具有由统辖性知识所构成的政治技艺"这一假设将是一个截然不同的主张，（不论如何）倘若我们认为苏格拉底作此假设所面临的种种困难——特别是关于它和"好"的关系——皆已克服的话。不过，《理想国》的哲学统治者完全是更为熟悉的一类人——哲人。《理想国》没有提及类似于统辖性知识——《欧绪德谟》将其与王权相关联——的事物。哲人看似是要成为没有王权技艺的君王。

看来确实如此，除非苏格拉底将王权——以及王权方面的技艺——重新定义为哲学，或者定义为对"好"的哲学理解。查尔斯·卡恩认为苏格拉底就是这么做的。比如，查尔斯表明柏拉图在《理想国》第六卷给出了他本人对统辖性政治知识的详细说明（而《欧绪德谟》对此没有给出令人满意的定义）。[1]

> 在柏拉图看来，它是好本身。好就其自身而言，必然是王权知识和哲学王技艺的对象。这种知识之所以有用，准确说来是因为，在统治者手中，它将指导其他一切技艺的产物的正确使用，就像它根据真正的好来统治整个社会，其中包括那些显见之好的正确运用，比如繁荣、自由、城邦和谐。而《欧绪德谟》的论辩否认这些好，因为它们能被人滥用。

以上言论有些是对的，有些则是错的。苏格拉底在第六卷探究"哲人当为王"（或者反过来说）的思想时，认为王权就是占有和行使至高权力，而不是一种技艺。然而，哲人和观星航海家的类比（6.488D—489C）表明哲学

---

[1] Kahn 1996: 209.

提供了政治统治所需的真正技艺。因此,王权作为一种技艺,我们的直觉是它无疑被重新定义成了哲学,而这种直觉肯定是正确的。不过,在柏拉图把关于"好"的哲学或哲学理解解释为运用其他一切技艺的统辖性知识的文本中并没有这种暗示。[1] 正如我们所见,他笔下的苏格拉底在此特意强调了哲学的超然性,而非其现实性。诚然,在第一次引入"好"的理型(the Form of the Good)的时候,苏格拉底说过"好"的运用使得正义事物(和其他各种事物)有用有益(6.505A—B)。可是该想法随后未得发展;鉴于卡恩提供的统辖性用语的详细阐释,该想法也必定得不到发展。

法拉利(G. R. F. Ferrari)声称"当柏拉图承认哲学王的设想看起来和阿里斯托芬笔下的妇女统治情景一样荒谬可笑时,他是在用夸张笔法"。[2] 他论道:[3]

> 哲学才能和政治权力同时发生在名人身上的情况决非史无前例。一位起草法典的智识之士就被提及:梭伦,柏拉图的公元前六世纪的祖先,不仅为雅典带来社会改革,还为他负责解决的政治问题谱写诗篇。另一个典范是"智者"(巡回教授)普罗塔戈拉,他为图里(Thurii)立法,《理想国》(600C)就提到此事。我们已经看到,克里底亚起初也认为自己在某种程度上是哲学王。更为普遍的是,公元前6世纪到前5世纪的哲人通常属于其共同体的上层阶级;单看此因,他们也该受召担任政治职务——据载,不少人履行了这项职责。

法拉利特别引述了毕达哥拉斯学派,尤其是柏拉图的朋友,来自塔兰托的阿尔库塔斯(Archytas of Tarentum)。

我们可以轻而易举地回复法拉利:当柏拉图的雅典读者看到"哲人"这个头衔时,我们没有理由认为他们首先想到的人选会是梭伦、普罗塔戈拉、

---

[1] 就数学和辩证法的关系而言,显而易见的是,苏格拉底在《理想国》中谈及的那些人很满意他们的设想未受质疑,他们丝毫不觉得有必要让他们的设想经受辩证法的检验(Rep. 6.511A, 7.533B—C);而《欧绪德谟》中的几何学家和天文学家则不同,他们把他们的发现交给辩证学家使用(Euthd. 290B—C)。《欧绪德谟》的数学家是可能的数学家;而《理想国》的数学家是确定的数学家。这只是强调两篇对话在可比之处所行的议程非常不同。

[2] Ferrari and Griffith 2000: xxi.

[3] Ferrari and Griffith 2000: xx.

克里底亚（他们首先想到的一定是与政治无关的苏格拉底本人）。希腊人称梭伦为贤哲（*sophos*，其实是"七贤当中最智慧的"：*Tim.* 20D—E），因为他尤其具备高水平的深思熟虑的实践判断。普罗塔戈拉也凭此声名远扬，正如柏拉图的《普罗塔戈拉》开场所示。克里底亚的理智兴趣大概不是众人记住他的原因所在："克里底亚，扼杀民主政治的三十僭主之一"，演说家埃斯基涅斯（Aeschines）在克里底亚死后五十年这样说起他（*Against Timarchus* 173）。然而，毕达哥拉斯学派的阿尔库塔斯的确是一名哲学治邦者，尽管他在塔兰托的统治不是以王的身份进行，而是以将军的身份进行（像伯里克利在雅典那样）——显然是在民主制下进行的。[1]

除此之外，在柏拉图的时代，"哲学"（*philosophos*，即爱智慧）这个词还可能是刚刚流行起来的一种表达，人们对于它的真正所指仍有争论（正如我在第一章中所指出的）。[2] 柏拉图本人对它的使用显然取决于它的苏格拉底关联。他对"哲学王"这一矛盾观念的陈述应当看作是《高尔吉亚》思考抉择——不可避免地在政治生活（诚如卡利克勒斯所论）和苏格拉底式的哲人生活之间作出抉择——的进一步产物。诚然，阿德曼图随后对哲人即无用怪胎的描述实际上是重复了卡利克勒斯对哲人的看法——甚至连他的解释也在重复，他指的"不是对哲学浅尝辄止、把哲学当作其教育的一部分、并早早放弃哲学的那些人，而是将更多时间用于哲学的那些人"（*Rep.* 6.487D；cf. *Gorg.* 484C—D，485A—E）。[3] 思考将会继续，其中令人难忘的另一部分是《泰阿泰德》讨论哲人超然性——它和法庭"常客"的盲从狭隘形成对比——的离题话语（*Tht.* 172C—177C）。

关于哲学统治者的假设，矛盾仍然存在，即使苏格拉底首先详细解释了他所谓哲人的意思，其次用同样的篇幅处理了阿德曼图对该提议的质疑。问题的关键在于乔伊特所认为的柏拉图"真正治邦者"的超然性。柏拉图不会这样论辩：哲人并非无用，因为他并非超脱世俗。逻辑方向恰恰相反。正是超然性使得哲人而且唯独哲人成为建立理想城邦及其统治的正确人选。只要

---

[1] 参见 Diogenes Laertius 8.79, 82; Strabo, *Geography* 6.280. 人们有时认为他是柏拉图对话中蒂迈欧的人物原型，并认为他启发了该人物的某些思想。《第七封信札》描述柏拉图在最后一次西西里之旅摆脱了狄奥尼修二世的控制，其中起到关键作用的就是阿尔库塔斯的官职。至于他在何种程度上接近柏拉图的哲学统治者的理想，我们难以确定。有关阿尔库塔斯证据的审慎评论，参见 Huffman 2005。

[2] 参见 Nightingale 1995：ch. 1.

[3] 参见 Adam 1902：II. 8 处对于《理想国》6.487C 的注释。

他们具备道德的和形而上学的理解力，敏锐的洞察力，以及必需的品质德性，从而正确地塑造城邦的体制和其他公民的品性。只要他们奋力挣脱平日假象（洞穴囚徒的比喻，他们桎梏于未经思考的假设，认为感官世界就是唯一存在的世界）的束缚。"让自己看不见这个世界是看见理型世界的前提，而对理型世界的沉思是人类领域当中明见和德行的前提。"[1]

在柏拉图设想的理想城邦中，正如有人可能提前料到的，超然的哲人并非如此缺乏统治所需的才能。严格的社会分层、行之有效的宣传、武士阶层的强化教育及训练，三者的结合会确保柏拉图的城邦不再需要任何类似于民主政治或政治技艺的东西。当然，哲学统治者要具备一些决策经验，而柏拉图笔下的苏格拉底强调他们不会缺乏世俗经验（Rep. 6.484D—485A）。他们将通过军事指挥以及"适合年轻人的任何其他职务"来获得世俗经验（7.539E）。接下来，他们将接受考验，但（540A）这不是理智方面或技能方面的考验，而是品格方面的考验，"看他们在抉择之际是否会保持立场的坚定"。所有这些皆远离人们通常所理解的政治。寻常政治的废除——因为不再需要它——其实暗中预设了"哲学王并且只有哲学王才是城邦的合适统治者"的观念。一旦该预设登记在案，哲学王的观念就愈发明晰了。

柏拉图笔下的苏格拉底对哲人含义的解释诉诸"philosophos"的两个词根——"philos"，有时译作"朋友"，而此处是"爱者"之意；"sophia"则为"智慧"——及其相互关系。全部论辩的基本要点在于爱者。严格说来，除非爱者爱他们所爱对象的一切——不是爱其中一种而不爱另一种——否则爱者称不上是真正的爱者。比如，真正爱酒的人会发现每种酒当中都有些东西在吸引他们。同理，哲人（爱智者）对各种智慧皆有热切的渴望：他们想认识所有能被认识的事物（Rep. 5.474C—475C）。不久之后，苏格拉底将描述渴望不限于"philia"，还可以是"erôs"，即爱欲。哲人将不停地感受它带来的痛苦，"直到他掌握了每件事物的本质——即其自身之所是——凭借灵魂与其相近的部分"，他才停止渴望，而这需要"靠近真正的真实并与之交流，继而产生理解和真理"（6.490B）。[2]

苏格拉底对于知识之爱的结论促使他在知识和纯粹意见之间作了众人皆知的巧妙区分。显然，前苏格拉底哲人巴门尼德对真理和道德意见的区分最终启发了他。苏格拉底想从中获取的主要内容是美、正义等传统标准（有时

---

[1] Nightingale 2004: 127.
[2] 哲学"erôs"的更多内容，参见 Kahn 1996: 271—281; 亦参见 Ferrari 1992。

能正确鉴别美的事物，正义的行为等，有时则不行）和真正知识（稳定把握美或正义的真正之所是，因为只有真正之所是才是真正之可知）之间的对比（*Rep.* 5.475D—478E）。于是，真正知识的唯一可行的候选对象最后证明是柏拉图的理型或理念（*Rep.* 5.478E—479E）。因为只有美、正义等的理型才能永恒不变，永远是"美或正义之所是"（*Rep.* 6.507B）。理型说和寻求定义（"苏格拉底对话"——比如《欧绪德谟》、《拉克斯》、《卡尔米德》——中苏格拉底的典型特征）密切相关。当我们问"什么是美"或者"什么是正义"之类的问题时，理型就是我们要谈论的客观存在的永恒实体。它们自身并不构成定义或提供定义。它们是一旦我们理解了美和正义之后就能加以定义的对象。[1]

因此，哲人之为哲人，在于他们关注永恒事物。他们对智慧的热切渴望换种说法就是热爱"有助于他们揭示恒常真实（reality）的任何研究，此真实不会因为产生和消灭而变化多端"——真实意味着"整个真实"：他们不会轻易地在较重要的真实和较不重要的真实之间进行选择（*Rep.* 6.485D）。这类人可谓心胸开阔、训练有素，并且就他们作为社会动物的角色而言，他们公正文雅。他们还可能具备哲学理解所需的理智能力。因为从长远来看，若缺乏成功所需的理智能力，热情通常难以维持一项事业。意志、品格、理智的结合是柏拉图对苏格拉底核心思想的最新解释。所谓苏格拉底的思想，就是如果你真的知道好是什么，那将足以使你通过你的所作所为去实现它。三者的结合就是哲人成为治邦者的限定条件，"总是触及整全（the wholeness and totality of things）——神圣事物和人类事务的整全"（*Rep.* 6.486A）。他们要接受数学和辨证法的严格训练。准确地说，训练是为了让他们能够综合地理解学科之间的联系以及各学科与真实本质之间的关系（7.537B—C）。[2] 苏格拉底没有说这种理解是统辖性的。该理解也没有任何内在的实践定位[比如说，《卡尔米德》、《欧绪德谟》以及（随后）《治邦者》所描

---

［1］ 关于柏拉图型相的更多内容，参见 White 1992；Kahn 1996：ch. II.
［2］ 参见 Burnyeat 2000：1—81。Burnyeat 认为柏拉图在向读者表明某种理解，即好是整体的一个功能。《法义》用其自身术语处理这个主旨。根据雅典的访问者所言（*Laws* 12.963A—964A），立法和治邦之术首先需要综合地理解是什么让活动目标成为单一者；简言之，在"多"中把握"一"，这正是《理想国》所认为的哲学的独特成就（*Rep.* 5.475E—476D；cf. 6.507A—B）。这意味着要正确理解四种德性的共同之处，以及（访问者建议）好和高贵美丽的发生原因——诚如《理想国》所称（*Laws* 12.965B—966B）。

述的统辖性的政治知识就有其实践定位]。特别要说的是,它对其他各种技艺的运用并非焦点所在。相似之处只有:对"好"的理解构成了理论领域内审视万物的一个最终视角,在实践中与之对应的是所谓的统辖性政治知识。

哲人对永恒事物的理论性理解如何转化成对社会的某种实际益处,这是第六卷后半部分(接近苏格拉底回应的尾声;阿德曼图反对我刚刚总结的那种解释,而苏格拉底对此有所回应)的主题。苏格拉底如是说道(*Rep.* 6.500B—D):

> "阿德曼图,我不认为真正关注真实的人会有时间对人类事务投以一瞥,或者同他们竞争,或者充满嫉妒和恶意。不,他凝视那些正确排列的事物。它们始终不变,相互之间既不伤害,也不受伤害,并且根据某个理性计划进行有序排列。这就是他的模仿对象,他竭尽全力地仿效它们。一个人若不想模仿某物,你觉得他有可能尊敬它并将时间用于它吗?"
>
> "不,这不可能,"他说。
>
> "因此,将时间用于神圣有序之物的哲人事实上开始变得神圣有序——人是有可能变得神圣有序的。但要注意,成见总是无处不在。"
>
> "的确如此。"
>
> "如果某些力量迫使他把彼处所见的事物作用于私人的和公共的人类行为,而不只是塑造他自己,那么他作为众人所需的自律、公正、全面优秀的工匠,你觉得有什么不对吗?"
>
> "当然没有什么不对。"

换言之,因为永恒真实的道德律令影响了哲人的自身品格,所以他们具备治邦之术:他们的好和他们的智慧同等重要。接下来便是一段著名的言论:如果哲人想在他们的工作和他们为社会政治体系所开的方子——将产生"一种类似于神的"人类品格——上获得成功,那么他们需要"清零重新开始"(clean slate)。哲人将指靠"本质上正义、高贵、节制以及诸如此类的事物"(501B)。

就这点而言,哲人成了"祭司":神圣的化身,像摩西那样的立法先知。苏格拉底早前已经声称理想政治体系当中甚有影响的那种人类品格将被视为"神圣"(497B—C)。《法义》在回顾《理想国》时,描述其理想城邦为"诸神或诸神之子"的家园(*Laws* 5.739D)。宗教修辞表明了柏拉图对理想化程度的认知。该认知此时已经吞噬了哲人的身份和功能。人们可能会认为它和城邦之船文本有关技艺的言辞处于某种张力之中。城邦之船给出的建议是，哲人之所以适合统治，在于技艺。像航海家一样，他的技艺首先并且主要来自对上文所提及的事物——于他而言，即永恒的理型世界，而非天体和季节——的研究。可暗含的意思却是，像航海家一样，他的技艺无法简单地还原成凭借理论学习就可获得的知识。

不过，我们刚刚回顾的那段话实际上没有摒弃这层意思。苏格拉底明确描述哲人是一名从事政制设计的艺术家，在政体轮廓中"擦掉一块，再补上另一块"——这是一个不断摸索的过程，他的目光在他的模特和他凭借各种实践（即他的调色板）画出的人类品格之间穿梭（501A—C; cf. 484C—D）。该比喻大概是为某种技艺——将永恒理型世界的知识用于人类领域，哲人将用它来建立理想城邦（不同于航海家对航线的掌控，一旦航行开始的话）——而设。因此可以设想，除了道德真知，哲人还拥有实践技艺：不是统辖性知识（关涉《卡尔米德》、《欧绪德谟》中的政治或王权方面的技艺），而是总的来说更加适中的某事物——艺术家的实验性方法。[1]

不久之后，苏格拉底提议：哲人除了成为城邦的最初立法者，还应成为其守卫者或统治者。在设想护卫者需要某种哲学理解之前，除了第二卷和第三卷已描述的品格训练，他继而考虑哲人是否需要进一步的教育。这便是他引入"正如你常听我说起，最重要的研究对象就是'好'的理型"（*Rep.* 6.505A）这一重要论点并紧接着提及《欧绪德谟》中的疑问之人——说得更准确些，是认为好即实践智慧（*phronêsis*）的老练之人——的语境。苏格拉底反对的理由是那些持此观点的人无法呈现实践智慧之所是（当然符合《欧绪德谟》所描述的"迷宫"困境）。他们最后被迫说实践智慧就是关于好的知识——好像无需更多解释我们就已知道那是什么似的。[2]

柏拉图没能进一步明说《理想国》所设想的知识统治完全是苏格拉底式的，而不是《欧绪德谟》和《卡尔米德》（说法不同于前者）中的考量：假

---

[1] 有关艺术模型的更多讨论，参见 Nightingale 2004：127—131；Reeve 1988：82—86 则更加思辨。而 Cambiano 1988：55—57 很好地评论了哲学，说它不是特殊的技艺或专门知识，而是让哲人得以统治的某种事物。

[2] 《欧绪德谟》最后谈到一种为我们提供美好事物的知识（*Euthd.* 292A），可没能解释这是什么意思，或者这如何能够成真（292D—E）。与此相似，克里底亚承认能让我们快乐的知识必然会把好和坏当作它的主题，这对他而言亦是致命一击（《卡尔米德》174B）。

设政治拯救取决于一种只能用自反术语（self-reflexive terms）来描述的特别知识。它之所以是苏格拉底式的，首先在于它是"好"的知识的一个功能（明显可以说是苏格拉底的习惯性关注）；而它对经受彻底追问的事物的说明能力确保它是知识（*Rep.* 7.534B—C）。当然，众人认为《理想国》设想的哲人认识了永恒的道德真理，而苏格拉底从未声称拥有这种认识。于是，柏拉图笔下的苏格拉底道歉说他自己无法给出问答法真正要求的有关好的那种解释（*Rep.* 6.506D—E）。不过，柏拉图没有让苏格拉底作出肯定或否定的声明，除非他想要强调苏格拉底的哲学计划和《理想国》有关"理想哲人塑造美好城邦"的视角（二者虽然有所不同）之间的连续性。

因此，《理想国》的哲学统治者不是政治管理者，也不是约翰·密尔所想的"科学统治者"。柏拉图在设想完全不同的东西。他考虑的是，如果某个"苏格拉底"影响了社会的价值观，接着这种最尊敬知识与德性的价值观又介入城邦的体制结构之中，那么社会将是什么样子（6.484B—D，500D—501A）。乔伊特正确地比较了哲学统治者——或者说《高尔吉亚》中苏格拉底自称的"真正治邦者"——的作用和洛克对《美国独立宣言》基本原则的影响。

5. 再议统辖性知识

5.1 《治邦者》

对于统辖性政治知识的前景，柏拉图并没有失去兴趣。《治邦者》（柏拉图的晚期对话作品之一）将此论题作为它的真正主旨。[1] 这篇对话的主要发言人——不是苏格拉底，而是来自意大利南部的爱利亚的无名访问者——的处理思路就是避开《卡尔米德》和《欧绪德谟》所碰到的诸多问题。他并不试图将统辖性知识定义成"知识的知识"（knowledge of knowledge），于是《卡尔米德》的诸多难题就被取消了。他也没有说知识就是好本身，或者说唯一的好：此立场导致《欧绪德谟》的迷宫困境。《治邦者》假定政治家在运用其政治技艺时，将着眼于好、高贵、正义这些所谓的独立价值（e.g.

---

[1]《治邦者》相当难懂。就《治邦者》的研究而言，Lane 1998a 可谓是最容易理解和最引人入胜的专题论文。也可参见 Skemp 1952 的旧版译文和长篇导言。较新的可靠译文有 Rowe 1995a 和 Cooper 1997b。Rowe 1995b 是学术界最新的代表作品。

295E—297B）。这并不必然意味着那两篇早期对话的所有问题皆得以解决。比如说，爱利亚的访问者把政治知识视作（实际上）有关如何使用其他知识的知识时，他从未处理《卡尔米德》的任一关键问题。他没有询问拥有它的人如何知道其他人——比如将军或法官——是否掌握了使之胜任将军或法官的那种技艺。

《治邦者》的真正政治哲学的核心是对传统观念的王权（被认为是政治统治的范例）重新进行彻底的评估。"君王即牧羊人"的古老观念依次得到辩护和批判，随后一个新模式取而代之：治邦者即织工。[1] 我们可以快速概括出该对话有关重新评估的主要论辩轨迹。[2] 爱利亚的访问者首先运用反复分类划分的方法来确定知识的概念，最后得出王权的定义：在养育或培育人（同其他动物的区别相当之怪异：人是无角的二足动物）方面的技艺（258B—267C）。这是某种有意为之的虚假开场（之后对虚假开场会有更多讨论：参见下文第六节）。新的路径是为所需。开始是个奇怪、复杂、异常晦涩的宇宙论神话（提前表明此乃戏说），接着是对该神话的批评以及可以从中汲取的问答启发（268D—277A）。余下的对话（277A—311C）混杂了方法论上的反思文字和编织模式的确认及其随后解释。我们要通过编织模式来理解政治知识的关键要素。特别要说的是，正是这个模式使得《治邦者》能够丰富它在讨论伊始所阐述的统辖性作用（259C—260C）。

方法论上的反思决不是《治邦者》论辩的附带特征。该对话不仅关乎政治，事实上还同样关乎划分、神话和模式。中间的核心文字是一组反思：对于任何讨论或者任何技艺的运用而言，什么是正确标准。处理标准的重点在于比较二者：一者为追问治邦之术和王权的意义，另一者为考查其姊妹篇《智者》（283B—287B）中"非存在"的作用。某些读者甚至已经打算把方法论视作《治邦者》的真正主题。[3] 《治邦者》自身一度支持这种评断。

---

[1] 《泰阿泰德》贬低牧羊人类比（参见 Lane 2005：330）。苏格拉底谈及哲人的时候说"歌颂专制君主的赞美声在他听来就像某些牧羊人接受祝贺一样"。不过，他认为统治者所要"养育的动物更加危险难管"。如果没有闲暇，统治者必将变得"粗俗不堪，就像牧羊人那样"（《泰阿泰德》174D—E）。

[2] 《治邦者》的糟糕结构有时被人吐槽：比如参见 Annas and Waterfield 1995：ix—xii。至于对其结构的阐述和辩护，参见 Rowe 1996：159—171。

[3] 参见 Diès 1935：ix："因此毋庸置疑，这便是我们对话的主旨：一个既涉及辨证运用又涉及方法思考的政治问题。"最近，Delcomminette 2000 用很长的篇幅阐述了这种解释。

在对话中心的有关方法论的关键段落中,访问者问道(285C—D):

> 访问者:我们要处理的下个内容不仅关乎我们目前的追问,还关乎这种讨论的所有事宜。
>
> 小苏格拉底:这怎么说?
>
> 访问者:我们可能会被问及一个有关在校学生的问题:"当某位学生被要求拼写某个单词时,该学生要写的那个单词就是测试的要点吗?还是说,他在拼写所有单词的方面做得更好才是测试的要点?"
>
> 小苏格拉底:显然是所有单词。
>
> 访问者:那么,我们对治邦者的追问又是如何?追问的要点只在于手头的特定对象,还是说让我们在辨证地处理所有对象的方面做得更好?
>
> 小苏格拉底:显然也是所有对象。[1]

这种对于方法的极度关注似乎有助于解释柏拉图为何让爱利亚的访问者作《智者》和《治邦者》的主要发言者。爱利亚是巴门尼德及其年轻同伴悖论者芝诺的母邦。不过,柏拉图并没有描写访问者赞成巴门尼德形而上学的一元论。《智者》开篇,苏格拉底提及他自己和巴门尼德的一次相遇(*Sph.* 217C),这为我们提供了更好的线索来了解访问者哲学活动中的爱利亚要素。该提及实际上还和柏拉图的《巴门尼德》形成了互文。在《巴门尼德》中,巴门尼德发起了对理念说的著名批判,并接着向苏格拉底提出了系统哲学方法——从高度抽象的假说"一存在"及其对立面详尽地推导出诸多悖论——的艰巨论证。同《巴门尼德》中的巴门尼德一样,柏拉图在《智者》和《治邦者》中视爱利亚的访问者为该(抽象的、系统的、解释的)方法的首要拥护者。[2] 系统解释基本上是种独白(monological)活动。讨论人选的巧妙设置很好地处理了独白言语和对话形式的兼容问题(《巴门尼德》也是如

---

[1] Julia Annas 说得很对(Annas and Waterfield 1995: 45 n. 43):"有时想想,这篇对话的要点不一定是发展一种本来也可用于其他事物的论题中立的能力。倒不如说,获取一种对于统治专门知识的充分解释在哲学方面不见得是完备的:我们对某个哲学领域的理解加深之后,就借此提高了也可用于其他地方的哲学技能。"

[2] 第六节将会论证,相比《理想国》和《法义》而言,"抽象"是《治邦者》的显著特征。

此）。[1] 主要发言者——在他的明确要求下——的交谈对象换成了一位温顺的年轻人，尽管《智者》中的泰阿泰德和《治邦者》中的小苏格拉底[2]比起《巴门尼德》第二部分中的阿里斯托特勒（Aristoteles）[3] 来说促进作用更多一些。

5.2 管理的政治

爱利亚的访问者设想王权是问答法的真正对象。而苏格拉底——我们通常认为的苏格拉底，而非与访问者进行对话的那个年轻人——早已要求人们对治邦者或政治家（politikos）作出说明（Sph. 216A—217A，Plt. 257A—C）。为此，访问者有一辩解：就相关知识而言，各种统治——不论是在家庭还是在城邦——皆是一样的。因此，不管是谈论君主还是谈论治邦者，其实没什么区别。约翰·库珀指出访问者对该议题的论辩是极其薄弱的。[4] 对话的曲折进程可以归之于第一部分当中的没有充分依据的假设（第二部分表示该假设乃是错误的固执之见）：根据未经检验的牧羊人比喻（荷马以降的传统）来思考王权，这将是鉴定王权知识的正确方式（显然，在开始的等同过后，第一部分的论辩只见王权）。然而，在随后讨论的关键之处，访问者相当清楚地表明：真正实现问答法的方式是让人意识到正在讨论的这种技艺在本质上是政治的——从某种意义上说我们需要进行尝试和详细阐述。

在他首次提出织工比喻的时候（279A—B），他从谈论君主切换到谈论政治技艺或治邦之术（politikê）这类活动的相关内容。随后他讨论了忽视正

---

［1］ 某些学者认为《治邦者》仍充分运用了对话形式，参见 Miller 1980；Gill 1995。反对意见参见 Rowe 1996：171—178。我们可以这样说：通过改变宗教信仰和转换话题，爱利亚的访问者呈现了一位思考者同自己进行论辩的印象——尽管他是有体系抱负的。

［2］ 没有证据表明"小苏格拉底"和苏格拉底有任何亲缘关系。他的身份难以确定：至少有十八个人叫这个名字，并且"明显符合小苏格拉底的年龄"（Nails 2002：269）。

［3］ 后来的三十僭主之一（Parm. 127D）。可能是托拉埃的阿里斯托特勒（Aristoteles of Thorae），他是提摩克拉底（Timocrates）的儿子，在伯罗奔尼撒战争期间成为雅典将军，参见 Nails 2002：57—58。我们难免怀疑选他作为对话者是柏拉图的一个玩笑。柏拉图是否有意要人想起名气更大、更加好辩、思想独立的同名者（《巴门尼德》成书之时此人已是学园成员，并且无疑热衷于争论柏拉图的论题）？

［4］ Cooper 1997a：73—78。正如他指出，亚里士多德的《政治学》第一章对该论点进行了批判（Pol. 1.1, 1252a8—16），并且第一卷的其他部分受到某一决心的影响从而导致各种统治形式的显著不同。有关内容参见 Schofield 1990：16—20。

确标准所带来的后果。此时他明显区分了治邦之术和王权（284B）：

> 如果我们让治邦之术这种技艺消失不见【即忽视的后果】，从那以后，我们对王权知识的探究将没有任何向前推进的希望。

他接着把编织的例子用于治邦之术。与此同时，他表明需要研究的是城邦自身之中类似的构建活动（287A—B）。最后得出了一个令人满意的定义——治邦之术（politikê）的定义——访问者将它的作用与它照料城邦（polis）各项事物的普遍焦点相关联（305E）。[1]

所有这些看法都是不明确的，或者说是不明显的。突显《理想国》关键论辩步骤的直接"舞台指示"根本就不存在。不过寓意很明显：考虑王权主要是考虑政治技艺，考虑政治技艺主要是考虑城邦以及使其运转的所有事物。在《治邦者》的总结部分，访问者最后说明了政治的编织模式（287B—311C）。他主要谈及君王和治邦者，虽然对后者多少有些漠然。可实际上他向读者呈现的是完全政治化的王权概念（约翰·库珀也进行了论证）。[2] 它的神权制关联被去除了，转而变成"首席配乐大师"（the supreme orchestrator）的观念——配乐大师将调用希腊城邦当中可用的所有人员及各种相关技艺。《理想国》的读者将会惊奇地发现，所有人员当中甚至包括那些被多数雅典人视为真正政治家的演说家们。

我说"配乐大师"，而柏拉图说"织工"（weaver）。他并不是将编织用于政治比喻的首位希腊作者。[3] 阿里斯托芬在其喜剧作品《吕西斯特拉特》（公元前411年）中对编织的运用不单构成了一个显著的先例，还提出了一个虽然无法回答但却极为有趣的有关柏拉图在《治邦者》中的意图问题。《吕西斯特拉特》设想了这么一个雅典：妇女认为她们受够了战争，为了迫使雅典和斯巴达签订和平协议，她们密谋反对男人。在吕西斯特拉特的领导下，她们占领了雅典卫城，夺取了国库中的公共资金。城邦的男人派出一名使者，要妇女说明她们将如何解决城邦的混乱事宜。吕西斯特拉特为此作了一番杰出的演说，表明她们在编织方面的技艺为她们将要施行的激进政治方

---

[1] 访问者注意到了文字游戏（参见 Rowe 1995a: 239）。
[2] Cooper 1997a: 90—102.
[3] 参见 Sheid and Svenbro 1996；对于该隐喻在《治邦者》中的运用，参见 Blondell 2005 的全面文章。

案打下了完美的基础（*Lys.* 574—87）。

> 首先，就像清洗生羊毛那样，你应当清洗掉政治体上的污秽，然后把它放在床板上，用棍子击打坏人，并且拣出芒刺；至于那些抱团谋取官职的人，你应当刷除他们，翦灭他们的领头人。然后把羊毛装进和谐团结的工具筐，混合各式人等；而移民者、外国友人以及欠国债者也应当混合在内。当然，还有诸多殖民城邦：你应当认识到你现在是如何让它们像小堆羊毛那样散布四周，每一堆都各自独立；接下来，你应当把各城邦的人群带到这里，让他们合而为一，然后做成大大的羊毛团，从而织出温暖的大衣供人穿着。（根据 A. H. Sommerstein 的英译文译出）

在阿里斯托芬的笔下，这个比喻具有明显的性别倾向。梅丽莎·莱恩（Melissa Lane）评道，贯穿全剧，"女人在家庭事务方面的敏捷有口皆碑，这和男人在公共事务方面的无能形成嘲讽性的对比"。[1] 古代雅典或许会有男性织工，但阿里斯多芬利用的却是女性占据主导的"编织协会"，该协会可追溯至《奥德赛》中的佩内洛普（Penelope）。可如莱恩所见，这似乎"对《治邦者》没什么影响"。[2] 为何没有影响？可能是访问者的演说如此抽象，以致于编织完全是"无性别的"（该解释确乎符合《治邦者》的总体理智概况，我们将在本章下一节进行更多探讨）。此外，柏拉图可能在暗示——没有明确提出，更说不上坚称——我们采用"治邦者可男可女"（《理想国》中的哲学统治者亦如此）的观点。抑或相反，他也可能公然地把典型的女性功能用于哲学，而更加隐晦地把女人排除在"他的治邦者所编造的社会结构"之外（随后将知）。[3] 该文本显然还有一个相当不同的论点："编织"规格小、易理解，普遍适用于案例模式（279A—B, cf. *Soph.* 218E），其朴实亲近的风格很容易和神话的（神学和宇宙论上的）宏大结构形成对比（277B）。

梅丽莎·莱恩还注意到《吕西斯特拉特》和《治邦者》的另一较大差异。"就技巧和政治而言"，吕西斯特拉特演说的"所有重点都在准备阶段——我们可以总的称之为清洗、拣选、梳理、聚集"。相比之下，"工序的

---

[1] Lane 1998a: 166.
[2] Lane 1998a: 167.
[3] 参见 Blondell 2005: 67—71（引文来自 p. 68）。

最后阶段，即'编织'的真正阶段——在织布机上编织经纬——几乎不到一句话，基本上就是说织出大衣"。[1]《治邦者》的编织讨论（279B—283B）读起来很像是在批评吕西斯特拉特对编织的处理。它罗列了吕西斯特拉特完全没有提及的各种促进活动：制作工具——实际从事羊毛编织及其准备工作的那些人所用的工具，比如纺锤、梭子等——的诸多技艺。在政治的语境中，这就相当于大多数的经济功能，从工具、服装、房屋、城墙等的制造到耕作、烹饪和贸易。维持城邦生活需要所有这些功能（不过访问者还添加了其他功能，特别是乐师和画师的活动，以及先知和祭司的活动）。

然而，更为重要的是要区分编织本身（及其编织经纬的关键功能）和那些很可能要求同等参与衣服制作的其他技艺。《治邦者》特别关注清洗和梳理（280E—281B）——事实上只是吕西斯特拉特强调的类似于政治清洗和政治包容的活动。访问者在作其政治类比时确认的活动相当不同：主要是将军、法官及政治演说家的活动。因为同治邦之术的密切关系，这些活动可能会和治邦之术相混淆。他强调这些活动必定从属于治邦之术（303D—305E）。在雅典的语境中，这无疑是很自然的事。雅典民众通过人民法庭的陪审资格行使其统治权，而公民大会则由将军和演说家操控。[2]

在处理治邦之术同这些从属的各种技艺之间的关系时，柏拉图实际上主要利用了其他事物，而没有使用编织类比。他诉诸王权的普遍特征（讨论开始时众人对此意见一致），以及慎重判断的观念（论述"标准"的中心文字对此观念有所介绍）。关于王权，柏拉图首先想到最高权力。他在《治邦者》开篇说起统辖性知识的时候想的就是最高权力。王权与其说是实践的技艺，不如说是理解力的事宜。但有两种理解力：其中一种只关乎纯粹推理和理性研究结果的评定；另一种则关乎指导性的实践事务，以技艺大师的方式进行——比如建筑师，并不亲自做工，而是管理那些做工的人。当然，君王不会从其他任何人那里获得指导（不同于其他指导者，比如牧人或播报员），他的知识是自我导向性的（259C—260E）。

这一切听起来很像是亚里士多德的话。学园众人之中，柏拉图同年轻的亚里士多德的讨论可能确乎对此有所影响。[3] 其中大多数的关键思想在

---

[1] Lane 1998a：169.
[2] 参见 Hansen 1991：268—277，*rhetores kai strategoi*，即"演说家和将军"，古希腊的这种表达近乎我们所说的"政治家"。
[3] 我在 Schofield 1997：224—230 对本段论证有所发展。

《尼各马可伦理学》有关实践智慧的讨论中再次出现。我们还发现《尼各马可伦理学》比较了技艺大师及其统辖性理解，并对指导性（epitaktikê）的实践智慧和只关乎辨别评定（kritikê）的理解力作了区分（EN 1.1, 1094a14—16；1.2, 1094a18—b7；6.10, 1143a6—10）。还有一些事物让人想起亚里士多德对该概念工具的政治运用——访问者在讨论将军和政治演说家时终于用了这个概念工具（305C—D）：

> 如果某人审视我们已经讨论过的各种专门知识，他肯定注意到它们当中没有一种被证明是治邦之术。因为真正的王权知识肯定不会亲自去行使各种职能，而是掌管那些能够行使这些职能的专门知识。因为它知道什么时候开启城邦最为重要的事业。其余的专门知识则做那些授权于它们的事宜。

将军应当具备打仗所需的技艺（专门知识）。然而是参战还是通过和平手段解决争端，此乃治邦之术所管。与此相似，虽然政治演说家知道如何劝说大众，但是当下适合劝说还是适合使用某种强力，此乃掌管劝说技艺的那种专门知识所管。此解释中的判断正确时机的关键作用相当于亚里士多德所说的"中道"。倘若实践智慧合乎中道，亚里士多德的德性便需要它的判断。只有如此，我们才会处于这样一种精神状态：我们"在正确的时间"感受，"同时目标正确，对象正确，动机正确，方式正确"——这就是"中庸的和最好的"（EN 2.6, 1106b21—3）。[1]

相比亚里士多德而言，柏拉图提及行动时机的文字不见得不够理论化。访问者运用了他所认为的处于过度和不足之间的合适标准（《治邦者》283—287处的核心讨论得出了该标准）。他的主要看法是：如果存在任何有关"生成"（coming into being）——或者说和人类活动所在的变化领域相关——的技艺或知识，那么慎重判断不可或缺。若没有判断正确事宜方面的技艺，类似治邦之术的事物就不可能存在（284A—285C）。谈论将军、演说家等人的从属活动和王权二者关系的段落，以及对话最后的编织类比的进一步发展，都极其强调这种技艺的应用。我们并没有明显感觉到《理想国》的哲人（其思想聚焦于永恒事物）和《治邦者》的政治家〔其心思全在于

---

［1］ 关于亚里士多德的比较（和对比），参见 Lane 1998a：182—189。

"变幻无常"的人世（294B）]之间的那道鸿沟。[1]

当访问者转向他所谓的面对政治的根本挑战——人性自身的分裂——时，纺织比喻的"完全合适"最后得到了确认。他的措辞让人想起修昔底德对雅典和斯巴达不同特征的政治行为的分析。他提出实际上有两种截然不同的人：生性激越行动迅速之人和生性随和行动缓慢之人——前者而言，其行为若合时宜称为"勇敢"，不合时宜则为"暴烈"或"狂乱"；后者而言，若合时宜称为"节制"，不合时宜则为"懦弱"或"怠惰"。该分歧导致的彼此敌对构成了最为严重的政治弊端，正如访问者所论（307E—308B）：

> 访问者：那些特别守规矩的人通常准备过平静的生活，他们亲自操劳他们自己的个人事务。在此基础之上，他们不仅和母邦之中的每个人打交道，还以相似的方式和母邦之外的城邦打交道。无论如何，他们都乐于保持某种平静。因为他们这种不合时宜的激情，当他们做他们想做之事的时候，没有人注意到他们厌战并且让年轻人也厌战，也没有人注意到他们永远同情那些攻击他们的人。结果是在数年之内，他们还未来得及注意，他们自己、他们的孩子以及整个城邦就已从自由人变成了奴隶。
>
> 小苏格拉底：你描述了一场痛苦可怕的经历。
>
> 访问者：而那些更倾向于勇敢的人又是如何呢？因为他们对这种生活的过度欲望，他们难道不总是把他们的城邦拖入某场战争吗？他们难道没有树敌于数量众多的权势之人吗？于是，他们要么完全毁灭他们的邦国，要么使他们成为敌人的阶下囚。
>
> 小苏格拉底：这也是事实。
>
> 访问者：那么，我们怎能否认这两种人总是卷入实际上规模很大的相互敌对和异议之中？
>
> 小苏格拉底：我们无法否认。

---

[1] Lane 1998a：145—146 注意到，《理想国》也有判断正确行动时机的观念："《理想国》第八卷的理想城邦之所以堕落，是因为哲人护卫者错误地判断了正确时机（kairos）。"不过，她继续说道，"估计正确时机并不是哲学统治者进行纯粹理论性的数学研究的一部分。确切地说，它属于应用领域，它把数学用于决定正确性交时机的季节性要求。"

因此，性情对立的问题导致了城邦内部的激烈冲突和对外关系的被动或冒险主义，而这两种情况最后都走向灾难。

　　补救方法可分两步完成。首先，具备从属的教育技艺的那些人将有责任发展人们的勇敢潜能或节制潜能。[1] 然后，治邦者本人——凭借其推进的立法活动（309D; cf. 305E, 310A）——将会接手，从而发挥其自身的独特功能，即通过两种捆绑手段把勇敢倾向的人和节制倾向的人缠绕一处。其中一种手段关乎道德和精神：灌输根基牢固的关于好、高贵、正义的真正信念，以致各种性情变成真正的德性（张扬的时候知道勇敢，收敛的时候知道节制）。另外一种则关乎优生学：鼓励性情对立的人进行通婚，从而确保几代之后，那些性情勇敢或节制的人不会愈发走向极端（显然不是为了生育勇敢和节制兼备的公民人口）。[2] 结果将是：城邦的共同生活具有共识、友谊，以及任何城邦皆能拥有的幸福（308B—311C）。[3] 简言之，管理的技艺将实现希腊政治思考当中甚为普遍的乌托邦希望：废除内乱（stasis）及其致因，从而实现和谐（homonoia）。[4]

---

[1] 任何无法通过教育测试的人事先将被剔除，并降为奴隶（如果此人蠢笨），或者以某种方式被清除（如果此人邪恶）。《法义》第五卷开头主要也是提出这个问题（5.735A—736C）。

[2] 《理想国》已经注意到《治邦者》提出的问题，即这些性情天生相互矛盾（see e. g. Rep. 2.375B, 3.410C—411A）。它还认识到，某些人天生是这种性情，某些人天生是那种性情（Rep. 3.411B—C, 6.503B—D）。《法义》在呈现法典的时候大大突出了婚姻管理法规，它同意《治邦者》的想法：在处理问题的时候让优生学发挥重要作用（Laws 6.772E—773E）。至于访问者对勇敢、自制的处理和苏格拉底的德性（以及德性整体）概念二者关系的讨论，参见 Mishima 1995 and Bobonich 1995。

[3] 《治邦者》的总目标是德性公民一齐拥有共识、友谊、幸福，《理想国》（4.420B—421C, 432A）和《法义》（1.631B, 3.693B—E, 5.743C）的目标亦是如此。

[4] 在某些学者看来，治邦者建构的社会似乎具有各种民主特征。比如说，演说家和政治劝说的职责规定，任命官员的规定，以及社会政治等级的明显缺席，参见 Samaras 2002: ch. 10。不过，《治邦者》并未试图描述政治生活将会采取哪种形式。刚刚说的那些特征在《法义》的理想城邦中再次出现。该理想城邦的政体和异见知识分子所设想的东西（比如梭伦的民主）有着某种密切的联系，而与柏拉图所处时代的雅典民主没有一点相似。有人可能会想到荷马将无投票权的雅典军队在特洛伊前的集会描述成一个演讲台（参见 Schofield 1986）。更多内容参见第二章3.2节。

6. 管理的限度

目前,柏拉图是否明确地向其读者推荐了这样一种观念,即统辖性政治知识的应用是创建繁荣社会的理想方法?我们有充分的理由回答不是。问题并不在于《治邦者》对政治技艺的解释就其自身而言最后会步入迷途;恰恰相反:它提供了对"政治管理"这一观念及其政治益处的特别丰富的透彻分析——约翰·密尔对它如此有兴趣也就不足为奇了。[1] 困难另在他处。爱利亚的访问者在方法论上的老练毋庸置疑。导致更多问题的是,他的抽象理论方法是否适合于政治。

《治邦者》和《理想国》的两处快速对比将足以描述这种抽象感。第一处,《理想国》开篇讨论正义,直到第二卷引进城邦灵魂比喻的时候才开始认真地处理政治问题。然后着手美好城邦的建构,或者说政治秩序的最佳方案。其中,为处于统治地位的"护卫者"而设的激进改革的教育体系——专注于道德品质的正确发展——占据了讨论的大部分篇幅。接着引入了哲学王,其语境是回答"这样设想的政治秩序首先可以如何实现"的问题。当哲人也确定是"护卫者"(即城邦的统治阶层)的时候,适合哲学统治者的更高教育的问题因此就极为重要。[2] 与此相反,《治邦者》首先提出问题:"什么是政治技艺?"(或者说:"如果任何人都将拥有这样东西,那它是什么?")接着就是间接讲述一个有关如何管理社会——包括公民教育——的重要故事(如果社会是由具有该技艺的某人进行统治的话)。至于如何获取政治知识,以及要获取政治知识的人适合什么教育,《治邦者》皆无讨论。对于这种人的道德品质,也没有任何处理,甚至提都未提。《治邦者》发展了有关政治知识的一种复杂解释。不过相比《理想国》(或《法义》)的方案,

---

[1] 我并非辩护说要使用"管理"来确定《治邦者》所说的那种政治专门知识(*politikê*)。当普罗泰戈拉在阐述他所声称教导的政治技艺(*politikê technê*)的章程时,他的用语是家庭事务的管理(*dioikein*),以及关乎城邦事务的行动能力和演说能力(*Prot.* 318E—319A);对于伊索克拉底而言,城邦整体的管理(*dioikêsis*)表明了政治知识(*politikê*)的能力(Evagoras 46;他还对比了取悦民众的能力)。

[2] 《法义》也能讲述一个相似的故事,它完全致力于发展一个政治社会的秩序体系。教育制度是维持该体系的基础,关于这方面的讨论不仅占据了第一卷和第二卷的绝大篇幅(聚焦品格发展),还为整个作品划上句号(第十二卷的结尾论述了适于法典审查人的学术研究)。更多内容参见第一章第五节。

该解释更简约，假说成分也更多。[1]

第二处，访问者的匿名让人联想到他大体上不带色彩（colourlessness），而这强化了某种抽象感。[2] 诚如利奥·施特劳斯（Leo Strauss）所言，《治邦者》当中思想者的身份纯属虚构，因此不用承担已知的政治责任或义务。《治邦者》描述他在异邦冷静地发展了他与被动的年轻对话者之间的论辩，而在场的苏格拉底没有出声。与之相反，《理想国》具有诸多卷入雅典社会政治生活的历史人物。他们中的某些人无疑出现于雅典政治历史的关键事件之中。[3] 苏格拉底本人自然包括在内（诚如《申辩》所述，他对雅典的极度忠诚导致了他的死亡）。[4] 《理想国》第一卷当中他和忒拉叙马库斯（Thrasymachus）关于正义的争论也没那么冷静。[5]

抽象是要付出代价的。本节的余下部分，我将论证代价就是某种程度的贫乏。我会关注三个具体的基本问题。就此而言，根据其他观点，《治邦者》对政治的思考——尽管其强度非凡——要比《理想国》和《法义》提供给我们的内容贫乏一些。三个问题依次关涉以下概念：politeia（政制，即社会政治体系）；politikos（政治专家或治邦者）；politikê（政治知识或治邦之术）。

（A）politeia（政制，即社会政治体系）。《理想国》像《法义》一样，把建构美好城邦或最佳政制当作它的政治方案。它想出的答案就是三层结构：根据社会功能严格划分三个阶层，对于谁应统治、谁应被统治的问题，阶层成员将达成一致意见（4.432A）。最初引入的哲学王（或后）观念旨在于使这个先前建构的体系尽可能地成为现实（5.473B—E）。《法义》则给出不同回答。从某种意义上说，最好的政制就是神权政治，因为它是法律统治城邦。法律可以说是公共理性，而公共理性就其自身而言高于平常人的激情

---

[1] 在这段话中，我重述了 Schofield 1997：221—222 的内容。
[2] 柏拉图选取爱利亚的匿名访问者作为《智者》和《治邦者》的主要发言人，对于其中含义的有趣讨论，参见 Blondell 2002：ch. 6。也可参见 Gonzalez 2000，它回答了其标题所说的问题——"爱利亚的异乡人：他主人的声音？"——比我的看法更趋于否定。
[3] 关于证据，参见 Gifford 2001。
[4] 参见第一章第二节和第三节。
[5] 参见 Strauss 1972：43。比如，Rosen 1995 and Kochin 1999 强调了对立情况，并探讨了其中含意。

和欲望（4.713C—714B）。不过，《法义》设想"只有通过劝说公民整体自愿同意设立法律，负责引进法律的立法者才会继续前行"（4.719E—723B；cf. 3.693B—E, 700A）。[1]

《治邦者》的路径则截然不同。根据治邦者和医生的类比，它论证正确的政制完全在于某人以专门知识进行统治（301A；cf. 293C—E）——此人行为正义，并尽其所能地改善城邦事物。为了统一和幸福，社会应当如何组织？这个问题在《治邦者》中甚至不成考虑，而在《理想国》和《法义》却是首要关注。同意问题随之产生，特别是在处理二者对立——一者是掌握真正政治技艺的人进行统治；一者是依靠法律，寡头制或民主制能够达到的不好之最好就是法律——的文字段落中（第三章第5.1节所考虑）。[2] 爱利亚的访问者探讨治邦者和医生的相似之处。他论辩说医生的重点在于知识渊博，而不在于病人的意愿或贫富；既不在于他使用什么方法，也不在于他是否依循成文规定。于是，治邦者的重点在于他凭借技艺进行统治，无论那些被统治者愿不愿意接受他的统治抑或是富是贫，无论他的统治是根据法律还是其他。就医学或其他任何形式的统治来说，这是"唯一正确的标准"。这继而是判断政制正确的唯一根据，或者说其实是政制之为政制的唯一根据——绝对不存在允许某人将其他因素用于解释的正确原则（292C—293D）。

简言之，《治邦者》的结论是：唯一的重点在于我们应当拥有密尔所谓的"科学统治"——于科学统治而言，"社会如何组织"以及"统治是否根据同意"皆无关紧要。[3] 访问者坚持认为医生或治邦者的重点完全在于其

---

[1] 参见我在第二章3.3节和第七章3.2节的讨论，还有 Bobonich 1991 and Kamtekar 2004。

[2] 276E 对此亦有简要介绍。访问者提出王权之所以不同于专制，是因为它凭借同意（而非强制）进行统治。这个区别（也见于 Xenophon：*Mem.* 4.6.12）显然被292B—293D 的讨论所取代（so Klosko 1986：191—192）。尽管它有明显的可取之处，但考虑背景语境的话，它就是一次过于仓促的肤浅尝试——为了纠正对话开篇给出的公认有所缺陷的王权解释（261A—268D）。之所以说过于仓促，是因为它的提出无益于仍将到来（在292B—293D 医生类比的疯狂逻辑接手讨论之前）的有关哲学方法的深刻思考（277A—287A）。更多内容参见 Rowe 1995a：200 对276E 的极好注释。

[3] 但 John Cooper 注意到（Cooper 1997a：92—97），爱利亚的访问者在随后解释专家统治者将如何着手治理工作的时候，他设想专家统治者在管理一个共同体——其中（正如《法义》的设想）公民的德性教育被看作是主要的挑战——并且只有在涉及处理"邪恶本性"之人的时候才会提及强迫（*Plt.* 308D—309D）。访问者说人的灵魂需要"和神结合"，这在于"对何者为好、正义和善的真实看法"（309C）。所以在实践方面，他通常希望公民愿意协助治理，虽然科学治理并不是这样定义的。

实践体现适合的技艺，而不在于其赢得病人或邦民的同意。而这与《法义》的视角（《理想国》其实亦是如此）明显相冲突。约翰·库珀引用了《法义》的陈述：当身为自由人的医生接待同为自由人的病人时，"直到以某种方式获得病人的同意后他才开出药方，并且继续试着用劝说的方式来获取病人的合作，以期待他恢复健康"（4.720D—E）。[1] 库珀正确地注意到，倘若访问者对该思考路线有所留意，"他就不会如此茫然地坚称医生的技艺和劝说的运用毫不相干"——或许有人会补充道，同意在医学领域和（如作适当变动）政治领域皆为重要。[2]

（B）*politikos*（政治专家或治邦者）。《理想国》坚持一主旨思想，即最具统治资格的人将不愿意统治。在第一卷苏格拉底和忒拉叙马库斯的对话当中，对经济利益或荣誉没有兴趣的德性之人显然被看作是普遍吸引人们参与政治的动力所在。"必然性"（即压力）不得不出场，从而迫使这些人同意接受官职。如果他们拒绝的话，他们将受那些道德不够完善之人的统治。这就是对他们的惩罚。所以他们会接受官职，视其为必然。但他们不会把它当作美好事物，或者可能成为美好经历的任何事物。因为他们知道真正的统治者会努力增进其他人（而非他本人）的好处。在好人组成的城邦中，人们将以时下争取官职的方式来竞逐"不进行统治"的荣誉（*Rep.* 1.346E—347D）。

《理想国》的中心几卷更强调了同样的看法，认为哲人在理想城邦中的职责就是进行统治。苏格拉底设想哲人身上可能有"某种强制"，使得他对永恒理型世界的神圣秩序的超然视角落实于"私人的和公共的人类行为"，而不只是"在塑造他自己"（*Rep.* 6.500D; cf. 499C）。该思想路线在第七卷洞喻的结尾部分得到了著名的阐述。苏格拉底向格劳孔提出，通过迫使那些已见过"好"的哲人搁置对"好"的研究从而"照料和保卫"其他公民，或者通过同时运用"劝说和必然性"从而使哲人参与社会得以运转的交流活动，哲人并没有遭受不义。哲人将借此用他们才有资格作出的贡献来报答城邦对他们的养育之恩。格劳孔在听了苏格拉底对于哲人如何报答城邦的解释之后，同意哲人没有受到不义的对待——尽管哲人只是把统治视为某种必然（与当前政治的流行看法相反）。这一次，苏格拉底提出了作为真理的总见

----

[1] 再次参见第二章3.3节。
[2] Cooper 1997a: 100 n. 37.

解：那些应当统治却最不想统治的人所在的城邦必然治理得最好，并且享有不受公民冲突所限的最大自由。实现美好统治的最佳方法其实就是启用那些过着哲学生活——胜过统治生活——的统治者（Rep. 7.519C—521B）。显然，第七卷结尾处的总结简要地重复了以下主要论点：哲人只是把统治视为某种必然（7.540A—B）。[1]

《法义》当中没有哲学统治者。不过，《法义》再次运用了某些有关统治的相同想法。《理想国》本身就认为"（哲学）缪斯"掌控城邦的机会极小（e.g. Rep. 6.499C—D）。雅典访问者的看法是：对至关重要的公益行动有正确理解的人需要一个奇迹（"神的安排"）来假定绝对权力不会为他自己以及城邦整体带来灾难性的后果。他必然会屈从于属人的诱惑，从而寻欢作乐，追逐他自己的利益（Laws 9.875A—C; cf. 3.691C—D, 4.713C—D）。因此，《法义》决定把法治作为它所选择的人类能够现实期待的最好社会政治体系的基础（9.875D; cf. 4.713E—714A）。

柏拉图关于"最优秀的掌权人士对权力的欲望最小"的论辩极具吸引力，尽管它完全不切实际。它理性地回应了这么一种看法，即权力的最危险之处在于滥用权力所导致的道德及政治上的混乱。持此看法的人很可能会赞同柏拉图的建议，即我们在思考何者应当统治的时候应该避免滥用优先权。这个动机影响了《理想国》和《法义》的整体政治路径。相比之下，《治邦者》当中几乎见不到这个动机。爱利亚的访问者几乎没有谈及一人统治的道德危险，无论此人的政治技艺是多么的美好。当他注意到这个问题的时候，他把它说成是大众的忧虑，而不是他自己需要处理的基本问题（Plt. 301C—D）。他止步于此：治邦者——"身体和精神皆超出常人"——世间少有（301D—E; cf. 297B—C，强调大多数人很难获得统治所需的知识）。

《理想国》处理统治问题的关键之处在于以下想法：好人或哲人之所以不愿进行统治，是因为他们知道有一种生活比政治更好。《治邦者》描述拥有政治知识的人很少不愿进行统治，但它没有告诉我们这样设想的原因。治邦者不是哲人（更愿意从事哲学），而是政治管理者（其技艺完全在于对所有其他有助于城邦生活繁荣的专长活动进行统筹安排的能力）。《理想国》的哲人不得不逃离城邦——苏格拉底的洞穴形象——如果他们一直能够在理应对城邦进行统治的时候统治城邦。而《治邦者》的政治家"因其和城邦

---

[1] 根据《理想国》的说法，哲人为什么会同意统治，更多内容参见第七章2.5节。

四　知识的统治

的关系而得定义"。[1]

类似于密尔所说的"科学统治者"的"科学",治邦者拥有的知识和政治之间并没有什么张力,因为这种知识——不像哲学——从一开始就适合实践。这种知识实践起来肯定关涉好、高贵、正义(比如参见 *Plt.* 295E—297B)。然而,《治邦者》没有说对好、高贵、正义的纯粹哲学思考会比政治实践(治邦者的独特技艺为其政治实践做了准备)更能引起治邦者的兴趣。《治邦者》从一开始就涉及一个问题(其姊妹篇《智者》一开场便提出这个问题),即智者、治邦者和哲人之间的区别(*plt.* 257A—258B)。此后,也再未提及如此重要的主题(该主题在《申辩》、《高尔吉亚》和《理想国》中同为重要):是过政治生活还是过哲学生活。对哲学本身也着实没有明确的论述。事实上,"治邦者"的讲话不过是一种运用统辖性政治知识的思想表达方式。

有些讨论最后把《治邦者》的政治家几乎等同于《理想国》的哲学统治者。"问题的核心",萨纳西斯·萨马拉斯写道,"仍然在于科学统治者具有绝对知识,这与《理想国》的哲学统治者并无二致。"同哲学统治者一样,科学统治者"将邦民的利益置于自己的个人利益之上"。虽然他和哲学统治者同是完美的统治者,但他又不同于哲学统治者,因为他在非理想化的语境下行动。他必须把他的技艺用到"百姓身上"。柏拉图因此修订了他的本体论和认识论来"适应有关人类行为的'具体历史语境'"。[2]《理想国》并没有过多地解释哲学统治者如何运用其知识和智慧来治理城邦。除了航海家的类比(*Rep.* 6.488C—489C),苏格拉底主要在比较哲学统治者和艺术家(同模型打交道)的简要文字当中试着给出明确回答(6.501A—C)。[3]《治邦者》对纺织比喻的发展和运用,以及它的技艺理论(即在不确定的具体环境中判断何种行为慎重、适当、合乎时宜),皆可谓是《理想国》之补充。"《理想国》的哲学王似乎不太关注城邦的日常生活细节……而治邦者自身需要关心个人事件及其公正处理。然而在此处——话可以这样说——《治邦者》只不过是阐明并落实了《理想国》的宏大视角。"[4]

---

[1] 我引用了 Lane 2005:336 的表达。
[2] 参见 Samaras 2002:ch. 8;引文来自 pp. 144—146.
[3] 参见上文第四节。
[4] McCabe 1997:115—116;参见 Dorter 2001. 亦有人反对将治邦者和哲学统治者等同起来,参见 Zuckert 2005,比如 p. 8:"根据异乡人的定义,苏格拉底不是治邦者,他所说的哲学王也不是治邦者。"

这不仅意味着要修改《理想国》有关知识统治的概念，还意味着要放弃维系该概念的视角。我们可以通过考虑以下问题来说明问题的关键："不管怎样，《治邦者》的政治家是《理想国》所设想的哲人吗？"关于治邦者，柏拉图肯定意欲我们想起哲人，实际上即苏格拉底本人。正如我们在第三章第5.1节所见，他在《治邦者》那里再次运用了城邦之船的比喻（*Plt.* 297E—299D）。无知者称航海专家为"观星者"、"咿呀者"，这和《理想国》如出一辙（*Rep.* 6.488E—489A；*Plt.* 299B—C）。航海专家像苏格拉底一样，也因败坏青年被带上法庭（*Plt.* 299E—C）。不过，这些相似之处并不表示二者相同。对于我们的问题，梅丽莎·莱恩给出了最好的回答。[1]

> 正确的回答既"是"又"不是"。就治邦者至少要具备哲人知识当中最重要的部分（好和德性的定义）而言，回答"是"……不过，就《治邦者》对治邦者的精确定义而言，回答"不是"……因为他的统治知识，他和统治的关系不同于纯粹哲人和统治的关系……哲人一旦成了治邦者，就不再只是运用他的知识——必然性迫使他这么做。确切地说，新的角色定位改变了其本性和教育中的一个核心要素……治理城邦不单是哲人的日常工作。它还是一门职业，并（重新）定义了哲人——哲人根据治邦本身的要求和特点来治理城邦，这在某种程度上为他正当地赢得了新名。

(C) *politikê*（政治知识或治邦之术）。《法义》在结尾处论述了立法原则，其中就有对治邦之术的最为重要的评论。在此，雅典的访问者讨论了负责审查城邦法律并维护法律权威的团体（即众所周知的"夜间议事会"，因为在第一道黎明曙光来临之时集会而得名，12.960B—969D）。[2] 访问者在说明"夜间议事会"的职责之时，强调了在城邦的政制安排中为整个立法理论根

---

[1] Lane 2005：337。她继续说道（涉及 *Sophist* 216B—217A）："这表明我们需要认真解释苏格拉底的方法：他补充了哲人看起来不像哲人的可能方式。"（ibid. 342）
[2] 具体的立法程序从一开始（第六卷的婚姻法）就表明审查的必要性。柏拉图在此又一次运用了《理想国》的画家类比。正如最好的绘画需要不断修改，立法者的工作亦是如此（6.769D—E）："他的目的首先是尽可能严谨地制定法律。然而随着时光的流转，他会让他的法令接受实践的检验。你觉得哪个立法者会如此愚蠢，以至于想不到他的工作必然有所疏忽？后继者应该纠正这些疏忽，为使他创建的城邦体系和秩序可以一直进步，而不是一直堕落。"

据的理解保留一席之地的重要性（正如 Rep. 6.497C—D 所论），如果要避免对环境作出简单反应的话。他为委员会提交了一份任务陈述。委员们必须明白（Laws 12.962B—C）：

> 首先（我们正在讨论的），治邦之术的目标——无论什么目标。其次，如何实现这个目标。为此，哪些法律（此为主要）和哪些人能提供好的建议，哪些又不能。

就像医术和用兵之术那样，治邦之术须有个总的目标。在即时语境中，对话者同意总目标应当定为"促进城邦德性"。该论点重述了之前的表达，但就立法及治邦之术的目标而言，结果是一样的（从对话一开始就确乎如此：e.g. Laws 1.630C—631A）。[1] 尽管如此，第三卷的一段话表明这个问题实际上没那么简单（3.693B—C）：

> 人应该牢记城邦当是自由的和智慧的，它应对其自身友好，而立法者在立法的时候应该专注于此。如果我们此前三番五次地定下其他诸多目标，并说立法者应当专注这些目标，以致我们的目标看起来从未时刻保持一致，那么我们对此无需感到惊奇。当我们说立法者应当保持自制或良好判断或眼前友谊时，我们应当想到所有这些目标皆是一致的，它们没有什么不同。即使我们发现了同一真理的其他诸多表达，我们也无需感到惊慌。

从中我们可以得出两点。第一，如果治邦者活动的目标是促进德性，那么他必须认识到他是在高度复杂的道德政治语境下进行工作。道德德性不但关乎正确地控制激情和欲望，以及正确地运用理性；而且在社会和谐——不仅尊敬公民自由，还行使理智权威，二者的平衡导致了社会和谐——的框架中得到了最好的发展。虽然只是一个目标，但非三言两语所能表达。第二，亚里士多德也会认可的是，除非我们从一开始就问清楚目标，不然我们无法理解政治知识或者治邦之术。

---

[1] 参见 Stalley 1983: ch. 4; Bobonich 2002: 119—123. 第一卷结尾是雅典访问者的评论（1.650B）："因此，对于培养良好品格的专门知识而言，洞察人类灵魂的天性可谓大有帮助。我认为我们会同意这就是政治知识或者治邦之术。"克勒尼阿斯表示同意。

《治邦者》分析治邦之术的路径则迥然不同。它的分类定义法及其对事例的控制运用尽管老练，却没有对某个目标特别地进行合理说明。其实，对该论题的在方法上刻意为之的系列讨论中，爱利亚的访问者从未明确提出并讨论以下问题：治邦之术的目标是什么？唯独他的最后一次发言详细说明了"编织物，即政治知识或治邦之术的产物"的主要因素（Plt. 311B—C）。他首先提出一个有关政治知识之理型的假说：它是统辖性的或管理性的。更为具体的假设接着给出：它是对人群的某种照料；它就像编织。结果表明，其中的某个观念比其他观念更贴切，同时也更具启发。《治邦者》的宇宙论神话促使人们更加充分地思考人的教育须是个什么样子（Plt. 274E—276C）。不过，访问者从未认识到公民的自由应当被视为政治技艺运用的一个参数。换言之，《法义》所认为的对于好政制而言不可或缺的两个要素——君主制的智慧和民主制的自由——其中有一个不在考虑之列。

7. 结论

《治邦者》是柏拉图热衷于"统辖性政治知识"的最后证明。他肯定十分喜欢这个观念，不然不会在其晚年投入如此多的精力和智慧来表达它、分析它。《治邦者》论述标准的核心文字（Plt. 283—7）表明了它所提供的新政治视角大大不同于《理想国》的视角："动态世俗语境下的政治技艺（被视为一种知识）的权威"。[1] 毋庸置疑，柏拉图认为在过度和不足之间取其中道的思想在根本上持久地促进了政治判断的理解。该思想回应了其他晚期对话作品对于正确标准的其他重要陈述（e. g. Philebus 26C—D, 64D—E, 66A; Laws 3.691C—692C, 4.716C, 718A）。

与此同时，《治邦者》对政治知识的处理仍有些地方让人不解。《治邦者》决定让苏格拉底进行聆听，而非进行言说，这似乎再一次确定了《卡尔米德》和《欧绪德谟》的模糊表述。这可能暗示了政治知识的概念是由苏格拉底对专家一人（而非无知大众）的关注思考发展而来——但苏格拉底的"教义"（比如德性整体）从未详细地讨论过这个专家。在《治邦者》中，柏拉图似乎基本上在进行探索工作。如其所言，我们应该把政治知识看成是正当政治的关键所在。我们应该瞧一瞧，对政治知识的努力分析能使得我们

---

[1] Lane 1998a: 137；也可参见 Lane 1995。

对正确辨证法的探索研究达到怎样一个程度。我们还应该发现政治知识在何种程度上真正开启了政治理解的大门。在思考这些问题的过程中，一些错误步骤随之显现。不管在方法上还是在政治上，《治邦者》都是一个教训。不过（在柏拉图思想的其他方面），[1] 还有些错误步骤留待我们自己去发现——亦是教训的一部分。[2] 最重要的是（与其说是访问者的意思，不如说是柏拉图的意思），《治邦者》本可以广泛地思考政治体系以及其中政治知识的作用，但它没有这么做。尤其是它所描述的治邦者如何能在城邦中产生继而任职——治邦者以访问者所设想的方式来影响整个社会政治生活——对于这个问题，它未说只言片语。

而《理想国》和《法义》恰恰关注这些问题。比如，《法义》再次讨论了《理想国》有关理想社会如何实现的问题。《法义》以其独特的方式重现了《理想国》的诸多思想、主旨和关注点。《法义》讨论该问题的几页文字（4.709D—712A）——十分紧凑，就像在回应《理想国》——显然同样是为了表明《法义》在政治理论路径上的根本不同。《法义》就此问题的立场在某种意义上可以用以下最具总结性的话语来概括（4.710E—711A）：

> 当大自然提供了一位真正的立法者，并且当他联合了城邦权要们的力量时，我们就说这件事发生了（即变成最佳形式的社会政治体系）。无论在什么地方，掌权的人越少，权力就越强。就拿僭主来说，一旦权力达到最强的形式，体系的改变就会顺利迅速地发生。

更为困难且更不寻常的是要找到一位强有力的统治者，他"行事如神一般，热爱节制和正义"（4.711D—E）。[3]

---

[1] 参见 Bunyeat 1990 对于《泰阿泰德》第三部分的讨论。
[2] 有关上文（A）讨论的《治邦者》难题的类似建议，参见 Kamtekar 2004：164；有关（第三章第5.1节所讨论的）王权和法律的类似建议，参见 Michelini 2000。
[3] 柏拉图大量使用反语和隽语（参见 Schofield 1997：230—241）。Roberto Polito 讨论表明，以下的晦涩对比可能提示了反语的意思：雅典访问者依赖于僭主以及僭主统治的城邦；多灾多难的叙拉古之旅（拜访年轻的狄奥尼修二世的宫廷）让柏拉图有所发现。柏拉图发现的两个前提是远离优良港口（金银财宝通过港口不断涌入，使公民付出代价的各种恶也一同涌入）和年轻僭主的节制（尽管是"僭主灵魂"）的间距：Laws 2.704A—705B；709E—710A。狄奥尼修恰恰不节制；并且人人都知道叙拉古拥有一个大港口。

撇开令人困惑的僭主内容不说，《法义》和《理想国》的最大分歧是：就政体改变的这个方法而言，立法者取代了哲人。《法义》同时还希望立法者和统治者组成一个二人小组。与此相对，《理想国》的提议是哲人自身应成为王（或者王成为哲人）。毫无疑问，进一步的分歧与此相关。《理想国》不仅让哲学王建立美好城邦的最初基础，还让他们在基础建成之后统治城邦。然而，《法义》只是让上述引文所设想的政治强者在政体改变方面发挥作用，但在城邦的继续治理方面则没什么作用。事实上，《法义》有多处文字坚称，人在管理政治事务时，行使绝对权力而不屈于腐败并非人性使然（3.691C—D，4.713C—D，9.875A）。[1] 如果某些人因天命之故生来就能理解共同的好，还具有促进它的意愿和能力，那"他无需法律来统治"。但就当下情形而言，"我们必须选择居于次好的法律法规"（9.875C—D）。法律才是至高无上的，而任何人的权力都算不上至高权力。[2]

"居于次好"的法律在《治邦者》那里受到相当程度的轻视（参见第三章第 5.1 节）。《法义》将法律表述为公共理性，如果人们留意它的话，它将带来"拯救以及诸神赐予城邦的所有美善之物"（4.715D）。差异的主要基础可能在于柏拉图设想立法活动发生的不同环境的两处相关对立。在《治邦者》中，他考量的主要前提是大会立法。不论是民主大会（全体民众）还是寡头大会（富人阶层），都应该听取各方意见：专家的或非专家的（Plt. 298B—E）。《法义》的情况相反，设立法律体系最初是哲学立法者的工作——雅典访问者可谓其代理人。换言之，《法义》的讨论在某些方面更接近于乌托邦的设想，而《治邦者》论述法律的章节则没那么乌托邦。第二处差异，就《治邦者》描绘的情况来说，追问——具有真正政治技艺的人若不断追问下去，可以得出有关法律改善的诸多意见——将被宣布为不合法：主要是因为它将产生威胁，使得该政权下的生活变得无法生活（Plt. 299B—300A）。而《法义》的具体立法方案从一开始就强调需要进行立法审查（6.768E—770B）。立法审查的工作并非交给一个人，而是交给一个团体（腐败的可能性因此大大减少）。这个团体就是夜间议事会，其成员要接受教育以便获得对德性整体（成员若想掌握治邦之术，就要具备这些德性）的基于神学的理

---

[1] 参见上文第六节（B）的讨论。
[2] 这并不意味着柏拉图在写《法义》的时候摒弃了《理想国》的哲学王视角。《法义》提出的理想接近于它所说的仅适于"诸神和诸神之子"（5.739B—E）。对《法义》这一材料的更加充分的处理，参见 Laks 1990 and Schofield 1997：230—241。

解（12.963A—969D）。其职责是维持城邦的立法活动，使立法活动处于尽可能好的状况之中（12.960B—962E）。凭此机制，柏拉图在《法义》那里把法律往迥然不同的职能上靠，即密尔（通过科学统治者）和乔伊特（通过哲人治邦者）想要政治领导人履行的职能。法律既是专家治国的首要工具，又是道德智慧的社会常备库。

五 乌托邦

1. 驳乌托邦

1.1 二十世纪后期的质询

关于《理想国》，众人皆知一个事实，即它是第一部已经写就的政治乌托邦著作——尽管"乌托邦"这个词两千年后才出现（托马斯·莫尔爵士首创于十六世纪早期）。在某些人看来，一提到该描述就意味着敲响警钟。乌托邦的建构难道不是政治思想和（更不用说）幸福追求的死胡同吗？我们现在难道不是很高兴已经摆脱它了吗？可以说，二十世纪的后五十年并非无缘无故地强调对整个乌托邦方案的反思：《乌托邦之后》,[1]《意识形态的终结》,[2]《乌托邦的终点》,[3]《乌托邦的终结》,[4]《历史的终结》（虽然不甚明确，但可能是所有这类作品当中名声最大的一部）[5]，即使它们很少是在表达简单的必胜信念。乌托邦主义有时候看上去像个噩梦，把欧洲过去差不多两个世纪的历史经验搅得面目全非——现在终于结束了，取而代之的

---

[1] Shklar 1957.

[2] Bell 1960.

[3] Marcuse 1967.

[4] Jacoby 1999.

[5] Fukuyama 1992. 诚如 Melissa Lane 对我所说，Fukuyama 的书反思了极权意识形态的终结，并且论证了自由的民主政治是满足人"最深的和最基本的渴望"（p. xi）的社会形式。用黑格尔的话说，对于"处于人类垂暮之年"（p. 334）的我们而言，民主政治是历史进程的最终结果。换言之，他的"终结"既是结束也是终极目的（telos）。他也承认（ibid.），"仍然不满意的那些人总是拥有重启历史的潜能"。这是否会发生，我们无从得知（p. 339）。

是我们这个时代的全球范围的不同类型的社会政治创伤。[1] 以下是一个特别简洁全面的定论:[2]

> 不单斯大林主义者在梦想合理有序的社会；自启蒙运动以来，这也是西方社会的坚定信念的一部分。就像圣西门那样，维多利亚时代的元老、二十世纪的社会民主主义者、社会福利主义者、社团主义者和专家政治主义者都在设想治理有方的高效社会。我们可以在奥斯维辛、达豪、特雷布林卡、伯根—贝尔森、拉文斯布吕克的死亡集中营和奴役中——我们列出的这些恐怖之地是以文明狂妄自居的欧洲难以抹去的污点，并且动摇了其正当性——发现这种版本的乌托邦的停尸房终点。

两位作者接着引用了齐格蒙特·鲍曼（Zygmunt Bauman）对犹太人大屠杀的分析，他认为这是现代文明以"其工业化、官僚化的种族灭绝"的形式作出的现实表达。对此的论证是：大屠杀的规划及执行在很大程度上归功于一种流行的社会观念——认为社会是"众多待办'问题'的集合，是应当受到'控制'、'制服'、'改造'或'重造'的'自然'，是社会工程的合法目标，总的说来是一个凭借武力保持其设计样式的园子"。[3] 在这种典型的乌托邦概念背后是一个关于知识的傲慢假设：其支持者自诩拥有关于世界和至善的知识，然而这对于其他人而言无疑总是成问题的，并且也是可反对的（每个乌托邦几乎都带来一个反乌托邦），随着苏联共产主义的最终垮台，人们如今普遍认为乌托邦是种幻象。[4]

1.2 对《理想国》的评价

二十世纪对柏拉图《理想国》政治视角的最为出名的阐释正是将其置于刚刚描述的语境之中。卡尔·波普尔的《开放社会及其敌人》[5] 在第二次

---

[1] Allott 2001：xxii—xxvi 进行了雄辩的概括。
[2] Grey and Garsten 2002：15。
[3] Bauman 1989：18。论辩的总路线为 Arendt 所开辟，而 Traverso 2003 的重申很有力。
[4] Grey and Garsten 2002：9。我很感激这篇文章，关于它研究乌托邦主义的总路径，以及它的参考文献。
[5] Popper 1961 [1945]。《开放社会》引发了很多的争论，不单单是争论它对柏拉图的看法：参见 Levinson 1953 的长篇反驳文章，以及 Bambrough 1967 所收录的那些文章。关于波普尔对柏拉图的叙述，Robison 1951 作了不偏不倚的清晰评价，对此波普尔本人也颇为认可（p. x）。新近的优秀讨论：Samaras 2002：ch. 5。

世界大战结束时首次出版（1945年）。作为从奥地利纳粹手下逃出的流亡者，他在书中回应了法西斯主义和马克思主义的意识形态：试图揭露他所认为的他们完全错误的理智基础。该书第一卷主要在讲柏拉图，因为波普尔在《理想国》那里看到西方传统当中关于威权封闭社会的第一次大规模的理性化方案。他认为《理想国》提倡使用极权方法：首先确立一个返古的阶级制度，然后使其保持不变。波普尔确信柏拉图是在设计一个行动方案，并且实际上是为了将权力交到哲学王手中。[1]

波普尔的任务之一就是试图破除他所谓的"柏拉图的魔咒"。如果乌托邦的希望——将理性秩序强加于社会——已经荡然无存，那么，我们是否就会松口气，认为波普尔的任务不再是必要的？我们是否就会出于其他原因来阅读《理想国》？在我们开始思考这个反应之前，我先要提出柏拉图愿景的另外两种解释。这两种解释会引发有关以下看法的更多问题：或许正是因为他的乌托邦主义，柏拉图才值得读。其中一种解释——自觉的矛盾说法——否认柏拉图是一名乌托邦思想家。利奥·施特劳斯就持此种解释。他和波普尔同是从纳粹政权逃脱出来的流亡者。施特劳斯把《理想国》解释成一部反乌托邦的作品。[2] 在他看来，柏拉图向细心的、悟道的读者充分清晰地表明了，他所描绘的政治图景——特别是中间几卷所说的女护卫者、性方面的共产主义、优生优育的方案、哲学统治者——是某种阿里斯托芬式的喜剧幻想。该幻想旨在于让我们得出结论：以理性主义的方式重建政治王国的任何尝试皆会导致一个建在不义（而非正义）之上的反乌托邦，无论如何它注定是无法实现的，因为它忽视两性关系以及性欲需求的自然基础。那么该做什么呢？留待我们自己去思索。不过，因为对话当中苏格拉底教导的对象是年轻的"绅士"——格劳孔和阿德曼图——他们的动机和潜力是逐渐展开的慎

---

[1] 波普尔的哲学谱系及思想观念决非是尼采式的，但在最后一点上，他和尼采观点一致：参见 *Daybreak* §49.《开放社会》几乎只有一处地方提及尼采（p. 284 n. 60）。如出一辙的是尼采在《强力意志》（§956）中就相同的大问题也只引用了一次柏拉图的《泰戈斯》（*Theages*）。（尼采和波普尔都不在意《泰戈斯》的真实性，现在的普遍看法是它在柏拉图之后才成书。）

[2] 主要陈述来自 Strauss 1964: ch. 2；在施特劳斯身后编辑的两本文集当中可以找到他对"柏拉图的政治哲学"的讨论：Strauss 1983；1989。施特劳斯最著名的学生 Allan Bloom，给出了施特劳斯路线的《理想国》讨论。参见 Bloom 1968 中的"解释文章"。关于施特劳斯笔下的柏拉图，参见 Zuchkert 1996: chs 4—6。强烈批评则参见 Burnyeat 1985。

五 乌托邦

思评论的对象，所以我们像他们一样，很可能会推断得出：在一个必定不完美的世界中，传统的贵族领导是最好的实际选择。显然，施特劳斯的《理想国》和波普尔的《理想国》在很多方面针锋相对。比如，施特劳斯极其关注乌托邦写作方式难免为读者带来的诸多问题，而波普尔对于这些问题似乎完全无动于衷。不过，他们有某些前提倒是一致的。他们都认为柏拉图从事的乌托邦是一种实践议程——波普尔认为柏拉图在肯定它，而施特劳斯说柏拉图把它呈现为不切实际的幻想，从而推翻它。他们都认为乌托邦主义是一种理性主义的噩梦。他们都极为关切它所采取的共产主义形式。[1]

对《理想国》乌托邦主义的这些反应与对柏拉图及柏拉图主义遗产的可怖迷恋——尼采的读者看出这种迷恋是贯穿尼采诸多作品的基本主旨——之间有某种相似性。尼采对柏拉图的回应就是我要考虑的第三种反应。他在《朝霞》（1881：一个较早的例子）的序言中问道（§3）：

> 为什么自柏拉图以降，欧洲的每位哲学建构者都徒劳无功？难道是说他们自己正儿八经认为的"永垂不朽"的那些事物即将崩溃，或者说已经坍塌了？

他提及——只是为了反驳它——"需要理性批判"（康德的解答）作为可能的回答，接着他说道：

> 正确的回答不如说是所有进行建构的哲人皆受道德的引诱，甚至康德——他们表面上以确定性和"真实性"为目标，但实际上以"宏大的道德结构"为目标（《纯粹理性批判》II, p. 257）。

《善恶之彼岸》（1886）的序言将独断哲学比作占星术，后者是将人类的希望和畏惧投射入关乎宇宙本质的真理之中的古典范例。尼采的观点自信而解放，但他故作悲伤姿态：

> 所有的伟大事物似乎首先都要以可怖惊人的面目统领大地，为的是让人类心灵以永恒诫令的方式铭记它们：独断哲学就是这样表现的；比

---

[1] 更多内容参见 Lane 1999.

如，亚洲的吠檀多教义和欧洲的柏拉图主义。我们不要对此不存感激，尽管毋庸置疑迄今为止最糟糕、最持久、最危险的错误来自一位独断论者——柏拉图对纯粹精神及"好自身"的虚构。但现在它被克服了，在这场噩梦之后，欧洲再得自由的呼吸，至少可以睡得更加健康了。我们的任务是清醒本身，我们继承了斗争——与此错误进行斗争——所培养的力量。

于尼采而言，柏拉图的整个哲学方案完全是在拒绝真实，因为它用一个对终极真理的断言——最坏意义上的乌托邦主义——来伪装自身。

2. 一个严肃的问题

伯纳德·威廉姆斯在评论尼采喜爱修昔底德甚于柏拉图（"我爱修昔底德哪里？为什么我极其尊崇他甚于柏拉图？"《朝霞》§168）时，他思考了尼采在柏拉图主义哲学的整体结构中所注意到的梦想的形态（尽管尼采有时怀疑柏拉图是否真的信奉诸如灵魂不朽这样的教义：《权力意志》，§428）。他在《羞耻与必然性》一书将近结尾的地方写道:[1]

> 最重要的问题……在于某作者或某哲学是否相信：超越人类塑造自身的某些事物之外，存在着某种本质上符合人类利益（特别是人类的伦理利益）的事物。关于这个问题及其引致的差异，柏拉图、亚里士多德、康德、黑格尔皆持同一立场。他们皆以这样或那样的方式认为，如果宇宙，或者历史，或者人的理性结构得到正确的理解，便会提供一个模式来理解人的生活和人的抱负。相比之下，索福克勒斯和修昔底德都没有给我们留下这种印象。他们描述人类感性地、愚蠢地、时而灾难时而高贵地行走世间。对于人类行为者而言，这个世界只是部分可以理解；就其自身而言，这个世界不一定会很好地适应伦理抱负。从这个角

---

[1] Williams 1993: 163—164. 他发现了修昔底德现实主义的另一个维度，尼采在《朝霞》中的议论就暗示了这个维度。该维度不偏不倚，因为这种方式，"他在解释时所运用的心理学并没有服务于他的伦理信仰"（而柏拉图的心理学理论与此相反）(ibid., p. 161)。关于尼采的柏拉图，更多内容参见 Zuckert 1996: ch. 1 and Geuss 2005；关于修昔底德"现实主义"问题的更多内容，参见下文第 4.2 节。

度看，索福克勒斯的命运不定无法预知的感受和修昔底德的理性受制于偶然性的感受之间并没有非常明显的差别。

以上言论提出本章将要处理的主要问题。它可以表述成某种特定的选择：修昔底德还是柏拉图？[1] 修昔底德有关人性及"一切纯属偶然"的现实主义贬低了"几乎总在欺骗"并带来"极具毁灭性"后果的"希望"[2]。就解释者而言，或者就政治行动者自身而言，这是政治理解的唯一真正理性的路径吗？还是说，柏拉图在《理想国》中探讨的那种乌托邦主义提供了一种严肃思考事物如何可能不同的方式，且这种方式避免了错误的乐观主义以及在人类共同抱负的实现前景方面上的错误意识？我并不是说《理想国》实质性的乌托邦建议——比如它所阐述的共产主义的社会安排，或者它所依靠的哲学统治者——就是 21 世纪的选择。我的关注点是柏拉图探讨这些可能性的方式。该方式对于修昔底德可能视之为实在的东西是否有所把握？[3] 它是否得出了一条通向理想的路径——这个理想涵括了我们目前可能感到有说服力或有洞察力的任何事物（尽管存在形而上学假象的危险）？为了发展一种兼顾肯定与否定要素的评价，我首先会论证我们有理由相信人类无法避免这样或那样的乌托邦思想。其次，我会表明《理想国》在设想其表达有力却极具争议的共同体理想时努力面对人性真实及社会存在的众多方法。最后，我会考虑柏拉图笔下的苏格拉底在该方案是否可行这个问题上所采取的极其微妙的态度，在该语境下，我们会发现我们是在反思柏拉图对于乌托邦写作问题的极度关注。

3. 乌托邦主义的未来

这些就是质询。然而，乌托邦思想必定就处在历史分水岭的另一边，从

---

[1] Strauss 1964：139—144, 236—241 探究了（其观点不同于我或威廉姆斯）修昔底德的政治历史和柏拉图的政治哲学之间的相似之处（尽管存在差别）。
[2] Geuss 2005：224.
[3] 然而，我们在第二章中思考《高尔吉亚》和《美涅克塞努》的时候就已经看到柏拉图质疑《历史》（或者说就是历史）成功描述伯里克利和雅典人的"真实性"，即使他的修辞分析带着浓重的修昔底德色彩。对《克里底亚》的审查（下文第4.2节）将强化该论点。这并不是说，否定了真正的真实可以作为变化和时间的对象而存在于物理世界，就奠定了柏拉图的形而上学和认识论。

而使得《理想国》的这个维度不仅在内容上而且就其观念本身远离了我们吗?还是说——我将会进行论证——它只不过是换了新的形式(如果我们有理由断定乌托邦思想是任何一个生机勃勃的复杂政治社会的理智生活不可分割的一部分的话,这是可想而知的)?让我们从一个定义开始吧。我建议(并非我的原创)我们非常广义地规定"乌托邦思想":想象一个当今仍在关注的所欲世界的蓝图,有关其可行性及合法性的问题不一定被排除在外,但被视为次要问题。[1] 支持这种乌托邦主义的论辩总是现成就有的。比如可以这么说:人的思想总是在处理可能的事物和现实的事物。在关涉实践的地方——我应该做什么?我们最好做什么?——除了探究各种可能,通常别无选择。设想其他可能性因此是一种基本的人类活动,是我们所有人实际上总在做的,无论是涉及为我们自身、家庭、朋友甚至国家作出或大或小的决定,还是涉及我们的工作职业,比如管道工、医生、电话销售员、音乐家、工程师等。乌托邦思想可谓规模特别宏大的全面的可能性设想:试图设想整个社会结构——其空间组织、沟通体系、工作及休闲的方式、教育安排、承认个人选择的作用——如何可能构建得不同且更好。[2]

不具备乌托邦维度的"希望"很可能对我们的自身之好过于不抱任何宏大期望。这或许是西方自由主义信念的一个特别缺点。正如雷蒙德·高斯(Raymond Geuss)写道:[3]

> 长久以来,自由主义似乎缺了很多鼓舞人心的可能性;它很擅长消解传统的生活模式及其价值,但它显然不怎么擅长用特别独特的或令人仰慕的事物来代替它们。它与商业社会那些较为可鄙的方面对接得天衣

---

[1] Grey and Garsten 2002: 10. 其他的定义当然可行。作为社会批评工具的乌托邦思想也极为重要,比如以下解释(Clay and Purvis 1999: 2 的这份解释借鉴了 Gibson 1961):"乌托邦应从各个方面并以某种连贯性来描述被认为是更好的虚构国家或社会,至少在某些方面比作者生活的社会更好……大多数乌托邦并非不切实际的完美模式,而是常见社会的替换选项,同时也是判断现存社会的标准规范。" M. Whitford 翻译了 Luce Irigaray 的说法(Irigaray 1992: 26):"我在政治上支持不可能的事物,这并不意味着我是一名空想家。毋宁说,我想做的事尚不存在,可它却是未来的唯一可能性。" Whitford 恰当地评道,"对于乌托邦的冲动,伊利格瑞(Irigaray)既肯定又否定"(Whitford 1994: 382)。

[2] 比如 John Keane 写道,他的论辩将"预设对大想法的周期性狂热是设想社会秩序的必要条件"(Keane 2003: xi)。

[3] Geuss 2002: 320—321.

无缝。设想一下，自由主义能够对星际环境普遍恶化的相关思考作出什么贡献呢？自由主义的理想，比如个人主义、宽容或者限制国家权力，看起来要么目光短浅让人困惑，要么纯粹是在掩盖霸权规划。

从原则上讲，乌托邦思想可以采用多种不同的形式。比如，它可以彻底地拒绝任何一种支撑当前社会的主导假设。或者（并不一定与前者冲突）它可以表述为一个规划，即现有的发展及潜力将成就新的普遍主导类型。并且可想而知，它能以各种文学形式或其他表现形式来进行表达：从分析到叙事，从科幻到规划者及建筑师的未来主义模型。一旦你开始找，其实处处都能发现乌托邦思想。我们先从一个网站开始——试着在搜索引擎中输入"乌托邦"。[1] 对于那些喜爱古老工艺的人来说，《费伯丛书：乌托邦》开头是古埃及中王国早期（公元前1940—前1640）的某位无名氏写的"罹难水手的故事"，结尾却是二十世纪后三十年间发表的各式作品。[2] 其中包括科学规划、作为反乌托邦的迪斯尼乐园（在某种程度上困扰着学术圈）、朱利安·巴恩斯（Julian Barnes）的《十又二分之一章世界史》（1989）最后一章中的一段话，以及政治理论家芭芭拉·古德温（Barbara Goodwin）在其作品《抽签的正义》（1992）中对阿里亚托利亚（Aleatoria，被称为"抽签国家"）这个乌托邦国家的描述。同时代的还有菲利普·阿洛特（Philip Allott）的《善治：新世界的新秩序》（1990）：一个"厚颜无耻的理想主义者的社会哲学"，他在2001年平装版的序言中如是写道。此书发展出了一种已经"开始不顾自身地自我社会化"的国际社会秩序愿景。分析哲学家也没有放弃"乌托邦"这个范畴。罗伯特·诺齐克（Robert Nozick）的《无政府、国家以及乌托邦》（1974）提出一种版本的乌托邦，即一种框架，人们在其之中能实现他们自身对美好生活的社群性设想。这种乌托邦就是蕴涵在他所说的"最

---

[1] 输入之后，会有一个路径通向一系列的信息，即http：//users.erols.com/jonwill/utopialist.htm（当然，这个超链接接免不了赫拉克利特所说的流变）。你打开的第一页是一排"定义"——从Oscar Wilde开始，例如："不包含乌托邦的世界地图甚至不值一瞥，因为它遗漏了人道始终停于斯的一个国度。当人道停靠在那里，它四处留意；当它见到更好的国度，它又起航。前进就是实现乌托邦。"或者试下乌托邦研究协会的网站，网址是http：//www.utoronto.ca/utopia，上面有它的期刊、年度会议等信息。
[2] Carey 1999. 该书的导言非常有力地说明了《理想国》和《法义》二者的乌托邦思想的影响范围，它们对乌托邦的众多关键思考在之后的乌托邦作品中反复出现。

低限度的国家"中的积极可能性。所谓"最低限度的国家",就是作为保护者的国家要防止生命权、自由权和财产权受到侵犯(除此之外别无他事),诺齐克论证这是国家在道德上正当的唯一形式。托马斯·内格尔(Thomas Nagel)的《平等和偏颇》(1991)认为"乌托邦主义的问题"(该书前面某一章的标题)构成了任何政治理论都会有的持久风险:即忘了确保理论所提出的客观理想与作为具有个人信念的人在实践当中有可能会拥有的诸多动机保持一致。

显然,"地球村"的理想或许是当今最为有力的乌托邦形式[1]。我们之所以没有立即这样想,其中一个原因可能是它经常将自身定义成当代的现实主义,从而填补某种失败尝试——试图实现本章开头提及的为了幸福而组织起来的集中化和官僚化的社会愿景——推出后留出的空间。人们经常把它和放宽限制的、全球化的自由市场思想混为一谈,正如所谓的"华盛顿共识"的表述,这是"过去二十多年里 OECD(世界经济合作与发展组织)的主要成员国和国际金融机构的主导性正统思想"[2]。这种思想的一个典型代表是哈耶克(Friedrich von Hayek),他在《自由秩序原理》(1960)中用最普遍的哲学术语提出了这种思想。但是后来它看上去成了事实描述:至少可以描述现代世界的某些部分实际上是如何运行的。当然,这种乌托邦思想与它取而代之的那些乌托邦模式完全不同。这或许使人更难认识到它是乌托邦式的。它设想的是"资金分流,组织形式灵活多元,作为意义标识符的阶级逐渐消亡,以及国家的作用逐渐减弱",实现这一切的,是可见之手,而非不可见之手[3]。不过,它唤起的热情不亚于先前的乌托邦议程(菲利普·阿洛特称之为"一种原教旨主义的宗教")[4]。它有时声称拥有历史必然性,这让人想起以同一知识假设为基础的马克思主义。它特别纳为己用并促进发展的某些词汇——比如"授权"(empowerment)、"企业"(enterprise)、"灵活性"(flexibility)、"终身学习"(lifelong learning)——证明了它对于一种新的人类身份及成就的希望,就像别的乌托邦主义通过它们自己的术语所承诺做到的那样。

---

[1] 它的鼻祖不是柏拉图,而是斯多亚主义;参见 Schofield 1991; Nussbaum 1996, 1997; Brown 2006。
[2] Held 2004: 55.
[3] 我引用了 Grey and Garsten 2002: 17 的表达。
[4] Allott 2001: xi.

五　乌托邦

然而，只要涉及全球化，就会引发争论。我指的不单单是反全球化运动精心策划的对全球市场的强烈反对。[1] 有关全球化世界的各种想法大行其道。[2] 有些人关心的乃是全球化的文明社会的理想，并论证正如全球市场已经实现一样，这个全球文明社会的理想也已经在"众多制度化的结构、社团和网络所构成的辐射甚广的非政府群体"中得以实现了，"其中个体和集体相互关联，并且在作用方面相互依存"，这个群体不仅包含宗教、体育、科学、医药、媒体与互联网以及非政府组织（NGOs）的活动（此处只提及若干显著例子），还让"其参与者——运动员、活动家、音乐家、宗教信徒、管理者、援助者、远程工作者、医生、科学家、新闻工作者、学者——认为这个社会是他们的"。[3] 其他人论辩说是时候实行"全球社会民主"的政治方案了。人们认为历史正在预备道路，因为在面对全球恐怖主义和全球环境破坏所带来的各种挑战时，新自由主义和反全球化运动的缺陷开始变得日益明显："当前阶段的全球化是要改变世界秩序的基础，带领一个仅仅基于国家政治的世界走向一种全新的且更为复杂的全球政治及多层治理。"[4]

简言之，当今的乌托邦理想不见得比过去少。其中一些不可避免地会比另外一些更具吸引力，不管是在基本内容上还是在方法上。在我看来，乌托邦主义构成了西方政治思想的持续不断的基本张力。不过，它种类繁多。如果认为只有某一种形式会永领风骚，那么这明显是幼稚的。这种东西更像是宗教。宗教无时不在，无处不在。不过，古希腊的宗教大大不同于当代美国的宗教；而且无论是在古希腊还是在现代美国，宗教都呈现为各种形式，并发现了众多不同的表达模式。特别要说的是，我们一旦考虑到文学表达，就立即要面对作者如何处理材料的问题——他如何运用材料，讨论了哪些具体问题，作者如何定位自己与潜在竞争对手的关系，采用的是什么类型及媒介等。因此，我们不必（回到柏拉图和《理想国》）我们不能简单地假设它对正义的追问就像是（比如说）罗尔斯在《正义论》（1972）中所从事的那

---

[1] 参见 Nairn 2005 对 2005 年 G8 峰会的反思。
[2] 正如人们可能会想到 Perry Anderson（评论 Frederick Jameson 的思想）的说法（即，当人们正确地感受到他们的世界处于巨变的边缘时，乌托邦主义最为泛滥，Anderson 2004）是否正确。他注意到许多当代的科学发展期望具有反乌托邦的特性，特别是基因工程的前景。他还想知道，是否赫胥黎的《美丽新世界》比奥威尔的《1984》更像我们这个时代的文本。
[3] Keane 2003: 11, 7.
[4] Held 2004: 162. 也可参见 Unger 1998.

种运思，纵然我们可以称罗尔斯的著述也是乌托邦式的。[1] 在考虑柏拉图思考乌托邦的方式是否仍然有趣或有吸引力（尽管它离我们很远）时，我首先会回到尼采式的现实主义问题。柏拉图的乌托邦主义是在逃避现实吗？还是在某种程度上向现实妥协了？

4. 柏拉图的乌托邦现实主义

4.1 黄金时代和肿胀城邦

在《法义》第三卷，柏拉图描绘了他自己的黄金时代画面。洪水（不是诺亚时代的洪水，而是希腊丢卡利翁时代的洪水）过后，人的情况将会如何。他有三个重要猜想。第一，他们将生活于孤立的小型乡村共同体中。第二，大量的牛羊将保证充足的奶肉饮食，此外还有狩猎作为补充；他们也将有足够的衣物、寝具、住宅、陶器。第三，有关金属及其加工的知识全部失传——他们没有金银铜铁。结果呢？没有内乱（stasis），没有战争，没有争战的技艺——包括诉讼以及人们为了相互伤害而发明的其他所有方式。那时的人具有德性，那时的共同体相互友好。事实上，柏拉图看到他们当中出现的是高贵简朴的品质。比起当前的一代人，他们更加勇敢，同时更加节制，在各方面都更加公正——即使他们尚未达到善的高度，以及恶的深度（Laws 3.677E—679E）。[2]

《理想国》的美好城邦就没有这种天真无邪。它所在的世界，修昔底德轻而易举就可认出：欲望——尤其是物质欲望——肆虐，结果战争与内乱横行。[3] 第二卷开始的政治论辩首先讲的是农民和工匠（最后加入贸易商、零售商和雇工）互利互惠的共同体模式，这个模式具有某种简单性，正如《法义》描述的洪水过后的定居地（Rep. 2.369B—372D）。这种简单性关乎苏格拉底的主观假设：有了对外贸易和市场之后，似乎没有结构性的原因可以解释该共同体的成员为什么应该仅限于满足他们的基本需要。正如瑞秋·

---

[1] 参见 Geuss 2003.
[2] 对于《法义》第三卷的进一步探讨，参见 Dillon 1992: 30—33; Cole 1967: ch. 7（论其来源）; Boys‑Stones 2001: 13—17（特别论及亚氏的学生 Dicaearchus of Messene 对它的可能发展）。
[3] 至于修昔底德对该主题的论述，参见（例如）Balot 2001: ch. 5。

巴尼（Rachel Barny）所问："什么事物会阻止这些人的欲望变得过度？"[1]不管怎样，苏格拉底紧接着将这个模式复杂化。

他设想这座"最早的城邦"不再满足于生活必需品，而浸淫于各种奢侈品：一座"发炎肿胀"的城邦。为了满足欲望，它就要像帝国主义那样获得更多疆土。接下来不可避免的一步将是战争。在《斐多》中，苏格拉底将战争、内乱、斗争的原因归结于身体及其欲望（Phd. 66C）。《理想国》也特别将此作为战争之源（2.373D—374A；cf. 372E—373C），更加普遍的是将此作为遍及城邦私人生活和公共生活的罪恶之源（2.373E；cf. 5.473D, 6.501E）；结果导致理想城邦自身的衰落（8.546D—547B）。至于打仗，他不得不引入一个新的阶层，使城邦具有军事能力（2.373E—374E）。

苏格拉底发展这个更为复杂的政治共同体模式的决定并非难以理解。诚如他所示，他引进的这种复杂性将有助于某个计划，即发现城邦之内的正义与不义的来源（2.372E）——最后也发现个人灵魂之内的正义与不义的来源。该想法可能伴随以下认识：关于人之美好之所在的理论，或者关于正确运行的政治共同体的理论，不可能具有很大的价值，除非它们充分考虑到人的欲望及其在文明世界那样大小和复杂的社会内所释放的邪恶力量。简言之，原始主义不是一个严肃选择。[2]

然而，如果一个复杂的政治共同体要正确运行——成为苏格拉底声称他在《理想国》中所建构的美好城邦（4.427E）——显然，它不可能仍然是发炎肿胀的。柏拉图如何确定它不可能肿胀？对此的思考将带我们进入他对于战争、社会以及其中武士阶层作用的核心思考。他的起点似乎是斯巴达。[3]根据苏格拉底在第二卷所描绘的情形，扩张主义的经济——他和格劳孔在设想共同体时首先断定的事物，而且随即假定邻邦的处境亦是如此——使得率先引进军事阶层成为必要（2.373D）。但民兵（militia）的存在提供了彻底改变社会整体定位的机会。如果武士阶层能被训练成以德性为重，而不以财富为重，如果它不单是保护城邦免于外在危险，还向内控制社会的运转方式，那么就有可能创造一个"清洗"奢侈（使用苏格拉底本人的表达，3.399D—E）的共同体。这个结论并没有用许多的话语来表述。大概柏拉图不认为他需要这么做。

---

[1] Barney 2001：220.
[2] 关于此点，参见 Vidal‑Naquet 1986：297—298。
[3] 参见第一章第五节。

之所以默不作声，原因显明在于苏格拉底描述的武士阶层所唤起的斯巴达联想。尽管他强调音乐和诗歌（肯定经过简化和改良）在德性教育上的根本重要性，因而否定了斯巴达式的残忍训练，但他并没有将一切都交给教育。为了让护卫者阶层远离财富的诱惑，他诉诸明显受斯巴达启发的制度安排。不论夏天还是冬天（即不单单是战争时期），他们都要在驻地一块生活，一块用餐（如斯巴达）。他们没有私人土地，几乎没有私人财产，没有金钱，尤其（如斯巴达）不用黄金和白银（cf. Xen. Lac. Pol. 7.6）。[1] 简言之，他们要成为士兵，而非商人（416A；色诺芬以同样的话解释斯巴达的金钱观：Lac. Pol. 7.1.6）。类似于斯巴达，我们完全可以认为，优先考虑军事统治阶层会以这样或那样的方式体现了社会整体取向。当然，根据柏拉图的表述，苏格拉底设想他的城邦只让适度的经济资源存在。他认为极度富有和极度贫穷皆不存在，也并不想质问阿德曼图的明显过头的推论，即城邦自身没有金钱（4.421D—422A）。[2]

4.2 雅典 Vs. 亚特兰蒂斯：战争和贪婪的"修昔底德式"叙事

阿德曼图之所以忧心忡忡地关心理想城邦没有金钱，是因为他怀疑那种状况下的争战能力，即，武装战士阶层的装备能力。战士阶层是那场对话最后五十页的讨论主旨，为的是确定他们作为城邦内部要素而存在。尤其是在被迫与富强城邦发生战争的情况下，理想城邦如何能够与对手相较量？苏格拉底机智地回应了这个问题。他构想了一个比喻，很有巴洛克式的夸张意味。他设想一位训练有素的拳击手和两位（而非一位，甚至多于两位）肥胖富佬相较高低。他轮流和他们单挑，在闷热的日头下不停地攻击他们。这实际上就像是让一群精瘦的猛狗和温顺的肥羊相斗。不过阿德曼图好奇的是，如果某个城邦聚集了其他所有城邦的财富，那么美好城邦是否会受到威胁。作为回应，苏格拉底质疑了反驳思路的整体前提（到目前为止，他一直都在回应反驳）。其他城邦都不是"一"。它们其实是两个城邦：富人的城邦和穷人的城邦。所以，没有一个城邦比得上美好城邦——因为没有其他任何城

---

[1] 斯巴达禁止金银，而用奇特的铁饼取而代之，但禁令逐渐屈从于压力。关于这些内容以及其他，参见 Figueira 2002。

[2] 对比亚氏的讽刺话语（Pol. 2.9, 1271b13—15），即斯巴达的立法者实现了本来有利事物的对立面：他让城邦处于无钱状态（阿德曼图认为这也是苏格拉底所说城邦的景象），却让城邦内的个体成为爱钱之人〔这项指控通常针对斯巴达，苏格拉底在讨论荣誉政治时就暗示了该指控（Rep. 8.548A—B）〕。

五 乌托邦

邦实际上是"一"个城邦（4.422A—423B）。

这决不是《理想国》当中最用力的一段论辩，也决不是明显有助于人们理解正义和不义（《理想国》的主要关注点）的一段论辩。[1] 它占用的篇幅只有一页。然而，它的主旨在柏拉图那里有着广泛的回响。他对城邦统一体的全心关注会带我们进入本章第五节的讨论。至于美好城邦打胜仗的能力，体现了斯蒂芬·哈利威尔（Stephen Halliwell）所谓的"柏拉图的焦虑"。为了避免乌托邦幻想的指控，柏拉图设想他的共同体"存在于现实的即非理想化的希腊世界之中，并同其他希腊城邦以及希腊之外的野蛮人保持种种关系"。[2] 在第五卷的相关段落中（469B—471C），柏拉图让苏格拉底成为一名泛希腊主义的雄辩拥护者。自公元前490年希腊人成功地击退波斯人，接着在前480年和前479年再次击退他们，[3] 泛希腊主义就成了希腊人自我形象中的一个常数，并时不时地在政治修辞那里成为纲领性主题。[4] 在柏拉图书写《理想国》期间，它再次流行开来，这特别要归功于伊索克拉底《泛希腊集会辞》（*Panegyricus*）的出版（公元前380年）——伊索克拉底在其余下的写作生涯中继续劝告希腊人消除分歧，再次联合起来反对波斯。

柏拉图则为泛希腊主义带来了一次非常独特的全新转变。此处的意思并非"希腊人不应攻打希腊人"：柏拉图不是温和的乐观主义者，他不相信这种可能性现实存在。但当他们发生争斗的时候，他们应该认为他们参加的是内乱（*stasis*），而不是战争。这应该会对行为施加某种重要的约束，防止他们破坏土地、焚烧房屋——因为双方都知道冲突过后，他们将不得不继续在这个地方生活。实际上，柏拉图让苏格拉底聚焦于理想城邦的特殊地方性，以及它的物质文化处境。[5] 它是希腊人的城邦，而非野蛮人的城邦。这将有实际结果（5.470E—471B）。即，它的公民将热爱希腊，把希腊当作他们

---

[1] 不过，美好城邦的统一证明是其正义的一种功用，而其他社会的不统一则是它们不义的一种表现——这些情况反映了正义灵魂和不义灵魂的状况。

[2] 参见 Halliwell 1993：21.

[3] 在萨拉米海战之后，但在普拉塔亚陆战之前，雅典人对马其顿人的回复提供了一个特别难忘的早期示例。为了共同对付波斯人，他们引用了"希腊"：共同的血缘，共同的语言，共同的宗教和共同的习俗（Herodotus 8.144.2）。

[4] 关于泛希腊主义，Finley 1975b 仍是很好的导读文献。关于修昔底德对泛希腊主义的讨论，Price 2001：ch. 3 提供了详细有趣的研究。

[5] 我们将在第七章第2.5节进一步讨论这个想法（联系高贵谎言的神话）。

自己的"阿母"(nurse and mother);[1] 他们将和其他希腊人共同拥有一样的宗教实践。[2] 因此,他们将在理解他们最终要和谐一致的基础上,去追求他们与其他希腊人的不同;只是"约束"他们,而不是以奴役或者毁灭的方式惩罚他们。这种思路带来诸多问题,尤其是理想城邦的真实身份以及结构的问题。它似乎发挥意识形态的功能,而不像哲学理论所能支持的任何事物,特别是在苏格拉底声称希腊人和野蛮人天生为敌的时候。对于我们当前的目标而言,重要的是柏拉图确实愿意以这样的方式介入这些现实问题。[3]

对于理想城邦处于战争状态的论题,柏拉图的讨论并不限于《理想国》。他把这个论题作为《蒂迈欧》及其未完成续篇《克里底亚》的思想规划原初的明确焦点。结果,《蒂迈欧》主要致力于阐述有关自然界构成的宇宙论,它的结尾有大段内容在论述人类以及人类在宇宙大序中的位置。但严格说来,该理论论述只能作为解释美好城邦战胜更为富强的敌人——(正如梭伦对克里底亚的祖父所言)颇具斯巴达风范的史前雅典和非希腊的亚特兰蒂斯人之间的冲突(*Tim.* 27A—B; cf. 20D—27A)——的前言出现。

柏拉图呈现的故事发展了《理想国》自然提出但未处理的一个论题(尽管拳击手的比喻事实上构成了最初的概述)。他在《蒂迈欧》开头让苏格拉底重述前一天的对话内容,那时他在讨论最佳政制的问题(*Tim.* 17C—19A; cf. *Critias* 111C—D)。随着重述活动的进行,有件事愈发明显:这些讨论肯定改编自《理想国》第二卷至第五卷的论辩。苏格拉底复述了技艺专门化和阶层划分的原则、护卫者阶层的教育、女性护卫者的规定、家庭的废除、优生计划以及维持优生计划所需的社会机制。接着他讲到某些新的东西。他想弄明白他们设计的方案如何付诸实践,包括他们所描述的城邦经受战争考验(*Tim.* 19C):

> 我很乐意聆听有关我们的城邦与其他城邦相争的报道,以及它如何让自身脱颖而出的记叙,其中包括它是如何确定发起战争的,又包括它是如何指挥战争的。我希望谁来谈谈它是如何用明确反映其自身教育和

---

[1] 该词组模仿了高贵谎言中的关键表达(3.414E)。
[2] 把德尔菲——泛希腊的宗教中心——的阿波罗神庙作为理想城邦的宗教权威,这或许印证了共同的宗教实践(4.427B—C)。
[3] 对于该段落及其问题的精彩讨论,参见 Halliwell 1993: 23—25, 191—192。

五 乌托邦

训练的诸多方法来对付其他城邦的,不仅在言辞上,还在行动上——它是如何对它们行事的,它又是如何同它们谈判的。

苏格拉底不认为他自己有能力提供这个记叙。他也不认为诗人和智者可以胜任这项工作。该工作属于那些在哲学和政治上皆有天赋和经验的人(Tim. 19C—20C)。

克里底亚接手这项艰巨的工作。此克里底亚并非公元前404～前403年的三十僭主集团的那位领导者,而是其祖父,一名重要的雅典政治家,活跃于忒弥斯托克勒的时代,此时他年事颇高[1]。他复述了雅典和亚特兰蒂斯的故事——被称为真实,但实属虚构[2]。通过设想苏格拉底描述的城邦和公民,他把它和古代雅典相关联(26D):"二者将完全等同;如果你设想的公民在那时真的存在,那么我们的曲调将会一致。"他所描绘的雅典比同时代的那个城邦更加肥沃宽广(Critias 110D—111E)。根据它的所有表现来看,它完全是个陆地强国。它是公认的希腊领导者。确切地说,它被描述成地中海大部分地区的统治者:称霸战场,但尤其令人瞩目的是其公民所展现的漂亮身体以及种种德性(Tim. 25B; Critias 108E, 112E)。它的军事统治阶层不使用黄金和白银,并且没有迹象表明他们怀有任何的物质野心。相比之下,极其富裕的亚特兰蒂斯大岛是个组织官僚化的侵略型帝国。它由十个不同的城邦构成。它依赖海军,也同样依赖陆军。它已经征服了大西洋中的许多岛屿,它所控制的地中海北起意大利的伊特鲁里亚(Etruria),南至北非的埃及(Critias 114A—C)。尽管他们腰缠万贯,但在出征前很长一段时间内,亚特兰蒂斯人民并没有因为奢侈而堕落,实际上他们一直是德性典范。然而,最后还是人性胜出了;通过权力,贪婪(pleonexia)侵蚀了他们,正义被抛到一边。随之而来的与雅典的冲突被说成是神对"肆心"(hubris)的惩罚。可是,就在宙斯准备宣判此乃亚特兰蒂斯之命运的关键处,《克里底亚》戛然而止(Critias 120D—121C)。最后该岛沉没于大西洋(Tim. 25C—D)。

通过克里底亚的叙述,柏拉图为我们带来一个多维度的历史寓言。当我们第一次读这个寓言时,大概会想到英勇的雅典人对波斯帝国的两次胜利,

---

[1] 对于这是哪个克里底亚,学者们意见不一。支持此处观点的论辩,参见 Lampert and Planeaux 1998—9: 95—100; Nails 2002: 106—108。

[2] 参见 Clay 1999。

一次发生在公元前 490 年（马拉松），一次发生在前 480 年（萨拉米斯）：正好是政治家克里底亚和忒弥斯托克勒交锋的时期。当然，克里底亚的某些修辞让人想起这层关联，这些修辞还不经意地表达了《理想国》已表达过的泛希腊主义观点（*Rep.* 5. 469B—471C）。他让埃及的祭司[1]——据说该祭司告知了梭伦——说道（*Tim.* 25D—E）：

> 那个时候，梭伦啊，你们的城邦挺身而出，向全人类彰显她的英勇和力量。在勇敢和战争技艺方面，她可谓首屈一指。她是希腊的领导者。当时其他城邦的离散迫使她单独作战，她处于极度的危险之中。但她战胜了入侵者，并树立了她的威望。对于尚未沦为奴隶的人，她保护他们免受奴役；对于居住在赫拉克勒斯所划范围内的余下所有人，她慷慨地解放了他们。

可柏拉图的史前雅典听起来——借用克里斯托弗·吉尔的说法——"就像是斯巴达人住阿提卡"。[2] 相比之下，亚特兰蒂斯在很多方面明显像公元前 5 世纪的雅典帝国——比如，它大规模的采矿作业；[3] 它的海军、造船厂和港口系统，港口挤满了来自世界各地的船只和商人，以致日夜嘈杂；它的卫星城邦进行军事进贡的各种方法（让人想起雅典向提洛同盟成员索取的那些

---

[1] 埃及的维度——在柏拉图的后期对话中并不少见：see e. g. *Phaedrus.* 274C—275B；*Philebus* 18B—D；*Laws* 7. 798E—799B——本身就值得讨论。它的意义至少在于：回应伊索克拉底在其诡辩习作（名为 Busiris）中对《理想国》的批评。伊索克拉底暗示《理想国》的社会政治体系是靠惩罚和恐惧维持的专制政权，这更像是埃及人的宗教迷信，而非雅典人培养的自由教育的希腊理想（*Busiris* 15—27）。我们可以从那个讲给梭伦听的故事中看出柏拉图的机智回应。说《理想国》的思想借鉴了（与雅典格格不入的）埃及纯属无稽之谈。但埃及祭司告诉我们《理想国》的政制确实一度体现了类似于当时埃及政制的古代政制——但在史前雅典，这种政制的最初发展相当独立。他似乎认为古代雅典像他的祖国埃及一样，具有祭司阶层（*Tim.* 24A）；而在梭伦的版本中，我们只听到护卫者阶层（*Critias* 110C—D）。关于整个问题的讨论，包括 *Busiris* 的成书日期，参见 Eucken 1983：ch. 5 的讨论。

[2] Gill 1977：295.

[3] 不是银矿（比如阿提卡的劳里昂银矿），而是铜矿（*oreichalkos*，意为铜脉、黄铜矿）。亚特兰蒂斯人民认为铜的价值仅次于黄金，并且经常用它来完成镏金效果，比如环绕卫城的城墙。我认为柏拉图在这里暗示了对伯里克利时期雅典的另一处批判：贵金属白银（它如此受人重视）和贱金属黄铜（亚特兰蒂斯用作替代品）几乎没有差别。

贡品）；尤其是其卫城的宏伟建筑风格，庙宇林立，最高处为帕特农神庙的实际复制品：波塞冬神龛，包括巨大的黄金神像（*Critias* 114D—119B *passim*）。[1] 叙拉古人赫莫克拉底（Hermocrates）与苏格拉底、蒂迈欧、克力同一起讨论，他在场强化了以上观点。[2] 在修昔底德的笔下，他以政治家的形象出现，其主要事迹是号召他的人民联合西西里的其他城邦共同抵挡雅典人所发动的最具野心的权势表现：从公元前414年开始的灾难性的西西里远征。根据修昔底德置于其口的演说判断（4.59—64，6.33—4，72，76—80），赫莫克拉底知道要认真对待该威胁，并向他的听众提供了冷静而又乐观的评估——最后被证明是完全合理的——认为西西里远征可能失败。在《克里底亚》中，他从克里底亚那里听到的内容对他而言根本不算什么新闻。在亚特兰蒂斯的故事中，赫莫克拉底只会清晰地回忆起他非常了解的伯里克利时期及其之后时期的雅典。[3] 克里底亚的伪历史是一种批判手法，用来批评伯里克利时期及其之后时期的雅典真实历史。

阿德曼图质疑理想城邦的军事能力，作为对阿德曼图的回答，克里底亚的记叙如何让人信服？对该城邦政制的叙述显然删掉了哲学和哲学统治者，但这并不重要（《蒂迈欧》17C—19A处的《理想国》概要将它们全部删减掉了，然而有足够多的线索表明它们的被删减不是因为苏格拉底遗忘了它们）。[4]《理想国》自身对战争和武士阶层的整体处理在引入哲学统治者之前就已完成（at 5.473C—E）。《克里底亚》的史前雅典的民兵统治和《理想国》的武士阶层并不完全相符，同样，这也不重要。[5]《克里底亚》的民兵也没有与其他民众生活在一起，他们一样是公有制度，并且男人和女人也一起训练。但他们有他们自己的家庭，他们会建私人住宅来安置家人（*Critias*

---

[1] 参见 Vidal-Naquet 1986b 的经典研究。
[2] 参见 Lampert and Planeaux：1998—9：100—107. 他们可能注意到修昔底德见证了他的敏锐以及他在战争中的经历和杰出勇气（6.72）。修昔底德的见证恰好符合苏格拉底对于谈话者的要求——需要具备智慧和政治经验，从而确保他们能够正确处理阿德曼图的问题（*Tim.* 19E）。并且可能指定他为苏格拉底提及的"赫尔马库斯的限定条件"的诸多见证者之一（*Tim.* 20A）。
[3] 至于赫莫克拉底要面对的问题——强调"他们共同体的文明意识形态决定了雅典公民从小相信战争是不可避免的，甚至是值得欲求的"——论述参见 Raaflaub 2000。
[4] 参见 Schofield 1997：213—215。我对该论点的论辩，很多方面已在 Rowe 2004 中讨论过。
[5]《法义》中的上古雅典和麦格尼西亚以不同的方式接近于《理想国》的美好城邦，参见 Laks 1990：216—217。

110C—D，112B—C）。所以，此雅典与《理想国》的美好城邦既有相似之处，又有不同之处。或许这是某种近似。确切地说，它近似于《法义》构建的城邦。但就回应阿德曼图的质疑来讲，似乎没有理由认为"近似"不够好。

柏拉图想要表达的大致意思似乎明了。他似乎在说，历史肯定了苏格拉底在《理想国》中对阿德曼图的答复。如果适度装备的城邦重视德行甚于经济和经济动机，就像《理想国》的美好城邦那样，那么它最后将战胜热衷于敛财炫富的帝国强权的贪婪和野心。美好城邦的哲学建构并没有回避历史所认可的现实及现实主义。

这是否表明柏拉图和修昔底德在看法上趋近一致——我们对此仍然无法确定。修昔底德一度被视为伟大的采用科学方法的历史学家，即精确、公正、客观的报道者典范；他还被视为伟大的现实主义理论家，从现实政治的意义上进行理解：只有基于对自身最大利益的谋求，城邦才会不可避免地参与国际政治。根据这种标准来判断，柏拉图虚构的雅典和亚特兰蒂斯之战——更别说他的一般政治哲学——在可以设想的各个方面都显得非修昔底德。不过，学术界近来已发现一个完全不同的修昔底德：一位讽刺家和一位悲观主义者，于他而言，所有的政治事业（以及关于它们的所有解释）极可能被运气、愚蠢、希望和贪婪所颠覆；一位叙事者，他的真相除了事实和反思，还有情感和直观；极尽巧思的修辞技法参与了他对真相的选择和决定。[1] 简言之，他听起来越发像柏拉图。

只要在伯里克利治理下，雅典平安无事，修昔底德就深信雅典的帝国主义是项光辉事业。然而，柏拉图肯定认为他自己和修昔底德意见相左。当代学者——不同于他们的某些杰出前辈——怀疑《历史》真的表达了此种深信。[2] 柏拉图明显是这么认为的；[3] 我们的判断依据为《高尔吉亚》和《墨涅克塞诺斯》（尤其后者），这两篇对话正是为了让我们在更加严苛的光线下看清伯里克利。对于柏拉图而言，在自我放纵继而堕落的故事当中，伯里克利只是一个将近尾声的片段而已。他自己以这样或那样的方式一再讲述

---

[1] 比如参见 Stahl 1966；Connor 1984；Ober 2000。

[2] 更老的观点采用古典表述，比如 de Romilly 1963。当代观点：e. g. Stahl 1966；Connor 1984。关于双方意见的更多参考文献，参见 Orwin 1994：15 n. 1。

[3] 公元前四世纪的大部分雅典作者和思想家似乎持有相同看法，并且确乎认为伯里克利是这样的，参见 Yunis 1996：143 n. 13。

这个故事——在《克里底亚》这里是以寓言呈现。《法义》的第三卷则是最后一次陈述该故事（3.698A—701E）。[1]

5. 共同体思想

5.1 统一性原则

就本章而言，到目前为止，柏拉图的理想城邦最为突出的一面就是其完全斯巴达式的严格管制：特别反映了《理想国》第二卷和第三卷的重点。但让苏格拉底的对话者们为之心动的一面并不在此，而在其他：在《理想国》的第五卷中，他们要他构想"妻子和孩子公有"的社会景象（5.449C—450D；cf. 4.423E—424A）。共同体（koinônia，共享）的思想或理想实际上是决定其乌托邦主义的中心视角的关键概念。[2]

亚里士多德在其《政治学》的第一句话就说城邦是某种联合，或某种共同体，或某种（我们可能称之为）"共享系统"（koinônia）——事实上他认为城邦是最重要的共同体，它包括较小的所有单元（家庭、村落等等）（*Pol.* 1.1, 1252a1—6）。第一卷的初步论述之后，他在第二卷开始陈述该作品从事的计划（*Pol.* 2.1, 1260b27—33）：

> 因为我们的计划是思考最好的政治共同体——对于能够尽量依其所愿（kat'euchên）进行生活的人们而言。所以，我们也应该考查其他的社会政治体系，既包括大家公认治理有方（eunomeisthai）的诸多城邦所实际运行的那些体系，也包括可能是个别人士所提出的被视为好的任何其他体系——以致我们能够明白哪个体系是有用的和正确的。

---

[1]《克里底亚》为什么没有完成？我们不知道为什么，猜测也徒劳无功。当宙斯召集诸神，让他们聆听亚特兰蒂斯会因为它的狂妄自大而受到怎样的惩罚时，《克里底亚》戛然而止。它和雅典争战的叙事，以及它最后沉没的描述大概会紧随其后。或许通过同时引入和撤销荷马的诸神会议，柏拉图想要说明：神话——或者说得更准确些，非历史的历史——现在要结束了。毕竟，他已经写出的部分《克里底亚》足以表达他似乎想要表达的观点。

[2] Halliwell 1993 对《理想国》第五卷（柏拉图讨论 koinônia 的核心文本）的评论可谓权威。同任何优秀的版本一样，它干脆、平稳、（经常）敏锐地考虑了柏拉图讨论所引发的诸多问题，同时还提供了各种相关信息。

这份说明介绍了亚里士多德对于个别思想家——《理想国》和《法义》当中的柏拉图、嘉尔基顿的法勒亚（Phaleas of Chalcedon）、希波达摩斯（Hippodamus）——所提方案以及斯巴达、克里特、迦太基政制的批判性研究。他还附带地讨论了著名的立法者，比如雅典的梭伦，南意大利的札琉科斯（Zaleucus）和卡隆达斯（Charondas）。

亚里士多德接下来说明了考查的自然焦点（*Pol.* 2.1, 1260b36—1261a4）：

> 我们应当从这次考查的自然出发点开始，把它作为我们的起点。情况必定如此：全体公民共享一切事物，或什么都不共享，或某些事物共享，某些事物不共享。什么都不共享显然不可能：政制是某种共同体或"共享系统"（*koinônia*），至少得共享一方水土——城邦之为城邦，肯定要有一片领地让公民共同生活于其中。不过，对于治理有方的城邦而言，是共享一切能够共享的事物更好些？还是某些事物共享，某些事物不共享更好些？

他认为此时应该举个例子了（*Pol.* 2.1, 1261a4—9）：

> 公民可能会相互分享孩子、妻子以及财产，就像柏拉图的《理想国》所说的那样。在《理想国》中，苏格拉底说孩子、妻子以及财产必须公有。那么，哪个体系更好——我们现在拥有的这个，还是遵从《理想国》所立法律的那个？

于亚里士多德而言，政治哲学的首要关注点在于政治共同体的思想，它的主要任务是思考理论上可行的最佳形式的政治共同体。该计划要求哲人处理的第一个问题是：这个共同体——"共享系统"——的成员应该在何种程度上相互分享？为说明这个问题，亚里士多德给出了第一个范例，即柏拉图的《理想国》对该主题的处理。

亚里士多德聚焦于共同体思想，于是提出关于它的问题。与此同时，他清楚地表述了柏拉图和他本人对于政治哲学的基本关注。通常认为，亚里士多德是非常有选择性地论述《理想国》的政治思想：比如，《政治学》第二卷或其他地方都没有提及《理想国》关于正义的主要论辩，也没有提及哲人统治者的引进。《政治学》第一卷开篇实际上是在继续批判另一篇对话（《治邦者》）的最初论点：君王、治邦者、一家之主三者所行的统治没有本质区别。这让我们怀疑，亚里士多德是否将《治邦者》视为柏拉图最重要的政治理论作品〔1〕。不过，《理想国》本身的意思很明确：如果亚里士多德把共同体思想作为他的焦点，柏拉图想必会同意这是政治哲学的主要论题。以这种方式解读《理想国》，不会造成任何曲解。《理想国》第二卷对互惠经济的基本模式的讨论就明显可见柏拉图的共同体思想。职能的专门化最开始被认为是使多数人能够相互"分享和帮助"（2.369C）：每位农民或工匠将其产品"公有化"，"同他人进行分享"（369E）。这就是"我们建立城邦"——稍后的说法是"真正的城邦"（372E）——"并让它成为一个共同体（koinônia）"的基础（371B）。正因为它是个"共享系统"，所以它成了真正的城邦。

亚里士多德在考虑《理想国》对该论题的解释时，首先批评它援用整体作为共同体的基本原则（Pol. 2.2—3）。他正确地认识到诉诸统一性在柏拉图思想中的核心作用〔2〕。关键段落来自第五卷。苏格拉底在解释完护卫者阶层的共妻共子之后，接着考虑这个规定是否符合他所描述的政治体系的其他部分，以及这种共享是否算得上最好。他继续说道（5.462A—B）：

> "我们若要达成一致意见，首先就要问问自己，就城邦组织而言，我们能够设想的至善是什么——即立法者制定法律的目标所在——至恶又是什么，这难道不是一个好的起点吗？然后再问：'我们刚才的建议是否合乎善的足迹而不合恶的足迹？'"
>
> "是的，这是最好的可能起点，"他说。
>
> "那么，就城邦而言，将其分裂并使其成为多个城邦而非一个城邦，这难道不是我们能够设想的至恶吗？或者说，难道至善不是将其联合并使其成为一吗？"〔3〕

---

〔1〕 参见 Plt. 258E—259C，讨论参见 Cooper 1997a：73—80。怀疑的观点参见 Annas 1999：90—92。

〔2〕 我在本章限制了关于柏拉图的政治统一路径的讨论，主要针对《理想国》。不过，从《美涅克塞努》到《法义》的整个对话序列可以继续这个主题。柏拉图统一思想的发展就是 Pradeau 2002 的首要主题。

〔3〕 对比《斐多》中的苏格拉底："他们（即物质主义者）压根不认为它真的好，不认为它是团结一致的捆绑物"（99C），而《法义》中的雅典访问者如是说："真正的政治技艺应该关注公共事务，而非关注私人事务——公共利益将各城邦捆绑一处，而私人利益则让它们分离。"（9.875A）

"是的，的确如此。"

关于他正在谈论的联合要素，苏格拉底就此继续提出一种假说。我们应该认为他实际上区分了以下三者：(1)"好"（或"善"，the good）的普遍公式；(2) 实现这个公式（在某种程度上）的特殊方法——苏格拉底称之为"善的足迹"；(3) 可能贯彻特殊方法的制度安排。公式（1）可以用我们所谓的统一原则（Unity Principle，简称 UP）来表达：

UP　　就城邦而言，最大的好是使其统一的事物。

紧接着，方法（2）明确指出了实现统一（即 UP 所认为的好）的方式，表述如下（5.462B—C）：

"如果面对相同的收获和损失，全体公民都能尽量做到同欢共悲，那么，同甘共苦不就使城邦统一了吗？"
"确实如此，"他说。
"然而，这些感受的私人化会导致分裂吗？尽管城邦和城邦公民经历相同，但有人欢喜有人忧？"
"当然。"
"这难道不是因为城邦公民不会同时使用诸如'我的'、'不是我的'这样一些语辞？'别人的'不也一样吗？"
"确实是这样的。"
"这就意味着，如果某城邦中的大多数人对于同一事物能以同样的方式使用'我的'、'不是我的'这些语辞，那么它就是治理最好的城邦，不是吗？"
"确实是最好的。"

苏格拉底对照了个人感知事物的方式（早于圣保罗）。当某人的手指受伤，因为身体的所有部分会形成一个灵魂统治的共同体，于是整个"共同体"也意识到疼痛——所以我们会说："那个人手指痛"（5.462C—E）。苏格拉底接着论辩（3）。他最后说道，他从第二卷至第五卷发展的关于城邦组织的具体建议实际上将导致合乎"善的足迹"的结果（属格代词的同步共用法表明了此点），并因此成为城邦至善的起因（5.462E—464B）。

UP 的论证力和吸引力很明显。除非城邦是统一的，不然它根本不算是城邦。它之所以为城邦，在于它的统一性。最重要或最有益的事物莫过于导致这种统一的起因——至少在某种意义上说，如果没有这个统一因，城邦就不可能获得其他的"好"，因为将没有"一个城邦"从其他的"好"那里得益。对于《理想国》的整体论辩而言，统一原则至关重要。[1] 我们不能因为 UP 推迟至第五卷才讲，就认为它不具有更加普遍的重要性。诚如城邦与灵魂的类比会引人推想的，第四卷结尾将正义解释为灵魂和谐的措辞就已预示了 UP（443D—E）；而该卷之前讨论城邦和个人在节制（sôphrosunê）方面相似的文字，则预示了结尾处的措辞（4.431E—432A）。苏格拉底说道，个人得把自己的家打理得井然有序，并且调节灵魂的三个要素，就像是调节音阶上的三个定点——高、低、中——"倘若它们之间还存在其他要素，那他应该联合所有这些要素，让它们成为一个由多组成的完全统一体；受到节制并与其自身保持和谐"。第四卷再之前（427E），众人赞同苏格拉底的说法，即他们描述的城邦"十全十美"（假定它的建构基础是对的）——毫无疑问是因为作为整体的共同体享有任何城邦能够享有的幸福（4.420B—421C）。它不会是相互争战的两个城邦，即一个穷人的城邦和一个富人的城邦（4.423E—424A）。第五卷对 UP 的阐述同样指向第六卷和第七卷的形而上学。美好城邦的哲学统治者必须理解的最重要的事物是"好的理型"（the Form of the Good, 6.504C—505B）。"好的理型"是柏拉图关于真实的终极原则。于是可以预料，在它谈及"好"的地方，统一原则同样呈现了对城邦之为城邦的分析；或者说，通过考虑城邦存在所要满足的诸多条件，柏拉图处理何为最佳形式的政治共同体（同他之后的亚里士多德一样）问题的路径才得以发展。

柏拉图的政治哲学似乎就此远离现代政治自由主义（如其可能之所是）的哲学前提。比如罗尔斯在《政治自由主义》中明确对比了他所持的那种立场和他在柏拉图、亚里士多德、中世纪基督教思想家以及功利主义的政治哲学那里发现的"主流传统"。[2] 这些哲学家相信"理性的和合理的好"独一无二，他们和多元主义的拥护者之间存在着极大的分歧。自由主义者通常坚持众多生活观相互冲突，每种生活观自有其对好的理解，但全都"兼容于人的完全理性，只要能为'正义'这一政治概念所确定"。

在统一原则那里可以找到柏拉图和自由主义存在分歧的证据吗？罗尔斯

---

[1] 更多内容参见 Burnyeat 2000（特别是 pp. 74—81）。
[2] Rawls 1993：134—135.

认可的诸原则和 UP 的共同之处比想象中要多。尽管罗尔斯提出了"权利先于好"的著名学说,[1] 但他坚持认为二者其实互补,而且"公平的正义"中暗含了政治社会之好的观念。[2] 这种"好"在于社会统一(正如《理想国》所言)。于罗尔斯而言,社会统一是良序社会的条件。在有序的社会当中,人人接受他人并了解他人接受相同的正义原则;大家都认为社会的基本结构符合那些原则;而且公民确乎总体上实践了所设想的正义。对于《理想国》内苏格拉底得出的政治正义、统一以及"好"之间的关系,几乎不可能有更好的描述了。为了表述美好城邦统一体取决于何物,第四卷用"全体一致"(homonoia)来表达政治节制。所谓"全体一致",指的是社会的顶层人士和底层人士一致同意何者应当统治,何者应当被统治(432A)。接下来便愈发明晰的是,他们的一致同意反映了政治正义的原则,该原则要求人人为城邦发挥"其自身"作用——因为这是他们与生俱来最适合做的事(433A—434C; cf. 443C—444A)。或如神话所示(孩童时期灌输高贵的谎言),或最终凭借哲学理解(就哲学统治者来说),对该原则的普遍认可无疑是牢靠的。[3]

还有一种公民共和主义的立场(类似于罗尔斯的自由主义)也得到了罗纳德·德沃金(Ronald Dworkin)的辩护。[4] 正义和社会统一之好的正式联系很容易让人再次想起《理想国》。德沃金进一步发展了罗尔斯的立场。他论证政治共同体在伦理上高于个体生命,除非正式的政治决策(立法、行政管理)缺乏正义以致个体认为他自己的生命受到贬损:"处于整体之中的公民承认他自己的生命价值取决于他所在的共同体能同等关注每个人。"他继续用罗尔斯的方式说道:"假设以下理解公开透明:人人都知道其他人共同拥有此种看法。于是,共同体将具有稳定正当的重要来源,即使它的成员对于何为正义意见极为不一。"德沃金承认"所有这些都是乌托邦",而情况不会因此变糟:"我们正凭着形而上的道德良心探索乌托邦,即我们能规定、辩护甚至可能摸索靠近的一个共同体理想。"接着他开始问我们为什么会觉得这个理想有吸引力。为此,他本人明确对比了柏拉图在《理想国》中看待

---

[1] 参见 Rawls 1972: 446—452.
[2] 参见 Rawls 1993: 201—202.
[3] "全体一致"(homonoia)是城邦解决社会政治不满的方式,这在柏拉图的时代愈发习以为常。参见 Rep. 1.351D; Xen. Mem. 4.4.16,更多内容参见 Romilly 1972。
[4] 参见 Dworkin 1989: 501—502.

正义和幸福二者关系的视角。[1]

当然，还有一些自由主义和柏拉图的乌托邦主义毫无共同之处。[2] 某个强大的传统以霍布斯倾向的政治理论路径为基础：伯纳德·威廉姆斯称之为"政治现实主义"。政治现实主义者的自由主义"把没有恐惧的生活状态当作它的第一要求，并且考虑其他的哪些'好'能够在更好的环境下得以促进；它只根据已经确定的当地条件，来讨论对恐惧及自由概念的扩展之建议。"事实上："它把人们具备哪些权利的发现看作是政治历史的发现，而不是哲学的发现。"[3] 以此视角来看，在罗尔斯或德沃金的政治自由主义和柏拉图的乌托邦主义之间发现某种程度的趋于一致，也就不足为奇了。同柏拉图一样，他们算是"政治道德主义"的支持者——他们"把道德放在政治之前"。[4]

5.2 无涉形而上学的集体主义

柏拉图关于政治之好的理论的要素（1）——正式的统一原则——甚至可能因此受到现代自由主义思想的青睐。同样，与柏拉图同时代的人也不会觉得这个原则本身是特别新颖大胆的富有争议的陈述。[5] 伯罗奔尼撒战争结束后，雅典的内乱忧患似乎促使"一致同意"（homonoia）成为政治学和政治哲学的关键词汇。它一开始主要用于设立城邦内部稳定的前提条件，为

---

[1] 柏拉图政治正义的实质性原则和罗尔斯或德沃金或其他人的自由原则自是无法调和。自由主义者假设了社会成员的自由平等状态，并且清楚表达了正义：通过他们的自由权、机会权、社会受益权、经济受益权。柏拉图的假设则不同：基本功能——如果要社会有效、安全、稳定，就得履行基本功能——要求不同的职位分配给不同类型的公民，正义因此被认为是正确履行社会功能。同样，他设想政治正义的原则将达到普遍同意的情况（与此相关的更多内容参见第六章第五节）完全不同于罗尔斯或任何政治自由主义者视之为合适的情况。然而，不论是罗尔斯对有序社会的正式说明，还是德沃金对共同体理想的描述，都避免提及特定的正义原则。二者的阐述实际上皆为中立，在自由主义者的正义概念和柏拉图的正义概念之间——举两个我们当前关注的示例。

[2] 关于各种自由主义，参见 Geuss 2001：ch. 2；2002。

[3] Williams 2005：61.

[4] Williams 2005：3.

[5] "当谈到对于政治本质的最为寻常的共同信念时，古典希腊本身就是柏拉图式的"：Loraux 2002：94。Loraux 的《分层城邦》广泛思考了分层（division）的出现方式——以赫拉克利特式的风格——在希腊人的想象中，分层（柏拉图在《理想国》中的论辩与之相反）既分离又统一了激烈竞争的城邦政治生活。也可参见她的文章 Loraux 1991。

了避免个人利益或派系利益占上风，它是极其重要的。[1] 在柏拉图时代的任一真实的希腊城邦中，相对紧密的社会结构很常见，当和邻邦频繁发生战事期间更是着重于此，这使得苏格拉底关于统一为城邦之好的讨论会被广泛视为老生常谈。

苏格拉底实现作为好的统一性的方法（2）与自由主义并不相容：要求对经验——或者更准确地说，影响城邦及其居民的任何好坏经验（5.462D—E）——的情绪反应一致。诚然，倘若某些事件损害了政治共同体，德沃金的"处于整体之中的"公民肯定都会觉得受到贬损。不过，这些事件构成了严格限定的影响公民的经验子集。在此语境下，缺乏正义是唯一值得考虑的经验。如果某位同胞痛失亲人，或奥林匹克竞赛失利，或因船只失事而损失贵重货物，那么这与公民身份的我并无什么关联。除非我是他的亲戚朋友，这样的话就可能影响到我。德沃金比较了管弦乐队的集体生活。它一样有所限定："只是音乐生活"。[2] 因此：

> 音乐家认为他们的表演共同拟人化地象征了"管弦乐队"。他们共享它的成功与失败，认为这是他们自己的成功与失败。可他们并不认为管弦乐队要有性生活，某种程度上由其成员的性活动构成……尽管第一小提琴手可能担心同事的性爱好或性异常，但这是朋友之间的关心（表现了利他主义），而不是对组合整体（包括他在内）的"自我关注"。他的道德完整性并不会因为鼓手的通奸行为而有所亏损。

采取另外的思路，就是屈从于"拟人论"。对于理解统一和共享的这类形而上方法，德沃金提出控诉。他的控诉读起来就像是在评论柏拉图关于身体及其各部分的保罗式类比（5.462C—D）；其前提条件是："集体生活可谓是一个巨人的生活，它类似于构成它的公民的若干生活，拥有相同的形制，遇到相同的伦理道德困境及分水岭，还遵从相同的成败标准。"[3]

柏拉图的整体方法设想个人经验和集体经验完全融为一体。是什么促成了这种融合？一个可能的答复是：他始终致力于所谓的国家有机论（自黑格尔之后一直作如是称谓）。人们通常认为《理想国》第四卷开头的著名段落

---

[1] 参见 de Romilly 1972.
[2] Dworkin 1989：495.
[3] Dworkin 1989：492.

五 乌托邦

(4.420B—421C)把形而上的第一性归于城邦（而不是构成它的个体或阶层）。如果这种解释正确，那么它可能会促使我们重新考虑第五卷的统一原则究竟能不能用中立正式的方法（第5.1节刚刚提出）来解释。我将论证这种解释不正确，因此我们无需重新考虑。

在第四卷中，柏拉图笔下的苏格拉底确实说过城邦能够快乐或享有幸福，能够呈现德性（这些想法的分析对于他的政治论辩而言实在重要）。这种说法将他引向何方——已经有不少人尝试进行还原论的解读。比如，格雷戈里·弗拉斯托斯（Gregory Vlastos）反驳格罗特和波普尔。他特别论道，苏格拉底设想整个城邦的幸福不过是所有公民的幸福（就其能够实现而言）的缩写表达。[1]这似乎是亚里士多德对政治共同体实现美好生活的理解方式。[2]然而，莱丝丽·布朗（Lesley Brown）已经表明，当苏格拉底讨论这个问题的时候（4.420B—421C），他是将城邦视作一个有机整体，该整体有其自身的基本需要及特征，尤其是和谐统一的需要。[3]问它的内部成分是否快乐或者是否有想象中的那么快乐，这就像是在问一尊雕像的眼睛是否如想象般漂亮，恰如阿德曼图询问护卫者事宜的方式——这并不是正确的问法。重要的是，在描绘各个部分时，要关注整个雕像的漂亮。如作适当变动，这同样适用于城邦以及城邦幸福。苏格拉底实际上征用了阿德曼图的措辞"幸福"，来强调城邦的美好秩序比个人或团体的成功满意（通常的"幸福"表达的意思）更加重要。所谓的城邦"幸福"表达了社会和谐的观念，正如第四卷结尾处所明显论断的，个体幸福由灵魂和谐构成。[4]

因此，城邦的幸福不能还原成个体公民的幸福。[5]不能推断说城邦实

---

[1] 参见 Vlastos 1995：II. 80—84. Taylor 1986：17 采取同样的立场："他（柏拉图）的整个理论结构要求城邦以促进个人幸福为最高目标"。
[2] 参见 Miller 1995：ch. 6.
[3] 参见 Brown 1998。
[4] 关于城邦灵魂类比的这个维度，参见 Taylor 1986：18—22。
[5] 苏格拉底压根没有宣传个人幸福是城邦的"最高目标"（Taylor 1986：17），他总结了他对城邦幸福的讨论：根据人人"做分内之事"的原则，整个城邦将繁荣昌盛，继而治理有方；与此同时，应该允许事物自由发展，直至城邦内部阶层的每个成员都拥有幸福（4.421C）。当然，对于人民而言，将共同体置于首位的基本原则在于获取共同利益（2.369B—C；参见 7.519E—520A）。但利益的实现不会导致他们幸福：为此他们需要发展德性或类似事物——这或许是个希望。如果城邦真的繁荣昌盛，特别要说的是，如果统治者和军事阶层的教育以及柏拉图设想的致使其余人等皆为节制的机制都行之有效的话，这个希望就会实现。

体形而上地先于公民,就像德沃金的管弦乐队并非在本体论上比组建乐队的音乐家更为根本那样。当苏格拉底在第四卷的余下部分发展他的论辩时,他对城邦幸福的讨论也并非那么看。城邦之所以为好——因美好秩序而幸福——首先在于"不论是儿童还是妇女,奴隶还是自由人,还是工匠、统治者、被统治者,每个人都做好自己的分内之事而不干涉其他人的工作"(4.433D),换言之,社会正义(正如《理想国》所定义)在起作用;准确地说,就像罗尔斯的"良序社会"定义所要求的那样。城邦的和谐完全在于正确运行这些活动(关乎政治共同体的机能的发挥),即执行城邦生存所必需的经济职能、军事职能和行政职能。德沃金称之为统一共同体的实践视角(而非形而上学视角)。诚如他所言,我们不能因此把共同体的概念还原成关于个体行为的某个主张:[1]

> 如果存在某个统一共同体,公民对该共同体及其成败的陈述并不纯粹是个人自身成败的统计总结。统一共同体有其自身的兴趣关注——过它自己的生活。统一和共享是真实现象,即使从实践的视角看。但根据这种视角,它们是态度和行为所致,并融入态度和行为,但不先于态度和行为。

因此,尽管柏拉图在第四卷开头把城邦看成一个有机的整体,却没有提前使用第五卷(462B—D)的集体主义方法(2)。为了实现作为好的统一性,第五卷详细解释了这一方法(2)。它更倾向于肯定上文第5.1节对统一性原则(1)的分析。集体主义方法受其他事物——并非形而上的城邦概念,而是对社会政治忧患的思考——驱使。"就城邦而言,将其分裂并使其成为多个城邦而非一个城邦,这难道不是我们能够设想的至恶吗?"这是苏格拉底在此语境下问的第一个问题(5.462A—B)。我们要注意他表达此种忧患的时点,这很重要。他对美好城邦的阐释快要结束的时候才提出这个问题。也就是说,苏格拉底已经充分发展了政治正义的理论。当明确规定的三个阶层(经济、军事、统治)都能实现自身的功能,并且只能实现自身的功能时,社会和谐就会普遍存在。而政治正义便是社会和谐的某种作用。他现在担心的是他自己的理论问题,特别是全体公民团结一致的方式的问题(5.461E)。为

---

[1] Dworkin 1989: 494.

了使意思更加明白，我们可以换种说法来表述苏格拉底的问题："该理论是否真的已经做好了防范措施来面对城邦统一体的最大威胁：社会分裂的风险？"他的集体主义方法——情绪反应一致——提供了肯定答复。而这表明了他眼中的威胁来源：引发众人分裂的欲望、情绪或态度。因此，他担负的艰巨任务是：表明第二卷至第五卷的制度安排（3）是阻止这类欲望、情绪或态度发展的正确安排，同时它还更加积极地创造了满足集体主义方法（2）的社会条件。

5.3 集体主义心理学

柏拉图政治统一体的基本概念就其自身而言并非集体主义的。在我们讨论统一性原则（1）的时候，这个论断愈发明晰。不过，他设想的实现政治统一体的唯一有效方式是发展集体主义的社会心理学（2）。而集体主义的社会政治制度（3）促进了（2）的发展。这条思路的基本想法很简明。我们情绪上的渴求和回应是我们对人与事的依恋引起的，而社会当中行之有效的财产所有权和使用权的安排，以及婚姻和育儿的安排又会影响我们的人事依恋。因此，如果财产的使用权和所有权多为私有，如果人们认可的婚姻及育儿的社会单元是核心家庭，那么依恋和情绪也将"私有化"，并且颇有分裂社会之势。诚如斯蒂芬·哈利威尔（Stephen Halliwell）所论，柏拉图似乎真的杜撰了"私有化"（*idiôsis*）这个抽象名词——再也没有用过第二次——来描述我们在下列情况中的情绪状况："尽管城邦和城邦公民经历相同，但有人欢喜有人忧。"（5.462B—C）[1] 相比之下，公有制会加强集体依恋。因为妇女和儿童"公有"，所以每个护卫者都以为他同其他护卫者具有亲缘关系，而家庭成员之间相互关心和相互尊敬的责任则让他们紧密相连。包括之前说过的废除私有财产，这些关联将保证（苏格拉底说得相当详细）社会内部分裂的常见来源不会出现，或者保证这些来源服从于那些剥夺其作恶潜能

---

[1] 参见 Halliwell 1993:172。发人深思的其他评论当中有一提议，即该表达包含了"个体能够设想自身为独立行动主体的所有方式，以及他们自身的兴趣和需求（快乐/痛苦）；换言之，无论在什么地方，某物都可能被设成是'个人的'、'私人的'、抑或'个体的'"。Halliwell 继续说道："这意味着柏拉图的论辩不单针对自私（cf. *Laws* 5.731D—732B），还针对个体的心理基础。"肯定值得注意的是，当柏拉图在《法义》中再次阐述这种集体主义心理学的思想时，他说："尽量设想一下，即使天然的私有事物也至少会以某种方式共有——（比如）眼睛、耳朵、双手被认为是在共同地看、听、做。"（5.739C—D）

的社会心理控制。

一个难题随即显现。柏拉图想要保卫的是城邦的统一。然而，关于对待经验的共同情绪反应，他所说的内容仅仅涉及一个城邦要素：护卫者阶层，即统治阶层和军事阶层。他引进集体主义的社会制度同样是为了管理护卫者阶层的生活，而不是管理农民、工匠以及其他经济阶层的生活。亚里士多德在《政治学》第二卷批判了《理想国》。他有时被指责混淆了柏拉图确保护卫者阶层统一的提议和关于城邦统一体本身的讨论。然而 UP 是关于城邦自身的原则，而且，苏格拉底声称护卫者阶层的共妻共子以及财产公有合乎"城邦善的足迹"。[1] 此外，柏拉图在《法义》中重申《理想国》的美好政制构思，他认为"整个城邦"应当尽力实现这个共产主义理想（Laws 5.739B—C）。[2] 因此，如果混淆确实存在的话，似乎也应是柏拉图负主要责任。[3] 混淆未必无害。经济阶层的不满难道不是威胁城邦团结稳定的主要隐患吗？如果共妻共子以及财产公有加强了护卫者阶层的亲密感，那他们与其他阶层之间的团结感岂不势必就会减弱吗？[4]

但柏拉图明显想要论证：经济阶层自身同护卫者阶层的关系表现了政治统一体所需的共同感受。建国纲领性神话——第三卷结尾（414B—415D）详述的高贵谎言——已经为美好城邦奠定了基础。诚如妮可·洛罗（Nicole Loraux）所言，高贵的谎言是"意识形态的一个瞬间"，它旨在于向全体公民灌输思想，让他们坚信他们全都是第五卷论证共妻共子以及财产公有时所宣称的那种护卫者家族的一份子。

> 诉诸神话首先出现（即在第五卷阐释"政治建构"之前），该方式让公民坚信他们自身的共同起源。根据神话，他们全都生于大地。他们

---

[1] 正如 Peter Garnsey 向我强调，柏拉图的共产主义大体上可以称作使用权公有，而非所有权公有（尽管亚氏是对的，他认为公有的财产所有权可以设想，参见 pp. 226—227）。
[2] 亚氏似乎认为《理想国》第五卷的集体主义理想方案和《法义》第五卷对该方案的重申可以互换。比如，他说《理想国》诸多建议的目标是为城邦提供"尽可能多的统一"（Pol. 2.3, 1261b16—17），他的说法取决于《法义》的视角（5.739D），而不是《理想国》自身的明确陈述。
[3] 参见 Stalley 1991: 183—186；也可参见 Laks 1990: 219—221。
[4] 参见 Halliwell 1993: 174, 181（注释参见 461B1, 466B1）。

五 乌托邦

"皆为兄弟"[1]

实际上这个神话最初是写给护卫者阶层的,并且更明确地聚焦于这样一种认识,即他们最终要把其他公民视作兄弟(3.414E)。柏拉图接着讲述神话的第二部分,并给予阶层结构合法地位——他的虚构故事将阶层结构扎根于天性,确切地说是金、银、铁、铜的天性——可见他并不认为家庭城邦的观念和城邦三分之间存在着无法调和的张力。[2] 诚然,他在第四卷让苏格拉底表明职能的专门化对于城邦的统一而言至关重要:"通过专注于自身职能,每个人都将成为一,而非多;同理,整座城邦将成为一,而非多"(423D)。苏格拉底在第五卷试图证明美好城邦的制度确乎增进了共同感受。但他一开始讲的不是护卫者阶层的集体生活,而是护卫者和民众谈论彼此的用语(463A—B)。在美好城邦中,生产者不会称统治者为"主人"(大多数政权如此称呼),更不会称之为"执政者"(等同于 archôn,雅典这样的民主政权如此称呼),而是称之为"拯救者"(或"保护者")和"帮助者"——同时像他们自身那样称之为"公民"。在统治者这厢,他们不会称生产者为"奴隶",而是称之为"工资提供者"和"维持者":表明他们自己的角色类似于雇工,他们为了他人的利益(并非出于美好或高贵的缘故)而承担工作,回报就是最终免受那些比他们差的人的统治(cf. 1.346E—347D)。共同的主题是认识到同胞之间要相互依持,关键性基调是相互感恩。此处既没有提及高贵的谎言,也没有提及柏拉图所认为的有效确保人们坚定主动地致力于政治解决的任何机制,比如《理想国》中的政治正义体系(关于这个问题,更多内容参见第六章)。或许它们已经被预设为先决条件,因为苏格拉底满怀信心地描述了统治者和劳动者的相互尊敬。

显然,柏拉图认为统治阶层内部纷争的任一可能性都比经济阶层的动乱,更能对城邦统一体造成真正的严重威胁。毕竟,统治阶层含括了所有的军事资源、所有的政治权力以及城邦文化的全部精神风气。关于第五卷与我们的讨论直接有关之处,亚当(Adam)的说法相当正确:

---

[1] Loraux 2002: 198.
[2] 解决办法可能在于识别兄弟关系的模式或者等级(有人可能认为柏拉图坚持这种模式合乎常理)。有人可能会说,护卫者(本质为金或银)与护卫者之间会有某种模式或等级的兄弟关系,与农民、工匠以及商人(铁或铜)则有另外一种模式或等级。

就此部分而言，柏拉图的目的始终是保持整个城邦为"一"——通过防止城邦的某个组成要素（即护卫者阶层）变成"多"。如果护卫者阶层团结一致——他就是这么看的——那就毋须担心其他阶层会对城邦统一体造成威胁（465B）。[1]

柏拉图把内乱（stasis）看作是贵族制（《理想国》中的护卫者行贵族制）易患的独特疾病，[2] 就此而言他追随希罗多德记载的那场著名的讨论：波斯贵族谈及君主制、寡头制（与贵族制无异）、民主制的优点（Histories 3.80—2）。在该讨论中，赞成贵族制的论据是：最优秀的人——最能慎思的那类人——因此得以掌权（3.81.3）。反对论据则是：强烈的私人仇恨在贵族制中出现，这将导致世仇（stasis），导致凶杀流血，导致君主制（3.82.3）。柏拉图之所以在《理想国》第五卷提出集体主义建议，就是为了确保贵族制的优点稳定不变，并从而隐匿它的典型缺点。

亚里士多德在讨论柏拉图的共产主义时作了诸多有趣的评论，其中之一如下（Pol. 2.5, 1263b37—40）：

> 某哲人意欲引进一个教育体系，并且相信城邦将因此具备道德上的好。奇怪的是，他竟然认为他可以通过这类措施（即共产主义安排）改造城邦，而不是通过培养好的习惯，通过哲学，通过法律。

该批评无疑显示了柏拉图思想的某种复杂性。他在教育和至少"通常"德性的全面培养上下了很大的赌注。与此同时，对于人性及其进步能力，他却信心有限——因此便诉诸各种社会工程，包括优生控制。或许可以说——为了缓解对立——教育和法规只是有所不同但却互补的社会化模式。不过，它们之间具有至关重要的差异：一者是劝说的形式，另一者是控制的形式。柏拉图很清楚他的双重路径。要让公民进入彼此和睦的状态，就得"通过劝说和强制二者"（7.519E）。《理想国》论辩集体主义制度将促进集体主义心理。

---

[1] Adam 1902: I. 305（注释见462B9）。城邦的余下部分不会分裂，既不会反对护卫者，也不会彼此反对，苏格拉底如是说。"分裂"（dichostatein）这个词让人想起梭伦对内乱（stasis）的伟大思考，见于他的残篇4中的诗句（Halliwell 1993: 179）。

[2] 当然，《理想国》把贫富之争看作是当时社会普遍流行的地方性状况（4.422E—423A）。我们应当注意，从美好城邦中消除这种分裂的可能性，主要是通过不让统治阶层拥有财产或使用金银。更多内容参见第六章。

五 乌托邦

就此论辩而言，暗含了以下设想：控制激情和欲望是为必要，即便对于天生的精英——他们的培养旨在发展激烈情感和温和情感之间的一种平衡，他们久经考验不受诱惑或恐惧的干扰——而言，亦是如此（3.410B—414A）。在财产获取以及核心家庭的内部关系方面的个人满足与个人不满，似乎被认为足以削弱教育（paideia）的影响。

因此，为了预防贪婪，护卫者阶层只能在斯巴达模式的军营里活动。经济阶层的税收将供养他们。他们不准使用黄金和白银，或者金钱（3.415D—417B）。情绪管理方面与此相仿。苏格拉底很重视能够控制愤怒、暴力以及诉讼狂躁的不同安排形式的潜能。就像阿里斯托芬在《公民妇女大会》中说的那样，他似乎只考虑未经改造的普通雅典人的行为方式（当你彻底解放地改变了他们的处境时）。比如（阿里斯托芬实际上就用过这个例子），就年轻人对老年人的暴力行径而言，将培养不同的情绪及相关行为：尊敬（像对父亲那样对待所有的老者）和恐惧（畏惧受害者家族的惩罚）[1] 立志辅助军事阶层将是光荣之事，比赢取奥林匹克要光荣得多——不是因为个人成就而得荣耀，却是因为拯救整个城邦而得荣耀（5.463B—466C）。

亚里士多德提出一整套理由，表明《理想国》的集体主义制度无法实现其所设想的这些益处。大多数理由取决于以下看法：在该体系下，与人和财产的正面依恋很可能变弱，而敌对的态度行为则愈发普遍。比方说，如果每位公民都有一千个儿子，而这些儿子不属于他们个人，即任何一个男孩都无差别地是每位公民的儿子，那么全体公民都会无差别地不去关注他们的"儿子"。财产亦是如此：财产若为最多的人所共有，便会受到最少的关注（Pol. 2.3，1261b32—40）。与此同时，真正的家庭关系的淡化将会减弱有关禁令，即人们不得对真正的家庭成员做出反社会的犯罪行为："当人们不知道他们之间的关系，相比知道而言"，这种行为"必然更常发生"（Pol. 2.4，1262a30—1）[2] 至于财产所有权公有，"如果人们证明在产品的享用方面和生产方面不平等，那么在享用或占用过多却劳作甚少的人，和占用过少却劳作甚多的人之间，必然发生抱怨"（Pol. 2.5，1263a11—15）。在一定

---

[1] 阿里斯托芬的《公民妇女大会》（655—672，635—643）早就涉及诉讼（464D—E）和尊敬老者（465A—B）；在论述斯巴达的文献中，任何老者有权命令和惩罚任何年轻人（Xen. Lac. Pol. 2.10）。柏拉图则反问读者（第五卷处处可见这种反问），为何阿里斯托芬描述的喜剧幻境在他设想的环境中无法实现。

[2] 但柏拉图可能注意到，至少在神话故事之中，未经淡化的兄弟关系通常是彼此仇恨的典范，参见 Loraux 2002：ch. 8。

范围内，这些论点确实相当有力。[1] 不过，它们未经论辩就假定了，彻底的社会重组及教育改革能实现的人类动机改造终究有限度。柏拉图无疑会如此回应：因为他看到，废除核心家庭（以及血缘关系网）及其财产控制会从根源上杜绝希腊城邦实际经历的最为激烈的纷争（5.464D—E）。以下现象肯定不会让柏拉图感到诧异：世界各地成千上万的人哀悼（正如我所写）全球化时代的第一任教皇的逝世——如同失去了他们自身天主教家庭的父亲。

5.4 柏拉图是女性主义者吗？

柏拉图对人性潜能的信心更多地体现在他坚决有力地让苏格拉底为女性武士和女性统治者（与男性一样）进行论辩，因为两种性别对此在本质上没有什么不同。苏格拉底就此引用的第一原则没有涉及女性的权利和全体公民权利相等，[2] 也没有虑及女性的幸福和社会政治体系的正当基础。在某些读者看来，这使得《理想国》的第五卷无关于当代对女性社会政治地位的任何考虑，[3] 尽管对于其他读者而言，"《理想国》的论辩涉及性别平等的所有主要问题"。[4] 苏格拉底诉诸的是以下论辩：共产主义的安排不仅对城邦最为有利，还最符合人性。

他论证人性的主要策略是运用警卫犬和猎狗的"异化"形象——让我们既远离习俗，又远离根深蒂固的自我理解。[5] 如果你养狗，你就会认为公狗和母狗都要站岗，狩猎，实际上"一起"做所有事（通过训练），即使（诚如格劳孔所言）公狗更强，母狗更弱。孕育小狗并不能免除母狗的任何这类任务（5.461D—E）。此外，你最好的猎狗和猎鸟将是纯种，你会尽量让它们在最强壮的时期与其他同类交配，从而维持优良血统；你的马匹和其他动物亦是如此（5.459A—B）。这些实践完全反映了上述动物的天性。类

---

[1] 亚氏没有评论《理想国》优生建议的内在困境，柏拉图本人似乎认为这个建议是他集体主义思想中最成问题的一个想法（参见注释117）。至于困境以及血缘问题的完整讨论，参见 Halliwell 1993：16—21。

[2] Vlastos 1989 的解释与之相反。他为他在该语境下的权利词汇运用提出辩护，参见 Vlastos 1978 的后记，重印版见于 Vlastos 1995：II. 123—125。对希腊政治思想范畴的这种现代化诠释的正确性，相关评论参见 Schofield 1995—6。

[3] 例如 Annas 1976。

[4] Blustone 1987：165。

[5] 对于异化描述的理解，参见 Burnyeat 1992：183—184（重印版见于 Fine 1999：pp. 306—307）。

似的实践怎么就不适用于人的天性呢?

苏格拉底料到会有反对。"女人的天性和男人的天性不是完全相异吗?根据职能专门化的原则,某些工作基本上应该由女人来做(女人天生适合做而男人不适合做的工作),而其他工作天生适合男人来做,不是吗?"苏格拉底对该论辩路线相当不上心。当然,只有女人能够生子(在男人授精之后)。不过,现在讨论的是社会政治领域。证据表明,"涉及城邦管理的活动,没有一项因为她是女人的缘故而属于女人,也没有一项因为他是男人的缘故而属于男人"(5.455D)。苏格拉底诉诸男人在编织、烹饪、烘烤方面的才能,而阿里斯托芬的《公民妇女大会》(210—40)中的普拉克萨歌拉(Praxagora)则注意到女人在家庭管理方面的能力和多才多艺。

《公民妇女大会》创作于雅典某地,时间大约是公元前392—390年,它实际上早已讨论过《理想国》第五卷中的苏格拉底所提出的主要思想脉络[1]。雅典妇女乔装成男人,然后涌入公民大会,投票将权利转交给她们自己,并选举女主角普拉克萨歌拉为将军(即伯里克利经常担任的职位)。她提出的彻底改革雅典社会的方案(*Assemblywomen* 583—710)包含以下几个主要因素:财产所有权和使用权全部归公,从而导致共同平等的生活方式(590—607);共妻,准许任何人与他们的意中人生育孩子(611—15),尽管有规定确保老丑之人不会错失生育机会(615—34);孩子把所有的年长男人视作他们的父亲,因此暴力行径减少(635—43);没有诉讼——他们不再犯罪(655—72);整个城邦构成了一个家庭,所有人一起用餐(673—710)。普拉克萨歌拉向她的丈夫布雷皮卢(Blepyrus)以及他的一个邻居解释所有这些内容,但他们的交谈充斥着粗俗不堪的下流话。除此之外,柏拉图几乎复制了该方案的全部内容。

亚里士多德是否知道《理想国》的某个早期版本,或者他和柏拉图是否都利用了人们所不知的同一本理论册子(尽管亚里士多德声称柏拉图的建议独一无二:*Pol.* 2.12,1274b9—10),学者们对此意见不一[2]。阿里斯托芬系统化地运用了共产主义词汇,这表明此类想法定是流行一时。至于《理想

---

[1] 不过,柏拉图文化遗产的其他诸多要素(皆以这样或那样的方式关涉女人的社会地位及角色)无疑也促进了《理想国》第五卷的思想语境的形成。简要概述参见 Halliwell 1993:9—12;更长篇幅:Dawson 1992:ch. 1。

[2] 对于证据和论辩的有效总结,参见 Halliwell 1993:附录(pp. 224—225)。该总结极度怀疑柏拉图记得这本册子的可能性。正如他所说,Adam 1902:1.345—355(第五卷的附录1)的深入讨论(对于以上论点较少疑虑)很难超越。

国》，虽然苏格拉底提到诸多玩笑、嘲弄、幽默等，还是可以说第五卷的文本并未有意模仿阿里斯托芬的作品，即使《公民妇女大会》极可能伏于其后。读者通常觉得柏拉图在开玩笑。我认为这份幽默恰恰在于：他从第一原则出发，非常认真地讨论出一个社会政治方案，而作者及其首批读者都很清楚该方案近来被搬上阿提卡的舞台，作为盛大的两性夸张秀最让人印象深刻。[1] 对于这类建议招致的嘲弄，苏格拉底不得不说的许多话其实指出了该方案有着传统基础：比如，人们一度认为克里特和斯巴达的裸体训练荒唐无稽，后来才认识到裸体比穿衣更适合这种活动（5.452A—E）。

苏格拉底得出他的论辩结论，如下所示（455D—E）：

> 天然能力均衡地分布于两种性别之间，女人天生适合参加所有的活动，男人也一样——尽管就所有方面而言，女人弱于男人。

"女人相对柔弱"的限定条件（当然，母狗的类比已经为此打下基础）因为格劳孔的评论——"在各种事情上，很多女人比男人做得好"（5.455D）——而有所修改。但在《理想国》的其他地方，以及其他对话作品当中，柏拉图提及女人的大多数内容都符合这个限定条件。他经常描述女人胆小怕事、多愁善感、不守纪律（e.g. 3.395E，4.431B—C，5.469D，10.605C—E）。不管怎样，他在写《蒂迈欧》的时候，将此视为某种天性倾向的征兆，这一点从他的设想——倘若男人不像个男人，在下一世就会投生为女人——就可明显看出（*Tim.* 42B—E; cf. 90E—91A）。《法义》则明确表示"就'好'而言，女性天生不如男性"（*Laws* 6.781B）。[2] 然而，在《理想国》第十卷的末世论神话中，所有的灵魂——既有男人的灵魂又有女人的灵魂——都有权力和责任来选取他们的下世生活（包括是否作为人类生活，若是的话，为哪种性别），虽然他们可能会偏向于他们的天性以及先前

---

[1] 不同于 Strauss 1964：61—62 颇具影响的解释，Bloom 1968：379—389 对其进行了拓展：对阿里斯托芬的模仿表明，《理想国》自身的提议纯粹是喜剧性的空想，其不切实际是为了让我们放弃乌托邦主义（Saxonhouse 1976, 1985：45—52 持类似观点）。对于施特劳斯解读的批判，参见 Bluestone 1987：41—50，154—162；Burnyeat 1992；Kochin 2002：81—82。
[2] 类似文字的完整罗列，参见 Wender 1973：80—82；Irigaray 1985：152—159。

的经历（*Rep.* 10.617D—612D）。[1] 但事实仍旧是：第五卷中的苏格拉底肯定有些女人同男人一样，天生适合各种职业——包括城邦的统治与战争。这恰恰是我们出于其他原因所期待的认识。苏格拉底指出男人和女人拥有同一种德性。[2]

大致说来，当代读者以两种截然不同的方式回应他们在柏拉图那里发现的有关该主题的内容。其中一种可以用"理性的阳刚性"这个标语来概括。[3] 基于这种观点，《理想国》的第五卷用阳性词来确定理性和力量的属性，并给予它们至高的社会政治价值；但又把它们解释为人性的普遍原则；所以它们也属于女人，仅就女人和男人相似而言[4]——若发现相似并不完全也丝毫不足为奇。这类诠释有时不会从原则上指责"无性别的哲学理性"的观念，但会论辩：自柏拉图以降，表述这个观念的诸多尝试（特别是在伦理方面）在历史上最后却带有浓重的性别色彩。该历史邀请我们"发现一个文化传统"，而女人被排除在理性和文化之外的常见形象"将不再符合"这个文化传统。[5] 相同路线的其他诠释则采用更为本质论的视角，以证明柏拉图诉诸天性的尝试是失败的。诚如露西·伊利格瑞（Lucy Irigaray）所言："天性至少有二：雄性和雌性。关于战胜普遍天性的所有思考都忘了天性并非为一。"[6] 如果不存在人性这样的东西，我们可能会断定柏拉图关于纯粹理性和不朽灵魂的理论只是父权制男性本性的表达，与此形成对比的是佩内洛普这个象征人物，她以截然不同的精明（*mētis*）——她的欺骗之网织了又

---

[1] 荷马笔下的厄珀俄斯（Epeios）选择他的下世生活具有"女人的手工技能"（10.621C）。这虽然没有反映他的前世生活不成功——他赢得了为帕特罗克洛斯（Patroclus）而设的葬礼竞赛当中的拳击比赛（*Il.* 23.664—699）；在雅典娜的鼓舞之下，他还是特洛伊木马的主要建造者（*Od.* 8.492—493）——却可能表明他献身于女神的决心。

[2] Vlastos 1995: II. 140 正确地强调了苏格拉底立场对于柏拉图研究这个问题的重要性。关键文本是《美诺》72D—73C（苏格拉底不支持美诺的说法，即男人的德性在公共领域内起作用，女人的德性在家庭领域内起作用）；cf. e.g. Xen. *Symp.* 2.9; Arist. *Pol.* 1.13, 1260a20—22; D. L. 6.12 [Antisthenes], 7.175 [Cleanthes].

[3] 例如参见 Lloyd 1993.

[4] 卢梭在《爱弥儿》第五卷开头说道："家庭废除之后，他的管理体系没有女人的容身之处，因此他被迫把她们变成男人。"家庭的废除迫使柏拉图提出女性护卫者，现代文献重述了这层意思（e.g. Okin 1977）；但很显然，这与文本格格不入。

[5] Lovibond 1994: 99.

[6] Irigaray 1996: 35.

拆，拆了又织——表达了令人难以理解的典型女性的主体性。[1]

这种类型的回应有一优势（若称得上优势的话），即发现了柏拉图谈及妇女时几乎贯彻始终的某种连贯性。另外一种回应则在两个主要维度上有所不同。[2] 第一，人就其本性而言如何是人（对于《理想国》中的柏拉图而言，灵魂"根本无性别"的声称可谓总结），[3] 和柏拉图如何设想人在当下处境中的存在方式（此时，他提及妇女的多处地方体现了贬低妇女的社会文化陈规）之间，具有明显的分别。第二，《蒂迈欧》和《法义》声称或暗示女人天生不如男人的诸多陈述，被认为是《理想国》之后的立场发生改变的证据——尽管《理想国》第五卷说过女人相对柔弱，这要么是因为他在哲学和政治上愈发保守，要么是因为他对灵魂本性的看法有所转变。就《理想国》而言，因为所有人天生适合参与政治，所以男女平等参政的理想——社会治理取决于此理想的关键作用——仍然是"富有想象力的公正"对柏拉图无法摆脱的遗传偏见的"一场胜利"。[4]

安琪拉·霍伯斯（Angela Hobbs）认为柏拉图在《理想国》中的立场"可能有意前后矛盾，以便顾及某一事实，即他的直接听众几乎肯定为男性"。柏拉图"真的想让他们相信苏格拉底式的理论，即德性无关性别"；可他又想用"主动有力的措辞"来描述护卫者阶层的哲学及活动，从而让年轻男性容易相信这才是"真正男人"的生活。[5] 这种矛盾可能不单单是柏拉图修辞表达的问题。显然，哲人在认真努力地进行自我论辩——试图调和关于男人、女人以及人性的两套相当不同的观念（他发现这两套观念都极具吸引力），从而得出政治共同体的益处源自真正认真地做到"朋友之间共享"。《法义》也肯定了这种想法。总体而言，它继续主张共妻共子和财产公有是我们在设想政制观念时所要追求的范例。也就是说，实现统一理想——即所有人同喜同悲——的方法仍是共妻共子和财产公有（Laws 5.739B—E）。但《法义》从事的方案不同于《理想国》。它并没有照搬那个理想。我们不得不满足于"诸多接近"。所以，雅典的访问者因无法实行之故，撤消了——考虑到"此处设想的出生、抚养、教育"——《理想国》第三卷

---

[1] Cavarero 1995: ch. 1. 她一度走得过远：她向女性读者道歉，因为她把"我对哲学文本的分析解读工作"强加给她们；ibid. 123 n. 3。
[2] 至于经典陈述，参见 Vlastos 1989。
[3] Smith 1983: 472; Levin 1996.
[4] Vlastos 1995: II. 143.
[5] Hobbs 2000: 246—247.

五　乌托邦

针对护卫者阶层提出的废除个人土地所有权及私有房产；类似的还有配偶安排，其中包括第五卷"第二波"文字所说的废除家庭，尽管（比如）他强调那些分到土地的人仍应当把土地视为城邦自身所共有（Laws 5.739E—740B；这大概指财产可供公用，正如亚里士多德所建言的：Pol. 2.5, 1263a21—40）。

此外，《法义》重申了《理想国》更具论辩力的论点：女人应该接受同男人一样的职业训练及教育。《法义》的重申比之前的论述更加有力，更具热情。克里特和斯巴达忽视对于妇女生活的管理安排，特别是关于妇女公餐的任何规定（Laws 6.780D—781D）。对该忽视的思考促进了城邦改革（男人和女人皆可参与城邦的所有实践活动）对幸福的优势的热切阐述。[1] 另一段话——由考虑教育方案的具体细则而引致——值得引用。访问者解释了该方案为何男女通行，甚至适用于女人学习骑马或使用武器。我改编了特雷弗·桑德斯的生动译文（Laws 7.805A—D）：

> 访问者：我坚持认为，因为这种情况有可能存在［就像黑海地区的敕勒人（Sauromatians）那样，女人追逐希腊人所谓的男性专长，比如骑马、使用弓弩和其他武器：804E—805A］，所以我们这弹丸之地的行事方式——男人和女人没有共同的目标，没有将他们的全部能量用于同一活动——绝对是在犯蠢。以当前的情况来看，几乎所有的城邦都只是半个城邦，只发展了一半的潜能，而它凭借相同的努力和代价就可以把它的成绩翻上一番。然而，立法者犯了一个多么惊人的错误啊！
>
> 克里尼亚：我敢说是这样的。但是访问者啊，很多这样的建议并不适合常见的社会政治体系。不过，你说我们应该让论辩自由发展而且只需届时作出决定，就此而言你是对的。你使得我对于说过的话感到自责。所以请继续，谈谈什么东西得到了你的青睐。
>
> 访问者：克里尼亚阿，我想说的要点就是我刚刚说的那个。如果事实没有证明我们的建议可行，或许就会有反对的声音出现。但就目前来看，反对这项规定的人必须尝试其他的对策。我们不会撤消我们的建议，即女性应该尽量和男性一起共享教育以及其他一切事项。

柏拉图的视角是一回事。但我们会怀疑他对（比如）任职体系的具体建议进

---

[1] 但准确地说，在此语境下，访问者被迫声称"就'好'而言，女性天生不如男性"（781B）。

行贯彻的强烈决心。关于女人的社会地位,他在很多地方含糊其辞。就当时雅典盛行的"女性从属于男性"的社会规范而言,与之截然相左的事物是否可以设想?学者们对此的看法也各有不同。[1]

在《理想国》和《法义》中,柏拉图皆设想众人对集体主义思想(即废除核心家庭及家族)的抵触会大于对男女共同参与政治军事活动的抵触。托马斯·内格尔的讨论与之相映成趣。他讨论了人们对于社会经济不平等的三个主要来源——它们的克服能平缓人们对于平等主义体系的抵触情绪——的态度变化。[2] 他所说的三个主要来源是:区别对待(对策是消除障碍从而实现机会平等);世袭优势,主要涉及家庭(对儿童保育、教育、社会福利制度的公共支持、各种正向区别对待等,可以削弱世袭优势);天生能力的差异(对治方式可以是切断卓越天资和高经济报酬之间的关联)。内格尔表明,因为不平等的来源逐步从纯粹外在于个人(的区别对待)过渡到有力的内在成分(能力差异),所以抵触情绪必将逐步增强;社会越是朝着平等的方向前进,反抗也就越强。《理想国》对护卫者阶层的诸多规定猛烈抨击了前两个来源:区别对待(女人和男人同为护卫者,训练也相同)和家庭角色(废除家庭)。[3] 不过,苏格拉底明显料到针对他第二项提议的那"波"抵触会比第一项更加难以应付:正如内格尔的理论所推想的。《法义》在讨论共同体和平等的问题时就呈现了类似的渐变过程。它虽然允许家庭的重回,但仍设法以某种方式控制经济体系,从而使得通常家庭之间的贫富差距最小化,比如规定每个人拥有的土地面积相等,并且不可转让土地;同时还把那些被认为是公民的人排除在商业活动之外,城邦之内根本不允许使用金银。不过,至少就其最普遍的理论陈述而言,《法义》热忱不减地保留了《理想国》拒绝区别对待男人和女人的态度。

6. 结语:空想的问题

毋庸置疑,某些时期的某些乌托邦作者制定了他们所构想的行动计划,

---

[1] 主张从属:e. g. Annas 1976;Okin 1979:60—70;Levin 2000:81—89。主张参与大多数的政治文化生活:Cohen 1987;Brisson 2005:98—106;Saunders 1995。对该问题的审慎总结,参见 Bobonich 2002:385—389。

[2] 参见 Nagel 1991:ch. 10。

[3] 我们没有试图克服内格尔的第三重障碍:能力差异当然会影响《理想国》社会政治体系的整个结构。

五 乌托邦

即使批评者断定它们是"未来小餐馆的食谱"(马克思的鄙夷之词),或者使用黑格尔更为平淡的表述,"对于世界应当如何的指示"[1]。不过,有时(有时又是几乎同时)会有相反的乌托邦假设——倘若一套观念被恰如其分地称为乌托邦,其中暗含的意思就是它们不可能成为现实:"应当"不意味着"能够"。这个假设可能进一步关联(也可能不关联)这样一种想法,即乌托邦作者只是打算构思一份空想。《理想国》的文本暗示了哪种解释选项?一旦我们提出这个问题,立即可见柏拉图本人很是担心以下可能:第五卷最早引进的共产主义思想可能显得不切实际,就像阿里斯托芬的某部喜剧那样。

事实上,苏格拉底想象自己得承受三"波"怀疑和嘲弄。他明显很担心某种批评,即认为他的见解只是一厢情愿,或者更准确地说,只不过是"祈祷"而已(5.450D,456C,7.540D)。正如迈尔斯·博尼特在其文章《乌托邦和空想》中表明,第五卷至第七卷的主要论辩被系统地组织起来,论证每个阶段的建议内容既有益又可行。[2] 先看第一个观念:女人应该与男人一样同为城邦的护卫者,共享一种生活方式,从事共同的活动,包括战争与治理。苏格拉底在此首先确定的是——原因我们已经考虑过——女人同男人一样天生适合这些职能,然后论证因此这是有益的:女人像男人那样接受教育从而承担这些职能(5.450C—D,456C,457B—C)。

他从一开始就承认,他料到他的第二个观念——共妻共子——会遭遇更大的抵触,问题不在于它是否有益,而在于它是否可行(5.457C—D;但格劳孔使他相信他在这两个方面都可以预期大量异议:475E)。苏格拉底实际上首先为可能性问题的延缓讨论提供详尽辩护,直到他先说明,高度管制的性共产主义和公共的育儿体系"可能最利于城邦和护卫者阶层"(5.457E—458B)。[3] 这就是他在随后几页文字当中所做的事,再往后就是对护卫者阶

---

[1] 我的这些引文——第一处来于《资本论》第二版的"刊后语",第二处来于《法哲学原理》——摘自 Waldron 1995:160。

[2] Burnyeat 1992。

[3] 苏格拉底对配对生育安排(他描述这种安排适合于护卫者)的可行性问题闪烁其词。随着讨论进行,闪烁其词变得愈发明显(5.458C—461E)。如果男人和女人一同做一切事,包括身体训练,那么两性活动必然发生:这是爱欲的必然规律,而非几何学的必然规律,诚如格劳孔所言。因此,若要实现成功的生育方案,将要求强大的社会控制(同时还要有秘传的知识),其中包括大范围的欺骗。即使柏拉图根本不打算让苏格拉底专门明确地保证这些安排的可行性,这也丝毫不足为奇;有意思的是,对于合适配对的错误估计随后被定为污染血统的象征性原因,最终会为美好城邦带来灾难性的后果(8.545D—547A)。更多内容参见 Halliwell 1993:16—21。

层实际作战的进一步讨论（接着，又更广泛地思考了战争伦理）。关于性共产主义是否可行的任何特定问题似乎已经不在考虑范围之内。最后格劳孔恼了（5.471C—E），他要求苏格拉底回答另一个更为普遍的问题，即含有（目前为止所描述的）这些安排的政制是否能够实现，以及如何能够实现。

正是这个问题使得苏格拉底提出"哲学统治者"的概念。他们能够让它发生。他们将拥有建立这样一个政制所必需的智慧和权力（5.473C—E）。于是，该矛盾概念自身成了论辩第三阶段（也是最后一个阶段）的主题。苏格拉底随即面临最为强大的一"波"批评。他还要负责表明哲人的统治是有益的，并且是可能发生的（6.499B—D，502B—C; cf. 7.540D）。这代表了一种变化，用他的话说，该变化"不小，也不容易，但可能发生"（5.473C）。

此处的主要困难不在于无法找到合适人选。诚然，柏拉图在写《法义》的时候就已断定：良好治理所需的有识之人在成为城邦的绝对统治者之后会屈从于堕落的利己主义，除非他们天生具有某种神性（9.875A—E）。[1]《理想国》对该主题的论辩相当激烈，苏格拉底在论辩结尾如此总结（6.502A—B）：

"谁会质疑我们的论点，即君王和统治者的后代可能生来就有哲学天赋？"

"没有人，"他说。

"如果他们生来就有哲学天赋，谁又能说他们绝对免不了堕落呢？即使我们承认，免于堕落对于他们而言亦是难事。时间长流，他们当中没有一个人会免于堕落——谁会作此主张？"

"怎能如此主张？"

"不过可以肯定的是，只要一人免于堕落，就足以实现人们尚未确信的所有事物，只要他有一个听从他的城邦。不是吗？"

"是的，那就足够了，"他说。

关键在这结尾之一转：如何确保全体公民自愿接受哲学统治者的领导？柏拉图好像遇到了一个类似于卢梭"从人类的实际情况与法律的可能情况着眼"

---

[1] 我们不知道《理想国》的作者是否会持同意观点——因为我们不清楚这篇对话中的哲学统治者是否拥有《法义》875A—E 所设想的那种绝对权力。进一步的讨论参见 Schofield 1997: 230—241。

五 乌托邦

所面临的难题(《社会契约论》第一卷的前言)。人民如何了解并信任那些调和秩序和自由二者的政治安排(诚如卢梭所想),除非他们已经经历了那些安排,从而建立了必要的了解和信任?

卢梭诉诸奠基者(《社会契约论》2.7)。历史表明,像摩西和吕库古(Lycurgus)那样的立法者拥有权威激发他们的立法信心,从而开启历史。然而在此关头,柏拉图能说的只是(6.502B—C):

"毕竟,如果某位统治者设立的法律和生活方式我们已经经历过,那么公民并非没可能会自愿地践行它们。"

"甚有可能。"

"或者说,被我们视为好想法的那些安排,对于其他人而言也应该是好的。这样说会很惊人吗?"

"我不觉得惊人,"他说。

苏格拉底似乎完全拒绝提出卢梭式的问题。他似乎没有试图去解释人们将如何发展了解和信仰(以及两者皆需的信任)从而开启美好城邦的生活方式及制度,而是直接接受以下声称:他们要实现该体系并非没可能。鉴于这段文字是总结性地讨论哲人统治之可欲性与可能性的一部分,我们必须承认这确乎是柏拉图所认为的需要设立的全部内容。苏格拉底对整体"立法"论辩(他从第五卷开篇起就忙于"立法")的总结陈词也证实了这点(6.502C):"我们的安排是最好的,当且仅当它们能够付诸实践;虽然它们很难付诸实践,但付诸实践并非没可能。"

然而,柏拉图的路径比当前讨论所表明的,更接近于卢梭的路径。当苏格拉底说民众践行(他为之论辩的)那些规定并非没有可能的时候,他并不仅仅在说,在偶然的世界之中,任何不违背人性的事情都能发生。[1] 在当前的语境下,他诉诸更大的可能性:人们也将与他和他的对话者同样地认为这是种"好想法"。几页篇幅之前(自499D处起),他就已经采取以下路线:"众人"——如果任其自由发展,且未受到"不速之客"所拟哲学形象的影响(500B;柏拉图的对手伊索克拉底明显认为该评论在影射自己:see Antidosis 260)——能够以某种方式接受劝说,从而放下他们对哲学的敌意,

---

[1] 柏拉图眼中的"可能性"涉及实现理想城邦(以及实现理想城邦的前提:哲人统治),参见 Laks 1990: 213—217。

以及对人类苦难的政治解决办法（即哲人统治）的敌意。阿德曼图表达了保留意见（501E）。他的怀疑态度貌似很有道理。就此处提出的劝说功效，苏格拉底进行了一番论辩。但他实际上没说什么。他的论辩有违《理想国》其他地方以及其他作品所说的大部分内容，这些内容谈及大众对苏格拉底和哲学的看法，且具有更加充分的理论依据和经验依据。[1]

自499D处起的"众人"（the many）和502B处的"公民"（the citizens）大概不是同一群人。"众人"似乎是"现实之人"（men as they are），他们若同意苏格拉底对于哲学和哲人的看法，可能至少会觉得难堪（502A）。"公民"则认为他所制定的生活方式是个好想法，他们必是哲学统治者所建政制下的"可能之人"（men as they might be）。在《理想国》的其他地方，柏拉图表示他本人很清楚将"众人"转变成"公民"的难度。正如我们将在第七章进一步探究的，高贵的谎言——美好城邦的奠基性神话，宣称全体公民生于大地，且皆为兄弟——向全体公民述说，特别是护卫者阶层。倘若要他们关注城邦幸福，并视之为应然，那么必须劝说他们相信这个故事。但格劳孔认为最早的那代公民无法说服，尽管他们的子孙后代可能会被说服（3.414B—415C）。在第七卷的结尾部分，苏格拉底似乎尝试以另一种方式来处理我们所谓的"转变问题"。哲人统治者应该把十岁以上的人赶往乡村，以便孩子能够摆脱父母的生活方式，从而接受新体系的塑造（7.540E—541A）。这种情况的难题并不（有时会有反对）在于它过于极端、过于激烈以致无法实现——柏拉图对此很认真。在公元前404~前403年克里底亚领导的僭主集团控制下的雅典，总共有三千名同情者被强行逐出城邦。诚如法拉利（G. R. F. Ferrari）所言，我们需"牢记希腊城邦可以轻而易举地重建、迁移、或者从零开始"，即使"历史上没有把全体父母迁往乡村而留守他们孩子的类似做法"。[2] 确切地说，难度在于，该举动意味着哲学统治者已经组建了受其理想影响的成人民兵队。

于是，苏格拉底无疑认识到他要面对的最大挑战是这么一"波"批评，即针对他的哲人统治者论点的批评。然而，关于实现乌托邦的可能性，柏拉

---

[1] 诚如H. Yunis所言，"读者的第一反应可能是讶异"（Yunis 1996：16）。W. K. C. Guthrie论道（Guthrie 1975：502 n.1）："受人误导的善良群众（即自499D起的众人）听起来和492B—493D处的"巨兽"截然不同。后者是麻烦的真正原因，而智者只不过是追随他们的各种心血来潮而已。毫无疑问，柏拉图对待民众的态度其实含糊不定。"

[2] Ferrari and Griffith 2000：xvii, 251.

五 乌托邦

图要说的最为重要的话恰好在苏格拉底引入哲学统治者之前的那段文字中（5.472B—473B）。当时，格劳孔愈发迫切地要求苏格拉底回答可能性的问题。作为回应，苏格拉底提醒他注意整个讨论的重点。通过询问正义是什么，以及完全正义的人会是什么样子（如果他存在的话），他们一直在试着描绘一个楷模或典范：不是为了表明楷模能够存在；而是为了让众人一致同意，只要尽可能地向它靠近，就会尽可能地接近完美幸福。美好城邦与此类似（472D—E）：

"我们难道不能说我们的发言一直在构建一个美好城邦的范例吗？"
"当然能。"
"倘若我们无法证明城邦可能具有我们所描述的那些安排，难道你就因此认为我们的发言很糟糕吗？"
"当然不是，"他说。

苏格拉底还表示（473A—B），某种"近似"就足够了。

在柏拉图的论辩当中，这段话可谓举足轻重。它本身足以反驳波普尔和施特劳斯对《理想国》的解读。对于波普尔和施特劳斯而言，政治理想在人类社会中的应用或适用性是解释的关键所在。波普尔认为《理想国》是行动宣言。施特劳斯则认为，因为（诚如他对该问题的看法）它的政治愿景无法实现，所以柏拉图肯定是有意把它弄成那个样子，所以不可能认真对待它——他能够认真对待的，只有它的不可能性。然而，刚刚总结引用的苏格拉底和格劳孔的这段对话非常清楚地表明，可能性或不可能性的问题最终不是我们应当关注的内容。那我们应当关注什么？简言之：共同体——共同体思想（koinônia），这是第五卷的所有具体建议所表达的思想——共享让城邦变得真实美好。

从正义到美好城邦，《理想国》试图提供的首要之物便是哲学理解。关于事物的本质，苏格拉底继续说道（473A），言语（即哲学对话）比行动更能把握真实（真理）——真实显然是他的兴趣所在。[1] 他处理正义与共同体问题的方法同他随后对待数学学科的方式完全一样。若发现他在论证算术和几何关乎理智对象，而非感官对象，对此，现代读者不会感到意外。但苏

---

[1] 此处我的论辩类似于 Jeremy Waldron 对西方伟大政治理论家的看法（Waldron 1995）。

格拉底以类似的方式论述天文学时，惊愕来了：研究天体是为了走向真正的天文学，它处理纯粹的理智领域，即完美运动的完美几何形式："真正的运动模式通过真正的快和真正的慢表现为真正的数字，所有的数字构成真正的一"——一个只对理性开放的领域（7.529D）。[1]

但就473A—B讨论真实的重要文字而言，苏格拉底为何如此坚决地强调可能性（而不单是可欲性）的问题？这是由于他的担心——人们可能会认为他的想法只是空想。柏拉图进退维谷，不得不权衡行之。为了表明他的共产主义建议是对社会政治生活的严肃思考，他需要证明这些建议或多或少是可行的。但他同时不得不指出《理想国》描述的哲学对话的要点并不在于保证这些建议现实可行，因为可行性并不是真实本身，而只是真实的虚假表象，即使在伦理与政治的领域亦是如此。简言之，论述（比如）平等、正义、民主的哲学家几乎都会面对的那种问题，柏拉图也无从幸免。我们要在我们的社会政治生活中实现这些理想（平等、正义、民主）。与此同时，我们还要承认这些理想本身就是有效的，即使我们很难对"平等、正义、民主的社会实际上会是什么样子"或"它如何能够实现"作出充分的解释。

---

[1] 关于这个主题，更多内容参见 Burnyeat 2000。

六 金钱和灵魂

1. 金钱的伦理与政治

1932年，凯恩斯（John Maynard Keynes）如是写道：[1]

> 当财富的积聚不再具有高度的社会重要性时，道德准则便会发生很大的变化。我们就可以消除自身的许多虚假道德原则，这些原则已经缠扰了我们两百余年，使我们将某些最恶心的人类品质奉为最高尚的德性。我们就能够大胆地评定金钱动机的真正价值。某些人把金钱当作财产来热爱——这不同于把钱作为生活享受和必需品的手段来爱——将被视作是……一种……近乎病态的习性，并且将由精神医师来处理。

这不单是在反对"金钱动机"，还在反对启蒙运动，反对它的价值观以及它对社会之好的分析。凯恩斯显然回溯到十八世纪，回溯到大卫·休谟和亚当·斯密的作品中得到经典表达的那场道德思想变革。伯纳德·曼德维尔（Bernard Mandeville）的讽刺诗册《蜜蜂的寓言》（1705年首次出版，1714年再版时改为此标题）可谓先锋之作。该诗推崇的思想令人震惊：个体的自私逐利，既采用公平方式也采用许多见不得人的方式，不会对公共利益造成威胁；相反，实际上是它在维持社会：

---

[1] Keynes 1932：369（凯恩斯在设计一个丰富多彩的闲暇未来）。我对这段话的理解来自 Phillips 2005：187。

> 因此，邪恶哺育聪明，
> 与时间和勤劳一起，
> 带来生活便利。
> 这是真的快乐、舒适、自在
> 无与伦比，就连穷人
> 也比旧时的富人快活，
> 一切完满，无需复添。

此中的寓意留给了休谟和斯密来展开阐释：这种"邪恶"根本不邪恶。休谟在 1741 年至 1742 年期间写过《论商业》，他在这篇文章中对比二者，一者为贸易和追求奢侈享乐所导致的文明、和平与进步，另一者为与斯巴达理想相关的黩武式的公共利益观念。他强烈批判禁欲、苦行、克己的"僧侣美德"，这一批判影响很大。于他而言，自我骄傲和勤劳致富的成就皆是文明社会存在和繁荣的基础，并且是"对本人或他人而言皆为有用或合宜的"心灵品质——休谟对德性的定义——的一个绝佳范例。稍后，亚当·斯密对市场经济运行方式的解释也含有类似的思想，尤其是在他的代表作《国富论》（1776）中所表达的"看不见的手"的观念。"看不见的手"确保每个人"只想着自身的收益"，却无意中"经常促进社会的收益，这比他真的有意促进它还要有效"。[1]

英国启蒙运动的这些思想家推翻了关于贪婪的传统观点，而在《理想国》那里可以发现这种传统观点的经典表达。凯恩斯或许是在总结柏拉图对话当中对金钱热爱的看法。不过，柏拉图追随的是希腊政治思考的悠久传统，从赫西俄德和梭伦开始，期间有众多的公元前 5 世纪和前 4 世纪的作者，都把贪婪看作是破坏人类事务的主要力量。它要么激起城邦的内乱，要么助长帝国主义的野心继而扼杀该野心。[2] 这一传统特别关注金钱的力

---

[1] 关于这段话的资料，我主要摘自 Porter 2000。
[2] 参见 Balot 2001 的详细研究，特别是他在第五章中对修昔底德的分析。与此相反，Kallet 2001 论道，修昔底德不像之前的作者，他把金钱等资源的获取从道德领域中分离出来，从而自动摆脱贪婪。她认为他赞成伯里克利当政之时的金钱获取。在她看来，根据修昔底德的解释，贪婪和利益只是在其继任者的统治下才开始成为主导动机，继而模糊了公共利益和私人利益，结果导致权力的腐化——西西里远征尤其是个例证。

量。[1] 阿提卡的悲剧和喜剧同样也反映了这种传统。政治家及其恭维对象——民众（dêmos）——的"唯利是图"是阿里斯托芬特别钟爱的一个主题。索福克勒斯的《安提戈涅》戏剧探索了不少基本的二极对立，比如男性和女性、城邦义务和家庭义务、奥林匹亚宗教和冥府的宗教等；但我们或许忘记了此戏在克利翁和其他主要人物之间的对话中还有另外一个冲突，那便是金钱与其权力的对立。[2] 克利翁在某处（Antigone 295—301）如是说道：

> 没有哪种货币像金钱（arguros）一样，在人类当中发展得如此邪恶。它甚至摧毁城邦，并将人们逐出家园。它使人类当中的美好心灵变得堕落而行可耻之事。它让人知道如何变坏，又如何举止邪恶不敌。

柏拉图可能会觉得该现象尤其危害人的一个典型就是三十僭主集团（404—3BC）的行径。虽然当时的雅典批评家持有不同的政治立场如色诺芬和吕西亚斯，但是他们都一致抱怨三十僭主的大量行为受最简单的贪欲——此外再无更高野心——的驱使。[3] 色诺芬在其《希腊志》（延续修昔底德的《历史》）中让克里底亚和盘托出（Hell. 2.3.16）：

> 那些想要拥有更多财富的人（pleonektein）不可能不除掉那些最有可能反对他们的人。如果你认为因为我们是三十人，而非一人，所以不用那么密切地关注这一规则，就像僭主制那样，那你就太幼稚了。

克里底亚在此使用了柏拉图笔下的忒拉叙马库斯在表述他的非道德论时所用的那种语言，修昔底德则将这种语言关联于雅典的帝国主义（也令人想到伯里克利的著名看法，即承认它是一种僭主制：2.63.2——但克里底亚借用同样的词汇和见解，却是来为内部压迫作辩护）。[4]

---

[1] 参见 Seaford 2004: ch. 8.
[2] 参见 Seaford 2004: 158—160，他也引了我所引用的段落。
[3] 参见 Balot 2001: 219—224，我对色诺芬的引用来自于此；也可参见上文第三章第一节。
[4] 我们能够在多大程度上相信色诺芬或吕西亚斯，这是另外一个问题。我们推测他们可能喜欢说教修辞的简洁性甚于模糊现实的复杂性，而色诺芬（他支持三十僭主）完全有理由要和克里底亚保持距离：参见 Notomi 2000: 240—242。在他的作品中，克里底亚坚决主张节制和分寸：see e.g. Wilson 2003: 181—206. 遵循 Bultrighini 1999 的论辩，Wilson 也质疑我们过于简单地接受了克里底亚在公元前四世纪的"替罪羊行为"，这导致了他的历史资料被人为地全面抹除（ibid. p. 200 n. 12）。

柏拉图探究了人类灵魂中的贪欲根源，这使得他对贪欲（"要拥有更多"）的分析远远超过他的前辈。他的灵魂理论是《理想国》政治伦理理论的关键所在。灵魂分析不单是通过类比来解释社会——不论是美好社会还是堕落社会。它已预设并丰富了人类作为政治动物的概念，人的动机必然具有社会性的维度。精神分析师亚当·菲利普斯（Adam Phillips）指出，在我们自己的时代里，政治理论和心理解释已经分道扬镳：[1]

> 美好生活（整个健全观念必须构成它的一部分）的设计已经交给了政治理论家；而对糟糕生活（受制于某种现代病理学的生活）的描述则留给了神经病学家、精神病学家以及心理学家等现代的心理健康专家。

相比之下，《理想国》则认为这两种探究都需要一种既具政治维度又有心理要素的复杂思考形式。在考察完乌托邦之后，我们接下来需要考虑物质欲望对乌托邦造成的威胁。

2. 城邦与灵魂的类比

伯纳德·威廉姆斯认为《理想国》的城邦和灵魂类比存在诸多困难，我将通过考虑其中一个困难来处理这个主题。《理想国》不仅描述了城邦的经济阶层，还把身体欲望（*epithumêtikon*，译注：英译为 appetite，即柏拉图所说的欲望；英文另有一词含义相近，即 desire，文中意指一切欲望，包括非肉身性的欲望，比如金钱欲望）解释成我们心理构成中与这一阶级相应的要素，但是威廉姆斯断定二者不相吻合。[2] 他特别对比了激情要素（*thumoeides*）。我们如何把握柏拉图用"激情"一词描述的心理动机的对应物？这是通过考虑某种性格类型：这种类型关乎自我形象和自我尊重（如约翰·库珀所示）。[3] 并体现为竞争行为和骄傲表现——在所有情绪当中受愤怒控制（只有当看到愤怒聚焦于危及自我形象的威胁时，我们才能理解愤怒）。不过，反过来我们可以从那种表达竞争性的、军人的、贵族的、荷马式的生活，来更好地理解竞争性。这种生活规定了《理想国》的护卫者阶层，确切

---

[1] Phillips 2005：220.
[2] 参见 Williams 1973.
[3] 参见 Cooper 1984：12—17；也可参见 Hobbs 2000：30—37.

地说是其助手武士们的生活，而年长的护卫者会被授予统治职权（3.412B—C, 414B）。威廉姆斯表示，柏拉图笔下的苏格拉底确认欲望的方式却与此截然不同。欲望具有一个独立的心理生理基础，当苏格拉底说欲望动机和理性相冲突——就像弓箭手用一只手拉弦，用另一只手握弓——时，他就对这个基础作出了解释。比如某人口渴了，他的内心有一种声音拉着他说"喝"，但又有另一种声音扯着他说"不要喝"。苏格拉底说不要喝的建议总是缘于某种推理，而喝的指令则来自"感觉和身体不适"。说得更正式些，"我们感受性欲、饥渴以及其他欲望骚动的那个部分，可以称之为非理性的欲望要素，它是各种快乐和满足的同伴"（4.439D）。不论该描述是否充分体现了苏格拉底所谓的"欲望"，至少表面上看不存在与之对应的（在进一步阐明中能被提及或需要提及的）性格类型或生活方式。相比而言，他几乎没怎么谈论城邦的经济阶层。有人会说刚刚罗列的欲望大体上控制着（比如）鞋匠们的生活；但在威廉姆斯看来，这样的说法极其不可信。

威廉姆斯对此问题的讨论很大程度上依赖于（尽管不是很明显）一段文字：第四卷结尾处关于心理冲突的分析。对更多证据的广泛考虑表明，于柏拉图而言，欲望动机同他关联于灵魂激情要素的那些动机一样，具有同样明显的社会文化维度。第九卷的系列文字是个好的话头，苏格拉底在此回顾了第四卷发展并在第八卷和第九卷得到广泛运用的灵魂理论。[1] 以下是他的总结论述（Rep. 9.580D—581A）：

"我们说第一部分（即灵魂的第一部分）用来学习，第二部分用来发怒。至于第三部分，因为它的多样性，我们无法为它单独命名，所以我们称它为灵魂的最强大要素。我们说它是欲望性的，因为它强烈地欲求食物、饮料、性以及相关的一切事物；并且是爱钱的，因为金钱是满足这些欲望的主要手段。"

"没错，"他说。

"如果我们说它喜欢并热爱的对象是经济利益，这会是让我们的论辩集中于某个议题之下的最佳方式吗？当我们以此方式谈论灵魂的这个部分时，我们会清楚地表达我们自身的意思吗？如果我们称它为嗜财贪利，那我们会是对的吗？"

---

[1] 参见 Reeve 1988: 43—50.

"我当然认为是,"他说。

在总结关于欲望的论述时,苏格拉底无疑首先提及威廉姆斯依赖的第四卷的冲突文字(4.436A—B)。但他紧接着把欲望同爱钱联系起来。然后他表明,出于《理想国》关于哪种生活使人幸福的主要伦理论辩的目的,对灵魂第三部分的最为有效的理解方式是把它作为我们热爱金钱及经济利益的内心要素。它没有点明的乃是:金钱是典型的社会文化现象,只有参照社会文化结构才能得到理解。苏格拉底的意思是,当我们设想一种致力于欲望满足的生活方式时,我们不能只想象一个沉迷于饮食男女的享乐生活的人,还要(首先)想象一个沉迷金钱的生活方式的人。这种沉迷开始时之所以产生,是因为人们认识到金钱乃是通向所有感官享乐的万能钥匙。然而到了后来,沉迷自有其发展并最后独立,于是,获取并占有金钱被视为最大的快乐了。

当苏格拉底把欲望同爱钱相关联时,他只把它当作人类诸多动机中的一种。他紧接着(9.581A—B)把爱胜利和爱荣誉定为激情部分(the *thumoeides*)的功能,把爱学习和爱智慧定为理性部分(the *logistikon*)的功能。《理想国》的这部分文字对灵魂各部分的谈论主要聚焦于各种人类渴望及其引发的行为。对于柏拉图在《理想国》中的灵魂三分,众多的当代讨论一直在关注一个截然不同的主题。诠释者们聚焦于(从第四卷的心理冲突出发)灵魂存在不同要素的论据。我们凭借这些要素进行不同的精神活动:推理、发怒、感受身体欲望——此处提及的不同要素参见第九卷 580D—E。学者们的这一关注导致大量的文献致力于研究柏拉图所区分的这些要素的本体论地位,以及由此导致的心灵模式的逻辑连贯性与充分性。[1]

比如,有人猜想柏拉图把心灵分成多个小的心灵(*homunculi*,具有各自的信念和目标),还猜想他因此没有为"我"留出空间——尽管有迹象表明这种结果远非柏拉图所期望的。"推崇欲望和爱钱的那类要素,并且把它当作自身(或者如他另外所言,在其自身灵魂)之内的大王"的,乃是寡头人格(person),它"让理性要素和激情要素坐在它下方两边地上,并使它

---

[1] Annas 1981: ch. 5 是进入该领域的一个良好起点,也可参见 Irwin 1995: ch. 13。Bobonich 2002: chs. 3 and 4 既明显又坚决地强调分解读法(参见 Kahn 2004 的透彻评论)。Price 1995: ch. 2 提供了更加开放的精细解释,他追求多种不同的解释可能性。其他讨论参见 Lorenz 2004; and R. Stalley, "Persuasion and the tripartite soul"(尚未发表),我尤其从中受益。他们二位都反对以下观点:柏拉图的灵魂三分使他不得不否认人的统一性,Bobonich 尤其支持这个看法。

们沦为奴隶"（8.553C—D）。柏拉图在此预设了人格或自我的一个观念，即，人格（我）决定（在此例当中）并认同欲望动机，而不认同理性动机（正如哲人所行）和激情动机（如看重名誉的人）。事实上，我认为他总是预设了"他"在认同某种灵魂要素——有时候是相继认同不同的要素，例如4.440C—D 关于正当愤怒的描述；这种认同决定了行为，并最终决定了性格。因此，正义人格不同于名誉人格和寡头人格，他"统治自身"，并联结灵魂的各个部分从而成为"多中之一"（4.443D—E）。诚然，灵魂的选择——选择此生活而不选彼生活——将是艾尔（Er）神话的主旨（10.617D—621D）。[1]

  关于第四卷结尾阐述的心灵模式的这些问题，有其自身的重要性和吸引力。我们将不断提及其各个方面——尽管大多数在注释之中，而不在正文之中。但我们也要注意到，第九卷的关注在第四卷中就已出现。事实上这些关注为灵魂划分的整体计划设定了背景语境。在苏格拉底开始他关于灵魂的主要论辩（4.436A—441C）之前，他所区分的那些要素最让他感兴趣的（考虑到他将灵魂类比城邦，就不足为奇了）显然不是冲突，而是其他：即他把各种渴望及其行为关联于灵魂要素——爱学习（不单单就是各种推理）、爱荣誉、爱金钱。在柏拉图的作品当中，该三分法在时间上早于灵魂划分。《斐多》就已呈现类似的内容（Phd. 68B—C; cf. 82C）：爱荣誉和爱金钱被视作是"爱身体者"的特征，而不是哲人（爱智者）的特征。在《理想国》9.581A 处，苏格拉底说"我们称它（欲望）为嗜财贪利"，他这是在重提第四卷中直接先于灵魂划分的那段文字（4.435E—436A）。我们每个人肯定都同样拥有在城邦内发现的那些要素和特征——苏格拉底在此诉诸国民性来加以论证。就激情要素来说，色雷斯人、西徐亚人以及大多数的北方人是为典型；而爱学习尤其是希腊人的特征；"你可以说腓尼基人和埃及人特别爱钱"（4.436A）。苏格拉底称，将这些特征归于这些国家的原因只有一个，那就是居住在那儿的人具有这些特征。他似乎进一步假设：（比如）热爱金钱尽管是腓尼基人和埃及人的典型特征，但我们很清楚我们自身灵魂之内也有它的存在，不论它占据主导还是没占据主导。[2]

  灵魂的爱钱要素对应于社会的赚钱功能。但值得注意的是，当苏格拉底初次描述他的美好城邦时，他并没有用"赚钱"来表述我所谓的"经济"

---

[1]　对于这段话发展的论辩，参见 Gerson 2003：109—117。

[2]　参见 Lorenz 2004：84—85。

阶层。他首先是假定一个极其小的共同体（满足基本需要即可）：一个农民、一个建筑工、一个编织工、一个鞋匠可能就已足够（2.369B—370C）。扩展的需要随即得到论证，而扩张逐渐聚焦于买卖、金钱以及市场经营。不过，生产的首要功能继续影响该政制的呈现方式。比如，苏格拉底在高贵谎言的神话中提及"工匠或农民"（3.415C）；当他思考护卫者阶层获得土地房产及金钱的可能性时，他说的乃是，他们将从护卫者变成房主和农民（4.417A）。[1] 我们实际上可以准确地指出他在哪个地方进行了术语转换。论述完木匠和鞋匠互换角色带来的社会影响之后，苏格拉底开始他的下一个问题，提到了一位"工匠或天生适合的生意人（chrêmatistês，'牟利者'）"（4.434A）。从那时起，他才把第三阶层等同于商业阶层或赚钱阶层（4.434C，441A），而这预示了第九卷的规定，即规定三类人当中有一类是"嗜利之辈"（9.581C）。

就某种程度而言，此乃方便之举。但不管怎样，一旦柏拉图开始发展城邦与灵魂的类比，他就需要一个单独的术语来把握经济阶层整体。更为重要的是，这是他循序渐进表达对社会整体理解的前提假设的方式之一。金钱和贪婪首次进入《理想国》并非是在第四卷。第一卷的大量篇幅——预告了《理想国》其余部分的众多关键主旨——都是致力于讨论这些议题，讨论的戏剧语境安排是有意让读者意识到雅典内部冲突的可怖。[2] 第二卷引入了分工专门化原则，对该原则的思考立即表明，由农民和工匠构成的最基本城邦概念并不稳定：一旦社会的建构是为了实现高效率的交换，经济扩张（以及金钱和市场）就不可避免（苏格拉底描绘的简朴乡村画面不过是他自己的黄粱美梦罢了）。[3] 金钱和私有财产（尤其是黄金和白银）的腐蚀影响使苏格拉底坚决主张护卫者阶层与它们毫无瓜葛（3.415D—4.421C）。因此，他称经济阶层为"赚钱"阶层，只是表明了众人一直以来的看法。在任何一个发达社会，维持经济的工作者都受到利欲的驱使。而在美好城邦，农民和工匠自然会履行那些职责，因为他们既具天赋又有训练，这使他们适合作第三阶层的成员。此外，他们（在柏拉图看来）已经同意的政治解决方案将此定为他们应该做的社会贡献。不过，驱使他们全体清早起床的动因却是挣钱的

---

[1] 但在同一语境下，苏格拉底坚持认为护卫者阶层要有适合军人的住房，而非适合商人的住房（chrêmatistikai：4.415E）。

[2] 尤见 Algra 1996；Gifford 2001。

[3] 更多内容参见 Schofield 1993。

欲望。[1]

3. 金钱心理学

为了更加清楚地表明金钱在欲望结构中的统治地位，多考虑几段文字将有所裨益。首先，在第四卷结尾解释灵魂和谐的开头部分就有这么一段文字。苏格拉底提醒格劳孔注意第二卷和第三卷建议的教育致使灵魂的理性要素与激情要素和谐一致的方式。之后苏格拉底说道（4.442A）：

> 当两个要素受到这样的哺育，当它们真的接受适于它们的教育教学时，它们二者将统治欲望要素。于任何个人而言，欲望是灵魂的最大部分，并且对金钱天生难以满足。

金钱不是自然现象。它不会长在树上。一旦它开始组织社会结构，在欲望（appetite）占据主导的灵魂里面，它就会成为人类天生无限欲望（desire）的自然焦点；我们无法理解欲望，除非我们明白金钱在欲望中的主导作用。柏拉图笔下的苏格拉底描述它天生难以满足，他的意思可能是任其自由发展——而非理性以某种方式控制之——它会因其无法满足而在诸多欲望中咄咄逼人。[2]

---

[1] 在第一卷中，苏格拉底已反驳过色拉叙马库斯，即某人挣钱所需的技能不同于医生的技能，或者领航员的技能，或者治疗病人、驾驶船只的技能，即使他们凭借他们的职业赚钱（341C—342E; cf. 346A—E）。牧羊人也是如此（345B—E）。有人会认为经济阶层的成员大体上习得了他们天生欲求的某种挣钱技能。不过，如果是这样的话，似乎会得出以下结论：如此行事的人必然会两门手艺，他们不会让自己只会一门，即使苏格拉底如此坚决地主张城邦所有阶层皆持一门手艺。4.434A 处设想的"一人一职"的规定并没有顾及手艺和挣钱之间的张力。苏格拉底在之前的4.421C—422A 处表明了这种张力，他坚持认为专注于财富积累——以及随之而来的闲散和奢侈（并非政治动荡）——可能会削弱个人履行其基本职责的品质。Ibn Rushd（中世纪的西方人称其为 Averroes）对于这个问题如此困惑以致他如此总结（我认为他的总结有误）：柏拉图必定否认财产和金银的使用，不仅护卫者如此，工匠亦是如此（参见 Rosenthal 1956: 147—148）。我很感谢 Antony Hatzistavrou 和 Christopher Rowe，他们向我提出这个问题；也很感谢 Peter Garnsey，他让我注意到 Ibn Rushd 对该问题的处理。

[2] 阿里斯托芬在《财神》187—197（下文对这段话有所概述）中很好地呈现了它在这方面的独特性。

《法义》再现了同种想法。雅典访问者笼统地讨论了人们变成凶手的原因（9.870A）：

> 主要原因是欲望。它控制了灵魂，强烈的欲望使灵魂变得凶狠。谋杀之所以发生，尤其在于大多数人最常体验的最为强烈的那种欲望。人的天性以及差的教育使他们屈从于某种力量，这种力量在他们里面催生了对金钱的强烈热爱，以及对金钱永不知足的无限获取的强烈热爱。

此处的柏拉图接近于弗洛伊德的论断。弗洛伊德认为爱钱是一种精神错乱，而凯恩斯在本章开头引用的那段话中也表达了这层意思。[1]

另一段文字特别有说服力，早在《理想国》第八卷就已出现，当时苏格拉底开始描述螺旋式下降：对金钱的热爱一旦控制了美好城邦，控制了乌托邦，生活方式就愈发堕落。这就是他所说的荣誉政治（即，在克里特或斯巴达发现的那种社会政治体系）的典型生活方式。一旦阶层体系的真正基础受到侵蚀，荣誉政治就会取代理想城邦（8.548A—B）：

> "金钱的欲求者"，我说，"将是这些人的称谓。他们同生活在寡头政体当中的人一样，对黄金和白银怀着强烈而又隐秘的敬仰之情。他们将拥有他们自己的金库和保险库，在那里他们可以秘密地储存财富。他们的私人会馆将包围城邦，在那里他们可以花大笔的钱在女人身上，或者他们喜欢的其他任何人身上。"
>
> "一点也没错，"他说。
>
> "对于金钱，他们也将是吝啬的，正如你对那种人——敬仰金钱却不会以公开方式获取它——的可能设想。但是他们的欲望将使他们爱花别人的钱，并且秘密地摘取快乐的果实，像孩子躲避父亲那样躲避法律，因为他们的教育并非通过劝说，而是根据强制。"

在任何一个人（包括乌托邦的公民）那里，大多数的动机都源于欲望。但以伦理为基础的行为准则将有效地抑制它们，如果该准则完全内化的话。倘若它没有完全内化，而被人视作外在强制，倘若私有财产制度已经引入，那

---

[1] 更多内容参见 Phillips 2005: Pt Two, ch. Ⅳ: "Money Mad".

么，金钱将以潜在相互冲突的两种方式成为（曾经美好城邦的）护卫者阶层欲求和秘密获取的焦点。我们在此要注意一个重要差别：(a) 第一，上层人士想要获取金钱，把它作为秘密满足更多基本欲望的手段，而且在规模上要比他们自认为在美好城邦中的尝试大许多；(b) 第二，准确地说，因为它是开启其他众多欲望的钥匙，所以它将因自身之故而为人所求（"敬仰"或"尊崇"）——所以，他们希望尽可能地不花他们自己的钱。(a) 金钱作为手段之焦点，(b) 金钱作为目的之追求，我将用二者的区别来解释本节的余下篇幅。

与该区别相关的问题立即一涌而上。此处有三：

(1) 爱钱之所以天生难以满足，是因为它是(b)模式，还是(a)模式？

(2) 不管哪个模式，爱钱是必要的欲望，即我们的生存或幸福所要求的必要欲望，还是不必要的欲望（至于差别，参见8.558D—559C）？

(3) 模式(a)的爱钱和模式(b)的爱钱有没有内在冲突？

(1) 我们可能认为，当苏格拉底说灵魂关涉金钱的欲望要素天生难以满足的时候 (4.442A)，他肯定把金钱视为(a)模式欲望的焦点。[1] 灵魂受欲望要素控制的人本身不会因为金钱自身的缘故而爱它，只不过是因为它能够满足欲望——你越有钱，就越能满足愈来愈多的欲望。[2] 对于他而言，热爱金钱和其他欲望不在同一个层次上「如模式(b)所示」。爱钱是控制性的二阶欲望：用亚当·菲利普斯的话说，是"欲望的欲望"。[3] 不过，对于这是"模式(b)"的看法，也可以论证。以下是对该看法的两种论证。第一，根据刚刚的表述，难以满足的主要是欲望本身，而不是金钱热爱——金钱只是实现无穷欲望的一种表达。第二，柏拉图用他自己的话重述了希腊道德思考中的古老主旨。公元前6世纪伊始，梭伦写道（Fr. 13.71—6 West）：

> 财产的无限追求已成常态。[4] 我们现在虽然有了最为富足的生活

---

[1] 似乎没有理由认为"嗜利"在本质上难以满足。吃的欲望或者下棋的欲望倒有可能如此。

[2] 有人可能会想到伊壁鸠鲁对肉体快乐的论述（*KD* 20）："肉体将快乐的限度视作无限，并且认为无限的时间产生无限的快乐。"

[3] Phillips 2005：194.

[4] 亚氏在讨论获取的时候引用了这句话（*Pol.* 1.8, 1256b32—4）。

方式,但财产只会让我们加倍努力地获取更多。它要到什么程度才会让每个人都满意呢?"谋取利益"肯定是诸神赐予凡人的"礼物",从此混乱来临——宙斯为了惩罚人类而送来礼物,不同的民族在不同的时间接受这份礼物。

随着这段文字的推进,听起来愈发像(b)模式的金钱热爱。阿里斯托芬现存的最后作品《财神》(388BC)在时间上更接近于《理想国》的写作。理查德·席福德(Richard Seaford)对其中相关段落的总结很妥当:[1]

> 阿里斯托芬的《财神》非常出色地呈现了金钱的无限追求。财富不单单控制了一切人和一切事;同样明显的还有,其他一切事物(性、面包、音乐、荣誉、勇气、汤等等)皆可满足,唯独财富不可满足:当某人得了十三个塔伦特之后,他又想要十六个;得了十六个之后,他想要四十个,而且说如果搞不到手人生就不值得过。

这人明显是个财迷:沉溺于模式(b)的金钱欲望。以下结论似乎最为稳妥:于柏拉图而言,难以满足的金钱欲望既可以是(a)模式,也可以是(b)模式,或者是二者兼有。

(2)热爱金钱并不符合必要欲望和不必要欲望的分类,或者说至少不那么容易符合。一方面,如果金钱欲天生难以满足(根据梭伦和阿里斯托芬暗示的那种理由),那它看起来像是典型的不必要欲望。另一方面,很重要的是,苏格拉底表示"赚钱"是必要欲望的普遍特征,而"挥金如土"是不必要欲望的普遍特征(8.558D)。苏格拉底在描述"真实"、"健康"的城邦时,他明确断言该城邦需要以金钱为基础的经济(2.371A—372E);在完全发展的"美好"城邦中,即使护卫者阶层与金钱毫无瓜葛,经济阶层也必须经营它,如果护卫者阶层对饮食和衣着的基本需要(和其他人一样)必须得到满足的话。

---

[1] Seaford 2004:168 (《财神》187—197是关键的几行)。他接着(ibid. pp. 168—169)提及色诺芬《论收入》(4.6—7)中非常有趣的一段话。这段话表扬采银矿这门产业从未过度供应:"没有人会因为拥有大量白银而不想要更多,如果他拥有的白银数以万计,他不仅乐于使用它,还乐于埋藏它。"

六 金钱和灵魂

亚里士多德应当也对《理想国》中的这个问题感到困惑：他很典型地提出了两种不同类型的获取（chrêmatistikê）。一种是家庭管理者必须参与的活动，为了确保"要么生活必需，要么有益于政治共同体或家庭共同体"的物品供应（Pol. 1.8，1256b28—30），这明显不是梭伦所批评的财富无限积累。另一种是不必要的活动，即通常所说的"获取"：一种通常被认为与货币经济有关的商业交易技艺。这是"导致人们认为财富资产是无限的"的原因所在（Pol. 1.9，1256b41—1257a1；他支持人们的这一看法：ibid. 1257b23—35）。[1] 亚里士多德接着说道，热衷于身体快乐的人把其他所有形式的技艺——例如军事的或医学的技艺——转化为这种意义上的获取，"好像赚钱就是目的，而其他一切事物都必须促成这个目的"（ibid. 1258a13—14）。该推理的前提就是声称享乐主义在于过度（ibid. 1258a6—7）。如果这成了推动力，那么亚里士多德在此就是把无限欲望和模式（a）的热爱金钱相关联了。

然而，就城邦或家庭所需的生活必需品的正当获取而言，亚里士多德似乎要将它和爱钱完全分开。《理想国》采取的立场则没那么理想化。尽管柏拉图对该主题的论述原本可以更加明确，但在美好城邦中构成经济阶层的那些人显然还是应当在商言商，凭借他们的各种手艺和职业赚取钱财。他们这样做首先（毋庸置疑）是为了满足需要，以及促进护卫者阶层与其他阶层的幸福。柏拉图会如何设想这种情况的实现？我们将在本章最后一节讨论这个问题。

（3）模式（a）的金钱欲和模式（b）的金钱欲各有不同的吸引力，二者明显存在内在冲突。柏拉图将它戏剧化为人类堕落历程的历史：首先解释荣誉人士的儿子如何变成"寡头"人士（8.553A—554B），接着解释寡头人士的儿子如何变成"民主"人士（8.558C—561A）。苏格拉底设想荣誉人士（其特征是追求公共生活的荣誉）最后遭受其敌手的指控，最重要的是，继死亡、流放或者剥夺公民身份之后，他丧失了全部家当。他的儿子刚刚培养起来的相似抱负结果告吹。他觉得自己因为贫穷而受到贬低，于是转向赚钱。他禁止他的理性要素进行思考追问（除非是赚钱之事），而任由他的激

---

[1] 对亚氏分析的讨论，参见 Meikle 1995。赚钱为何涉及无限的欲望，亚氏为此提出了一个不怎么令人信服的基本解释。原因是它关心生计，而不是生活得好。因为人在该条件下的求生欲是无限的，所以他们对于维持生存之事物的欲望同样是无限的（Pol. 1.9，1257b40—1258a2）。但正如亚氏指出的那样，仅就生计而言，人并不需要无限的财富。更为有趣的是，他认为赚钱是追逐美好生活的错误方法（ibid. 1258a2—14；下文进行讨论）。

情要素独尊财富和富有之人。他辛苦工作,计算每一个钱币,并且为了满足"他最为紧要的欲望,他拒绝为其他任何事物花钱,同时还压抑他的其他所有欲望,因为他认为它们没有用"(8.554A)。简言之,他成了典型的守财奴。模式(b)的热爱金钱占据了主导,正如在寡头制当中金钱是主流价值,因为财产决定了上层人士的成员资格(8.550D—551B),决定了寡头意识形态的指导原则(其假设正如亚氏所言:*Pol.* 6.1,1317a35—2,1317b1)。当然,(a)模式——把金钱当做手段来热爱——还是会成为某种诱惑:至少在有机会花别人钱的时候。一般而言,害怕引发"消费"欲望或"挥霍"欲望可能会让人成功地抵制这种诱惑。然而,正因为诱惑不断,所以寡头人士在自我分裂和交战:"他是两个人,而不是一个,尽管他的较好的欲望大体上总能压制其较差的欲望。"(8.554D—E)

民主人士的情况则恰恰相反。苏格拉底设想,如果他所描述的守财奴有个儿子,那可能会发生些什么。这个年轻人起初会习得他父亲的脾性,强迫他自己控制挥霍欲,以及那些不关注赚钱的欲望,即"不必要的"欲望,我们的生存或幸福无需满足这类欲望,不像(比如)对于面包和饭菜的欲望。但他后来很可能结识了一些狂狷之辈,他们向他提供了"各种快乐"的"民主"前景(8.559D)。他对它们毫无招架之力——他没有接受过正确的教育,所以他的理性非但控制不了他灵魂中的欲望要素,反而还要听命于它。他的主导的欲望要素当中既有寡头倾向,又有民主倾向。两种倾向的斗争可能接踵而至。不过,他最后很有可能会过上的生活乃是"在不必要的欲望和必要的欲望上花费同样多的金钱、精力和时间"(8.561A)。模式(b)的热爱金钱失去了对他的控制。他现在想钱只是为了花钱:(a)模式。

在我们刚刚概括考察的几段文字中,柏拉图显然没有把欲望局限于未经思考的身体冲动。"不必要的"或者"挥霍的"快乐这种观念本身就表明,那种欲望并不局限于满足身体需要。一个极端的例子是第八卷的"民主"人士,他不加区别地满足他即刻闪现的全部欲望,所以他可能把很多时间用于政治活动,有时甚至研究他所谓的哲学(8.561C—E)。[1] 思考明显渗入这

---

[1] Cooper 1984:9—12 讨论了这些例子。我赞成他把它们全部解释成欲望(*epithumêtikon*)的功能:我认为柏拉图的部分目的在于表明,一旦先满足必要欲望后满足不必要欲望的倾向不再存在,欲望又会发生什么。另一种解释参见 Scott 2000:22—6。相比 Williams 而言,Cooper 呈现了更为宽广的欲望视角,但他没有提及《理想国》涉及金钱欲的文字。

些欲望以及类似的欲望。[1] 诚如克里斯托弗·吉尔所示，柏拉图认为我们的所有动机（包括欲望在内）所采用的形式取决于我们获取的信念，尤其是我们对所受到的教育及培养的回应。在解释不必要的欲望时，苏格拉底举了超出健康幸福的那种食欲，苏格拉底说这种欲望"可以消除，对大多数人而言，只要在幼年时期进行训练教育即可"（8.559B）。但是"大多数人"并非所有人。因此，受无法无天的欲望绝对控制的那种人出现了，因为"关于何者光荣何者可耻，之前被禁而只在梦中显现的信念取代了童年时期灌输的信念（doxai，意见）"。[2]

这些欲望为何皆是身体欲望，《理想国》对此从未提供正式解释。但在身体欲望（epithumêtikon）的最初说明中（论辩始于第四卷的心理冲突），它被描述成"各种快乐满足的同伴"（4.439D）。稍后又说理性和激情——如果发展教育得当的话——要防止它"以所谓的身体快乐充满自身"（4.442A）。这和苏格拉底勾画民主人士的焦点正相符合：他假定了更为普遍的身体欲望范围，同时还强调所有的快乐具有相同的地位（8.561A—C）。因此，他想的可能是所有身体欲望的特征。就身体欲望而言，它们首先朝向追求快乐。[3] 亚里士多德似乎将此视为哲学上的老生常谈。[4] 只要欲望聚焦于快乐，比如某人研究一点哲学是因为哲学带来快乐（而不是因为他想要学习真理），就可以说这是身体欲望（epithumêtikon）在起作用。

4. 贪婪、权力和不义

《理想国》中几乎没有证据可以断定，就通常情况而言，爱钱之人的金钱热爱主要是（a）模式还是（b）模式。柏拉图写这篇对话是为了阐明特别情况，即极端正义和极端不义，二者超出了普通物质主义者（以第一卷开

---

[1] 热爱金钱至少会涉及以下思考：金钱是满足欲望的手段，即使设法增加财源从而满足欲望是理性的工作（其实还是目标，就寡头人士而言，理性为此处于奴役状态：8.553D），参见 Price 1995：60—61。亦参见 Lorenz 2004：110—112，虽然他妙趣横生地评论了如何从文化上灌输金钱热爱，但是他在这个问题上的思路可谓牵强。

[2] Gill 1996：245—260；引文来自 p. 253，Gill 对 9.574D—E 进行了意译。

[3] 对哲学和荣誉的追求带来它们自身特有的快乐（9.581C—E；和那些详细比较的欲望形成对比：581E—588A），但这种快乐不是哲学和雄心抱负的主要目的。

[4] So e.g. at *EN* 3.2, 1111b17；7.6, 1149a34—b1；*EE* 2.7, 1223a34；2.8, 1224a37.

篇出现的克法洛斯为代表）的视野范围。[1] 第八卷和第九卷所发展的堕落叙事主要是让我们了解典型的不义是个什么样子。以此视角来看，从寡头人士到民主人士的转变就至关重要。前者重视金钱主要是模式（b）。后者对金钱的兴趣完全在于它能够满足他碰巧想要满足的一切欲望：模式（a）的热爱金钱。民主政治——诚如柏拉图在《法义》中所写，显然重述了《理想国》第八卷的思想[2]——"具有一个渴望快乐和欲望的灵魂，并且想让快乐和欲望充满它"（4.714A）。[3] 于是，从不加选择的民主式的欲望培养到僭主（不义的典型）行径只有一步之遥。欲望放纵方面的所有节制都取消了，特别是，节制的取消违背了基本的道德、宗教和法律的约束力；或许正因为如此，节制取消了。

这（而非爱钱）就是苏格拉底对僭主人士的主要看法。然而，柏拉图的首批读者无需过多提示就会把贪婪视为僭主的一个标志。此乃寻常的希腊道德思考。索福克勒斯笔下的俄狄浦斯告诉克利翁不要试图在没有朋友和没有广泛支持的情况下从他那里夺取僭主之位：获取僭主之位需要金钱及大众的支持（*Oedipus Tyrannus* 540—2）。再次引用理查德·席福德的文字，这次是关于《安提戈涅》中当上僭主的克利翁遭遇盲人先知忒瑞西阿斯（Teiresias）的评论："当克利翁指责忒瑞西阿斯唯利是图时，忒瑞西阿斯回应道，'不，热爱肮脏利益的僭主才唯利是图'。就此而言，忒瑞西阿斯从未说错"。[4] 事实上，苏格拉底在头两页专门讨论了僭主人士的生活方式，并详细解释了维持该生活方式所需的模式（a）的愈发暴力、不敬虔、无法无天的金钱获取方法（9.573D—575C；僭主挪用公款已经有所描述：8.568D—569C）。

《理想国》就在这点上同《高尔吉亚》的权力讨论建立了联系。或许有人会认为《理想国》的主要论辩并没有真正地牵涉权力问题，尽管掌握权力以及知晓如何行使权力是"城邦之船"比喻理所当然的中心内容（6.488C—D）。任何这样的成见都是完全错误的。当然，《理想国》对城邦在国际舞台上的军事政治能力毫无兴趣（修昔底德却很有兴趣）；对于我们

---

[1] 关于克法洛斯（Cephalus），参见 Gifford 2001：52—69。
[2] 《法义》第四卷处处在回忆《理想国》，参见 Schofield 1997：230—241；2003。
[3] 再次对比 Adam Phillips 的描述，他说热爱金钱是"欲望的欲望"（Phillips 2005：194），并且注意民主人士的情况影射了民主城邦（参见 Ferrari 2003：ch. 3）。
[4] Seaford 2003：105。

六 金钱和灵魂

所谓的控制其公民或臣民的国家权力，它也毫无兴趣。[1] 不过，第八卷和第九卷描述的各种政体当中的任职者所享有的个人政治权力却持续受到关注，尽管很少作为主旨讨论。柏拉图在阐述与政治体系相对应的个性特征时，特别强调了实现个人抱负的权力——获得"某人想要的任何事物"——正如人们在生活中所追求的那样。[2]

在第一卷忒拉叙马库斯的论辩中，以及在第二卷开篇格劳孔对忒拉叙马库斯立场的重述中，所谓的权力关注很起眼。格劳孔的魔戒故事——带上它就能隐身——以及他关于魔戒将如何为人所用的论辩，事实上修正了柏拉图在《高尔吉亚》中借珀鲁斯（Polus）之口所说的思想路线。格劳孔同样论道，有机会做其想做之事的人会把贪婪（pleonexia，觊觎任何事物，而不单单是金钱和财产）当做他的"好"，继而成为一个不义的典型（2.359B—360D; cf. *Gorgias* 466B—468E）。[3] 唯一的差别是，他说 exousia（"机会"、"许可"、"自由"）的地方珀鲁斯用的是 dunamis（"权力"、"能力"）。

诚然，柏拉图并不着急表明该思考方式有哪些地方错了。原因只有一个，那就是他有意为之，即，他让苏格拉底曲线式地处理格劳孔和阿德曼图提出的关于正义有益的问题（2.357A—367E）。正如人们所料，最初的回应见于《理想国》某处：第四卷的末尾，格劳孔自己总结了关于灵魂正义和灵魂不义的思考（4.445A—B）：

"身体的自然结构如果毁了，生活似乎就不值得过了，即使佳肴如

---

[1] 至于古代希腊城邦（polis）的"无国籍状态"（statelessness），参见 Cartledge 2000: 17—20。

[2] 在《小希庇阿斯》（366C）中，苏格拉底提出毫无争议的权力说明：如果某人"任意做其想做之事"，那么他具有权力做某事。

[3] 正如 Giles Pearson 向我指出，对于色拉叙马库斯或格劳孔而言，贪婪（pleonexia）不单把金钱和物质财产作为其对象，还把人可能想要拥有的任何事物作为对象；比如，同你想望的任何人发生性关系，杀你想杀的任何人，或者救你想救的任何人（2.360C；也可参见 9.579B—C）。亚氏同样认为自私的人——把财富、荣誉、身体享乐的大头（pleion）分给自己从而满足自身的欲望——是贪婪的（pleonektai）（*EN* 9.8, 1168b15—21）。Myles Burnyeat 注意到（Burnyeat 2005—6; 20—21）："色拉叙马库斯假定人性最深的地方就是贪婪（pleonexia），格劳孔对此并未否认。这个词不仅表示想要更多，还表示想要比别人更多。它既有贪心之意，又有竞争之意，二者搅在一起。灵魂三分的学说将此分成两个方面：贪婪是欲望之恶，独断是激情之恶。"然而，僭主人士的欲望统治程度如此之深，以至于独断的激情动机完全服务于它，于是他必定会挪用其他人的财产。

山,即使权势煊赫家财万贯。当我们赖以生存的自然条件毁了乱了,即使假定某人能够做他想做的任何事——除了那些让他摆脱邪恶不义从而获得正义美好的事［鉴于二者(即正义和不义)已被证明是我们所说的那些情况］——他的生活还值得过吗?"

"即使假定某人能够做他想做的任何事",苏格拉底在《理想国》接下来的关于该主题的五卷讨论中,最后撤消了这个假定(《高尔吉亚》亦是如此)。他设想具有僭主灵魂的某个人真的在某个城邦行使僭主权力。(用《安提戈涅》中的话说),"僭主政治的重要福祉之一就是:它能够说它想说的任何话,做它想做的任何事"(Soph. Ant. 506—7),事实果真如此吗?或者说(如同《法义》中的雅典访问者提出的流行说法),"成为僭主并且做你想做的任何事"(2.661A—B)是美好生活清单上的重头吗?非也,苏格拉底说道:"僭主人士从未品尝过自由和真正的友谊"(9.576A),而且活在持续的猜疑和恐惧之中。他论道,这样的人无时无刻不受制于其自身无法满足的欲望,"僭主灵魂在做其想做之事方面排名最末"(577D—E)。生活成了束缚(579B—C):

> "他具有我们所说过的天性,充斥着各种恐惧和欲念。虽然他的灵魂贪得无厌,但他是城邦当中唯一一位无法出邦的人。或者说,他无法外出参观其他自由人非常想参观的那些地方。他大半辈子都窝在家里,像个妇人一样。他嫉妒其他公民,如果他们当中有人去了邦外并且见了些美景的话。"

苏格拉底的最后结论开头如下(579D—E):

> "不论某些人会怎么想,事实就是:真正的僭主实为奴隶——卑躬屈膝,低三下四,对彻底堕落的人民虚溜拍马。如果你知道如何看待灵魂整体,那么显而易见的是,他丝毫满足不了他的欲望,他迫切地需求几乎一切事物,却陷入真正的贫乏之中。"

"柏拉图笔下的僭主",茱莉亚·安纳斯说道,"不会持续一个星期。"她继续说道,他对僭主的描写可能符合"某位卡利古拉(Caligula),此人毫不费力地掌握了绝对权力——他发现在取消所有的限制之后,真实和虚幻融为一

六 金钱和灵魂　　　　　　　　　　　　　　　　225

体,直至理智消失"。然而,现实世界中的成功独裁者(比如列宁和斯大林)实际上是"不知疲倦的官僚,观点保守,私生活枯燥乏味"。[1] 这条反对路线没有击中目标。柏拉图笔下的苏格拉底并未声称真实的僭主皆类似于他所描述的那个人。他很显然只是在考虑卡利古拉的情况:已是僭主心灵的人获取了绝对权力(9.578C)。诚如多萝西·弗雷德所言,我们没有理由认为柏拉图会把此人的任期机会看得很高——高于卡利古拉的短期统治。[2] 柏拉图之所以愿意设想某人真的拥有绝对权力,是因为他和他的对话者皆对这种情况感兴趣:《高尔吉亚》中的珀鲁斯和卡利克勒斯,《理想国》中的忒拉叙马库斯、格劳孔和阿德曼图。安纳斯似乎承认柏拉图对权力的批评力度,正如诸位对话者所想:某人如果有能力并且有机会做其想做之事,实为一种骇人前景——这只会导致苦难。[3] 再次引用弗雷德的话,关于柏拉图笔下的僭主,"他的爱欲快把他逼疯了,他是只纸老虎,就字面意思而言:他这只老虎只存在于纸上,此乃极端不义不可行的一个论证"。[4]

　　柏拉图证明典型的不义生活属于某种僭主政治。该证明提供了解决问题的线索,让评论者们甚是困扰的一堆难题于是有了出路。许多读者认为,《理想国》的核心建议——于个体而言,正义即灵魂和谐——是其基本计划

---

[1] Annas 1981:304.
[2] D. Frede 1996:265—266. 在西塞罗写于公元49年5月2日的一封信中,通过诉诸柏拉图的僭主观,他预言凯撒的统治不会持续六个月(*ad Att.* 10.8.6—8)。
[3] 诚如 Annas 所述,如作适当变动的话,独裁者在某些方面听起来更像是《理想国》中的寡头人士(8.554A—E),尽管从政治上说,斯大林的做法特别符合僭主的描述。僭主以人民斗士的形象出现,特别是他最后强迫他的城邦清除奴隶制以及任何可能的反对力量(8.565D—569D)。柏拉图没有否认这样一位僭主能够在日常政治方面取得成功。但他的枯燥灵魂(沉溺于控制,类似于守财奴的灵魂)不会赢得色拉叙马库斯或卡利克勒斯的尊敬。
[4] D. Frede 1996:266. 至于绝对权力和绝对自由,以及二者虚妄弱点的透彻反思,参见 Eagleton 2005:ch.3(also pp.11,24)。他恰如其分地援引了莎士比亚的《特洛伊罗斯和克瑞西达》(1.iii)(p.72):

> 那时权力便是一切,
> 而权力屈于意志,意志又屈于欲望,
> 欲望,这头宇宙之狼,
> 得了意志和权力的两重辅佐,
> 势必要将全世界作它的猎物,
> 最后再把自己吃下。

实施当中的根本缺陷。[1] 首先，第四卷末尾对该建议的主要论辩是站不住脚的。它诉诸以下原则：如果 x 和 y 皆称为 F，那么，x 称为 F 的根据必然等同于或类似于 y 称为 F 的根据。因此，倘若城邦被称为"正义"是因为每个阶层做其分内之事而不插手其他阶层的事宜，那么与此类似，个人之所以称为"正义"，是因为灵魂的诸要素各自行使其功能而不互相干涉（434D—435C）。支持这种推论的原则作为普遍原则来说是错误的。它假定言辞的意思单一明确。然而，正如亚里士多德热衷于指出的，言辞通常意义不明确。比方说，假如个体因为强壮体质而被称为"健康"，那么这就是我们宣称城邦"健康"的理由所在——该说法不可信。健康的城邦或多或少是这样的一个城邦：提供利于个体健康的社会物质环境。

其次，第四卷并没有花很大力气表明灵魂和谐的正义与正义行为——公正、道德地对待其他个体——之间具有典型关联。它断定灵魂正义的人不会贪污、偷窃、背叛或违背誓言，也不会通奸、蔑视父母、忽视神灵（442D—443A）。但它没有试图证明这一点；而且正义行为实际上有了明确的重新定义，这样做不是为了试图为人诚实或对人负责，而是为了"保持这种内在和谐，并且帮助和谐产生"（443E）。于是，柏拉图笔下的苏格拉底要面对以下指责：通过让正义变得难以辨认，来使正义成为某种利于正义个体的内在事物。

从第九卷对僭主灵魂的讨论开始，《理想国》关于正义和不义的看法愈发令人信服。[2] 首先，诚如格劳孔和阿德曼图所示，众人普遍认为不义关联于绝对权力者的猖狂欲望。格劳孔的描绘——他把不劳而获的巨吉斯（Gyges）描绘成完全不义的人——就呈现了这种关联。所以苏格拉底能够毫无争议地主张：不义行为（就其最为猖獗的形式而言）乃是猖狂欲望的产物。现在，为了维持他自己的关于不义的立场，并削弱格劳孔的论点——格劳孔直接声称不义在本质上比正义更为可取，并因此间接得出了正义的社会契约解释——苏格拉底只需再走三步，即设定：第一步，猖獗的不义行为之所以猖獗，是因为无法无天的欲望难以满足；第二步，难以满足的欲望必然是混乱的；第三步，因为灵魂的混乱导致了不义的猖獗，所以最好说它就是不义自身的核心所在——这将是极其糟糕的状态，因为它由无法满足的欲望

---

[1] Sachs 1963 很具影响；其他观点：e.g. Vlastos 1971; Annas 1978; Dahl 1991; Smith 1997.

[2] 此处提出的解释来自 Kraut 1992b：311—337。

构成。如果我们现在问哪种人最不可能做出完全不义之人的典型举动,《理想国》的建议似乎会是,这就是灵魂和谐之人,此种状态可谓远离灵魂混乱(等同于不义)。[1]

5. 驯服内在野兽

苏格拉底在第四卷就已声称,在任何个体之内,欲望要素都是"灵魂的最大部分,并且就其本性而言,在金钱方面极难满足"(4.442A)。[2] 它于是成了潜在的危险,不仅危及灵魂,还危及社会整体。危险在于,它通过满足饮食男女而扩展其范围,继而变得强大,并且不再做其分内之事——首先是促使人们维持自身生存并获取生存资源的必要工作。[3] 它反倒可能试图去统治奴役理性和激情,到最后"颠覆每个人的全部人生"(4.442B)。防止此种情形发生的方法同样有所谈及。理性和激情需要正确发展,习其分内之事(统治灵魂,或者就激情而言,协助理性进行统治),并接受教育,不论是通过理智活动(理性)还是凭借音乐和诗歌的教化力量(激情)。在第六卷中,当理性统治者们已经变身哲人的时候,苏格拉底认为他们对真理的热情会削弱对挣钱和花钱的任何激情(6.485D—E)。他在此谈到有必要警惕欲望,说得精确些是防止它控制灵魂。

如何做到以上所说,这是一个心理学和政治学的问题;更确切地说,是二者融合——柏拉图在《理想国》和《法义》中的典型分析模式——的问题。他设想的基本心理机制通过第九卷末尾的精彩文字得以呈现。苏格拉底在此向我们提供了他最令人难忘的描绘之一(《理想国》充满了令人难忘的描绘)。我们应该把自己看做是某种混合生物,居于希腊神话所言的某片异域:比如喀迈拉(Chimaera),它是狮头、羊身、蛇尾的混合。我们自身最

---

[1] 本节最后的三段文字对 Schofield 2000a: 229—330 的内容稍稍做了修改。
[2] 它之所以最大,是因为有众多不同形式的欲望(9.580E, 588C)。描述理性和激情则用一个动词("学习"或者"想明"、"生气")。至于欲望,需要列一份无休止的清单,打头的是"饥饿"、"干渴"、"性欲"。
[3] 柏拉图在 8.558D—559C 处详细说明了必要欲望和非必要欲望之间的区别:必要欲望指的是我们无法避免(性欲无疑很明显)或者一旦满足就利于我们的欲望(饥饿和干渴——以及挣足够多的钱来满足我们真正的需要的欲望)。因此可以推测,"赚钱"一词和非必要欲望之"挥霍"相对,它一般用来描述必要欲望——再次表明贪婪欲望在柏拉图欲望概念中的重要性。

大的组成部分（代表欲望）是个多头怪物——不同动物种类的头，有些温顺，有些凶猛——它能够随意变化自身。第二大的组成部分（对应激情要素）是只狮子。最小部分（我们的理性自我）则是个人类。如果某人认为（正如忒拉叙马库斯所认为）不义属于自我利益，那么他实际上说的是：让我们里面的怪物和狮子食饱变强，而让人类挨饿变弱，以致我们的人性处处受制于兽性。然而，如果我们想要自己里面的人控制我们而使我们成为人，那么我们必须支持人的要素，言行效仿内在之人，"像农民一样照看多头怪物，即培育温顺作物，而不让凶猛作物发芽"（9.589B）。一切皆取决于理性：理性不允许较凶猛的欲望发展，理性积极地帮助较温顺的欲望。此园艺比喻颇有意味。此处的欲望不是被比喻为意识的另外中心，而是适于以对付头发或脚趾甲的方式来处理的东西。[1]

　　控制欲望——第四卷说得很清楚——关键是教育。苏格拉底在第八卷和第九卷阐述堕落的社会与个性类型进一步堕落的时候，反复强调它们没能获得那种正确的教育。比如，在荣誉政体当中，上一代的人将不怎么考虑他们应该予以考虑的音乐和诗歌；与此同时，他们将开始忽视身体训练（8.546D）。至于荣誉人士，尽管他酷爱身体训练以及狩猎，但他"遗漏了最好的防身之物"（8.549B）：理性（结合音乐诗歌的教育）——一旦它为人所有，它就成了德性的终身保护者。寡头人士也"从未对其教育上过心"（8.554B）；民主人士同样未经教育，并且在吝啬的氛围中长大成人（8.559D）。苏格拉底所说的荣誉人士和寡头人士的教育确实不好。他对此有详细描述。相比之下，美好城邦最与众不同的是，它为正确地教育统治者和军事阶层所花费的时间、心思和精力（4.423D—E）。

　　此处我们面临一个政治问题。于统治阶层而言，这种教育确实会发展理性天生的管理才能，以及统治自身灵魂其他部分的才能。于军事阶层而言，

---

［1］　我们需要记住这段话，当我们思考苏格拉底的讨论时：他在第八卷讨论了寡头人士利用强迫和恐惧来压制他的邪恶欲望，而不是"通过说理使其温顺"（8.554C—D）。Bobonich 提出该讨论是若干证明文本之一，证明柏拉图所说的欲望不仅是一种独立意识，还能够凭借它对劝说的积极反应参与"理性交流"（Bobonich 2002：242—244）。但对于怪物或农民必须清除的作物而言，理性交流皆无可能。我的结论是：柏拉图——向来是灵魂剧场的剧作家——并没有以非形而上的方式表述他的心灵理论。如果我们一定要认为他用了非形而上的方式，那我会更喜欢这种说法，即554C—D 处劝说欲望的文字是自我劝说（不纵容邪恶的欲望为什么会更好）的简略表达形式——如作适当变动，类似语境亦是如此。

这种教育则会缓和激情,让激情听从灵魂的理性声音,并使他们服从和支持统治阶层的决定。而欲望统治了爱钱之人（9.581C）,或许也因此统治了美好城邦中的商人。教育对经济阶层和商人会有什么影响？对于经济阶层如何教育的问题,《理想国》近乎沉默。柏拉图主要考虑的是上层人士。他们是他的希望所在。苏格拉底曾不经意地提及某种特殊工艺的教育（皮革裁剪：5.456D）,并暗示这就是手工业者的教育（相比第二卷和第三卷描述的护卫者阶层享有的音乐诗歌教育而言）。音乐诗歌的教育并非护卫者专有——它们特别为某些人而设：他们的生活主要是受理性和激情控制,这些表述指向贵族精英。结论似乎相当明显：柏拉图没有设想它会适用于农民、工匠以及商人,[1] 除非是以间接的次要方式。[2]

尽管这种教育——对于控制欲望而言极其重要——并非用于经济阶层,但柏拉图的意思很明确,不单"普罗大众"的欲望要加以控制（4.431C—D）,他们自身还得认识并接受其行为上的某些限制。[3] 节制（sôphrosunê）作为美好城邦的一个特性,取决于所有阶层（包括经济阶层）一致同意：负责明智地考虑城邦事宜的阶层应当进行统治（4.431D—E）。众人表现节制的方式是服从统治阶层（4.431C—D）,[4] 以及控制身体快乐：这显然被视作是

---

[1] 参见 Reeve 1988：186—189。Reeve 的积极建议是,行业培训实际上提供了"未来生产者"所需的道德教育：它"把欲望心灵从非必要欲望的统治中解放出来……并且导致它为了挣钱的快乐（更令人快乐）而舍弃饮食男女的快乐"（ibid. p. 190）。我没能找到文本依据来证明行业培训会有这些效果。

[2] 根本没有人——年轻或者年老——要听诸神为恶负责的故事（2.380B—C）;母亲们不会用神灵夜间来访的故事吓唬她们的孩子（2.381E）;也没有人会说阿波罗这样的神预言有假（2.383B—C）。参见 Burnyeat 1999：261："理想城邦的技艺规范将重塑整个文化。"因此,音乐的多样化和复杂化远离了牧羊人的议程,不单单是护卫者如此（3.399D）。这个方法很是重要。苏格拉底接下来的评论就是感慨（3.399D—E）："好家伙！一不留神,我们彻底清洗了城邦,前不久它还是个奢华的地哩。"关于牧羊人的评论表明——尽可能地轻描淡写——清洗城邦意味着经济阶层变得更加朴实,同护卫者阶层的生活方式一样朴实。

[3] 关于该论点的周全评论,参见 Kahn 2004：350—353。

[4] 对比（开始没有提及理想城邦）了普罗大众（可能在任何地方）的各种欲望、快乐、痛苦,和理性小众（具有最好的天资和最好的教育）的简单适度的欲望之后,苏格拉底推及乌托邦："那你在我们的城邦中看到了同样的现象吗？道德较高的少数人的欲望和智慧是否控制了道德较低的多数人的欲望？"格劳孔表示同意之后,苏格拉底最后说道："因此,如果任何一个城邦能被称为其快乐与欲望的主人,并且真的是其自身的主人,那么我们的城邦能被这样称呼吗？"

普遍适用的一个真理，而不单限于理想城邦（3.389D—E）。柏拉图不得不假定，美好城邦将凭借文化手段——尤其是意识形态与法律的结合运用，这可以说反映了农民、工匠以及商人的孩子们将接受的那种教养和德育[1]——达到这个结果。他们之所以一致同意护卫者阶层应当统治，主要是因为他们接受城邦的意识形态（通过高贵的谎言）。高贵的谎言将向人们灌输有关社会结构以及他们天生注定的社会角色的信念，从而使他们相信他们的经济活动会为城邦作出恰如其分的贡献。我将在下一章当中详细讨论这个谎言。相反，服从统治阶层将主要涉及服从法律。在本章的余下部分，我将讨论柏拉图设想该结果实现的可能方式。

我们可以从以下问题开始：经济阶层的成员从心理上接受文化如何可能？如果他们的灵魂受欲望控制，如果他们的教育（无论什么教育）不是有意培养对理性的有限尊重，[2] 那么，他们如何将那种节制——根据柏拉图的假设，只有理性的统治（激情进行协助）才能产生节制——内在化？苏格拉底继续探究他所说的"喀迈拉"形象的含义，我们有时会从该探究当中发现关于这个问题的有益思考（9.590C—D）：

"为什么你认为杂役或者体力活会败坏名声并招致非议？这不正是原因吗？当某人的最好要素天生孱弱的时候，这种情况就会发生。于是，他无法控制他里面的动物，反倒成了它们的奴隶。他能够做的就是学习如何安抚它们。"

"显然如此。"

"所以，如果我们想让这样的人与最好的人同处于某种统治，我们说他肯定是最好之人的奴隶，因为最好的人具有神圣的内在统治，不是吗？当我们说他需要被统治时，我们的意思并不是要伤害奴隶。伤害奴隶是忒拉叙马库斯的观点。这只不过是在说，每个人最好都受神圣智慧者的统治。理想地说，他在自身之内拥有自己的神圣智慧要素，但它无法从外部强加于他。所以，我们所有人尽可能地平等，尽量都是朋友，因为我们全都接受同一位指挥官的指导。"

---

[1] 运用法律从而在整个公民体当中推广理想城邦的价值观。在某种程度上，这可能是由以下规定得出：禁止工匠"描绘品行恶劣、无组织无纪律、卑鄙无礼的任何行为，不论是在画作中，还是在建筑上，抑或任何工艺品之内"（3.403B）。

[2] 尤其是因为欲望统治的阶层成员会自己抚养教育孩子。

六　金钱和灵魂

"是的，所言甚是。"

人们认为这些颇具家长式作风的评论相当明确地陈述了以下论点（预示了亚里士多德对"天生"奴隶的辩护）[1]：在理想城邦中，统治经济阶层的不是他们自身的理性，而是哲学统治者的智慧。[2] 不过，苏格拉底在此并没有谈及美好城邦。他考虑甚多——这些考虑来自普通人可能感兴趣的日常经验——以论证我们的真正优势并不在于忒拉叙马库斯所支持的贪婪与自我扩张，而在于让我们灵魂中的人类控制狮子和怪物。我们没有理由认为美好城邦的农民、工匠以及商人会很像此处描述的杂役工人或体力劳动者。苏格拉底从未表明经济阶层的成员在理性上大体而言是孱弱的（即使理性没有统治他们的灵魂），更没说他们无法控制他们的欲望。毫无疑问，他们的身份不是奴隶。[3]

然而，苏格拉底接下来的对话路径围绕我们关注的议题走了很远。他讨论了体力劳动者的事，并根据日常经验得出了他所支持的有关普遍教益（590E）："显然，这既是法律——全体公民的盟友——的目标，也是我们自身管理孩子的目标。"他接着评论了以下方式：我们在孩子当中（同城邦一样）建立管理制度之后，才给予他们自由。除此之外，他没有提及法律。不过，《法义》的法律理论已在酝酿之中。法律被视为某种智慧——甚至（如《法义》）是神圣智慧——通过法令控制公民行为。

在《理想国》的这个地方，苏格拉底并没有试图规定达成这一目的的心理机制。不过，如果我们把心理机制作为理想城邦运行法律的一个问题，就像它控制经济阶层中的个体灵魂那样，那么两种可能性——不一定相互排斥——会自动呈现。一种是威慑作用，以恐吓不顺从者的方式颁布法律——《法义》对此有详尽论述。在第八卷中（554C—D），苏格拉底设想寡头人士"运用其自身之内的高雅事物"，用"强迫和恐惧"来压制邪恶的欲望。或许理想城邦的商人灵魂那里也会发生类似的情况。或许"高雅事物"来自法令的同化作用。另一种可能性是法律有效地规训欲望控制人们灵魂的方式。虽然欲望对他们的行为影响最大，虽然欲望任其自由发展的话天生难以满足，但是，如果人们习惯于把它限定在法律之内的话，那么，让欲求突破法

---

[1] *Pol.* 1.3—7；更多内容参见 Schofield 1990；Garnsey 1996：ch. 8。
[2] 例如，Reeve 1988：48；Irwin 1995：351。
[3] Reeve 1988：285 n. 3 的假设看起来与之相对。

律限制的任何诱惑，以及认为这样做就可获取快乐的信念，都将烟消云散。回到第四卷，很多内容谈及某风气会"不知不觉地影响人们的性格习惯"（4.424D；cf. 3.401C—D）。于是，人们觉得满足了有限欲望——"简单适度"，诚如苏格拉底在第四卷所言（4.431C）——就足够了，并且甚至觉得这是真正的快乐（cf. 9.586E）。

这些可能性至少表明了柏拉图所需的那种解释：经济阶层如何能将理性规定的欲望节制内在化，即使他们自身灵魂内的理性从未占据主导，继而无法掌控理性劝说指导他们行为所需的那些资源。[1] 显然，这种节制顶多类似于第四卷中定义的个人节制（sôphrosunê）：当灵魂的统治部分和被统治的诸要素"共同持有一个信念，即理性部分应当进行统治，而且它们不应当挑起反对它的内乱"时，"友谊和谐"的状态便随之而生（4.442C—D）。[2] 但它是一种个人节制，因为这种心灵状态的人肯定是"其自身的统治者，控制了关乎饮食男女的种种快乐"，正如第三卷描述的适于普罗大众的那种节制（sôphrosunê）（3.389D—E）。柏拉图可能会认为它是某种"民众的"（demotic）或大众的德性（他之后的用语）（6.500D）。

如何控制经济阶层的欲望，这个问题仍然伴随着我们。资本主义不像柏拉图那样从原则上讨厌天生难以满足的金钱欲。不过，只有经过其他事物的调和——无论是国家制度与公民社会习俗，还是得到确保的某种社会民主，资本主义才可忍受。当务之急仍是找寻更为有效的欲望控制方法。

---

[1] 对于 Bernard Williams 在 Williams 1973 一书中以各种方式坚持强调的问题，我认为这是令人满意的答案。其中一种困惑在于我们如何描绘人们的顺从状态：当理性（以其他人的形式）进行统治时，正如它在理想城邦中的所作所为，这些人的欲望和激情很可能爆发。我的意思是，理性实践（比如通过法律）施加的社会控制约束性地影响了经济阶层的常见欲望（毫无疑问，天生难以满足）。

[2] 我倾向于以下观点：说欲望是和谐的或持有共同的信念，这只能是某种论点——诸欲望和诸欲望对何者为好的真正理解之间不存在冲突——的隐晦表达。反驳意见（见 e.g. Bobonich 2002: ch. 3; Price 1995: ch. 2; Kahn 2004: 353—354)：《理想国》的心理学如此戏剧化，以致我们经常难以判定戏剧可能含有的理论意思——诚如 Kahn 所言（ibid. p. 356）。幸运的是，就当前目标而言，我们无需进一步探究这个问题。

七　意识形态

1. 意识形态和宗教

因为相互的仇恨，因为自我利益的追逐，社会将自身弄得四分五裂。这个噩梦萦绕着柏拉图，他的政治思想处处可见其忧虑。[1] 这也是我们这个时代的噩梦。柏拉图在《理想国》和《法义》中用相似的方法驱散这一噩梦。该方法具有各种成分：控制严密的制度结构；公共教育——至少对于统治阶层而言——以便促进德性从而发展或者尽可能控制人类灵魂的各个要素；由智慧进行统治以及首要关注公共利益。此外还有一个成分，那便是本章主题：意识形态。当然，这不是柏拉图的用语（而是十八世纪后期的一个法语新词）。该词意义广泛，或许马克思、马克思主义者及其他理论家用于批判错误意识时的那个用法最为人知。[2] 然而，作为一种纯粹描述性的术语，它的确表达了某些东西——柏拉图显然认为这些东西对于解释和谐社会如何可能，是不可缺少的。我这里说的"意识形态"乃是一个被广泛深刻认同的信念及文化价值观的高度清晰表达的体系，它能对行为产生巨大的影响。[3]

乌托邦需要意识形态吗？如果（比如说）每位公民皆是斯多亚派所说的圣人，就可能不需要。斯多亚主义设想人天生具有发展完美理性的冲动，这足以让乌托邦公民的一切行为完全符合他们的社会政治状况。不过，柏拉图

---

[1] 参见第181页脚注2。这种看法为Pradeau 2002提供了主旨。
[2] See e. g. Geuss 1981; Thompson 1984.
[3] 意识形态（作为描述词汇）的定义可谓繁多。这个定义结合了Geuss 1981: 10 和 Figueira 2002: 147。

的乌托邦主义基于更加修昔底德式的人性观及其社会冲动之上。甚至在乌托邦社会中，大多数人也没能充分地接受人类美好生活所需的理性原则。若无（在有序的制度框架内的）强大的文化教化，一般而言，无人能够获得理性。理想城邦也不会存在下去，除非它的价值观和基本原理通过意识形态的灌输而为全体公民所接受。简言之，于柏拉图而言，乌托邦面对的问题和现实社会并无二致。在他看来，处理乌托邦问题所需的资源必须比现实社会断断续续用到的那些资源更为有效。

这些假设为《理想国》和《法义》所共有。在为乌托邦规定意识形态的时候，这两篇对话都转向宗教。《理想国》的关键文本是第三卷的那段简短话语——引入高贵谎言的神话并且进行重述。尽管它只让我们匆匆一瞥柏拉图城邦的意识形态的可能运作方式，但它是本章的主要讨论内容，因为它开启了伦理学和政治哲学的诸多议题——尤其是政治和哲学的关系（我们在第一章就开始考虑这二者之间的关系）。相形之下，《法义》从头到尾都在运用宗教。如果高贵的谎言确实是最好在童年时期进行灌输的一种虚构，那《法义》的道德宗教修辞就是为成年人而备的某种真理。

出于政治目的运用谎言或宗教，这样的想法会即刻引发怀疑：我们在探究柏拉图的本意时，是否应当启用没那么中立的"意识形态"概念？运用谎言和宗教对谁有利？这种意识形态难道没有导向现实的歪曲表达，以便欺骗继而控制那些相信者吗？关于对谁有利的问题，柏拉图会说：利于那些相信者，或者说接受宗教灌输的人。换言之，他为家长制辩护。而对接下来的疑问，他会否认"歪曲"。《法义》的宗教修辞和《理想国》的高贵谎言都在讲述真理。无可否认，它们的方法谈不上哲学论证。但这不一定就意味着它们传达的内容不是真理——在柏拉图所见的意义上的真理。在这两篇对话中，关于真理和理性的问题都很棘手：或许《法义》的情况比《理想国》更为复杂。现在就让我们转向后者。

2. 高贵的谎言

2.1 腓尼基神话

《理想国》的高贵谎言（3.414B—415C）是以神话的形式（415A）向读者呈现的。它实际上是两个神话，或者说该神话有两个部分：主题是"腓尼基"的（414C）。苏格拉底接下来对该主题进行了颇为重要的赫西俄德式的改编（cf. 8.546E）。所谓的腓尼基要素，指的是柏拉图重写了卡德摩斯（Cadmus）播种龙牙的故事。龙牙种下之后，大地生出武士种族："大地之子"或者"斯帕托斯"（the Spartoi，意为"播种而生的人"）。卡德摩斯为了让这些武士相互争斗，就朝他们当中扔了一块石头。不过有五个人在厮杀之后存活了下来，他们帮助卡德摩斯建立了卡德米亚（Cadmea）。这个城堡就在后来的波提亚的忒拜（Thebes in Boeotia）中心——忒拜贵族称他们为先祖。[1]

这则故事完全是个希腊传说，是个兴许用来解释忒拜地主贵族的社会地位并使之合法化的基础神话。然而，卡德摩斯是腓尼基血统：从推罗城（Tyre）移民至希腊。正是其腓尼基血统使柏拉图能够以"腓尼基"之名来表示他自己的神话所模仿的原型。称之为"腓尼基"的真正要点或许是出于不同的考虑：为了表明这个故事具有某些非希腊的元素——（我认为）这些元素与文明社会有所冲突。这种猜想得到了苏格拉底的支持。他说道，尽管（据诗人们所说）许多地方的原住民以此种方式诞生于大地（雅典人有他们自己的当地版本的类似起源神话），[2]但这种事情并没有在他们自己的时代发生——他不知道这种事情甚至能否发生。换言之，这个故事古老而又蒙昧。

格劳孔指责苏格拉底不愿讲述这个神话，苏格拉底对此并无异议（414C）。其实到了该讲的时候了，他也没有在讲故事。他提供的不是一个叙事，而是某种思想的最为简洁的主旨概要，他试图劝说美好城邦的公民相信他的这一思想（414D—E）：

> 我必须尽量首先说服统治者们自己和军人，其次说服城邦的其他人：我们为他们提供的教育和培养，即他们的整个教育经历，终究只是个梦，只是他们的某种想象。实际上他们是在大地深处孕育出来的——他们自身，他们的武器以及为他们而造的其他装备。当孕育他们的过程结束时，大地母亲就送他们到世界上来。他们的责任是保卫他们所在的

---

[1] 斯帕托伊神话的根本来源是 Apollodorus, *Library* 3.4.1；Hyginus, *Fabulae* 178—179：二者可能编辑于公元二世纪。Pausanias（同一时期）也知道这个故事：*Description of Greece* 8.11.8, 9.5.3, 9.10.1. 不过，它有更早的来源，不仅在柏拉图那里可以看出，还在其他人那里。比如，Pherecydes Fr. 22 [Jacoby]；Aeschylus, *Seven against Thebes* 474；Euripides, *Phoenician Women* 931—946.

[2] See Loraux 1993: ch. 1.

国家免遭侵犯——正如他们保护他们的阿母那样——并且视其他公民为他们的亲生兄弟。(英译文来自 T. Griffith)

苏格拉底不想提供详实细节来让读者想象大地深处的孕育过程可能会是什么样子，或者"送他们到世界上来"会是什么情形：正如卡德摩斯的原始神话所示，看样子武士（以及统治者——劝说的主要对象）明显来自大地深处，不过其他公民亦是如此。整件事情完全无法想象，因而无法讲述；[1] 或者更确切地说，只有以完全不可信为代价才可想象。于是，苏格拉底试图在下结论时通过强调道德责任来减少不利因素：这个神话有意向统治者及其所依靠的军人们传达道德责任。他们要为他们的国家考虑，把它当作"阿母"来保卫，并认为其他公民是大地所生的同胞兄弟。"真的如此"还是"好像如此"？在这个故事的框架之内，大地（即他们的祖国）以母亲（不是"就像母亲"）的形象出现。不过，因为难以知晓"严格相信"这一情况可能会是什么样子，于是二者（即"真的如此"和"好像如此"）融为一体。

柏拉图的理性精神如此显明，以致他很少谈及神话。苏格拉底引入高贵的谎言时提了个建议：他们讨论至此时需用到一个策略性手段，这是情势所需时可以启用的假话（414B—C）。这指的是某种谎言：倘若对朋友或敌人说谎是利于城邦的最佳做法，那么说谎可能合乎情理（2.382C, 3.389B—C）。在《理想国》的其他地方，这种谎言被称为"药"（5.459C—D; cf. 3.389B）——这让现代读者想起马克思的名言：宗教是人民的鸦片。这种特殊药物的效果是什么呢？如果上文引用的段落没有把这个问题说清楚，那么，苏格拉底关于高贵谎言的最后陈述就讲明了要点。目的是让公民"更加关心（kêdesthai）城邦，更加关心彼此"（415D）。在第三卷的前两三页，柏拉图就已提出这个主题（412C—E）。对于可能成为理想城邦护卫者的那些人应当接受的教育，苏格拉底在那里进行了一番说明。当他说明完之后，随即获得一致同意：他们教育过的那些人当中的优异者才有资格担任护卫者（这时已经明白区分或开始区分统治者以及为其提供军事支持的那些人：412C, 414B）。"优异者"的界定标准是善于保卫城邦，这又被解释为兼具智

---

[1] 尽管希腊化时期的诗人 Apollonius Rhodius 只是受了激励而已：正如过分雕饰的荷马式明喻，他在 *Argonautica* 第三卷末尾（3.1354—1407）试着用这些明喻来描绘伊阿宋的耕地行为（地里有播种而生的大地武士）。相比之下，奥维德对卡德摩斯播种战士的处理就很乏味，参见 *Metamorphoses* 3.95—114。

七 意识形态

慧、才能以及关心城邦。苏格拉底详细解释了"关心"（kêdesthai）。如果他们要善于保卫城邦，并且关心他们应当关心的事物，那么护卫者就要"热爱"城邦：当且仅当他们把城邦利益等同于自身利益，并且坚信应当尽他们的所有努力来保卫他们所认为的最利于城邦的事物时，他们才算做到了"热爱"。

那么，如何产生坚信和对城邦的热爱？不论是在第三卷，还是在《理想国》的其他地方，苏格拉底都没有说通过理性思考——或者说根据第七卷的辩证法视角——就能说服人们相信这些事物。公益奉献为什么属于个人自身的最大利益，对话的很多地方给出了原因：比如，第一卷当中关于好人为何会答应统治的论辩（1.346E—347D）；抑或第二卷对于共同体如何形成的说明（2.369B—C）；抑或（但没那么明确，实际上更富争议）第七卷讨论哲人为何会重返洞穴并承担统治工作的著名段落（7.519D—520E）。不过，把个人自身的最大利益归为城邦的好（Good）是一件事，热爱城邦和践行信念（即值得尽最大努力去做的事是促进其最大利益）是另一件事。柏拉图显然认为这不依赖于理性和论辩，而是依赖于众人普遍接受的意识形态的建构：不单是普通公民接受，统治阶层和军事阶层也接受，并且后者才是主要受众（3.414C, 414D）。为何应当如此，他没有作出解释。他只是让苏格拉底声称治疗式谎言在某些情况下有用（2.382C, 3.398B），并且宣称需要说谎，却没有论证需要它的具体情境是什么（3.414B, 5.459C—D）。他心中所想到的是维持（这篇对话建构的）理想城邦需要什么。然而，"只有意识形态能让人献身于政治共同体"的观念得到了相当广泛的运用——或许这很好地解释了宗教在《法义》的社会政治理论中的普遍作用。

"高贵的谎言"，尤其是它的卡德摩斯要素，主要在于告诉人们有关他们出身的某些虚假事情。这种想法似乎本身并不会让柏拉图感到不舒服。就人的领域而言，他不像康德和绝对道德主义者那样厌恶说谎（不过，虚假不容于神明：2.380D—383C）。[1] 我们不清楚"高贵的谎言"中的"高贵"（gennaion）的主要含义应该如何理解。或许只是反语，或许是一个品藻赞语：这是一个让人印象深刻的弥天大谎，一个甚是正确隆重的谎言。[2] 但

---

[1] 更多内容参见下文2.4节。
[2] 关于这个问题，John Ferrari 有个很好的注释："因为它的城邦目的，所以这个谎言宏大或者高贵（gennaios），但是这个希腊词也可以用作口语，表示'坚信不疑的谎言'（'a true-blue lie'，比较'grand larceny'一词）。"参见 Ferrari and Griffith 2000：107 n. 63。而 Jowett and Campbell 1894：III. 46（on 348C）支持 gennaios 的反语用法。

是不难看出柏拉图为何会觉得它高贵。"献身于城邦"是人们广泛接受并时常赞颂的希腊理想，从荷马（特别在《伊利亚特》中的人物赫克托那里）到雅典葬礼演说皆有其身影。因此，为了激励人们献身于苏格拉底所谓的美好城邦（e.g. 4.427E）而杜撰的神话大可以说是高贵的。

　　柏拉图是否真的认为它有可能让人信服，也就是说，在培养信仰和忠诚方面发挥它的作用，这是另一个问题。在引入高贵谎言并对其进行思考时，他让苏格拉底强调了劝说的问题。诗人们已经使人们相信城邦曾经是由大地所生的武士们（之类）所建。但这不是当今城邦的创建方式。若想说服人们改变主意，就要"反复地劝说"（414C）。而苏格拉底不知道要用什么勇气（*tolma*）或言语（*logoi*）（414D）。[1] 在全文的最后，他向格劳孔问道："你能想出什么计策（*mêkhanê*）让他们（即公民）信服这个故事（*mûthos*）吗？""无能为力啊，"格劳孔说道，"就他们自身而言，是无法相信了。"因为若要他们相信这个故事，就得让他们认定他们曾经的出生成长完全不同于他们所知的真实成长方式，所以，格劳孔的反应是不足为奇的了。不过，他认为他们的儿子们、后代们以及未来的人类大致上有可能被说服（415D）。苏格拉底答道，即使这样也足以使他们更加关心城邦以及彼此了。

　　我认为，他心中特别考虑到该神话中的卡德摩斯要素（正是因为卡德摩斯要素，对于劝说的最初关注才得以表达；关心城邦以及关心彼此则是卡德摩斯要素的明确而又独特的要旨所在）。他的意思或许是：如果你认为你的子孙会相信它，那么你就会同意，他们因此会首先致力于城邦的幸福——并且因为他们是你的子孙，因为你的家族致力于城邦的幸福，所以你也会希望自己参加致力于城邦的幸福。柏拉图很可能也具有他归之于格劳孔和苏格拉底的那种审慎乐观。在《理想国》的第二卷中（2.382D），他笔下的苏格拉底明确承认起源神话（没有人真的知道很久很久以前发生了什么）这样的假话是"有用的"。他在《法义》当中对我们引用的那段文字进行了某种评注：他笔下的雅典访问者引述卡德摩斯的神话，当做是人们能够轻易信服的成千上万故事中的一个，尽管它在可信度上有所欠缺。该神话其实是立法者要思考的一个重要案例：他怎样才能说服年轻人相信他的劝说内容以达到城邦的至善。他要尽力去发现各种计策（*mêkhanê*），从而让公民在他们的有生

---

〔1〕　通过苏格拉底对该故事的评论，柏拉图表达了这个复杂的困惑。更多内容参见 Schofield 2007 的第五节。

之年用歌曲、故事以及其他语言形式来表达这个简单的目的（2.663E—664A）。诚如我们所言，目标在于让他们对这个目的信以为真——通过运用任何假话之诡计。柏拉图在此——《理想国》当中也有类似看法（2.378E—379A）——显然认为这个计划需要立法者寻求诗人的帮助，或者说，无论如何要有诗歌的辅助。

2.2 金属神话：兄弟关系、不平等、神之言语

"且听下文，"苏格拉底对格劳孔说道（415A）。该神话的剩下部分改写了赫西俄德的"时代神话"：《劳作与时日》讲述了人生活过的各个时代，或者更确切地说，是从黄金时代降至白银时代，再降至青铜时代，最后——英雄主宰世界的辉煌时期过后——至黑铁时代（*Works and Days* 106—201）。[1] 柏拉图的金属神话不同于他的卡德摩斯神话，是作为事实讲述的。苏格拉底起初用的是第二人称的复数形式，他设想（如其所言）他在向公民们讲述这个神话（415A—B）。金、银、铜、铁四种公民血统之间的关系一旦开始复杂化，他就不再使用第二人称的动词。但这并不能表明最初的听众退出了他的视域或关注。情况也许只是：一旦焦点变成如何分配不同"金属"群体的社会角色，概称性的"你们"就不再适用了。

根据《理想国》所载，在一个真正有序的社会政治体系（*politeia*）中，维持城邦生活所需的各种功能只有天生能够很好地履行这些功能的那些人才可承担，基于他们的天生才能，这些人被分配到相互排斥的各个社会阶层当中。在金属神话里，苏格拉底假设公民担任并理解该政制（*politeia*）模式指定的不同角色。第三卷提到的社会角色有：统治、提供军事支持、耕作以及做手艺（3.415A—C）。根据这个假设，该神话试图实现什么？首先试图实现的是以等级划分的方式决定个人才能——继而他们的社会角色以及他们在该体系中所占的位置——的神学依据。其次是有关神学诫令（显然是主要关注所在），专门用以预防该体系受到裙带关系的侵蚀，或者说至少不受到某种错误假说——天生才能总是（或必然）来自遗传——的影响（415B；cf.

---

[1] 这不是柏拉图唯一一次利用赫西俄德的时代神话，并且将它和卡德摩斯要素结合起来。在结合其他神话资源的同时，他的《治邦者》对它的利用截然不同：see Plt. 270C—272E，对黄金时代的解释吸收了某种思想：当时人乃"大地所生"。关于赫西俄德原作的全新解释，参见 Most 1997，尽管他的否认——他否认赫西俄德是在说人类的退化——有些言过其实。

4.423C—D):

> 神向统治者阶层提出的第一个命令也是最为重要的命令:他们应当尽力保护并密切关注子孙灵魂当中掺入的东西。

最后是神圣预言:忽视诫令会导致可怕的后果。

整个论辩路线巧妙地基于全体公民的兄弟关系——前文当中的卡德摩斯神话最后倡导的观念。兄弟关系显然不会因为天生能力的差异(涉及不同的金属)而有所弱化。而且正因为全体公民之间的血缘关系,同"种"的双亲不会一直生育同种的后代。金偶尔会生银,银偶尔会生金,其他组合亦是如此。遵从诫令是为了确保:万一出现这种情况,孩子必须迁到生性适合的阶层。四海皆兄弟的意识形态想必鼓励这种遵从。

柏拉图似乎设想(在此,以及当他进一步用这个神话来解释理想政制的堕落:8.547A—B)每个人要么是金,要么是银,要么是铜,要么是铁。某人不可能成色为铜而有金的特质。但是苏格拉底使用的语言或许会误导人们产生不同的想法。他谈及金属的"混合"(*paramemeiktai*),说金银双亲生育的孩子可能为铜铁(*hupokhalkos* or *huposidêros*,3.415B;不过有人会声称铜有点像矿石)。这话似乎并没有排除以下这层意思:尽管如此,孩子仍以金银为主。但语言上的可能性无法严格证明这种解读。此外,还能看到具有理论根据的论辩,也强有力地驳斥这种解释。当苏格拉底考虑农民或工匠生出金银后代(*hupokhrusos* or *huparguros*)的情况时,他认为神的诫令将规定这个孩子升到护卫者阶层或军事阶层,正如反过来的情况发生的话,孩子就必须被逐出该阶层(415C)。[1] 但就金属成分而言,如果这样一个人仍以铜铁为主,那么晋升是不合适的——实际上会危及稳定。我们因此得假设,苏格拉底的"混合"指的是特定金属和人性的其他非金属成分的混合。若称某人成分为银(*huparguros*),这表明银并且只有银,才是此人灵魂的金属。

如果高贵谎言的第一部分是关于奠基的神话,那么就可以称这个第二部分为承接与存续的神话。《理想国》直到第五卷才引入优生方案,而且诚如

---

[1] 该神话并未声称铜铁之人在某种程度上和金银之人一样好。理想城邦有个精英俱乐部:晋升(*anaxousi*)和逐出(*ôsousin*)因此是合适词汇,尽管柏拉图让苏格拉底谈及这两个过程所给予的合适"荣誉"(*timê, timêsantes*)。

我们所见,它并不是美好城邦的意识形态的组成部分。但对某种需要——需要保持护卫者阶层及其后备力量的血统纯正——的关注已经显而易见,而金属词汇及其联想的运用实际上强调了该关注。在高贵谎言之前的段落当中,苏格拉底说过潜在护卫者需要接受检验(basanizein),从而确保他们未受污染(akêratos)——其他希腊文献也用这两个词来检验黄金(3.413E—414A)。第六卷对这段话进行了扼要重述,苏格拉底相当明确地说检验他们"就像金子放在火中"(6.503A)。当然,最主要的目的是为了确保没有事物危及护卫者职责的正确履行。不过金属神话强调了"金"赋予护卫者阶层的至高价值(3.415A)。

金属神话一点都不民主,或者说不主张平等主义。确定它不民主之后,柏拉图肯定非常清楚他的立场可能会被视为与众不同的(最好的情况)或者反雅典的(情况可能没那么好)。与众不同的:因为金属神话呈现为卡德摩斯自源神话(the Cadmeian myth of autochthony)的一种阐释。任何自源神话的默认预期无疑皆是:它会使任何家族对高地位的权利声称同等合法化,这些家族言之凿凿地称他们自己是城邦(polis)的最初建立者(大地所生)的后裔。(当然,有证据表明早期的希腊贵族极其信奉平等主义。)[1] 反雅典的:因为雅典人认为他们自身传统的自源声称与他们的民主之间并非水火不容。最清楚的表达莫过于柏拉图自己的《墨涅克塞诺斯》,这篇对话模仿了葬礼演说的修辞——一种政治艺术形式,妮可·洛罗称之为雅典民主的自我赞歌,其最令人难忘的例子便是伯里克利为战争死难者所作的那篇著名演说,而苏格拉底在某些关键地方对其进行了模仿[2] "我们和我们的后代,"苏格拉底说道(Menex. 238E—239A),"皆是一母所生的同胞兄弟。我们有理由声称我们不是彼此的奴隶和主人。相反,生而平等驱使我们通过法律手段来寻求法律之下的平等。除了服从德性和智慧的声望,我们在任何事情上都不用彼此服从。"

《理想国》在其他地方也摒弃了类似于"主人—奴隶"关系的权力结构(5.463A—B)。但金属神话显然与任何有关生而平等的建议不相容,与"法律之下的平等"——表达的意思类似于我们所说的"平等权利"——的民主口号不相容。即便如此,金属神话的本意并不像是在直述某种反雅典的观点。金属神话有助于让第二卷前面开始的四十页有关护卫者阶层教育及职能

---

[1] See e. g. Morris 1996;Raaflaub 1996.
[2] See Loraux 1986。关于《美涅克塞努》的更多讨论,参见上文第二章2.3节。

的长篇讨论达到自然高潮。当然，柏拉图对护卫者阶层的职能及生活方式的描写，受斯巴达的影响远大于雅典，尽管苏格拉底在其愿景中引入了文明的"雅典"要素——他强调音乐和灵魂，而非体操和身体。[1] 直到他讲到高贵谎言的时候，他并不期望读者想起雅典体制，即便是以间接的方式或暗否的方式。

因此，高贵谎言肯定了不平等式的兄弟关系。那自由呢？高贵谎言的概念结构的另一关键要素不是自由，而是神：神的声明、诫令、预言。《理想国》当中的理想城邦的意识形态明显是权威主义的和有神论的。这应该不足为奇，鉴于第二卷突出并批判地强调了诗歌的必要性——必须用诗歌来表达并思考神的真正概念，如果要正确教育护卫者并创立健康社会的话（2.377E—383C）。事实上，《理想国》的有神论预示了《法义》当中更为详尽的高度发展的有神论论述。《法义》一开始就直接表明意图，其开篇之词为"神"（1.624A）。在这篇对话设想的那种理想社会的生活当中，宗教无处不在——首先是立法者向"马格尼西亚"的首批公民致欢迎辞。这篇演说展开了人类生活的整个神学框架及其伦理界限。它的独白超过了两页半，并以俄耳甫斯的名言起兴："如老人们所说，神掌握一切事物的开端、终结及中间过程"（4.715E—718C）。[2] 高贵谎言亦是如此：从神的视角来呈现城邦的开端、终结及中间过程。柏拉图将神写进了《理想国》和《法义》的普遍意识形态，他这样做的理由不难理解。他想要诉诸一个不容置疑的权威来源——它将巩固社会传统，它的言语能立即说服大众。"神"合乎这个要求。

2.3 说谎的政治学

"我们想要一个弥天大谎"，苏格拉底引进高贵谎言的时候说道（3.414B—C），"人人都会相信它——包括统治阶层。这是理想情况，如果达不到，城邦里其他的人相信也可以。"弥天大谎？高贵谎言？[3] 翻译的争论点并非仅限于此。有些人更认为"谎言"涉及的是中立的"错话"（不一定是蓄意欺骗）；其他人则更喜欢"虚构"（可能试图不考虑真实和虚假的问

---

[1] 参见上文第一章第五节。
[2] 更多内容参见下文3.1节。
[3] 参见第237页脚注2以及对应正文。

七　意识形态

题)。康福德(Cornford)就译成"大胆虚构"(bold flight of invention)。[1] 我认为"谎言"的译法完全正确(而相关的论辩会在随后的第 2.4 节出现)。《理想国》明显依赖于这种机制,以便确保人们同意并致力于它所建议的政治安排,这样的依赖一直让人感到震惊和不快。这使得高贵谎言成为《理想国》引发的诸多重大问题的自然焦点。

首先,而且最为明显的是,高贵谎言的运用比其他任何事物更能招来下面的指责:用波普尔的话说,《理想国》对政治共同体的全心关注是实现"集体主义、部落主义、权威主义道德观"的方法——因为它允许大规模地欺骗公民个体,并把欺骗作为确保"国家"(波普尔的城邦概念)之好的手段。[2] 这种欺骗和洛克以降的现代自由政治哲学的设想——政治秩序合法化的唯一有效的方式是诉诸理性:理性因素可以促使那些理应服从政治权威的人接受该权威——完全不相容。于是,它和基本的道德要求——"人是目的,而非手段"(通常首先是康德伦理学的要求)——有所冲突。高贵谎言似乎是对人尊严的一种侮辱,它似乎尤其削弱了人的自我决定的能力。

在我们这个时代,不单知识爆炸、传媒发达,而且对公共生活当中诚实标准的关注更是达到了前所未有的高度,特别是对说谎和操控隐瞒信息的关注。这并不是说可以合理期待这些丑陋进程会停止。正如约翰·邓恩于1979年写给我的回信(评论了"道德实践的洞察力并非精英人士专有"的认识)所说的:[3]

> 如果该认识要求一个有关政治权利和政治素质的民主概念——民主程度远甚于柏拉图支持的情况——那么,它既没有要求,其实也没有容许永远逃避的不真诚的平等主义。这种平等主义普遍存在于现代社会的意识形态当中,就此而言资本主义和社会主义没什么差别。它还假装权力问题已经得到解决或者将会得到解决(如果人人权力平等的话)。由于当今社会的权力结构如此不平等,如此难以处理(不管重组多么激烈);由于这种权力无法保证安全,无法隔绝其伤害的能力;因此足以

---

[1] Cornford 1941: 106.
[2] Popper 1961: 107.
[3] Dunn 1993: 116. Williams 2005: ch. 13 论道,支持民主自由表达(抵御专制权力)的政治原则和社会力量既没有必然也没有明显地促进某个体系很好地适应真理的发现和传递,或者真实的培养(不论就统治者而言还是被统治者而言)。柏拉图想必赞成,参见第二章第二节。

可见，高贵谎言——柏拉图的理想国最受谴责的特征之一——至少已经在我们世界的任何可能结构中保证了一席之地，正如它在柏拉图那里拥有一席之地。

柏拉图同样关注知识、德性、真实、欺骗，并把它们视为政治的关键。就此而言，他显然和我们同处一个时代。

这个视角并非当代独有。柏拉图让苏格拉底认可说谎是政治演说的基本要素，他这样做必是知道他在违反自己所处时空的民主政治的意识形态准则。诚然，"善骗者"奥德修斯是《奥德赛》的读者们所敬仰的一个人物。这反映了以赫西俄德所表现的古风时代的世界观。在赫西俄德的笔下，宙斯最早与墨提斯（Metis，意为"智谋"）结婚，当她怀上雅典娜之后，他就用她的力量来反对她，"用花言巧语骗过她的才智"，并将她囫囵吞下（*Theogony* 886—91）。"智谋"包括"天资、智慧、远虑、精思、诡计、智谋、机警、机会主义……以及阅历"。它关乎"不确定的未来"。在"短暂、变幻、不安、模糊"的处境里，它尤为珍贵。诚如马塞尔·德蒂安（Marcel Detienne）和让-皮埃尔·韦尔南（Jean-Pierre Vernant）所示，"智谋"涵括了希腊文献及其思想所珍视的诸多特质和价值（尽管哲人没有特别重视），直到公元2世纪奥本（Oppian）的《论渔业》乃至之后仍是如此。[1]

奥德修斯并不总是《奥德赛》描述的那个奥德修斯。索福克勒斯的《菲罗克特特斯》（409BC）更符合我们的目的。这部作品在剧场上演，面向雅典民众，深刻地思考了奥德修斯所作所为——他试图说服年轻的涅俄普托勒摩斯（Neoptolemos）去欺骗菲罗克特特斯（Philoctetes）回到特洛伊的希腊军营——的道德腐蚀性及其不光彩的政治优势。雅典人普遍认为说谎和欺骗不是他们的政治生活方式，斯巴达人才是这种做派。伯里克利在其葬礼演说（修昔底德将之归于伯里克利）中的相关对比即是首要证明（2.39.1）。相比之下，民主的政治文化要求大会发言者保证讲真话。正如德摩斯梯尼所言（*On the False Embassy* 184）：

> 他人对你所行的最大不义莫过于讲假话。对于以演说为主的政治体系而言，倘若假话连篇，政治生活怎能稳定进行？

---

[1] Detienne and Vernant 1978. 引文来自 pp. 3—4, 107.

因此，雅典人强烈憎恨他们所怀疑的在操控他们的发言者，即蛊惑民心的政客，阿里斯托芬的喜剧和修昔底德的历史著作当中明显可见其身影。在公元前427年的米蒂利尼（Mytilene）之争（也是修昔底德所以重现的）中，狄奥多托斯（Diodotus）也思考了因普遍违背"真实性"准则而引发的民主政治和民主修辞的螺旋式堕落（3.43.2—4）：

> 对于如实提出的好建议，众人也是猜疑对待，而且猜疑程度不亚于坏的建议。这已然成了习惯，以致有好建议的人为了让众人相信，就必须说谎，正如提坏建议的人必须靠欺骗来获得众人支持。因为这些猜疑，唯独我们的城邦才变成这样：若没有彻底的欺骗，就没有人能公开获益——倘若某人公开地造福于城邦，众人就会怀疑他暗中得了些好处。

狄奥多托斯眼中的政治文化的终极堕落形式——"有好建议的人为了让众人相信，就必须说谎"——却似乎为柏拉图笔下的苏格拉底所接受。苏格拉底认为这种"堕落"不算什么，不过就是劝小孩吃药所讲的善意谎言。[1]

"一个弥天大谎"或许暗示了为柏拉图的可能辩护路线。有没有可能他认为公民之间的关系，特别是统治者和被统治者之间的关系，应表现出坦诚和直率——但得有个例外：阐明关系根基的神话？这不可能是柏拉图的想法。为了促使公民首要关注城邦的好，高贵谎言可能是必要的。但在美好城邦的政治文化当中，说谎和欺骗被视为普遍需要。就此而言，统治者和被统治者之间存在某种不对等。苏格拉底在第五卷讨论了维持优生制度以便控制生育的信念所需的一些机制，其中与该主题相关的一个评论尤其令人不寒而栗。他说（459C），"统治者有必要用不少药"。他接着解释他的意思（459C—D）："为了被统治者的利益，统治者似乎不得不使用大量的谎言和欺骗。"所以在这种情况下，被统治者（这里指的是支持统治阶层的年轻兵士，而不是经济阶层）将被告知配偶安排完全是抽签的结果。与此相反，被统治者应该远离说谎。相比病人（或学员）向医生（或教练）谎报其身体状况，相比水手没有向领航员如实禀报船只和船员的情况，普通公民欺骗统治者的错误情形更加严重。如果统治者发现某位工匠在说谎，"他就会惩办

---

[1] 对于这段话当中的研究资料（以及大量的相似证据）的出色处理，参见 Hesk 2000。

他，因为他引发的行为会颠覆毁灭一个城邦，就像水手颠覆毁灭船只那样"（3.389B—D）。[1]

苏格拉底坚持认为维持政治秩序需要说谎。更宽泛地说，他的这种坚持完全符合他对待文化和社会的整体态度。第七卷的洞喻——整篇对话当中最惹人注目和最令人难忘的比喻——描绘无知之人受假相所困，不加批判地接受真实事物的"第三手"影像（7.514A—515C，516C—D，517D—E）。苏格拉底接着论道，哲人们被迫回到洞穴去履行他们的统治职责。他的意思可能是，哲人们要统治的那些人（即便是理想城邦的公民）大部分无力抵抗欺骗，或者说无力响应比真实的影像更好的任何事物（cf. 520B—C）。与这层意思并无二致的是他在第二卷和第三卷研究的激进方案——审查诗人，以便更好地进行护卫者培养。

荷马和赫西俄德之所以受到抨击，他们的诗中不少段落之所以不再适用，是因为他们说了假话——这当然意义重大。有时，苏格拉底的意思似乎是诗人虚假地描述诸神或英雄在做一些他们不曾做过的事：比如，克洛诺斯向他的父亲乌拉诺斯复仇，对其进行阉割（2.377E—378A）；又比如，阿基琉斯拖了赫克托的尸首绕帕特罗克鲁斯的坟墓疾走，并将俘虏杀死祭献在自己朋友的火葬堆上（3.391B）——在苏格拉底看来，这些事完全不可信。不过，苏格拉底之所以质疑这些叙述的所谓真实性，是因为它们与体现于护卫者教育当中的关于神和道德德性的观念相冲突。

他真正的反对理由是，这类故事"不值得赞扬"（2.377D—E），并且"不虔敬"（3.391B）。事实上，在他首次提出谎言是有效药物的观念时，他承认我们不知道真相位于何方——就很久以前发生的事情而言——尽管荷马和赫西俄德讲述了诸如此类的故事。在这种情况下，正确的做法是"让假话尽可能地像真话"（2.382B—C）：即讲述一个涵括道德真理的故事，即使它不可避免地匪夷所思（若被视为真实的话）。教育必须从诸如此类的故事开始——"广义而言是假的，但又具有某种真实"（2.377A）。换言之，文化离不开神话。这些神话照字面上看是谎言欺骗，假如要相信它们是真实的。但这一欺骗是合法的，如果正如苏格拉底想要年轻人聆听的诸如高贵谎言的虚构故事那样，它们在道德上是值得赞扬的话——这些故事能帮助人们产生

---

[1]《法义》在前言中引进了管理销售和商品交换的法律，它把货币造假视为某种说谎和欺骗，并且认为这样做的人实际上犯了发假誓的罪。犯这种罪的人似乎是"神最厌恶的人"（cf. Rep. 2.382A），而且会挨一顿鞭子（Laws 11.916D—918A）。

七　意识形态

坚定的信仰，并且带领他们走向德性（2.377B—C，378E—379A）。荷马和赫西俄德的错误最终并不在于他们说谎，而是在于他们所说的谎大部分在道德上不值得赞美（2.377E）。[1]

2.4　说谎的道德观

到目前为止，我们一直在考虑以下二者的冲突方式：一者是高贵谎言以及它所表述的有序社会的完整观念，另一者是古代雅典的意识形态观点以及与之类似的现代自由伦理政治思想——即使这种意识形态机制在政治上可能是必要的。我们也可以说《理想国》自身方案的某些张力此时从深处浮到了表面。柏拉图笔下的苏格拉底十分清楚他的建议——哲人具有统治职责——会被认为是自相矛盾的（5.473C—E）；并且就哲人而言，政治事务绝非是"好的"（7.540B；cf. 1.347C—D，7.520D，521A）。用谎言和欺骗来维持社会政治结构的需要，本身可能就是柏拉图让苏格拉底把该观点归于哲人的原因之一。波普尔认为哲人统治者的这种说谎欺骗实际上不符合《理想国》自身对真正哲人的定义：哲人热爱真理，热爱沉思真理。[2] 处理这个问题需要一些时间。

在第二卷的关键段落当中，苏格拉底发现区分灵魂说谎和言辞说谎——区分真正的谎言和它的影像或口头模仿，即"并非纯粹的谎言"（2.382B—C）——对于他讨论诸神是否说谎伪装的问题很有帮助。他紧接着说道，真正的谎言不论是诸神还是众人都深恶痛绝，而言辞说谎的某些用处（对于众人，而非诸神）不应被深恶痛绝（2.382C—E）。他说的"灵魂说谎"是什么意思？他明确地告诉我们，这不怎么高尚。"我的意思只是：说谎、上当受骗、对真相一无所知、在自己心灵上一直保留着假相——这是人最不愿遇到的事。"于是，真正的谎言被定义为"受骗者灵魂的无知"（2.382B）。

苏格拉底的区分简单明了。它取决于某种不言而喻的想法：说谎如此令人烦恼，我们应该努力找出它如此烦人的原因所在，并让那原因检验我们对"说谎"一词的运用。说谎之所以烦人，最终并不在于公开地对他人讲假话，也不在于蓄意误导他人，而在于对自己讲假话，特别是涉及"最重要事物"的假话（2.382A）。因此，我们应当相应地调整有关真实和虚假的用语。蓄

---

[1]　关于这段话所涉及的主题，更多处理内容参见 Ferrari 1989：108—119；也可参见 Burnyeat 1999。

[2]　Popper 1961：138.

意欺骗别人而说的假话诚然是个谎言（"口头谎言"），但言辞说谎试图达到的效果——相信假话——才是说谎的真正祸害所在：继而成了真正的谎言（"灵魂谎言"）。于是，（苏格拉底似乎认为）可以谈论谎言——它不单是内在的虚假表达，因为谎言表达了受骗者（他们相信他们对自己所说的话）的心灵状态。换言之，"欺骗"是个模糊概念。它的意思可以是受自己或别人欺骗（真正的欺骗），也可以是试图欺骗他人：如果欺骗者不是受骗者本人的话，这便不是"纯粹的"欺骗，而只不过是真实事物的影像而已（说错话听起来像是受了欺骗，即使没有受到欺骗）。

斯多亚学派似乎根据这个区分发展了他们自己的绝对主义方法来解决以下问题：调和对于真理的哲学热爱，和出于政治以及其他审慎原因而说谎的权宜之计。根据他们的说法，智慧的人——完全理性的人——有时会讲假话（故意讲假话，正如他们循环利用的标准事例所示）。但目的不在欺骗，即使说者非常清楚结果将是欺骗。智慧的人"不认同"自己讲的假话。所以他们的话不算是谎言，"因为他们没有让他们的判断力认同假话"。这等于是说，智慧的人不受制于《理想国》所谓的"真正的谎言"，即灵魂谎言。不同之处在于斯多亚学派坚持普通用法，他们认为"说谎"是专门针对说话行为的。当然，结果是关于言辞说谎的一个新观念：当且仅当人们在某种意义上欺骗自己（尽管可能不同于他们欺骗其他人的方式）——特别涉及好坏问题的时候——他们才称之为说谎。这种灵魂欺骗的根本原因在于道德上的坏品性，正如斯多亚学派对可以合理说的假话事例的讨论所示。如果没有恶意的话，医生对他的病人或者将军对他的军队讲的假话就不是谎言。斯多亚学派的智慧之人讲假话正是基于道德上的好品性。他们关于说谎的激进观念暗含了某种反直觉的见解：柏拉图笔下的苏格拉底的有效药物谎言根本不是谎言。[1]

仅仅因为口头谎言（回到苏格拉底本人的范畴）只是言语上的谎言，而不是言说者心灵上的谎言，从而"不算是纯粹的谎言"，显然不能就由此推断说人们有任何理由来讲述这种谎言。说它们"不纯粹"的意思是灰色在黑白之间更近于黑色。苏格拉底或许想要鼓励众人回避它们，原因不难看出：尤其是因为成功的口头谎言会导致听者的灵魂受骗——"真正的谎言"（尽

---

[1] 相关文本：Plutarch, *On Stoic Contradictions* 1055F—1056A, 1057A—B; Sextus Empiricus, *Adversus Mathematicos* 7. 42—45; Stobaeus, *Eclogae* 2. 111. 10—17; Quintilian, *Institutio* 12. 1. 38. 至于讨论，参见 Bobzien 1998：271—274。

七 意识形态

管他也可能像斯多亚学派那样,主张人人自己负责是否认同假话)。例外情况总是需要特别的辩护,比如,必须论证说,将正确神话告诉孩子们,并不会导致欺骗,而是在他们的灵魂当中触发有关"最重要事物"的真理。

尽管如此,对于《理想国》允许这种例外,我们不应感到奇怪。关于说谎的正当性,我们所谓的绝对主义立场的第一位著名拥护者是奥古斯丁,而不是柏拉图:前者认为所有的说谎行为都是错的,上帝禁止说谎,因为说谎有罪。诚然,奥古斯丁代表了关于说谎的道德哲学史上的古今分水岭。他对该问题的看法影响巨大,以致后世的大量讨论觉得至少有必要克服绝对主义的立场,纵然诸如康德之类的少数人毫无保留地接受这种立场。[1] 伯纳德·威廉姆斯的最后一本著作《真理与真诚》当中有一章名为"诚实:说谎和其他欺骗类型",这章内容极其出色地呈现了绝对主义立场的不可靠性。[2] 但在奥古斯丁之前的希腊罗马作者那里,他们对说谎的讨论并没有强烈地表明绝对主义对于当时的人而言是个重要选项。而斯多亚学派显然是个例外——但只是程度极为有限的那种例外(我们刚刚简略提及)。然而毫无疑问的是,《理想国》设想了说谎可以有正当理由。

我们一直在考虑第二卷的最后一段话,其中苏格拉底罗列了说谎可能"有用以致人们不应深恶痛绝"的几种情况(2.382C)。关于遥远岁月的故事——他让这些神话经受审查——构成了"有用谎言"的一个范畴。他提及的其他情况可成对仗:向敌人说谎与向所谓的朋友(假如他们精神错乱要做一些坏事)说谎。这两种有用谎言对于他来说同等重要。它们的这种表达很可能不是来自柏拉图。我怀疑有用谎言的范畴承袭自苏格拉底本人。比如,在色诺芬的《回忆苏格拉底》中,苏格拉底参与了范围更广且更加犀利的关于欺骗朋友和欺骗敌人是否正义的讨论,他所允许的事例包括:对实际上有自杀倾向的抑郁朋友说谎,对需要吃药的孩子们说谎从而促使他们吃药,以及将军为了鼓励他那士气低落的军队而说谎(*Mem.* 4.2.14—18;安多基德在公元前391年向雅典大会所作的演讲中曾提到最后这些常见事例:3.34)。这预示了苏格拉底最初"以药(*pharmakon*)的形式"对有用谎言的总体描述。所谓"以药的形式",其要点在于:就好比只有医生——专家——才可

---

[1] See Bok 1978:ch. 3。尽管最后呈现为绝对主义,但奥古斯丁对该主题的讨论(主要是 *De Mendacio* [late 390s AD] and *Contra Mendacium* [422AD])极其精细。至于分析,参见 Kirwan 1989:196—204。

[2] Williams 2002:ch. 5。

发放药物，公共领域当中也只有统治者才适合于为城邦利益而（不管是对敌人还是对公民）说谎（3.389B—C）。

朋友精神错乱或者意志消沉，为了他自身的好，我们需要对其说谎——这个例子立即带我们回到《理想国》的开头。在克法洛斯和苏格拉底的最初对话中，"正义可能就是讲真话和还人情"的想法开始出现。苏格拉底以反对的方式提出朋友精神错乱的事例。假设这个人曾在清醒状态下把武器借给了你，而现在要求你归还武器，那么依从要求或者讲出所有真相，皆非正义之举。因此，"讲真话和还人情不是正义的定义"（1.331A—D）。讲真话及其含糊性的问题由此脱颖而出，我们可能指望它会在整篇对话的议程上地位显著。第五卷结尾推进的形而上的认识论思考巩固了苏格拉底的立场，即讲真话并不总是正义的。他相当广泛地论辩美、大、重、正义之类的任何具体特例也可能证明是完全相反的示例：丑、小、轻、不义。因此，以下说法将是错误的：说它们可以构成美或正义等的部分本质，并且成为知识（而非意见）的对象（5.479A—480A）。因而可见，关于讲真话的绝对主义立场与柏拉图主义相悖。在柏拉图主义看来，绝对领域是理型世界，而不是人类经验活动的世界。

苏格拉底在第六卷开头描述了必须成为哲人（热爱知识的人）第二本性的那些性情，其中他很早就列举了"对假话深恶痛绝"（6.485C），根据他的解释，即"不愿接受任何形式的假话——痛恨虚假而热爱真实"。他在接下来的交谈当中论辩说，这个要求完全是出于哲人对智慧的热爱。真正爱学习的人"应该从小时起就尽力追求各种真理"（6.485D）。詹姆斯·亚当（James Adam）在评注希腊文的《理想国》时认为此处的"真理"指的是"形而上的真理"——心怀（关于"最重要的事物"的）谎言的人不会知道这种真理。[1] 我不相信柏拉图的本意会如此限定。"全部真理"或者"各种真理"听起来像是包含了言语真理和灵魂真理。[2] 然而就其想要否认的主要事物而言，亚当是对的。柏拉图不能悄无声息地撤消以下声称：为了维持城邦的社会政治结构，哲人统治者必然会诉诸欺骗。

---

[1] Adam 1902: II.4.
[2] 7.535D—E 有没有暗示其他的意思？根据苏格拉底的说法，"受损"灵魂厌恶讲述（或聆听）蓄意谎言，对谎言极为不满，但能接受"无意为之的谎言"，它沉溺于无知，感受不到痛苦，而它的无知揭示了它之所是。对于口头谎言和精神谎言何者更为重要，有些人的认识是完全倒转的。"口头谎言不为人所恶"的推断是错误的，它们只是不及"真正"的谎言而已。

七　意识形态

根据更为广泛的视角（"各种真理"所包括的真理），我们可以得出：即便哲人统治者出于政治考量而说了谎，他们也是痛恨说谎的。作为哲人，他们志向高远；作为统治者，他们被迫要治理城邦。就此而言，两者之间确实存在张力。苏格拉底随后问道（6.486A）："一个人眼界开阔，观察研究所有时代的一切实在，你觉得他可能把人的性命看得很重吗？"对于哲人而言，与统治有关的一切事宜——心思只放在人类事务上——肯定是令人烦恼的琐事，说谎的需要或许也包括在内。

迄今仍具影响的政治哲学家汉娜·阿伦特（Hannah Arendt）于1967年如是写道：[1]

> 我希望没有人会再次与我说柏拉图是"高贵谎言"的发明者。该信念基于对《理想国》的一个关键段落（414C）的某种误解。在那个段落里边，柏拉图说他的某个神话——"腓尼基传说"——是个 pseudos。因为这个希腊词根据语境可以表示"虚构"、"错误"、"谎言"三种意思——如果柏拉图想要区分错误和谎言，希腊语会迫使他谈及"无意"和"有意"的 pseudos——这个文本可以理解为康福德的翻译"大胆虚构"，或者是根据艾瑞克·沃格林（Eric Voegelin）的理解……是意在讽刺；任何情况下它都不能理解成我们所理解的那种说谎建议。

至此叫见，阿伦特对于 pseudos 的解释完全错了。柏拉图特别介绍说高贵谎言是"我们不久之前讨论过的需要用到的诸多假话"之一（3.414B）。苏格拉底这是在暗示第一卷提及的有效药物的谎言，它首先通过发疯朋友的匕首事例进行了例证；然后在第二卷快要结束的时候对其进行归类。类似于第二卷和第三卷对可接受的叙事和不可接受的叙事的整体讨论，高贵谎言的概念得出，主要依据了讲假话和讲真话的二极对立，并因此反映了公元前5世纪后期和公元前4世纪的众多其他雅典文本对于政治权宜的讨论，同时也呈现了柏拉图本人对于真理的形而上关注。卡尔·佩吉（Carl Page）的评论很正确，他说柏拉图关于说谎的讨论"与整个对话的结构紧密相关"。[2] 相比阿伦特，尼采的指导更为可信：他祝贺柏拉图讲了"一个真正的谎言，一个真诚、决绝、'诚实'的谎言"（《道德的谱系》3.19）。

---

[1]　Arendt 1968: 298 n. 5.
[2]　Page 1991: 2.

2.5 意识形态和哲人

高贵谎言是《理想国》进行思想灌输的主要手段，以便使护卫者阶层坚信他们应当为促进他们认定的城邦最大利益付出最大的努力，继而激励他们献身于城邦幸福。第一代护卫者实际上不会相信这个谎言，不过，通过我们讨论的那个机制，它仍然鼓励他们坚信并献身。他们的后代将在童年时期吸收接纳它。[1]

第三卷结尾处高贵谎言的引入，远早于第五卷结尾处的启示：如果理想城邦要成为现实并继续存在的话，这些护卫者必须是哲人。哲人们对真实的理解——尤其是对"好"的理解——会为他们坚信和献身的根基提供更深的其他来源（可想而知是要取代高贵谎言灌输的内容）吗？因为柏拉图从未让苏格拉底明确提出这个问题，所以任何回答都会带有某种程度的猜测。若要彻底地审查各种可能性，就要整个地回顾《理想国》当中哲学和政治之间的关系。对于我们的问题，回答是否定的：哲学没有提供其他的动机来源。我将简要地陈述若干理由。

我的论辩从第六卷的那一段开始（6.502D），即苏格拉底转而考虑哲人接手统治任务后需要做哪些准备工作。以下是关键段落（502E—503B）：

> "关于妇女和儿童，我们的话已经说完了，但关于统治者的挑选问题，我们差不多需要从头开始处理。如果你还记得的话，我们说过他们必须经历快乐和痛苦的磨练考验来证明他们的爱国主义。经历了困苦、恐惧或任何其他的变故之后，他们显然不会放弃他们的信仰。那些没通过考验的人必须淘汰，而那些表现纯粹的、就像真金不怕火炼的人，必须任命为统治者，并让他们生时得到尊荣，死后得到褒奖。类似的话我们有说过，但当时由于担心引起刚才的这场纷争，我们就悄悄地转移了话题。"

> "你说的完全是对的，"他说。"我的确记得我们说过这些。"

> "我们当时不愿说的话现在已经有足够的勇气去说。总之，现在让我们勇敢地主张：如果我们想要最精确意义上的护卫者，那么我们需要哲人。"

---

[1] 此处我概括了上文第 2.1 节的材料。

七 意识形态

"好极了。让我们开诚布公地说。"(英译文来自 T. Griffith)[1]

苏格拉底此处并未提及高贵谎言,但他再次论及以前第三卷有关章节的主旨,即提出考验以便证明护卫者的爱国主义:确保坚信和献身能承受住各种危险和诱惑(3.412D—414A)。此处不是说这些考验终究不足以保证它们所要保证的东西(cf. 6.503E, 7.535A—C),也不是说第二卷和第三卷认为训练护卫者所需的那些影响(包括高贵谎言在内)本身是不当的或无效的,更没有暗示某种怀疑——怀疑成功吸收那些影响的人是否真的爱国(philopolis)。

诚然,以上引文表明,护卫者的挑选进程遗漏了至关重要的东西:这是第三卷的论辩有意隐瞒的东西。护卫者需要成为哲人,恰恰就是这个东西。该需要将促使柏拉图用第六卷和第七卷的余下篇幅来讨论哲学教育。关于哲学和哲学教育向护卫者阶层提供的东西,此时不难把握。他们的统治工作需要知识和理解。不管是太阳喻、线喻、洞喻,还是苏格拉底随后对这些比喻的解释说明,焦点只在于哲学教育和知识(6.504D—7.534E),而不是爱国主义。事实上,正是因为哲学生活的经历,哲人的爱国主义才会有所动摇。哲学生活似乎比爱国职责更加吸引人。因此,要在这种情况下让他们回到洞穴,就需要软硬兼施:强制和劝说同时进行(7.519B—520A)。不过,劝说——提醒哲人们回报城邦对他们的教育才是正义之举(520A—E)——只对某些人有效:这些人认识到自己首先是美好城邦的公民。而这种认识的先决条件是高贵谎言最初所激励的基本忠诚。

在高贵谎言的卡德摩斯神话那里,公民义务就是"孝道"(filial obligation)。[2] 该隐喻的影响力在于巩固最为重要的献身:要求军事阶层支持的统治者献身于城邦的好。从第二卷到第四卷,没有出现过相关的直接政治理论对应这一卡德摩斯神话的隐喻(对比金属故事)。对于卡德摩斯神话而言,有一个不能用理论形式表达的存在维度至关重要。实际上它告诉统治阶层:"城邦是你们的母亲,你们必须为她的利益考虑并保卫她。"至于以非神话的方式清晰表达——能让该隐喻意思更明晰(尽管仍属设想)——城邦同公民的关系,我们得等到第五卷。在那里,苏格拉底提出的激进的优生规定要求

---

[1] 但我用"护卫者"(guard)代替了 Griffith 的"保卫者"(guardian),参见第35页脚注1。
[2] 关于此点的着重陈述,参见 Hahm 1969。

对家庭进行重新界定。所有的年轻人都要视同代的其他任何人为兄弟姐妹，父母们要视所有这些孩子为他们的儿女（5.461D—E）。事实上，护卫者们每次相遇，都会设想对方要么是其兄弟姐妹，要么是其父母，要么是其子女（5.463C）。在这样的一个城邦当中，有约束力的团结一致——苏格拉底称之为善的"足迹"——将是显而易见的（其他任何城邦都有所不及）。所有人都同时使用"我"和"我的"。他们同喜同悲（对于同一件事，所有人都说"为此我真的不安"，等等）。他们的表现就像身体的各个部分——牵一发而动全身（例如手指），正如我们说"某人感受到手指的疼痛"（5.462A—D，463E—464B）。[1]

　　第五卷的这段文字表明了对于理解高贵谎言而言至关重要的某样东西。如果没有所谓的整体主义的政治意识形态，柏拉图显然认为关心城邦的动机不可能出现。孝道或者回报的隐喻，是他表达这种意识形态最喜欢用的方式。第七卷关于"哲人从永恒真理的沉思回到人类存在的洞穴"的著名讨论，再次出现了相似的内容。在洞喻的结尾部分，苏格拉底说"本性最好的人"必得从哲学研究降回到洞穴——以履行他们的统治职责。格劳孔抗议道（7.519D）："什么？我们要对他们行不义吗？当他们可以过更好的生活时却迫使他们过更差的生活？"关于第二点，苏格拉底提醒格劳孔：作为立法者，他们要关心整个城邦的好，而不是关心其中个别阶层的好。关于第一点，他的回答没有（如某些评论者更喜欢的）援用理型的形而上学，而是提出对于回报义务的考量。值得注意的是，他接着说了一段直接致哲人的话。他诉诸哲人们需要具备的对其自身存在处境的理解。

　　苏格拉底说过，其他城邦在培育哲人的政治潜能方面毫无建树。"但我们给予你们领袖和君主的血统"，他开始说道，"并如是教育你们，以使你们能同时享有哲学生活和政治生活。"[2] 当他的长篇大论结束后，他问格劳孔："你还认为我们培养的那些人在听完这席话之后会违抗我们，并拒绝为城邦尽他们的一份力吗？""拒绝是不可能的"，格劳孔坚定地说道，"这是个正义的命令，而且他们是正义之人。"值得注意的是他如何用正义话语来

---

[1] 进一步的讨论参见上文第五章5.1节。
[2] 苏格拉底是否认为别处的相似之人也有回报养育之恩的政治义务？这个问题尚有争论。如果我们认为将《克力同》当中由雅典法律引起的论辩普遍扩展到其他城邦的做法是合理的，那么可以得出肯定回答。但《理想国》的看法是：在大多数的政制下（无论现实还是想象），教育和培养如此不充足，以致人们对哲人的最大合理期望就是希望他远离不敬和不义。

表达他的定论。该定论的得出，不是靠思考《理想国》主要论辩所设想的正义，而是靠思考西摩尼得斯（Simonides）所认为的正义——偿还亏欠之物（1.331D—E）。[1] 并不是说《理想国》最后认为这两种正义概念必然不相容。第四卷末尾定义的正义之人所特有的行为，据说就是还债之人（442E—443A）。当政治的行为维持并促进了心灵的和谐，正义之人就认为它是"正义"的（443C—E；或许是必要的、而非充分的条件）。[2]

我在《理想国》的这些段落当中发现的论辩模式明显早已见于《克力同》。在《克力同》那里，苏格拉底的朋友克力同有个疑问：为什么哲人不愿越狱，却愿等死（雅典法庭判他死刑）。苏格拉底的解释主要见于人格化的雅典法律以第二人称口吻向苏格拉底本人及其存在处境言说的大段政治修辞（对比我们一直在考虑的《理想国》语境）。法律主要诉诸西摩尼得斯的正义观：首先是我们现在很熟悉的家长制因素。法律和城邦生育了苏格拉底——在它们的支持下，他的父母缔结连理并生育了他。对于他的培养和教育，它们也担负了类似的责任。所以，即使法律和城邦现在判决苏格拉底必须得死，回报义务也将要求他出于孝道而服从判决，而不是就其所能地破坏法律和城邦（等于忽视它们的审判权）（*Crito* 50D—51C）。[3]

三种文本——《克力同》的那段话，《理想国》第七卷对回归洞穴的讨论，以及高贵谎言——当中的关键问题极其类似：如何说服一个人去做"城邦的好"所要求的事。在每种情况下，同意去做的原因都是出自较为通俗的谈话，而不是出自较为深奥的苏格拉底哲学或柏拉图哲学。在《克力同》和回归洞穴的文本当中，论辩呈现为一段以第二人称的口吻向哲人言说的政治修辞；而在高贵谎言那里，苏格拉底诉诸另一通俗形式——在谎言的第二部分，他再次采用了更为急切的表达模式：以第二人称的口吻向公民言说。对于柏拉图笔下的苏格拉底而言，第二人称特别适用于家庭成员之间有关责任和义务的交流。"我始终关心你们，"审判之时他对雅典人说（*Apol.* 31B），"像父亲或兄长那样亲近你们每个人，劝说你们关心德性。"到了必须使人们献身于某个具体共同体的时候，柏拉图为了让城邦之好高于个人之好而作的

---

[1] 苏格拉底论辩的正义实为"相互回报"（reciprocity），对于这种理解，参见 Gill 1996：287—307；Nightingale 2004：131—137。
[2] 此处我避开了学术圈的热门问题。See e. g. Annas 1978；Dahl 1991；Smith 1997.
[3] 关于《克力同》的这个立论，已有大量讨论。至于最新的有力讨论，参见 Harte 1999。

相关论辩就完全远离形而上学了。

有人可能担心（学者已经非常担心）献身理应如此，至少就《理想国》哲人的情况而言，他们毕竟在沉思"好的理型"（the Form of the Good）及其所有相关内容。[1] 我们不妨假定：他们实际上在孩童时期就已相信高贵谎言的神话。再进一步假定：他们从未失去高贵谎言所灌输的坚定信仰，即他们首先得关心城邦，因为这牵涉回报义务；也从未失去（而且更为重要的是）坚定信仰所支持的行事动机。获得哲学理解之后，他们有何改变？首先，他们将不再相信作为神话的神话。他们将把握（《理想国》的哲学论辩所表述的）美好城邦的基本原理（cf. 6.497C—D）。其次，他们将非常清楚地意识到，在追求永恒真理的过程中，他们发现某些东西远比城邦重要，而且这些东西作为好，也更加值得欲求。因此要强迫他们接手统治。不过，爱国主义的坚定信仰——"难以磨灭"并经受各种考验——仍将深深地影响他们的心灵：苏格拉底在提出适合哲学统治者的教育议题之后，甚至在他允许第三卷的讨论悄悄遮蔽该视角将会呈现的困难时，再次强调了爱国信仰（6.503A）。[2]

根据这个假定，我们可以得出：不论他们在洞外享有的哲学视域多么清晰、多么普遍，不论该视域中的人类生活多么渺小，不论他们多么关注自身灵魂的健康和幸福，哲人对于自身政治责任的坚定信念以及与之相伴的自身认同感仍是如此根深蒂固，以致该坚定信念的非哲学性的、前辩证法（pre-dialectical）的指令，最后将战胜其他一切考虑。[3] 柏拉图提到了重返洞穴的视角调整问题，这可能意味着他们需要想起该坚定信念——这也就是苏格拉底想象自己与其他对话者向他们表明的回报义务的论证。对于长久以来的坚定信念，他们的遗忘顶多是暂时的。要让他们回复到原来的那个他们，只需提醒他们的责任义务以及说明他们能做的独特贡献（因为他们对真理的哲学把握）。简言之，柏拉图让苏格拉底说的那些话尽管哲学说服力不强，但最后证明是合适的，原因恰恰在于该坚定信念及其动机的根深蒂固。

城邦——任何政治共同体——（用当代政治理论家米歇尔·沃尔泽的话

---

[1] 有关该问题的相关讨论的出色评论，参见 Brown 2000；也可参见 Sedley 2007a（即将出版）。

[2] Adam 对此有一注释，see Adam 1902：II. 46.

[3] 关于《理想国》伦理学中的前辩证性概念（和后反思性概念相对），参见 Gill 1996：chs 4.4 and 4.5（例如 pp. 267—268）。

说）是一种非自愿的结合体。我们大多数人"生来就是公民（除非我们非常不幸），我们的公民身份几乎不用征求自己的同意"。非自愿结合体的世界并非根据完全自由的行动者所选择的纯粹理性的价值观运行的。否则的话，就是"一个糟糕的乌托邦"。在多数时候，它都可以"为我们提供在那空间之内活动（而不是完全越出边界）的诸多理由。这些理由包括：对特定人群的忠诚，与这些人在一起时的归属感，以及传宗接代的渴望。如果男人和女人选择在某个特定的共同体内活动，他们未必就是错误意识的牺牲品"。[1]柏拉图的哲人重返洞穴，因为他们承认他们自己是非自愿结合体的成员，而且重返洞穴的那些理由——而非哲学——对他们产生了作用力。

3. 法律和宗教

3.1 神权政治的立法

"在向人们介绍不同寻常的法律时"，马基雅维里说道（*Discorsi* 1.11），"没有哪位立法家不诉诸神明。否则人们将不会接受这些法律。因为智慧者所知晓的众多益处不太容易理解以致他无法让其他人明白这些益处。"他接着公开点名："所以，为了避免这个麻烦，智慧者诉诸神明。吕库古是这么做的，梭伦是这么做的，持相同见解的其他人也是这么做的。"[2]柏拉图笔下的雅典访问者就是其中一位。在现代人看来，他其实是更具说服力的一个例证——尽管诚如我们所见，《法义》的宗教是要有某种理性基础的，而理性劝说是《法义》的立法事业不可或缺的一部分。开头三卷的初步讨论之后，访问者在第四卷开始讨论《法义》的主要计划，他先祈祷（*Laws* 4.712B）：

> 因此，在我们着手城邦建设的时候，让我们求告神明。愿他听到我们的祈祷，然后仁慈地到我们当中来，关心我们，帮我们建立城邦的秩

---

[1] 至于这些引用，参见 Walzer 2004a: 1, 8, 12.
[2] 他说风险很大（ibid）："因为神圣崇拜的奉行导致了共和国的伟大，所以忽视它就会导致共和国的毁灭。因为缺乏对神的敬畏，结果要么是王国毁灭，要么是王国继续存在——对王储的畏惧填补了宗教匮乏。"但这只是毁灭的暂时延缓："王储短命"。

序和法律。

该计划自身在很大程度上是个宗教计划。之所以这么说，是考虑到访问者祈祷里面的象征表达——在希腊原文当中，"神"实际上是这番祈祷的第一个词，同时也是整篇对话的开篇之辞（1.624A）。第一卷的稍后内容相当清楚地表明该计划还是一项批评事业。克里特法律的神授地位——据说是宙斯亲自传授给米诺斯的（624A—B）——很快就成了问题，至少已有所暗示。克里尼亚这名对话者来自克里特，他认为他们的法律取决于这样一种假设，即战争是城邦的总目标（1.630D）。但论辩已经表明，如果真是这样的话，那些法律就是基于一个错误的观念。[1] 克里尼亚想得出结论："我们的立法者太糟糕。"雅典访问者更愿意说是克里尼亚的前提有误：吕库古和米诺斯肯定是想促进全部的德性，而不单是勇敢（1.630D—631B）。这肯定只是客套话。[2] 更为重要的是，他接下来明确将德性与神性相关联。四种基本德性皆是"神圣的好"（divine goods），或许是因为节制、正义、勇敢全都体现了智慧（phronêsis）——所以全都"把理性视为它们的指导者"（1.631B—D）。第四卷接着阐述了理性自身的神圣地位。但就目前而言，我们能够注意到神的概念实际上已经有所转化——访问者的神必定是哲人的理性神。[3]

在第四卷的前面部分，访问者明确表达了一个基本假设（4.709B）："神明以及与之相伴的机会运气是人类事务的指导根源"——尽管他紧接着说道："退一步讲就是承认，还有第三种要素的存在，即技艺（technê）是另外二者的补充。"我们可能会再次想到马基雅维里，他在《李维史论》的第一章中论及罗穆卢斯（Romulus）的继任者，即努玛·庞培留斯（Numa Pompilius）：

> 考虑到所有事情，我于是得出结论：努玛引进的宗教信仰是罗马成功的主要原因之一，因为这带来好的制度；好的制度导致好的运气；好的运气导致事业的美好结果。

---

[1] 更多内容参见第一章第五节。
[2] Cf. Strauss 1975: 6.
[3] 例如，参见前苏格拉底的哲人诗人克塞诺芬尼（Xenophanes）的神学残篇：Kirk, Raven and Schofield 1983: 168—172.

七 意识形态

在雅典访问者看来，熟稔的立法者可以在"天命"（divine providence）的框架内充分利用机运。宗教反复灌输神的力量感和正义感，对它的奉行因此是立法者议程的优先事项。他的第一步（4.715E—718A）是发表演说——试图向移民们（他们将成为马格尼西亚的公民，而马格尼西亚是想象中正在建立的克里特新城邦）灌输对诸神的敬畏。《法义》的宗教修辞替代的是《理想国》的高贵谎言。庄重的宗教修辞表达了神学支持下的道德律令，其作用相当于一个说给美好城邦的第一代统治者听的基础神话。

宗教修辞是在何种政治体系内发挥作用的？简短回答：神权政治（theocracy）。诚然，柏拉图从未使用过这个词，他可能借访问者之口表达了他对这一想法——最好的政制应当被称作是某种 -ocracy——的厌恶情绪：这无疑是因为 kratos 意味着赤裸裸的权力统治（despoteia）（4.713A）。如果一定要用这种名称来称呼对话者们虚构的城邦，那必须在名称之前加上"神，对理性者的真正统治者"（ibid.）。这位神便是克洛诺斯。根据希腊神话，宙斯取代他成为最高神。不过，他在这里却被视为理性本身。关于神性和理性的这种声称，主要论辩见于713A—715D。雅典访问者复述了克洛诺斯的黄金时代的神话，他从中得出他所谓的真相，"如果城邦的统治者是人而不是神，那么它永远摆脱不了苦难"（713E）。正确的政制因此是这样一种政制：我们将服从理性，即我们的不死要素〔1〕。符合理性的城邦秩序可谓是"法"〔2〕。接下来，雅典访问者讨论并排除了另一看法：城邦当中实力最强的那个派系的利益就是正义。一旦统治者凌驾于法律之上，城邦的毁灭也就不远了；"统治者"应当是"法律的仆人"（也应当如此称呼）〔3〕——于是我们将看到拯救和（回到出发点）诸神赐予城邦的祝福。

---

〔1〕 贯穿《法义》始终，治邦之术和立法的主要目标是培养公民的德性（see e.g. 12.963A）。但是这篇对话认为德性自身就是"理性控制激情和欲望"——所以，通过勇敢和节制最为直接地实现这种控制时，勇敢和节制尤其依赖于理性所确定的明智判断（see e.g. 1.631B—D; cf. also 5.726A）。

〔2〕 柏拉图提出"法"（nomos）的语源学来源是"理"（nous）。名字为"nous"的神灵和可能就是克洛诺斯（Cronos）——无论如何，柏拉图在《克拉底鲁》考虑了"Cronos"的词源：korosnou，"纯洁的理性"（Crat. 396B）。施特劳斯认为柏拉图"完全掩盖了某一事实，即法律的统治是人类规定的诸多律法的统治"（Strauss 1975: 58）。然而，《法义》从未伪称法律是人类立法之外的东西。就此而言，理性类似于神的特质（人类立法需要体现这种特质）正是它想要强调的。

〔3〕 有趣的是，该建议不同于《理想国》的提议，即它们被称为"救星"和"帮手"（5.463A—B）；尽管拯救仍是目的。

《法义》当中以法律为基础的理性有序政制（politeia）可谓某种意义上的神权政治。这种看法提供了演说背景：访问者在设想向马格尼西亚的首批公民发表的演说。正如《法义》中的多处文字所示，柏拉图似乎设想了数量众多的听众。[1] 就演说的开头和结尾来看，新移民无疑是劝说的对象。因此，演说一开始就对比了两种人：一种是敬畏神明的正义之人，他们将获得幸福；另一种是不义之人（对其叙述更雄辩，篇幅也更长），他们被神所弃，不久之后将完全毁灭自身及其家庭与城邦。[2] 为了强调敬虔是优良品德的基础，访问者作了一番复杂讨论。在此之后，演说转向最后的主要事项：按等级结构劝说众人履行宗教义务。此处有两个怪异现象。该总结部分的多数内容在讲"必须对父母给予应有的尊敬（生前死后皆是如此）"：这是真正敬虔的意旨所在，新移民们在散会后要时刻谨记（4.717B—718A）。该强调与老人政治所支持的、贯穿《法义》始终的家长制完全一致。至于对诸神（奥林匹亚、城邦、冥府）、精灵（daimones）、英雄的敬意，讨论就没那么细致（717A—B），[3] 它似乎聚焦于毕达哥拉斯有关诸神排行——他把奥林匹亚诸神排在冥府诸神之上——的神秘表达。在这个节骨眼上，柏拉图更多地是在对他的学园密友——他们肯定已经知道该演说开头的俄耳甫斯教的神学语录（715E—716A）——说话（相比对那些移民而言）。

《法义》的宗教概念之所以富有生气，并不在于崇敬（荷马和赫西俄德笔下的）诸神，而在于其他："对于《法义》的作者而言，繁星才是真正的诸神。"[4] 这并不是说，柏拉图想废除传统崇拜，引入新神。他在第五卷的

---

[1] See Schofield 2003.
[2] 然而即便在这里，柏拉图也忍不住描绘了年轻的亚西比德及其陨落。对于一位明理的雅典听众而言，这显然是另一种描绘。紧接着（716B—D），访问者似乎突然中断了演说，他和克勒尼阿斯进行了一番简短对话，讨论起了普罗泰戈拉的名言"人是万物的尺度"，以及柏拉图本人最爱的主旨"和神相似"——从爱的方面来说，二者类似："在我们看来，神才是'万物的尺度'，比他们所说的"人"强多了。所以，某人若要成为天性为神所爱的人，就要尽可能地让自己的天性像神一样。根据这个理由，我们当中以节制为个性特征的那些人将为神所爱，因为他们像他，而不节制之人不像他，与他不和——不义之人亦是如此；这个理由同样适用于其他所有德性和邪恶。"当访问者继续进行演说（716D）的时候，他似乎——至少有一会儿——告诉克勒尼阿斯演说将如何进行，而不是真正在发表演说。
[3] E. R. Dodds 发现"柏拉图的文字几乎不见（对传统诸神的）宗教热情"：Dodds 1945：22。
[4] Reverdin 1945：52.

七 意识形态

前面部分写了一段惹人注目的文字来论述德尔菲的阿波罗神谕以及其他地方的类似神谕。在这段文字中，雅典访问者被迫宣称：不论是神谕的命令，还是任何别的历史悠久的宗教实践，都不该遭受立法者哪怕是最轻微的一点变更（5.738B—D；cf. 6.759A—760A）。[1]《法义》因此承认（比如）宙斯是城邦的保护者（11.921C；cf. 5.745B，8.842E），异乡人的神（5.730A，8.843A，12.953A），部落人民的神（8.843A）。此外，它还规定人们要正确地遵守丧葬仪式，以此表达他们对阴间诸神和世间诸神的敬畏之情（12.958C—960C）。我们可以轻而易举地罗列出更多的例子。[2]

不过，《法义》在宗教问题上并非不辨黑白。宗教实践其实受到严格控制。访问者禁止人们引进未经批准的秘密教派，因为它们通常涉及各种巫术（包括通灵术：10.909D—910E；cf. 11.933A—E）。他将这类实践与无神论相关联。众所周知，无神论会受到惩罚，极端情况下会被处死，或者（更糟）隔离监禁以及剥夺葬于母邦的权利（索福克勒斯的《安提戈涅》中的波吕涅克斯就遭此惩罚）（10.907D—910E）。他要求设立至少365个节日，于是每天都要祭祀代表城邦、公民及其所有物的神祇（god or *daimôn*）。每个月会有十二诸神——城邦主体分成十二支族，其族名取自十二诸神——的庆典（8.828A—D）。[3] 目的？"首先为了确保我们得到诸神的喜爱，并促进对他们的崇拜；其次我们应该相识相知，并促进各种社会联系（6.771D）。"更早的一段文字补充道，对于城邦而言，最大的好就是这种相互了解——因为透明促进真诚（5.738D—E）。

访问者在规定每月献祭的同时，还提到必须符合"宇宙的运行"（6.771B）。他虽然没有指明星体诸神，但它们很可能是该崇拜的真正接收者。天文学的相关文字明显暗示了对天体神性的信仰。柏拉图为这个古老的信仰提供了新的支持，首先是坚持最新的天文学方面的正确教育（8.820E—822C），然后是天体运动的神学解释（10.897B—899B）。除此之外，还有一种创新同样意义重大。正如道斯（E. R. Dodds）所论：[4]

---

[1] 对于理想城邦而言，德尔菲的阿波罗神庙在宗教事宜上的权威已被宣布为"最伟大和最高贵的第一法律"（*Rep.* 4.427B—C）。

[2] See e.g. Morrow 1960：434—470。

[3] 6.771A—772A 说明了（并非十分清楚）更多的复杂情况——包括更多的月祭聚会（see Thompson 1965）。

[4] Dodds 1951：220—221；cf. Dodds 1945：24—25。

柏拉图的宗教改革计划的创新之处在于：他不仅强调日月繁星的神性（这没什么新鲜）,[1] 还强调对它们的崇拜。在《法义》中，柏拉图不但把繁星描述成"天上的诸神"，把日月描述成"大神"，而且坚持主张所有人都要向它们进行祈祷和祭祀；他的新国教的焦点就是共同崇拜阿波罗以及太阳神赫利俄斯（Helios）——大祭司将隶属于它们，最高的政治官员也将庄严地献身于它们。[2]

为了这个目的，该典礼要求全体公民汇聚一处（12.945E）。

　　《法义》的显著之处并不在于它把宗教作为它的论辩中心。与柏拉图同时代的大多数人毫无异议地接受了宗教对城邦幸福生活的核心作用。宗教历史学家克里斯蒂娜·苏尔韦努-尹伍德（Christina Sourvinou-Inwood）写道:[3]

> 希腊城邦（polis）清楚地表达了宗教，同时它自身也通过宗教得到了清楚的表达；宗教是城邦的核心意识形态，组织并定义城邦的各种构成要素，以及它的过往、风貌、各组成部分之间的关系。仪式加强了集体的团结，这个过程对于建立并维持公民身份、文化身份、宗教身份而言十分重要……宗教是城邦的核心，这一看法解释了各种故事及习俗，同时也通过故事及习俗而得以展现。与该看法相关的论断还有：正是城邦同诸神的关系，最终保证了它的存在。

很显然，此处的宗教就是统摄一切事物的意识形态。柏拉图对这种宗教概念的充分考虑不单见于几段关键文字，还体现在不同的层面：包括对许多具体法律法规的解释，以及对异教的对策和《法义》第十卷最后设想的神学。由此可见，《法义》系统地探究了宗教应当如何发挥其意识形态的作用。《法义》的这份探究是独一无二的（直至奥古斯丁的《上帝之城》出现）。比如说，在《政治学》的第七卷和第八卷，亚里士多德对理想政制（politieia）

---

[1] 但柏拉图给予它更具张力的天文学和神学的基础：《蒂迈欧》的宇宙论和《法义》第十卷的神学。

[2] 尤见8.820E—822C，12.945E—947E。诚如Morrow所言（1960：447—448）："将阿波罗等同于最明亮的星神，这就在普通人的想法和智慧者的思想之间建立了某种自然联系。"

[3] Sourvinou-Inwood 1990：304—306.

的讨论就完全不同于《法义》，尽管他在很多地方效仿了它。

3.2 道德修辞学

雅典访问者评论了他向马格尼西亚移民所作的演说，特别是它对立法理论和立法实践的意义（4.718C—D）。思考这番评论有助于我们分析《法义》的宗教演说的主要模式的典型特征：

> 雅典人：我希望公民接受劝说，走向可能实现的德性；显然这也是立法者在其立法活动中力图达到的效果。
> 克里尼亚：这是自然。
> 雅典人：这让我想起我刚刚说过的那种方法。假如听众并非冥顽不化，该方法将有助于人们更加乐意、更加顺从地聆听立法者的劝说话语。所以，即使这些话的作用不大，但只要让听众略微顺从一些，以致教导起来容易许多，立法者也会感到心满意足。因为在这个世界上，渴望在道德上尽善尽美的人少之又少。大多数人只是证明了赫西俄德的智慧言论，即"通向恶的道路是平坦的"，走起来毫不费力，因为它非常短。但（他说）
>
> > 通向善的道路上，
> > 不朽的诸神放置了辛苦的汗水。
> > 长路漫漫，多是陡途，
> > 启程更见崎岖。
> > 可一旦越过顶峰，尽管困难时有，
> > 之后的路却为好走。

这种家长制和《理想国》的高贵谎言所暗示的那种家长制截然不同。

这种差异可以说是雅典式的家长制和苏格拉底式的家长制之间的差异。若要处理该差异，我们不妨问：柏拉图会如何设计一些方式，使《理想国》的理想政制下的全体公民接受激发城邦热爱的意识形态。在我看来，《理想国》的整个理智计划就是一个苏格拉底式的计划[1]——试图全面考虑

---

[1] 参见第一章第二节。

苏格拉底对理想政治体系的可能构思。如果我的看法是对的，那么在此，柏拉图也可能试图利用苏格拉底的资源，并且诉诸有效药物的谎言（我在本章第二节论证了：苏格拉底本人很可能诉诸这一想法）：继而高贵谎言，在这个意义上说，还有苏格拉底式的家长制。而在《法义》当中，如果主导对话的雅典访问者依靠完全不同的资源来考虑，如何使全体公民接受并内化他所设想的支撑美好城邦的价值观，我们也不必为此感到诧异。本章第2.3节注意到，雅典人对其公共演说的公开诚实感到自豪，而对说谎演说者造成的对民主的威胁感到忧虑。访问者在此诉诸"公共劝说"。我们不难想象，像梭伦一派的雅典治邦者完全会采用此种态度（梭伦为其同胞所作的关于社会政治混乱及其补救方法的一些诗作保留至今）。所以，由此导致的修辞在很多重要方面不同于高贵谎言。正如道斯所言，《法义》的宗教不单是"一个虔诚的谎言，仅仅为其社会效用而保持的一个虚构"。[1] 他提出另一解释："相反，它在想象（eikasia）的层面上反映或体现了宗教的真理。在这个层面上，它能够被人们吸收。柏拉图的宇宙是分等级的：因为他相信不同程度的真理和现实，所以他相信不同程度的宗教领悟。"

第一，要像对待成年人那样来对待公民，成年人能够理解普遍的伦理命题；而不要把他们当成小孩，对于小孩来说，"故事"将是传达（他们需要掌握的）真理的合适机制。这在第四卷末尾变得愈发明显：为了他们的利益，雅典访问者讨论了欢迎新移民的演说当中一直未谈的诸多主题（723D—724B）。第五卷的前九页（5.726A—734E）提供了高度抽象的解释：首先是对灵魂、身体、财产的正确评价（以独白的形式呈现，整卷皆是如此）；接着是正确的社会交往，包括朋友、亲戚、异乡人以及其他公民；再往下是人们应当发展的优良品质，从信任着手，强调社会型的德性并谴责自私（最大的恶）；最后从这类问题——它们以这样或那样的方式考虑人性在潜能上"属神"的更高方面——转向以下问题：如何处理纯粹属人的苦乐现象。这段文字实际上是关于"自我关注"（souci de soi）的难忘一课——真正自尊的入门。访问者以一个命令开启所有这些内容（5.726A）："一直

---

[1] 参见 Dodds 1951：234 n. 89；参见 Dodds 1945：23—24. 与此同时，有人推测柏拉图会发现将这种话语置于雅典人之口比置于苏格拉底之口更容易。并不是说苏格拉底没有宗教信仰，而是他的敬虔——尤其是他相信他自身内在神灵（daimonion）的声音——不合传统，这使得他成为提倡宗教是社会秩序之根的模糊人选（cf. Burnyeat 1997）。有趣的是，在《理想国》的政治思想里边，宗教的作用既没那么普遍，也没那么突出。

在听关于诸神以及我们亲爱的先祖的演说的人啊,现在要注意了。"首先,这可能意味着聚集一处的原始移民是演说的最初目标听众。但正如我们所见,他同时也向其他一些听众进行演说。毋庸置疑,你和我——读者们——也包括在内。

第二,并与之相关的是,高贵谎言主要针对受过精心教育的上层人士(柏拉图设想他们统治并保卫《理想国》的美好城邦),但《法义》4.715E—718A 和 5.726A—734E 处的道德演说所要裨益的公民,被认为是普通人士,没有受过柏拉图式的特殊教育,他们的道德精进能力甚是一般——正如《法义》的作者无疑所想到的众多读者一样。[1] 他们既没有很不文明(并非冥顽不化),也没有普遍地渴望道德优秀。《法义》从头到尾都在保持这些假设(9.853C—D):

> 不同于古代的立法者,我们不是为英雄和诸神之子立法。根据人们当前所讲的故事,那个时代的立法者是神的后裔,他们为相似血统的人立法。但我们是人类,在当今这个世界为人类的子孙立法。我们担心我们的某些公民会是所谓的"顽石",他们的性格如此"冥顽"以致难以改变——绝无冒犯之意。我们的法律尽管强大,却可能无法驯服这类人,就像高温奈何不了坚硬的豆子。

第五卷稍后,实际上作为访问者提出的第一个实质性主题(即官员的选拔,拖到第六卷才讲的引言),雅典访问者讨论了确保人口中不存在坏成分的普遍问题。访问者考虑用极端的方法来清除糟粕。他之所以提倡预先进行全面筛选的预防措施(从一开始就防止恶人成为公民),部分原因在于他不想假定他的立法者拥有独裁权力,部分在于他的计划是理论性的(5.735A—736C)。至于拥有德性的潜在背道者抵达之后所要聆听的道德修辞,他承认他可能要接受这样一种演讲结果:他们当中的很多人只是变得"更加顺从"而已——"略微顺从一些,以致教导起来容易许多"(4.718D)。[2] 有人认

---

[1] Bobonich 2002 对《法义》的这个维度进行了透彻研究。
[2] 考虑到高贵谎言,继而考虑到《法义》的立法方案,首先不难承认:最早的移民根本不会欣然接受麦格尼西亚的那些法律(尽管这不是信仰的要点,但却是行为的要点)。这更可能发生于在襁褓之中就受它们影响的下一代人,他们渐渐习惯了它们,并加入受它们影响的团体(6.752B—C)。

为这一表述的意思是说"劝说的目的在于争取听众的感情"[1]。诚然，（比如说）对移民的演说开场白的目的之一在于灌输对过不义生活而遭受惩罚的恐惧：被神所弃，完全毁灭自身及其家庭与城邦（4.716A—B）。不过自那之后，道德修辞只有对那些追求自尊并希望避免自我毁灭的人，才会达到它想要的效果。它大体上诉诸理解——但不是那种对于哲学辨证法的理智欲望（鉴于听众的天性）。所以，访问者的"更容易教导些"的说法应该予以充分重视。

第三，随着焦点从社会等级森严的统治阶层（参见《理想国》）转移到更加同质性的共同体，道德修辞的内容也有所简化。《法义》的立法者可以将他的所有讲话聚焦于道德之好：比如，通过德性的社会影响来"扩大城邦"（5.731A）。相比之下，高贵谎言必然注重政治意味更加明显的事项。它必须证明"保持统治、军事、商业三个阶层互不侵染"的命题，同时又要坚持主张全体公民的兄弟关系。《法义》把商业活动交给非公民，使公民群体更具同质性，并在很大的程度上享有平等（例如在财产拥有、公餐安排、教育经历等方面），在由此导致的环境下，友谊的蓬勃发展指日可待。换言之，它试图通过结合道德教育和社会工程来解决一个政治问题。关于这个问题的解决，《理想国》曾提出同样至关重要的其他事项：获得专门的政治信仰，即人们需要关心城邦。

我一直在谈论道德教育。访问者自己说他关于灵魂、身体、财产的讨论（4.724B）——他将在第五卷开头开启这场讨论——有助于教育。此外，最初向移民们发表的演说（4.715E—718A）及其后续（5.726A—734E）共同构成了整个立法方案的"序幕"（5.734E；cf. 4.723D—724A）。[2] 雅典访问者整体地思考序幕的时候，他说以序幕开启立法的立法者不是在立法——即，不单单是制定法律——而是在"教育公民"（9.857E）。该评断同我们一直讨论的（向移民们所作的）演说风格及内容一起，强烈地提示了：柏拉图认为，序幕修辞主要是为了诉诸理性，其实就是为了鼓励理性生活方式的发展——比如，要以这种方式看待灵魂、身体、财产。[3] 通过雅典访问者提供的对于两种不同法律——一种是只有法令，另一种是既有法令又有序

---

[1] Stalley 1994：170.

[2] "序幕"理论的解释分析，参见第二章 3.3 节。

[3] 参见上文第二章 3.3 节。有些人认为序幕是理性劝说的演习，Bobonich 1991 对这种情况进行了长篇论述；也可参见 Bobonich 2002：97—119。

七 意识形态

幕——的说明，该评断又得到了加强。雅典人的"序幕"的主题就是这样引入的（4.721A—E）：

雅典人：那我们先进行简要表述。它的形式差不多是这样的：

男人应在三十岁至三十五岁结婚。倘若没有结婚，必须处以罚金，并且剥夺名誉——罚金和剥夺方式会有明文规定。这就是婚姻法的简要表述。以下是扩展表述：

男人应在三十岁至三十五岁结婚。这反映了某种观念，即自然不仅以某种方式赋予人类某种程度的不朽，还在我们所有的人里面植入了实现不朽的渴望，我们以各种力所能及的方式表达这种渴望。其中一种表达就是渴望名声，不愿默默无闻地死去。因此，人类天生与永恒相伴，现在如此，未来也将永远如此。人类之所以不朽，是因为它一直在繁衍后代从而永久地保持了它的整体性和同一性：通过生育，它分有不朽。自愿放弃这种荣耀从来都不算是神圣的做法，不娶妻生子就是在放弃这种荣耀。所以，如果某人服从法律，他将自行其事，不受处罚；如果不服从，到了三十五岁还未结婚，那他年年都得交付罚金（数额会有明文规定；应该让他意识到单身生活没那么好过），并被剥夺全部荣誉，即城邦年轻人在适当场合给予年长者的那些荣誉。

在核心法令的扩展表述当中，这个样本序幕根据人性理论对该法令的正当性提出了合理解释。它还合理地解释了——因为表述所示的神性关联——随之而来的使婚姻成为某种强制的宗教责任。

婚姻的样本序幕遭致批评。斯塔利（R. F. Stalley）评道：[1]

毫无疑问此处有一个论证，但尴尬的是论证得颇为糟糕……它试图将相当模糊的不朽渴望（他认为大多数人会有这种渴望）与结婚年龄的具体法律联系起来，而没有努力证明"人天生渴望不朽"这一声称的合理性，或者论证我们应该遵从这种渴望，或者表明这种渴望要求人们在

---

[1] Stalley 1994: 171—172.

三十岁至三十五岁结婚。柏拉图本人没有遵从该法。这一事实只会加剧我们的怀疑。

这些评论没有考虑到柏拉图明显在努力解释的主要材料：人的基本事实——众多其他物种亦是如此——就是，性繁殖是他们保持自身永远存在的方法。婚姻法的序幕体现了以下思想：性繁殖是我们接近不朽或永在的方式，这方式也解释了性欲（还有柏拉图提及的其他各种欲望）。柏拉图和亚里士多德在其他地方都明确表达了这种思想。[1] 这种思想解释传达了某种实质性的形而上学，但是其形而上学及解释都不缺理性吸引力，尽管它们都不可能赢得许多后达尔文理智时代的人。

有趣的是，柏拉图选取了一个带有神学色彩的形而上前提。本来可以基于政治功用来论证，城邦需要一部婚姻法。诚然，结婚年龄的选择非常具体，即从三十岁到三十五岁，想必立法者及其听众心中都有一套相当复杂特殊的社会政治考量。与斯塔利的声称相反，我们要认识到，序幕并没有说结婚年龄的规定来自它所提及的诸多欲望的形而上解释：从这个意义上讲，此处并没有为该规定再作论辩。于是，这完全证明序幕的劝说修辞另有意旨：为了让人们在一个大于政治的框架内审视他们自己以及他们的生活——实际上是鉴于立法者通过演说向刚刚抵达的马格尼西亚公民表明的那种神学伦理。

至少就成年人而言，《法义》的家长制总是通过讲道（而非神话）来发挥作用。尽管如此，它仍是家长制。规章制度要以"慈爱英明的家长口吻"书写，而不是"像僭主或暴君那样将命令恐吓贴在墙上"（9.859A）。但它并没有设想将（决定城邦及其公民生活的）法典提交讨论。没有明文规定他们要投票赞成或否决法典的任一条款，更不用说发展一种重视自由选择的政治文化。[2] 立法者知道得最清楚。他的法律从序幕开始或者兼有序幕，是要教育公民。通过合理地解释什么事物对公民有益，对城邦有益，尤其是通过解释他的立法如何促进由各种品德构成的"神圣"之好来教育公民。他"就何者为好、高贵、正义提出建议，教导人们它存在于什么事物当中，以

---

[1] 参见柏拉图《会饮》207C—208B；亚里士多德《论动物生成》2.1;《论灵魂》2.4。《会饮》认为生殖是最低级的追求不朽，精神"后代"的生产——有德的爱者通过教育影响被爱者（208E—209E），尤其是哲人邂逅美的型相（211D—212B）——远远超过了生殖。在涉及不朽渴望的地方，《法义》采用大众标准。

[2] 参见第78页脚注2。

及我们的行为该如何表现它,如果我们想要幸福的话"(9.858D)。序幕建议的构成要素大体上等同于在向最早移民的演说和关于婚姻的样本序幕当中找到的那些要素。诚然,关于凶杀的法律越来越详尽地提及"古代神话"——死者的灵魂会报复凶手,发泄痛苦和愤怒——所引致的敬畏(9.865D—E,870D—E,872D—873A)。但神话不是主流:它是例外,它显然仅被视为(例如870A—E)对序幕通常的一般命题的补充。

3.3 哲学基础

《法义》在第九卷(论述刑法)进入不同的语域。它向读者呈现了关于法律和立法事宜的更具挑战性的系列思考。在第九卷相当靠前的部分,雅典访问者提出了道德词汇与信仰中的不一致性问题,而这开启了整个计划的主要问题的讨论(9.860E—861C):日常语言区别了有意的不义行为和无意的不义行为,但他认为,没有人是自愿行不义的(这是一著名的苏格拉底悖论,尽管从未提及苏格拉底的名字)。接下来,他和克里尼亚进行了一场庞杂而又困难的讨论:关于伤害和不义的差别,关于人们设想有意和无意的差别,及如何运用该差别的各种方式(粗略地讲,雅典访问者想在立法语境下将其运用仅仅限于伤害行为)。[1] 再往下,他转而考虑错误行为的各种心理原因,以及它"源于无知"的各种意义。这些考虑作为盗窃法的序幕,包含了可能是"有史以来写就的最为激进的刑罚学宣言"(861C—864C)。[2] 另一个例子:几页之后,在介绍关于严重身体伤害的法律的序言中,访问者首先说法律是权宜之计,相比心系城邦最大利益的专家统治者的知识而言,它是次好的。这些评论显然不符合这样一种想法,即法律是(第四卷克洛诺斯神话所赞美的)神圣理性的表达。它们反而更接近于《治邦者》(295A)的讨论:法律只适用于"多数情况"(9.875D)。它被用以发起一场普遍讨论(875D—876E):如果某人已被定罪,让陪审团来确定该案的合适刑罚,这种做法是否可取。访问者接着针对各种案件提出各种刑罚,于是便只不过是

---

[1] 不过归根到底,访问者似乎打算称不义性情所致的有意伤害为有意的不义行为(862D)。我们可以设想柏拉图的看法是:如果有意的行为造成伤害(并非严格意义上的不义)为众人所理解,那么"无意的不义"这一相似说法也能够成立。毋庸置疑,他让克勒尼阿斯提出要求:希望访问者在接下来的讨论中进一步澄清这些差别,但访问者的进一步回应充其量只是拐弯抹角。

[2] 对于这一事实的简要讨论,参见 Saunder 1991(引文来自 p. 144),他有选择地提到了其他学术文献的讨论。

作为那些审判者效仿的"模型"罢了。

接下来的第十卷几乎就是一篇详尽冗长的关于诸神存在的证明（作为关于不虔敬的法律的序幕）。[1] 它截然不同于此前的任何序幕。它预设了不同的听众，并构成了不同类型的宗教演说。首先，听众。访问者表明，肆无忌惮的人通常会有渎神的言行。他们之所以肆无忌惮，原因无外乎以下几种：他们是十足的无神论者；他们认为诸神对人类事务毫无兴趣——如果有兴趣的话，也可以被人收买（10. 885B—E）。在诸神与道德价值观的问题上，年轻人特别容易受到相对主义或还原主义的影响（888B，890A）。他们就是那些需要被说服相信真理的主要听众。访问者十分清楚他主要是在考虑雅典的情况（886A—B），而克里尼亚认为他描述的事可能会对一般城邦的公共生活与私人生活造成威胁。所以，第十卷的神学论辩不单指涉雅典和马格尼西亚。这些论辩要求对话者——克里尼亚和墨吉罗斯——的理智参与比之前更加积极且复杂。访问者援用了"旅行者试图渡过湍急河流"的比喻（892D—893A）：

> 想象我们仨要渡过一条水流湍急的河，其中我年纪最小，又有着丰富的渡河经验。假如我说："我应该自个先试一次，查看河流是否可渡，以便你们俩也能安全渡河。如果可渡，我将叫你们过去，用我的经验帮助你们渡河；如果不可渡，那么风险由我一人承担。"难道你们不觉得这个建议相当合理吗？现在的情况一模一样：前方的论辩之流太深，可能超出了你们的理解能力。我想避免你们这些新手在回答问题时目瞪口呆——大堆的问题会让你们陷入你们最不愿意陷入的窘迫境地。

不过，根据柏拉图的描述，在论辩开始之后，克里尼亚至少能应对挑战，甚至作出不少的独立回应及建议。

一开始，就说明论证是一个序幕（885B）。克里尼亚坚持认为该论辩"将是我们能够拥有的关于所有法律的最好序幕"（887C），尽管它可能很长（890D—891A），并且可能会被认为是"超出了立法的范围"（891D—E）。而在此之前，他其实并没怎么听说过无神论及其可怕的道德影响。他说，论辩一旦记录下来，学习困难的人就可以反复查看它（890E—891A）。柏拉图

---

[1] 至于讨论，参见 Stalley 1983: ch. 15（简要的参考书目在 p. 196）。更多新近文献：Carone 1994; Mason 1998。较老的重要作品要数 Solmsen 1942: chs 8 and 9。

或许并不想说第十卷的神学论辩会是《法义》立法方案（针对第四卷和第五卷预设的听众）的最佳序言。要点无疑在于：该方案的有神论基础一旦受到质疑，证明"诸神存在"以及"诸神掌控人类事务"的哲学论辩就会为它提供理想序幕（直到《法义》的后面几卷，柏拉图才准备涉足能够回应这些质疑的更为反思性的模式）。该证明完全兼容于此前序幕的关注焦点：正确地理解灵魂以及灵魂高于身体的第一性。它的核心成分是以下论证：因为一切运动变化的第一因是灵魂，所以灵魂必须统治宇宙（893C—896E）。我们可以推断：灵魂的神性导致了宇宙的理性秩序（896E—899D）。接下来，访问者假定这种存在必定是全知全能的至善，从中又必然得出：诸神掌控万物，其中包括人类事务（900C—905B）。人类需要牢记：宇宙存在"不是为了你们的利益——是因为它，你们才得以存在"，作为整体的一个部分存在（903B—D）。

不同于其他序幕的讲道，这种宗教演说确乎在论证它的第一原则。不过仍有一个问题：我们应该给予《法义》第十卷的神学什么样的地位。它是"柏拉图的神学"？即，我们可以认为这个关于神的理论代表了柏拉图本人对此主题的最佳猜想？还是说，它是他的所谓城邦神学或政治神学？即，这个神学体系——他无疑认为它是真正的神学体系——为《法义》的宗教政治理论提供了某种基础：证明了它无处不在的宗教色彩，以及它所坚称的道德秩序。第二种说法更加谨慎些——评价《法义》的神学时，参看它在该篇对话中所起的作用，并参看所谓的"哲学限度"。[1] 借用哈克福斯（R. Hackforth）的表达：[2]

> 柏拉图并不想为我们提供他的整个形而上学，甚或是他的整个宗教哲学；在《法义》中，他的目的是为了建立宗教和道德的坚实基础所要求的最低限度的哲学信条；以此观点来看，就没必要研究关于理智（nous）和宇宙二者关系的棘手问题，或者是（同理）理智和灵魂（psuchê，宇宙的运动原则）的二者关系。诚然，指望克里尼亚和墨吉罗斯——或者法律"序言"面向的公民主体——跟上他的步伐是不合理的。

---

[1] 我从 Schofield 2003 那里发展了这一想法，这段文字以及下一段文字含有（进行了修改）该书用过的材料。

[2] Hackforth 1936: 6. Vlastos 1939: 77—83 采用了相似的视角。Cf. also Dodds 1951: 220—221; Menn 1995: chs 3 and 6.

正如蒂迈欧所言（*Tim.* 28C）："要发现这个宇宙的创造者是相当难的，即使我成功了，要向每个人宣称他也是不可能的。"如果《法义》当中能用直截了当的科学论证做到这一点，为什么蒂迈欧还要说"不可能"呢？

倾向于"城邦神学"这种说法的人或许想要保持某种可能：在别的语境下，柏拉图会在灵魂之外的其他地方，找出最为真实的那种神性。一种可能是理智，它被认为是更加终极的原因（《菲丽布》的立场；《法义》之所以视法律为神圣，是因为法律表达了理性，这其实暗示了理智是终极因）。另一种可能是形而上的根基事物，比如——根据《理想国》的大序——"好的理型"（Form of the Good）。

4. 结论

柏拉图在宗教的框架内构想《法义》的政治演说，他的决心不难理解。在他尝试过的最为持久复杂的意识形态运用中，对于他以对话形式发展的修辞，我认为他有三个特别要求。第一个，修辞应当反映和体现出社会政治存在的某种超越性道德框架。第二个，它应当能说服公民整体（首先是易于理解的），而不只是说服知识精英，只要公民们受过教育和培养，已准备好聆听理性。第三个，也是最后一个，它应当有效地促使人们敬畏法律并爱慕德性。诚如第 3.1 节和第 3.2 节所述，宗教修辞——得到必要调整后——最能满足以上三个要求。

任何派别的政治自由主义者都将发现这里没有什么称意的东西。然而，我们可以说自由主义未能凭借自身资源提供一种关于社会凝聚力的有力解释。[1] 在多数时期的大多数地方——可能佛教传入之前的中国是个主要例外——宗教在凝聚社会方面发挥了关键的意识形态作用。我们可以设想，在二十世纪后半叶的后基督教时代，唯物主义的西方民主所享有的相对的社会平静是个异数。当然，宗教已经再次成为某些国家的生活——以及它们全球性的相互作用——的主要组成部分，这在四十年前或五十年前似乎是无法设想的。所以，社会政治理论家可能需要再次认真对待柏拉图的关注：影响社会生活的宗教应当是理性的宗教。

---

[1] See Geuss 2002.

结　语

在某些地方，人们仍在庆祝乌托邦的终结或（诚如 Evans 2005 所示）为此感到惋惜：

> 自柏拉图以降，西方思想家就对理想社会心驰神往。尽管乌托邦可能永远无法完全实现，但它至少给了我们某种渴望——高贵美好的愿景指不定哪日成了现实社会的模样。托马斯·莫尔，托马索·康帕内拉，弗朗西斯·培根，卡尔·马克思都描绘了这种愿景：具有强烈的集体感，工作令人有成就感，闲暇得到创造性的有益运用。21 世纪伊始，这一理想主义的悠久传统现已不复存在。我们不再有宏大愿景——只有消费主义的微小慰藉而已。

这种声音不会让人立即联想到《卫报》，即社会民主自由主义的当代捍卫者。该专栏作家虽然写了这些话，但他同时承认"对于千千万万的人而言，马克思的梦想已经变成一个噩梦"。不过，西方社会流行的原子论及唯物主义的生活方式反过来表明了所谓的"没有想象力的现实主义"这一观点的本质是什么。"如果这真的是历史的终结"——这位作者在此暗示了福山的目的论——"那将是一场可怕的反高潮（anti-climax）。"

本书已经论辩乌托邦主义仍具生命力，其现存的最早哲学版本——柏拉图的《理想国》——仍是乌托邦作品的强大典范，尤其是它对乌托邦写作方案本身的细致思考。《理想国》基于正义原则的共同体思想仍在影响政治哲学。与此同时，柏拉图认识到战争不可避免，并试图处理这个问题——在这个方面，他比斯多亚学派之后的一众乌托邦作者都更为坦诚。他们对复杂人性的分析在多数情况下也不见得比他更透彻。他的大部分政治理论明显立足于现实主义者修昔底德的那个世界，尽管他的"现实"概念最终是完全不同的。

  在柏拉图那里,正如在后世作者那里,乌托邦的批评作用也同样重要。他猛烈抨击民主的缺点(该抨击至今仍具杀伤力),特别是民主很难认可知识的权威这一缺点。然而,他仍愿提出"政治管理方面的技艺是治理良方"这一观念的局限性。他分析说,人的贪欲——特别是对金钱的热爱——是一种疾病(一旦它控制社会的话),这也是另一个仍与我们切实相关的令人不安的问题。最后,柏拉图坚信:即使是乌托邦,也需要基于宗教的意识形态的凝聚力。这一信念在21世纪伊始,相比战后几十年的世俗平静,更应当引起人们的认真对待。

  柏拉图设想了更好社会的可能面貌。至此,读者们将会知道这种设想——及其探究方式的复杂性——在他们看来是否有吸引力;以及有多少吸引力。但是,我希望"探究"成为描述柏拉图在其所构成的理智框架中——乃至在开始构建框架本身时——从事哲学工作的最佳描述。

参考文献

Aalders, G. J. D. (1972). 'Political thought and political programs in the Platonic *Epistles*', in *Pseudepigrapha* I, *Entretiens sur l'Antiquité classique* 18. Vandoeuvres-Geneva: Fondation Hardt, 145–87.

Acton, J. E. E. D. (1956). 'The history of freedom in antiquity', in G. Himmelfarb (ed.), *Essays on Freedom and Power by Lord Acton*. London: Thames and Hudson, Ch. 2.

Adam, J. (1902). *The Republic of Plato*. Cambridge: Cambridge University Press.

Algra, K. A. (1996). 'Observations on Plato's Thrasymachus: the case for *pleonexia*', in K. A. Algra, P. W. van der Horst and D. T. Runia (eds), *Polyhistor: Studies in the History and Historiography of Ancient Philosophy*. Leiden: Brill, 41–59.

Allott, P. J. (2001). *Eunomia: New Order for a New World* (2nd edn). Oxford: Oxford University Press.

Anderson, P. (2004). 'Rivers of Time', *New Left Review*, 26: 67–77.

—— (2005). *Spectrum*. London and New York: Verso.

Annas, J. (1976). 'Plato's *Republic* and feminism', *Philosophy*, 51: 307–21; reprinted in G. Fine (ed.), *Plato 2: Ethics, Politics, Religion, and the Soul*. Oxford: Oxford University Press (1999), 265–79.

—— (1978). 'Plato and common justice', *Classical Quarterly*, 28: 437–51.

—— (1981). *An Introduction to Plato's Republic*. Oxford: Clarendon Press.

—— (1999). *Platonic Ethics, Old and New*. Ithaca and London: Cornell University Press.

—— and Rowe, C. J. (eds) (2002). *New Perspectives on Plato, Modern and Ancient*. Washington, DC: Center for Hellenic Studies, Trustees for Harvard University.

—— and Waterfield, R. (eds) (1995). *Plato: Statesman*. Cambridge: Cambridge University Press.

Arendt, H. (1951). *The Origins of Totalitarianism*. New York: Harcourt Brace.

—— (1968). 'Truth and politics', in H. Arendt, *Between Past and Future: Eight Exercises in Political Thought*. New York: Viking Press, Ch. 7.

Bakhtin, M. M. (1981). *The Dialogic Imagination*. Austin: University of Texas Press.
Balot, R. K. (2001). *Greed and Injustice in Classical Athens*. Princeton and Oxford: Princeton University Press.
Bambrough, R. (ed.) (1967). *Plato, Popper and Politics: Some Contributions to a Modern Controversy*. Cambridge and New York: Heffer.
Barker, A. (1995). 'Problems in the *Charmides*', Prudentia, 27/2, 18–33.
Barker, E. (trans., rev. R. F. Stalley) (1995). *Aristotle: The Politics*. Oxford: Oxford University Press.
Barnes, J. (1989). *A History of the World in $10\frac{1}{2}$ Chapters*. London: Cape.
Barney, R. (2001). 'Platonism, moral nostalgia, and the "city of pigs"', Proceedings of the Boston Area Colloquium in Ancient Philosophy, 17: 207–27.
Bauman, Z. (1989). *Modernity and the Holocaust*. Cambridge: Polity.
Bell, D. (1960). *The End of Ideology: On the Exhaustion of Political Ideas in the Fifties*. Glencoe, Ill.: Free Press.
Benhabib, S. (1986). *Critique, Norm, and Utopia: A Study of the Foundations of Critical Theory*. New York: Columbia University Press.
Blanning, T. C. W. (2002). *The Culture of Power and the Power of Culture: Old Regime Europe 1660–1789*. Oxford: Oxford University Press.
Blondell, R. (2002). *The Play of Character in Plato's Dialogues*. Cambridge: Cambridge University Press.
_____ (2005). 'From fleece to fabric: weaving culture in Plato's *Statesman*', Oxford Studies in Ancient Philosophy, 28: 23–75.
Bloom, A. (trans.) (1968). *The Republic of Plato*. London and New York: Basic Books.
Bluestone, N. H. (1987). *Women and the Ideal Society: Plato's Republic and Modern Myths of Gender*. Oxford/Hamburg/New York: Berg.
Bobonich, C. (1991). 'Persuasion, compulsion, and freedom in Plato's *Laws*', Classical Quarterly, 41: 365–87.
_____ (1995). 'The virtues of ordinary people in Plato's *Statesman*', in C. J. Rowe (ed.), *Reading the Statesman*. Sankt Augustin: Academia Verlag, 313–29.
_____ (2002). *Plato's Utopia Recast: His Later Ethics and Politics*. Oxford: Clarendon Press.

Bobzien, S. (1998). *Determinism and Freedom in Stoic Philosophy*. Oxford: Clarendon Press.

Bohman, J., and Rehg, W. (eds) (1997). *Deliberative Democracy: Essays on Reason and Politics*. Cambridge, Mass., and London: MIT Press.

Bok, S. (1978). *Lying: Moral Choice in Public and Private Life*. New York: Pantheon Books.

Boys-Stones, G. (2001). *Post-Hellenistic Philosophy: A Study of its Development from the Stoics to Origen*. Oxford: Oxford University Press.

Bradford, A. S. (1994). 'The duplicitous Spartan', in A. Powell and S. Hodkinson (eds), *The Shadow of Sparta*. London and New York: Classical Press of Wales, 59–85.

Brandwood, L. (1969). 'Plato's seventh letter', *Revue de l'Organisation Internationale pour l'Etude des Langues anciennes par Ordinateur*, 4: 1–25.

Brisson, L. (trans. and ed.) (1987). *Platon: Lettres*: Paris: Flammarion.

—— (2005). 'Ethics and politics in Plato's *Laws*', *Oxford Studies in Ancient Philosophy*, 28: 93–121.

Brock, R., and Hodkinson, S. (2000). 'Introduction: alternatives to the democratic polis', in R. Brock and S. Hodkinson (eds), *Alternatives to Athens: Varieties of Political Organization and Community in Ancient Greece*. Oxford: Oxford University Press, 1–31.

Brown, E. (2000). 'Justice and compulsion for Plato's philosopher-rulers', *Ancient Philosophy*, 20: 1–17.

—— (2006). *Stoic Cosmopolitanism*. Cambridge: Cambridge University Press.

Brown, L. (1998). 'How totalitarian is Plato's *Republic*?', in E. N. Ostenfeld (ed.), *Essays on Plato's Republic*. Aaarhus: Aarhus University Press, 13–27.

Brunt, P. A. (1993). 'The model city of Plato's *Laws*', in his *Studies in Greek History and Thought*. Oxford: Clarendon Press, Ch. 9.

Bultrighini, U. (1999). *'Maledetta democrazia': studi di Critia*. Alessandria: Edizioni dell'Orso.

Burnyeat, M. F. (1985). 'Sphinx without a secret', *New York Review of Books* (30 May 1985): 30–6.

—— (1990). *The Theaetetus of Plato*, with a translation by M. J. Levett, revised by M. F. Burnyeat. Indianapolis/Cambridge: Hackett.

—— (1992). 'Utopia and fantasy: the practicability of Plato's ideally just city', in J. Hopkins and A. Savile (eds), *Psychoanalysis, Mind and Art*. Oxford: Blackwell, 175–87; reprinted in G. Fine (ed.),

Plato 2: Ethics, Politics, Religion, and the Soul. Oxford: Oxford University Press (1999), 297–308.

―― (1997). 'The impiety of Socrates', *Ancient Philosophy*, 17: 1–12.

―― (1998). 'The past in the present: Plato as educator of nineteenth-century Britain', in A. O. Rorty (ed.), *Philosophers on Education: New Historical Perspectives.* London and New York: Routledge, 353–73.

―― (1999). 'Culture and society in Plato's *Republic*', *The Tanner Lectures on Human Values*, 20: 215–324.

―― (2000). 'Plato on why mathematics is good for the soul', in T. J. Smiley (ed.), *Mathematics and Necessity: Essays in the History of Philosophy.* Oxford: British Academy, 1–81.

―― (2001). 'Plato', *Proceedings of the British Academy*, 111: 1–22.

―― (2005–6). 'The truth of tripartition', *Proceedings of the Aristotelian Society*, 106: 1–23.

Cairns, D. L. (1993). *Aidôs: The Psychology and Ethics of Honour and Shame in Ancient Greek Literature.* Oxford: Clarendon Press.

Cambiano, G. (1988). 'I filosofi e la costrizione a governare nella Reppublica platonica', in G. Casertano (ed.), *I Filosofi e il Potere nella Società e nella Cultura Antiche.* Naples: Guida Editori, 43–58.

Canfora, L. (1988). 'Crizia prima dei Trenta', in G. Casertano (ed.), *I Filosofi e il Potere nella Società e nella Cultura Antiche.* Naples: Guida Editori, 29–41.

Carey, C. (1994). 'Legal space in classical Athens', *Greece and Rome*, 41: 172–86.

Carey, J. (ed.) (1999). *The Faber Book of Utopias.* London: Faber and Faber.

Carone, G. R. (1994). 'Teleology and evil in *Laws* 10', *Review of Metaphysics*, 48: 275–98.

Carter, L. B. (1986). *The Quiet Athenian.* Oxford: Clarendon Press.

Cartledge, P. A. (2000). 'Greek political thought: the historical context', in C. J. Rowe and M. Schofield (eds), *The Cambridge History of Greek and Roman Political Thought.* Cambridge: Cambridge University Press, Ch. 1.

Cavarero, A. (1995). *In Spite of Plato: A Feminist Rewriting of Ancient Philosophy.* Cambridge: Polity; English translation of *Nonostante Platone.* Rome: Editori Riuniti (1990).

Clay, D. (1999). 'Plato's Atlantis: the anatomy of a fiction', *Proceedings of the Boston Area Colloquium in Ancient Philosophy*, 15: 1–21.

Clay, D. (2000). *Platonic Questions: Dialogues with the Silent Philosopher.* University Park, PA: Pennsylvania State University Press.

―― and Purvis, A. (1999). *Four Island Utopias.* Newburyport, MA: Focus Publishing/R. Pullins Co.

Cohen, D. (1987). 'The legal status and political role of women in Plato's *Laws*', *Revue internationale des droits de l'antiquité*, 34: 27–40.

―― (1993). 'Law, autonomy, and political community in Plato's *Laws*', *Classical Philology*, 88: 301–17.

―― (1995). *Law, Violence and Community in Classical Athens.* Cambridge: Cambridge University Press.

Cole, T. (1967). *Democritus and the Sources of Greek Anthropology.* Cleveland: American Philological Association.

Connor, W. R. (1984). *Thucydides.* Princeton: Princeton University Press.

Cooper, J. M. (1984). 'Plato's theory of human motivation', *History of Philosophy Quarterly*, 1: 3–21; reprinted in his *Reason and Emotion.* Princeton: Princeton University Press (1999), 118–37, and in G. Fine (ed.), *Plato 2: Ethics, Politics, Religion, and the Soul.* Oxford: Oxford University Press (1999), 186–206.

―― (1997a). 'Plato's *Statesman* and politics', *Proceedings of the Boston Area Colloquium in Ancient Philosophy*, 13: 71–103; reprinted in his *Reason and Emotion.* Princeton: Princeton University Press (1999), 165–91.

―― (ed.) (1997b). *Plato: Complete Works.* Indianapolis/Cambridge: Hackett.

―― (1999). 'Socrates and Plato in Plato's *Gorgias*', in his *Reason and Emotion.* Princeton: Princeton University Press (1999), 29–75.

Cornford, F. M. (trans.) (1941). *The Republic of Plato.* Oxford: Oxford University Press.

Csapo, E. (2004). 'The politics of the new music', in P. Murray and P. Wilson (eds), *Music and the Muses: The Culture of Mousike in the Classical Athenian City.* Oxford: Oxford University Press, 207–48.

Dahl, N. O. (1991). 'Plato's defence of justice', *Philosophy and Phenomenological Research*, 51: 809–34; reprinted in G. Fine (ed.), *Plato 2: Ethics, Politics, Religion, and the Soul.* Oxford: Oxford University Press (1999), 207–34.

Dawson, D. (1992). *Cities of the Gods: Communist Utopias in Greek Thought.* New York and Oxford: Oxford University Press.

Deane, P. (1973). 'Stylometrics do not exclude the seventh letter', *Mind*, 82: 113–17.

Delcomminette, S. (2000). *L'Inventivité dialectique dans le Politique de Platon*. Paris: Éditions Ousia.

Detienne, M., and Vernant, J.-P. (1978). *Cunning Intelligence in Greek Culture and Society*. London: The Harvester Press; English translation of *La ruses d'intelligence: la Metis des grecs*. Paris: Flammarion et Cie (1974).

Diès, A. (1935). *Platon, Oeuvres complètes*, Vol. IX.1. Paris: Société d'Édition 'Les Belles Lettres'.

Dillon, J. M. (1992). 'Plato and the Golden Age', *Hermathena*, 153: 21–36; reprinted in his *The Great Tradition: Further Studies in the Development of Platonism and Early Christianity*. Aldershot: Ashgate (1997).

Dodds, E. R. (1945). 'Plato and the irrational', *Journal of Hellenic Studies*, 65: 16–25.

—— (1951). *The Greeks and the Irrational*. Berkeley and Los Angeles: University of California Press.

—— (1959). *Plato: Gorgias*. Oxford: Clarendon Press.

Dorter, K. (2001). 'Philosopher-rulers: how contemplation becomes action', *Ancient Philosophy*, 21: 335–56.

Doyle, J. (forthcoming, 2007). 'Desire, power and the good in Plato's *Gorgias*', in S. Tenenbaum (ed.), *New directions in Philosophy: Moral Psychology*. Amsterdam: Rhodope.

Dunn, J. (ed.) (1992). *Democracy: The Unfinished Journey, 508 BC to AD 1993*. Oxford: Oxford University Press.

—— (1993). *Western Political Theory in the Face of the Future* (2nd edn). Cambridge: Cambridge University Press.

—— (2005). *Setting the People Free: The Story of Democracy*. London: Atlantic Books.

Dusanic, S. (1995). 'The true statesman of the *Statesman* and the young tyrant of the *Laws*', in C. J. Rowe (ed.), *Reading the Statesman*. Sankt Augustin: Academia Verlag, 337–46.

Dworkin, R. (1977). *Taking Rights Seriously*. London: Duckworth.

—— (1989). 'Liberal community', *California Law Review*, 77: 479–504; reprinted in S. Avineri and A. de-Shalit (eds), *Communitarianism and Individualism*. Oxford: Oxford University Press, 205–23.

Eagleton, T. (2005). *Holy Terror*. Oxford: Oxford University Press.

Elster, J. (1997). 'The market and the forum', in J. Bohman and W. Rehg (eds), *Deliberative Democracy: Essays on Reason and Politics*. Cambridge, Mass., and London: MIT Press, Ch. 1.

—— (ed.) (1998). *Deliberative Democracy*. Cambridge: Cambridge University Press.

Euben, J. P. (1994). 'Democracy and political theory', in J. P. Euben, J. R. Wallach and J. Ober (eds), *Athenian Political Thought and the Reconstruction of American Democracy*. Ithaca, NY: Cornell University Press, 198–226.

—— (1996). 'Reading democracy: "Socratic" dialogues and the political education of democratic citizens', in J. Ober and C. Hedrick (eds), *Dêmokratia*. Princeton: Princeton University Press, 327–59.

Eucken, C. (1983). *Isokrates: Seine position in der Auseinandersetzung mit den zeitgenössischen Philosophen*. Berlin and New York: de Gruyter.

Evans, D. (2005). 'The loss of utopia', *The Guardian* (27 October 2005): 32.

Farrar, C. (1988). *The Origins of Democratic Thinking: The Invention of Politics in Classical Athens*. Cambridge: Cambridge University Press.

Ferrari, G. R. F. (1989). 'Plato on poetry', in G. A. Kennedy (ed.), *The Cambridge History of Literary Criticism*, Vol.1. Cambridge: Cambridge University Press, Ch. 3.

—— (1992). 'Platonic love', in R. Kraut (ed.), *The Cambridge Companion to Plato*. Cambridge: Cambridge University Press, Ch. 8.

—— (2003). *City and Soul in Plato's Republic*. Sankt Augustin: Academia Verlag.

—— (ed.) and Griffith, T. (trans.) (2000). *Plato: The Republic*. Cambridge: Cambridge University Press.

Figueira, T. J. (2002). 'Iron money and the ideology of consumption in Laconia', in A. Powell and S. Hodkinson (eds), *Sparta: Beyond the Mirage*. London: Classical Press of Wales, 137–70.

Finley, M. I. (1975a). 'The ancestral constitution', in his *The Use and Abuse of History*. London: Chatto and Windus, Ch. 2; first issued as a separate pamphlet: *The Ancestral Constitution*. Cambridge: Cambridge University Press (1971).

—— (1975b). 'The ancient Greeks and their nation', in his *The Use and Abuse of History*. London: Chatto and Windus, Ch. 7.

Frede, D. (1996). 'Plato, Popper, and historicism', *Proceedings of the Boston Area Colloquium in Ancient Philosophy*, 12: 247–76.

Frede, M. (1992). 'Plato's arguments and the dialogue form', *Oxford Studies in Ancient Philosophy*, suppl. vol. (1992) 201–19.

—— (1996). 'Introduction', in M. Frede and G. Striker (eds), *Rationality in Greek Thought*. Oxford: Clarendon Press, 1–28.

Freeman, S. (1990). 'Reason and agreement in social contract views', *Philosophy and Public Affairs*, 9: 122–57.

Fukuyama, F. (1992). *The End of History and the Last Man.* New York and London: Hamish Hamilton.

Garnsey, P. D. A. (1996). *Ideas of Slavery from Aristotle to Augustine.* Cambridge: Cambridge University Press.

Gerson, L. P. (2003). *Knowing Persons: A Study in Plato.* Oxford: Oxford University Press.

Geuss, R. (1981). *The Idea of a Critical Theory: Habermas and the Frankfurt School.* Cambridge: Cambridge University Press.

—— (1999). 'Nietzsche on morality', in his *Morality, Culture, and History: Essays on German Philosophy.* Cambridge: Cambridge University Press, Ch. 7.

—— (2001). *History and Illusion in Politics.* Cambridge: Cambridge University Press.

—— (2002). 'Liberalism and its discontents', *Political Theory*, 30: 320–38; reprinted in R. Geuss, *Outside Ethics.* Princeton: Princeton University Press (2005), Ch. 1.

—— (2003). 'Neither history nor praxis', *European Review*, 11: 281–92; reprinted in R. Geuss, *Outside Ethics.* Princeton: Princeton University Press (2005), Ch. 2.

—— (2005). 'Thucydides, Nietzsche, and Williams', in R. Geuss, *Outside Ethics.* Princeton: Princeton University Press (2005), Ch. 13.

Gibson, R. W. (1961). *St Thomas More: A Preliminary Bibliography.* New Haven: Yale University Press.

Gifford, M. (2001). 'Dramatic dialectic in *Republic* Book 1', *Oxford Studies in Ancient Philosophy*, 20: 35–106.

Gill, C. (1977). 'The genre of the Atlantis story', *Classical Philology*, 72: 287–304.

—— (1995). 'Rethinking constitutionalism in *Statesman* 291–303', in C. J. Rowe (ed.), *Reading the Statesman.* Sankt Augustin: Academia Verlag, 292–305.

—— (1996). *Personality in Greek Epic, Tragedy, and Philosophy.* Oxford: Clarendon Press.

—— (2000). 'Protreptic and dialectic in Plato's *Euthydemus*', in T. M. Robinson and L. Brisson (eds), *Plato: Euthydemus, Lysis, Charmides.* Sankt Augustin: Academia Verlag, 133–43.

Giorgini, G. (1993). *La citta e il tiranno.* Milan: Giuffrè.

Gomme, A. W. (1962). 'The old oligarch', in his *More Essays on Greek History and Literature.* Oxford: Blackwell, 38–69; reprinted from *Harvard Studies in Classical Philology*, suppl. vol. 1 (1940): 211–45.

Gonzalez, F. J. (2000). 'The Eleatic stranger: his master's voice?', in G. A. Press (ed.), *Who Speaks for Plato? Studies in Platonic Anonymity*. Lanham, MD: Rowman and Littlefield, 161–81.

Goodwin, B. (1992). *Justice by Lottery*. London and New York: Harvester Wheatsheaf.

Gray, V. (2000). 'Xenophon and Isocrates', in C. J. Rowe and M. Schofield (eds), *The Cambridge History of Greek and Roman Political Thought*. Cambridge: Cambridge University Press, Ch. 7.

Grey, C. and Garsten, C. (2002). 'Organized and disorganized utopias: an essay on presumption', in M. Parker (ed.), *Utopia and Organization*. Oxford: Blackwell Publishing/The Sociological Review, 9–23.

Griswold, C. L. (1999). 'Platonic liberalism: self-perfection as a foundation of political theory', in J. M. Van Ophuijsen (ed.), *Plato and Platonism*. Washington, DC: The Catholic University of America Press, 102–34.

Grote, G. (1865). *Plato and the Other Companions of Socrates*. London: John Murray.

Gulley, N. (1972). 'The authenticity of the Platonic *Epistles*', in *Pseudepigrapha* I, *Entretiens sur l'Antiquité classique* 18. Vandoeuvres-Geneva: Fondation Hardt, 103–43.

Guthrie, W. K. C. (1969). *A History of Greek Philosophy*, Vol. 3, Part I: *The World of the Sophists*. Cambridge: Cambridge University Press.

―― (1975). *A History of Greek Philosophy*, Vol. 4: *Plato, the Man and His Dialogues: Earlier Period*. Cambridge: Cambridge University Press.

Habermas, J. (1995). 'On the internal relation between the rule of law and democracy', *European Journal of Philosophy*, 3: 12–20.

―― (1996). 'Three normative models of democracy', in S. Benhabib (ed.), *Democracy and Difference: Contesting the Boundaries of the Political*. Princeton: Princeton University Press, 21–30.

Hackforth, R. (1936). 'Plato's theism', *Classical Quarterly*, 30: 4–9.

Hahm, D. E. (1969). 'Plato's "Noble Lie" and political brotherhood', *Classica et Mediaevalia*, 30: 211–27.

―― (1995). 'Polybius's applied political theory', in A. Laks and M. Schofield (eds), *Justice and Generosity: Studies in Hellenistic Social and Political Philosophy*. Cambridge: Cambridge University Press, Ch. 1.

Halliwell, S. (1993). *Plato: Republic 5*. Warminster: Aris and Phillips.

Hansen, M. H. (1990). 'Solonian democracy in fourth-century Athens', in W. R. Connor, M. H. Hansen, K. A. Raaflaub and

B. S. Strauss, *Aspects of Athenian Democracy*. Copenhagen: Museum Tusculanum Press, University of Copenhagen, 71–99.

Hansen, M. H. (1991). *The Athenian Democracy in the Age of Demosthenes*. Oxford and Cambridge, MA: Blackwell.

—— (1995). *The Trial of Sokrates—from the Athenian Point of View*, Historisk-filosofiske Meddelelser 71, The Royal Danish Academy of Sciences and Letters. Copenhagen: Munksgaard; reprinted in M. Sakellariou (ed.), *Démocratie athenienne et culture*. Athens: Académie d'Athènes 1996, 137–70.

—— (1996). 'The ancient Athenian and the modern liberal view of liberty as a democratic ideal', in J. Ober and C. Hedrik (eds), *Dêmokratia*. Princeton: Princeton University Press, 91–104.

Harrison, R. (1993). *Democracy*. London: Routledge.

—— (2003). *Hobbes, Locke, and Confusion's Masterpiece: An Examination of Seventeeth-Century Political Philosophy*. Cambridge: Cambridge University Press.

Harte, V. (1999). 'Conflicting values in Plato's *Crito*', *Archiv für Geschichte der Philosophie*, 81: 117–47.

Harvey, F. D. (1965). 'Two kinds of equality', *Classica et Mediaevalia*, 26: 101–46.

von Hayek, F. A. (1960). *The Constitution of Liberty*. London: Routledge & Kegan Paul.

Held, D. (2004). *Global Covenant: The Social Democratic Alternative to the Washington Consensus*. Cambridge: Polity.

Henderson, J. (2003). 'Demos, demagogue, tyrant in Attic old comedy', in K. A. Morgan (ed.), *Popular Tyranny*. Austin: University of Texas Press, 155–79.

Hesk, J. (2000). *Deception and Democracy in Classical Athens*. Cambridge: Cambridge University Press.

Hobbs, A. (2000). *Plato and the Hero: Courage, Manliness and the Impersonal Good*. Cambridge: Cambridge University Press.

Hodkinson, S. (1994). ' "Blind Ploutos"?: contemporary images of the role of wealth in classical Sparta', in A. Powell and S. Hodkinson (eds), *The Shadow of Sparta*. London and New York: Classical Press of Wales, 183–222.

—— (2000). *Property and Wealth in Classical Sparta*. London: Duckworth.

—— (2005). 'The imaginary Spartan *politeia*', in M. H. Hansen (ed.), *The Imaginary Polis*, Historisk-filosofiske Meddelelser 91, The Royal Danish Academy of Sciences and Letters. Copenhagen: Munksgaard, 222–81.

Holmes, S. (1989). 'John Stuart Mill: fallibilism, expertise, and the politics–science analogy', in M. Dascal and O. Gruengard (eds), *Knowledge and Politics: Case Studies in the Relationship between Epistemology and Political Philosophy*. Boulder, San Francisco and London: Westview Press, 125–43.

Huffman, C. A. (2005). *Archytas of Tarentum: Pythagorean, Philosopher and Mathematician King*. Cambridge: Cambridge University Press.

Irigaray, L. (1985). *Speculum of the Other Woman*. Ithaca, NY: Cornell University Press; English translation of *Speculum de l'autre femme*. Paris: Minuit (1974).

—— (1996). *I Love to You*. New York and London: Routledge; English translation of *J'aime a toi*. Paris: B. Grasset (1992).

Irwin, T. H. (1995). *Plato's Ethics*. New York and Oxford: Oxford University Press.

Jacoby, R. (1999). *The End of Utopia*. New York: Basic Books.

Jowett, B. (trans.) (1875). *The Dialogues of Plato* (2nd edn). Oxford: Clarendon Press.

—— and Campbell, L. (eds) (1894). *The Republic of Plato: The Greek Text*. Oxford: Clarendon Press.

Kahn, C. H. (1963). 'Plato's funeral oration: the motive of the *Menexenus*', *Classical Philology*, 58: 220–34.

—— (1981). 'Did Plato write Socratic dialogues?', *Classical Quarterly*, 31: 305–20.

—— (1992). 'Vlastos's Socrates', *Phronesis*, 37: 233–58.

—— (1996). *Plato and the Socratic Dialogue: the Philosophical Use of a Literary Form*. Cambridge: Cambridge University Press.

—— (2002). 'On Platonic chronology', in J. Annas and C. J. Rowe (eds), *New Perspectives on Plato, Modern and Ancient*. Washington, DC: Center for Hellenic Studies, Trustees for Harvard University, 93–127.

—— (2004). 'From *Republic* to *Laws*: a discussion of Christopher Bobonich, *Plato's Utopia Recast*', *Oxford Studies in Ancient Philosophy*, 26: 337–62.

Kallet, L. (2001). *Money and the Corrosion of Power in Thucydides*. Berkeley/Los Angeles/London: University of California Press.

Kamtekar, R. (2004). 'What's the good of agreeing? *Homonoia* in Platonic politics', *Oxford Studies in Ancient Philosophy*, 26: 131–70.

Kateb, G. (1998). 'Socratic integrity', in I. Shapiro and R. Adams (eds), *Integrity and Conscience, Nomos* 40: 77–112.

Keane, J. (2003). *Global Civil Society?* Cambridge: Cambridge University Press.

Ker, J. (2000). 'Solon's *theôria* and the end of city', *Classical Antiquity*, 19: 304-29.
Kerferd, G. B. (1981). *The Sophistic Movement*. Cambridge: Cambridge University Press.
Keynes, J. M. (1932). *Essays in Persuasion*. London: Macmillan.
Kirk, G. S., Raven, J. E., and Schofield, M. (1983). *The Presocratic Philosophers* (2nd edn). Cambridge: Cambridge University Press.
Kirwan, C. A. (1989). *Augustine*. London: Routledge.
Klosko, G. (1986). *The Development of Plato's Political Theory*. New York and London: Methuen.
Kochin, M. S. (1999). 'Plato's Eleatic and Athenian sciences of politics', *The Review of Politics*, 61: 58-84.
—— (2002). *Gender and Rhetoric in Plato's Political Thought*. Cambridge: Cambridge University Press.
Koyré, A. (1945). *Discovering Plato*. New York: Columbia University Press.
Kraut, R. (1984). *Socrates and the State*. Princeton: Princeton University Press.
—— (1992a). 'Introduction to the study of Plato', in R. Kraut (ed.), *The Cambridge Companion to Plato*. Cambridge: Cambridge University Press, 1-50.
—— (1992b). 'The defense of justice in Plato's *Republic*', in R. Kraut (ed.), *The Cambridge Companion to Plato*. Cambridge: Cambridge University Press, 311-37.
Laks, A. (1990). 'Legislation and demiurgy: on the relationship between Plato's *Republic* and *Laws*', *Classical Antiquity*, 9: 209-29.
—— (2000). 'The *Laws*', in C. J. Rowe and M. Schofield (eds), *The Cambridge History of Greek and Roman Political Thought*. Cambridge: Cambridge University Press, Ch. 12.
Lampert L., and Planeaux, C. (1998-9). 'Who's who in Plato's *Timaeus*', *Review of Metaphysics*, 52: 87-125.
Lane, M. S. (1995). 'A new angle on utopia: the political theory of the *Statesman*', in C. J. Rowe (ed.), *Reading the Statesman*. Sankt Augustin: Academia Verlag, 276-91.
—— (1998a). *Method and Politics in Plato's Statesman*. Cambridge: Cambridge University Press.
—— (1998b). 'Argument and agreement in Plato's *Crito*', *History of Political Thought*, 19: 313-30.
—— (1999). 'Plato, Popper, Strauss, and utopianism: open secrets?', *History of Philosophy Quarterly*, 16: 119-42.
—— (2002). *Plato's Progeny*. London: Duckworth.

Lane, M.S. (2005). ' "Emplois pour philosophes": l'art politique et l'Étranger dans le *Politique* à la lumière de Socrate et du philosophe dans le *Théétète'*, *Les Études philosophiques*, 60: 325–45.

Lanza, D. (1977). *Il tiranno e il suo pubblico*. Turin: Einaudi.

Lear, J. (1992). 'Inside and outside the *Republic*', *Phronesis*, 37: 184–215.

Ledger, G. R. (1989). *Re-counting Plato*. Oxford: Clarendon Press.

Levin, S. B. (1996). 'Women's nature and role in the ideal *polis*: Republic V revisited', in J. K. Ward (ed.), *Feminism and Ancient Philosophy*. New York and London: Routledge, 13–30.

——— (2000). 'Plato on women's nature: reflections on the *Laws*', *Ancient Philosophy*, 20: 81–97.

Levinson, R. B. (1953). *In Defense of Plato*. Cambridge, Mass.: Harvard University Press.

Lloyd, G. (1993) *The Man of Reason: 'Male' and 'Female' in Western Philosophy* (2nd edn). London: Routledge.

Loraux, N. (1986). *The Invention of Athens: The Funeral Oration in the Classical City*. Princeton: Princeton University Press; English translation of *L'Invention d'Athenes*. Paris: Mouton (1981).

——— (1991). 'Reflections of the Greek city on unity and division', in A. Molho, K. A. Raaflaub and J. Emlen (eds), *City States in Classical Antiquity and Medieval Italy*. Stuttgart: F. Steiner, 33–51.

——— (1993). *The Children of Athena: Athenian Ideas about Citizenship and the Division between the Sexes*. Princeton: Princeton University Press; English translation of *Les enfants d'Athéna*. Paris: Editions La Découverte (1984).

——— (2002). *The Divided City: On Memory and Forgetting in Ancient Athens*. New York: Zone Books; English translation of *La Cité divisée*. Paris: Editions Payot et Rivages (1997).

Lorenz, H. (2004). 'Desire and reason in Plato's *Republic*', *Oxford Studies in Ancient Philosophy*, 27: 83–116.

Lovibond, S. (1994). 'An ancient theory of gender: Plato and the Pythagorean table', in L. J. Archer, S. Fischler and M. Wyke (eds), *Women in Ancient Societies: An Illusion of the Night*. Basingstoke: Macmillan, 88–101.

McCabe, M. M. (1997). 'Chaos and control: reading Plato's *Politicus*', *Phronesis*, 42: 94–117.

——— (2002a). 'Indifference readings: Plato and the Stoa on Socratic ethics', in T. P. Wiseman (ed.), *Classics in Progress: Essays on Ancient Greece and Rome*. Oxford: British Academy, 363–98.

―― (2002b). 'Developing the good itself by itself: critical strategies in Plato's *Euthydemus*', *Journal of the International Plato Society*, 2 (available online at <http://www.nd.edu/~plato/plato2 issue/mccabe.htm>).

―― (2005). 'Out of the labyrinth: Plato's attack on consequentialism', in C. Gill (ed.), *Virtue, Norms, and Objectivity: Issues in Ancient and Modern Ethics*. Oxford: Clarendon Press, 189–214.

Macintyre, A. (1981). *After Virtue. A Study in Moral Theory*. London: Duckworth.

McKim, R. (1985). 'Socratic self-knowledge and "knowledge of knowledge" in Plato's *Charmides*', *Transactions of the American Philological Association*, 115: 59–77.

Marchant, E. C. and Bowersock, G. W. (eds) (1968). *Xenophon: Scripta Minora*. Cambridge, Mass., and London: Harvard University Press.

Marcuse, H. (1967). *Das Ende der Utopia*. Berlin [publisher not known]. Reprinted in his *Psychoanalyse und Politik*. Frankfurt: Europäische Verlagsanstalt; and Vienna: Europa Verlag (1968), 69–78.

Mason, A. (1998). 'Plato on the self-moving soul', *Philosophical Inquiry*, 20: 18–28.

Meikle, S. (1995). *Aristotle's Economic Thought*. Oxford: Clarendon Press.

Menn, S. (1995). *Plato on God as Nous*. Carbondale and Edwardsville: Southern Illinois Press.

―― (2005). 'On Plato's *Politeia*', *Proceedings of the Boston Area Colloquium in Ancient Philosophy*, 20.

Méridier, L. (1931). *Platon: Ouevres Complètes, V.1: Ion, Ménexène, Euthydème*. Paris: Société d'Édition 'Les Belles Lettres'.

Michelini, A. N. (2000). 'The search for the king: reflexive irony in Plato's *Politicus*', *Classical Antiquity*, 19: 180–204.

―― (2003). 'Plato's Socratic mask', in A. N. Michelini (ed.), *Plato as Author: The Rhetoric of Philosophy*. Leiden and Boston: Brill, 45–65.

Mill, J. S. (1978) *Collected Works of John Stuart Mill*, Vol. XI: *Essays on Philosophy and the Classics*, J. M. Robson (ed.) and F. E. Sparshott (introduction). Toronto: University of Toronto Press.

Miller, Jr., F. D. (1995). *Nature, Justice, and Rights in Aristotle's Politics*. Oxford: Clarendon Press.

Miller, M. H. (1980). *The Philosopher in Plato's Statesman*. The Hague and Boston: Nijhoff.

Mishima, T. (1995). 'Courage and moderation in the *Statesman*', in C. J. Rowe (ed.), *Reading the Statesman*. Sankt Augustin: Academia Verlag, 306–12.

Mitchell, B. G., and Lucas, J. R. (2003). *An Engagement with Plato's Republic*. Aldershot: Ashgate.

Monoson, S. S. (1994). 'Frank speech, democracy, and philosophy: Plato's debt to a democratic strategy of civic discourse', in J. P. Euben, J. R. Wallach and J. Ober (eds), *Athenian Political Thought and the Reconstruction of American Democracy*. Ithaca, NY: Cornell University Press, 172–97.

―― (2000). *Plato's Democratic Entanglements*. Princeton: Princeton University Press.

Moravcsik, J. M. E. (1983). 'Plato and Pericles on freedom and politics', in F. J. Pelletier and J. King-Farlow (eds), *New Essays on Plato*. *Canadian Journal of Philosophy*, Supp. Vol. 9: 1–17.

Morgan, K. A. (ed.) (2003). *Popular Tyranny*. Austin: University of Texas Press.

Morris, I. (1996). 'The strong principle of equality and the archaic origins of Greek democracy', in J. Ober and C. Hedrik (eds), *Dēmokratia*. Princeton: Princeton University Press, 19–48.

Morrow, G. R. (1960). *Plato's Cretan City: A Historical Interpretation of the Laws*. Princeton: Princeton University Press; reprinted 1993, with a foreword by C. H. Kahn.

―― (1962). *Plato's Epistles*. Indianapolis: Bobbs-Merrill.

Most, G. W. (1993). 'A cock for Asclepius', *Classical Quarterly*, 43: 96–111.

―― (1997). 'Hesiod's myth of the five (or three or four) races', *Proceedings of the Cambridge Philological Society*, 43: 104–27.

Nagel, T. (1991). *Equality and Partiality*. New York and Oxford: Oxford University Press.

Nails, D. (2002). *The People of Plato: A Prosopography of Plato and Other Socratics*. Indianapolis and Cambridge: Hackett.

Nairn, T. (2005). 'Democratic warming', *London Review of Books*, 27/15 (4 August 2005): 19–20.

Nehamas, A. (1998). *The Art of Living*. Berkeley/Los Angeles/London: University of California Press.

Newman, W. L. (1887–1902). *The Politics of Aristotle*. Oxford: Clarendon Press.

Nightingale, A. W. (1995). *Genres in Dialogue: Plato and the Construct of Philosophy*. Cambridge: Cambridge University Press.

―― (1999). 'Historiography and cosmology in Plato's *Laws*', *Ancient Philosophy*, 19: 299–326.

―― (2004). *Spectacles of Truth in Classical Greek Philosophy*. Cambridge: Cambridge University Press.
North, H. (1966). *Sophrosyne: Self-Knowledge and Self-Restraint in Greek Literature*. Ithaca, NY: Cornell University Press.
Norton, A. (2004). *Leo Strauss and the Politics of American Empire*. New Haven: Yale University Press.
Notomi, N. (2000). 'Critias and the origin of Plato's political philosophy', in T. M. Robinson and L. Brisson (eds), *Plato: Euthydemus, Lysis, Charmides*. Sankt Augustin: Academia Verlag, 237–50.
Nozick, R. (1974). *Anarchy, State, and Utopia*. Oxford: Blackwell.
Nussbaum, M. C. (1996). 'Patriotism and cosmopolitanism', in J. Cohen (ed.), *For Love of Country*. Boston: Beacon Press, 2–17.
―― (1997). 'Kant and Stoic cosmopolitanism', in J. Bohman and M. Lutz-Bachmann (eds), *Perpetual Peace: Essays on Kant's Cosmopolitan Ideal*. Cambridge, Mass., and London: MIT Press, 25–58.
O'Brien, M. J. (1967). *The Socratic Paradoxes and the Greek Mind*. Chapel Hill: University of North Carolina Press.
Ober, J. (1989). *Mass and Elite in Democratic Athens: Rhetoric, Ideology, and the Power of the People*. Princeton: Princeton University Press.
―― (1998). *Political Dissent in Democratic Athens: Intellectual Critics of Popular Rule*. Princeton: Princeton University Press.
―― (2000). 'Thucydides theoretikos/Thucydides histor: realist theory and the challenge of history', in D. R. McCann and B. S. Strauss (eds), *War and Democracy: A Comparative Study of the Korean War and the Peloponnesian War*. Armonk, NY, and London: M. E. Sharpe, 273–306.
―― (2003). 'Tyrant killing as therapeutic *stasis*: a political debate in images and texts', in K. A. Morgan (ed.), *Popular Tyranny*. Austin: University of Texas Press, 215–50.
Okin, S. M. (1977). 'Philosopher queens and private wives: Plato on women and the family', *Philosophy and Public Affairs*, 6: 345–69.
―― (1979). *Women in Western Political Thought*. Princeton: Princeton University Press.
Orwin, C. (1994). *The Humanity of Thucydides*. Princeton: Princeton University Press.
Osborne, R. G. (2003). 'Changing the discourse', in K. A. Morgan (ed.), *Popular Tyranny*. Austin: University of Texas Press, 251–70.
―― (ed.) (2004). *The Old Oligarch: Pseudo-Xenophon's Constitution of the Athenians Plato* (2nd edn). London: London Association of Classical Teachers.

Ostwald, M. (1969). *Nomos and the Beginnings of the Athenian Democracy*. Oxford: Clarendon Press.
Page, C. (1991). 'The truth about lies in Plato's *Republic*', *Ancient Philosophy*, 11: 1–33.
Palmer, J. A. (1999). *Plato's Reception of Parmenides*. Oxford: Clarendon Press.
Pelling, C. B. R. (2003). 'Speech and action: Herodotus' debate on the constitutions', *Proceedings of the Cambridge Philological Society*, 48: 123–58.
Penner, T. (1991). 'Desire and power in Socrates: the argument of *Gorgias* 466A–468E that orators and tyrants have no power in the city', *Apeiron*, 24: 147–202.
Perlman, P. (2005). 'Imagining Crete', in M. H. Hansen (ed.), *The Imaginary Polis*. Historisk-filosofiske Meddelelser 91, *The Royal Danish Academy of Sciences and Letters*. Copenhagen: Munksgaard, 282–334.
Phillips, A. (2005). *Going Sane*. London: Hamish Hamilton.
Popper, K. R. (1961). *The Open Society and its Enemies*, Vol.1: *The Spell of Plato* (4th edn). London: Routledge & Kegan Paul; first published in 1945.
Porter, R. (2000). *Enlightenment: Britain and the Creation of the Modern World*. London: Allen Lane.
Powell, A. (1994). 'Plato and Sparta: modes of rule and of non-rational persuasion in the *Laws*', in A. Powell and S. Hodkinson (eds), *The Shadow of Sparta*. London and New York: Classical Press of Wales, 273–321.
Pradeau, J.-F. (2002). *Plato and the City*. Exeter: Exeter University Press; English translation of a revised and extended version of *Platon et la Cité*. Paris: Presses Universitaires de France (1997).
Price, A. W. (1995). *Mental Conflict*. London and New York: Routledge.
Price, J. J. (2001). *Thucydides and Internal War*. Cambridge: Cambridge University Press.
Prior, W. J. (2002). 'Protagoras' great speech and Plato's defense of Athenian democracy', in V. Caston and D. W. Graham (eds), *Presocratic Philosophy: Essays in Honor of Alexander Mourelatos*. Aldershot: Ashgate, 313–27.
Raaflaub, K. A. (1983). 'Democracy, oligarchy, and the concept of the "free citizen"', *Political Theory*, 11: 517–44.
―― (1990). 'Contemporary perceptions of democracy in fifth-century Athens', in W. R. Connor, M. H. Hansen, K. A. Raaflaub and

B. S. Strauss, *Aspects of Athenian Democracy*. Copenhagen: Museum Tusculanum Press, University of Copenhagen, 33–70.

―――― (1996). 'Equalities and inequalities in Athenian democracy', in J. Ober and C. Hedrik (eds), *Dêmokratia*. Princeton: Princeton University Press, 139–74.

―――― (2000). 'Father of all, destroyer of all: war in late fifth-century Athenian discourse and ideology', in D. R. McCann and B. S. Strauss (eds), *War and Democracy: A Comparative Study of the Korean War and the Peloponnesian War*. Armonk, NY, and London: M. E. Sharpe, 307–56.

―――― (2003). 'Stick and glue: the function of tyranny in fifth-century Athens', in K. A. Morgan (ed.), *Popular Tyranny*. Austin: University of Texas Press, 59–93.

Raven, J. (1992). *Judging New Wealth: Popular Publishing and Responses to Commerce in England, 1750–1800*. Oxford: Clarendon Press.

Rawls, J. (1972). *A Theory of Justice*. Oxford: Clarendon Press.

―――― (1993). *Political Liberalism*. New York: Columbia University Press.

Reeve, C. D. C. (1988). *Philosopher-Kings*. Princeton: Princeton University Press.

―――― (1989). *Socrates in the Apology*. Indianapolis and Cambridge, Mass.: Hackett.

Reverdin, O. (1945). *La Religion de la cité platonicienne*. Paris: E. de Bocard.

Reydams-Schils, G. (2005). *The Roman Stoics: Self, Responsibility, and Affection*. Chicago and London: University of Chicago Press.

Rhodes, P. J. (1981). *A Commentary on the Aristotelian Athenaion Politeia*. Oxford: Clarendon Press; expanded edition (1993).

―――― (2006). 'The reforms and laws of Solon: an optimistic view', in J. H. Blok and A. P. M. H. Lardinois (eds), *Solon the Athenian: New Historical and Philological Approaches*. Leiden: Brill.

Roberts, J. T. (1994). *Athens on Trial: The Antidemocratic Tradition in Western Thought*. Princeton: Princeton University Press.

Robinson, E. W. (ed.) (2004). *Ancient Greek Democracy: Readings and Sources*. Oxford: Blackwell.

Robinson, R. (1951). 'Dr Popper's defence of democracy', *Philosophical Review*, 60: 487–507; reprinted in his *Essays in Greek Philosophy*. Oxford: Clarendon Press (1969), Ch. 4.

de Romilly, J. (1963). *Thucydides and Athenian Imperialism*. Oxford: Blackwell; English translation of *Thucydide et l'impérialisme athénien*. Paris: Les Belles Lettres (1947).

de Romilly, J. (1972). 'Vocabulaire et propagande, ou les premiers emplois du mot *homonoia*', in *Mélanges de Linguistique et de Philologie Grecques offerts à Pierre Chantraine*. Paris: Klincksieck, 199–209.

Roochnik, D. (2003). *Beautiful City: The Dialectical Character of Plato's 'Republic'*. Ithaca, NY: Cornell University Press.

Rosen, S. (1995). *Plato's Statesman: The Web of Politics*. New Haven and London: Yale University Press.

Rosenthal, E. I. J. (1956). *Averroes' Commentary on Plato's Republic*. Cambridge: Cambridge University Press.

Rowe, C. J. (ed. and trans.) (1995a). *Plato: Statesman*. Warminster: Aris and Phillips.

—— (ed.) (1995b). *Reading the Statesman*. Sankt Augustin: Academia Verlag.

—— (1996). 'The *Politicus*: structure and form', in C. Gill and M. M. McCabe (eds), *Form and Argument in Late Plato*. Oxford: Clarendon Press, 153–78.

—— (1998). 'Democracy and Sokratic-Platonic philosophy', in D. D. Boedeker and K. A. Raaflaub (eds), *Democracy, Empire, and the Arts in Fifth-Century Athens*. Cambridge, Mass., and London: Harvard University Press, 241–53.

—— (2000). 'The *Politicus* and other dialogues', in C. J. Rowe and M. Schofield (eds), *The Cambridge History of Greek and Roman Political Thought*. Cambridge: Cambridge University Press, Ch. 11.

—— (2001). 'Killing Socrates: Plato's later thoughts on democracy', *Journal of Hellenic Studies*, 121: 63–76.

—— (2004). 'The case of the missing philosophers in Plato's *Timaeus-Critias*', *Würzburger Jahrbücher für die Altertumswissenschaft*, 28b: 57–70.

—— (forthcoming, 2007). 'Plato and the Persian wars', in E. Bridges, E. Hall and P. J. Rhodes (eds), *Cultural Responses to the Persian Wars*. Oxford: Oxford University Press.

—— and Schofield, M. (eds) (2000). *The Cambridge History of Greek and Roman Political Thought*. Cambridge: Cambridge University Press.

Sachs, D. (1963). 'A fallacy in Plato's *Republic*', *Philosophical Review*, 72: 141–58.

Samaras, T. (2002). *Plato on Democracy*. New York: Peter Lang.

Saunders, T. J. (1970). *Plato: The Laws*. Harmondsworth: Penguin Books.

—— (1991). *Plato's Penal Code*. Oxford: Clarendon Press.

Saunders, T. J. (1995). 'Plato on women in the *Laws*', in A. Powell (ed.), *The Greek World*. London and New York: Routledge, 591–609.

Saxonhouse, A. (1976). 'The philosopher and the female in the political thought of Plato', *Political Theory*, 4: 195–212.

____(1985). *Women in the History of Political Thought*. New York: Praeger.

Scheid, J., and Svenbro, J. (1996). *The Craft of Zeus: Myths of Weaving and Fabric*. Cambridge, Mass., and London: Harvard University Press.

Schmid, W. T. (1998). *Plato's Charmides and the Socratic Ideal of Rationality*. Albany, NY: State University of New York Press.

Schofield, M. (1986). '*Euboulia* in the *Iliad*', *Classical Quarterly*, 36: 6–31; reprinted in M. Schofield, *Saving the City*. London and New York: Routledge (1999), Ch. 1.

____ (1990). 'Ideology and philosophy in Aristotle's theory of slavery', in G. Patzig (ed.), *Aristotles' 'Politik'*. Göttingen: Vandenhoeck and Ruprecht, 1–27; reprinted with revisions and additions in M. Schofield, *Saving the City* (1999), Ch. 7.

____ (1991). *The Stoic Idea of the City*. Cambridge: Cambridge University Press; expanded edition, Chicago: University of Chicago Press (1999).

____ (1992). 'Socrates versus Protagoras', in B. S. Gowers and M. C. Stokes (eds), *Socratic Questions*. London and New York: Routledge, 122–36.

____ (1993). 'Plato on the economy', in M. H. Hansen (ed.), *The Ancient Greek City-State*. Historisk-filosofiske Meddelelser 67, The Royal Danish Academy of Sciences and Letters. Copenhagen: Munksgaard, 183–96; reprinted in M. Schofield, *Saving the City* (1999), Ch. 4.

____ (1995). 'Cicero's definition of *res publica*', in J. G. F. Powell (ed.), *Cicero the Philosopher*. Oxford: Clarendon Press. 63–83; reprinted in M. Schofield, *Saving the City* (1999), Ch. 11.

____ (1995–6). 'Sharing in the constitution', *Review of Metaphysics*, 49: 831–58; reprinted in M. Schofield, *Saving the City* (1999), Ch. 8.

____ (1997). 'The disappearance of the philosopher king', *Proceedings of the Boston Area Colloquium in Ancient Philosophy*, 13: 213–41; reprinted in M. Schofield, *Saving the City* (1999), Ch. 2.

____ (1998). 'Plato', in *Routledge Encyclopedia of Philosophy*. London and New York: Routledge, 7.399–421.

Schofield, M. (1999a). *Saving the City: Philosopher-Kings and Other Classical Paradigms*. London: Routledge.

―― (1999b). 'Zeno of Citium's anti-utopianism', in M. Vegetti and M. Abbate (eds), *La Repubblica di Platone nella Tradizione Antica*. Naples: Bibliopolis, 49–78; reprinted in M. Schofield, *Saving the City* (1999), Ch. 3.

―― (2000a). 'Approaching the *Republic*', in C. J. Rowe and M. Schofield (eds), *The Cambridge History of Greek and Roman Political Thought*. Cambridge: Cambridge University Press, Ch. 10.

―― (2000b). 'Plato and practical politics', in C. J. Rowe and M. Schofield (eds), *The Cambridge History of Greek and Roman Political Thought*. Cambridge: Cambridge University Press, Ch. 13.

―― (2003). 'Religion and philosophy in the *Laws*', in S. Scolnicov and L. Brisson (eds), *Plato's Laws: From Theory into Practice*. Sankt Augustin: Academia Verlag, 1–13.

―― (forthcoming, 2007). 'The Noble Lie', in G. Ferrari (ed.), *The Cambridge Companion to Plato*. Cambridge: Cambridge University Press.

Scott, D. (2000). 'Plato's critique of the democratic character', *Phronesis*, 45: 19–37.

Seaford, R. (2003). 'Tragic tyranny', in K. A. Morgan (ed.), *Popular Tyranny*. Austin: University of Texas Press, 95–115.

―― (2004). *Money and the Early Greek Mind*. Cambridge: Cambridge University Press.

Sedley, D. N. (2003). *Plato's Cratylus*. Cambridge: Cambridge University Press.

―― (2004). *The Midwife of Platonism: Text and Subtext in Plato's Theaetetus*. Oxford: Clarendon Press.

―― (forthcoming, 2007a). 'Philosophy, the Forms, and the art of ruling', in G. Ferrari (ed.), *The Cambridge Companion to Plato*. Cambridge: Cambridge University Press.

―― (forthcoming, 2007b). 'Myth, politics and punishment in Plato's *Gorgias*', in C. Partenie (ed.), *Plato's Myths*. Cambridge: Cambridge University Press.

Segvic, H. (2000). 'No one errs willingly: the meaning of Socratic intellectualism', *Oxford Studies in Ancient Philosophy*, 19: 1–45.

Shipley, G. (2005). 'Little boxes on the hillside: Greek town planning, Hippodamos, and polis ideology', in M. H. Hansen (ed.), *The Imaginary Polis*. Historisk-filosofiske Meddelelser 91, *The*

Royal Danish Academy of Sciences and Letters. Copenhagen: Munksgaard, 335–403.

Shklar, J. (1957). *After Utopia*. Princeton: Princeton University Press.

Sinclair, T. A. (1951). *A History of Greek Political Thought*. London: Routledge & Kegan Paul.

Skemp, J. B. (ed. and trans.) (1952). *Plato: The Statesman*. London: Routledge & Kegan Paul.

Skinner, Q. R. D. (1989). 'The state', in T. Ball, J. Farr and R. L. Hanson (eds), *Political Innovation and Conceptual Change*. Cambridge: Cambridge University Press, 90–131.

Smith, N. D. (1983). 'Plato and Aristotle on the nature of women', *Journal of the History of Philosophy*, 21: 467–78.

——— (1997). 'How the prisoners in Plato's Cave are "like us"', *Proceedings of the Boston Area Colloquium in Ancient Philosophy*, 13: 187–204.

Solmsen, F. (1942). *Plato's Theology*. Ithaca, NY: Cornell University Press.

Sourvinou-Inwood, C. (1990). 'What is *polis* religion?', in O. Murray and S. Price (eds), *The Greek City: From Homer to Alexander*. Oxford: Clarendon Press, 295–322.

Sprague, R. K. (1976). *Plato's Philosopher-King: A Study of the Theoretical Background*. Columbia: University of South Carolina Press.

Stahl, H.-P. (1966). *Thukydides: Die Stellung des Menschen im geschichtlichen Prozess*. Munich: Beck.

Stalley, R. F. (1983). *An Introduction to Plato's Laws*. Oxford: Blackwell.

——— (1991). 'Aristotle's criticism of Plato's *Republic*', in D. Keyt and F. D. Miller, Jr. (eds), *A Companion to Aristotle's Politics*. Oxford and Cambridge, Mass.: Blackwell, 182–99.

——— (1994). 'Persuasion in Plato's *Laws*', *History of Political Thought*, 15: 157–77.

——— (1997–8). 'Plato's doctrine of freedom', *Proceedings of the Aristotelian Society*, 98: 145–58.

Strauss, L. (1964). *The City and Man*. Chicago and London: University of Chicago Press.

——— (1972). 'Plato', in L. Strauss and J. Cropsey (eds), *History of Political Philosophy* (2nd edn). Chicago: Rand McNally, 7–63.

——— (1975). *The Argument and the Action of Plato's Laws*. Chicago and London: University of Chicago Press.

Strauss, L. (1983). *Studies in Platonic Political Philosophy*. Chicago and London: University of Chicago Press.

––– (1989). *The Rebirth of Classical Rationalism*. Chicago and London: University of Chicago Press.

Striker, G. (1994). 'Plato's Socrates and the Stoics', in P. A. Vander Waerdt (ed.), *The Socratic Movement*. Ithaca, NY, and London: Cornell University Press, 241–51.

Taylor, C. C. W. (1986). 'Plato's totalitarianism', *Polis*, 5/2: 4–29; reprinted in G. Fine (ed.), *Plato 2: Ethics, Politics, Religion, and the Soul*. Oxford: Oxford University Press, 280–96.

––– (2000). 'Democritus', in C. J. Rowe and M. Schofield (eds), *The Cambridge History of Greek and Roman Political Thought*. Cambridge: Cambridge University Press, Ch. 5.

Thesleff, H. (1982). *Studies in Platonic Chronology*. Helsinki: Societas Scientiarum Fennica.

Thompson, J. B. (1984). *Studies in the Theory of Ideology*. Cambridge: Polity.

Thompson, W. E. (1965). 'The demes in Plato's *Laws*', *Eranos*, 63: 134–6.

de Tocqueville, A. (2000). *Democracy in America*, trans. H. Mansfield and D. Winthrop. Chicago: Chicago University Press.

Todd, S. C. and Millett, P. C. (1990). 'Law, society and Athens', in P. A. Cartledge, P. C. Millett and S. C. Todd (eds), *Nomos: Essays in Athenian Law, Politics and Society*. Cambridge: Cambridge University Press, 1–18.

Trapp, M. B. (2000). 'Plato in Dio', in S. Swain (ed.), *Dio Chrysostom: Politics, Letters, and Philosophy*. Oxford: Oxford University Press, Ch. 9.

Traverso, E. (2003). *The Origins of Nazi Violence*. New York: The New Press.

Turner, F. M. (1981). *The Greek Heritage in Victorian Britain*. New Haven and London: Yale University Press.

Unger, R. M. (1998). *Democracy Realized: The Progressive Alternative*. London: Verso.

Vegetti, M. (trans. and comm.) (1998–). *Platone: La Reppublica*. Naples: Bibliopolis.

Versenyi, L. (1971). 'Plato and his liberal opponents', *Philosophy*, 46: 222–37.

Vidal-Naquet, P. (1986a). 'A study in ambiguity: artisans in the Platonic city', in his *The Black Hunter: Forms of Thought and Forms of Society in the Greek World*. Baltimore and London:

Johns Hopkins University Press, 224–45; English translation of *Le Chasseur noir*. Paris: F. Maspero (1981).

—— (1986b). 'Athens and Atlantis: structure and meaning of a Platonic myth', in his *The Black Hunter*, 263–84.

—— (1986c). 'Plato's myth of the statesman, the ambiguities of the golden age and of history', in his *The Black Hunter*, 285–301.

—— (1995). *Politics Ancient and Modern*. Cambridge: Polity; English translation of *La démocratie grecque vue d'ailleurs: essais d'historiographie ancienne et moderne*. Paris: Flammarion (1990).

Vlastos, G. (1939). 'The disorderly motion in the *Timaeus*', *Classical Quarterly*, 33: 71–83.

—— (1964). '*Isonomia politikê*', in J. Mau and E. G. Schmidt (eds), *Isonomia: Studien zur Gleichheitsvorstellung im griechischen Denken*. Berlin: Akademie Verlag, 1–35; reprinted in G. Vlastos, *Platonic Studies*. Princeton: Princeton University Press (1973), Ch. 8.

—— (1971). 'Justice and happiness in the *Republic*', in G. Vlastos (ed.), *Plato: A Collection of Critical Essays*, Vol. 2: *Ethics, Politics, and Philosophy of Art and Religion*. Garden City, NJ: Doubleday Anchor, 66–95; reprinted in G. Vlastos, *Platonic Studies*. Princeton: Princeton University Press (1973), Ch. 5.

—— (1977). 'The theory of social justice in the *polis* in Plato's *Republic*', in H. North (ed.), *Interpretations of Plato: A Swarthmore Symposium*. Leiden: Brill, 1–40; reprinted in G. Vlastos, *Studies in Greek Philosophy*, ed. D. W. Graham. Princeton: Princeton University Press (1995), II.69–103.

—— (1978). 'The rights of persons in Plato's conception of the foundations of justice', in H. T. Englehardt and D. Callahan (eds), *Morals, Science and Society*. Hastings-on-Hudson, NY: The Hastings Center, 172–201; reprinted in G. Vlastos, *Studies in Greek Philosophy*, II.104–25.

—— (1989). 'Was Plato a feminist?', *Times Literary Supplement* (17 March 1989): 276, 288–9; reprinted in G. Vlastos, *Studies in Greek Philosophy*, II.133–43.

—— (1991). *Socrates: Ironist and Moral Philosopher*. Cambridge: Cambridge University Press.

—— (1994). *Socratic Studies*. Cambridge: Cambridge University Press.

—— (1995). *Studies in Greek Philosophy*, ed. D. W. Graham. Princeton: Princeton University Press.

Waldron, J. (1995). 'What Plato would allow', in I. Shapiro and J. Wagner (eds), *Theory and Practice, Nomos*, 37: 138–78.

Wallace, R. W. (2004). 'Damon of Oa: a music theorist ostracized?', in P. Murray and P. Wilson (eds), *Music and the Muses: The Culture of Mousike in the Classical Athenian City*. Oxford: Oxford University Press, 249–67.

Walzer, M. (1987). *Interpretation and Social Criticism*. Cambridge, Mass., and London: Harvard University Press.

—— (1988). *The Company of Critics*. New York: Basic Books.

—— (2004a). 'Involuntary association', in M. Walzer, *Politics and Passion: Towards a More Egalitarian Liberalism*. New Haven and London: Yale University Press 2004, Ch. 1; an earlier version in A. Gutmann (ed.), *Freedom of Association*. Princeton: Princeton University Press (1998), 64–74.

—— (2004b). 'Deliberation, and what else...', in M. Walzer, *Politics and Passion*, Ch. 5; an earlier version in S. Macedo (ed.), *Deliberative Politics*. New York and Oxford: Oxford University Press (1999), 58–69.

Wardy, R. (1996). *The Birth of Rhetoric*. London and New York: Routledge.

Weiss, R. (1998). *Socrates Dissatisfied: An Analysis of Plato's Crito*. New York and Oxford: Oxford University Press.

Wender, D. (1973). 'Plato: misogynist, paedophile, and feminist', *Arethusa*, 6: 75–90.

White, N. P. (1992). 'Plato's metaphysical epistemology', in R. Kraut (ed.), *The Cambridge Companion to Plato*. Cambridge: Cambridge University Press, Ch. 9.

Whitford, M. (1994). 'Irigaray, utopia, and the death drive', in C. Burke, N. Schor and M. Whitford (eds), *Engaging with Irigaray: Feminist Philosophy and Modern European Thought*. New York and Chichester: Columbia University Press, 379–400.

Wilderbing, J. (2004). 'Prisoners and puppeteers in the Cave', *Oxford Studies in Ancient Philosophy*, 27: 117–39.

Williams, B. (1973). 'The analogy of city and soul in Plato's *Republic*', in E. N. Lee, A. P. D. Mourelatos and R. M. Rorty (eds), *Exegesis and Argument*. Aassen: Van Gorcum, 196–206; reprinted in G. Fine (ed.), *Plato 2: Ethics, Politics, Religion, and the Soul*. Oxford: Oxford University Press (1999), 255–64.

—— (1993). *Shame and Necessity*. Berkeley/Los Angeles/Oxford: University of California Press.

—— (2002). *Truth and Truthfulness*. Princeton: Princeton University Press.

_____ (2005). *In the Beginning was the Deed: Realism and Moralism in Political Argument*, ed. G. Hawthorn. Princeton: Princeton University Press.

Wilson, N. G. (1983). *Scholars of Byzantium*. London: Duckworth.

Wilson, P. (2003). 'The sound of cultural conflict: Kritias and the culture of *mousikê* in Athens', in C. Dougherty and L. Kurke (eds), *The Cultures within Ancient Greek Culture*. Cambridge: Cambridge University Press, 181–206.

_____ (2004). 'Athenian strings', in P. Murray and P. Wilson (eds), *Music and the Muses: The Culture of Mousike in the Classical Athenian City*. Oxford: Oxford University Press, 269–306.

Wolin, S. (1996). 'Fugitive democracy', in S. Benhabib (ed.), *Democracy and Difference: Contesting the Boundaries of the Political*. Princeton: Princeton University Press, Ch. 2.

Yunis, H. (1996). *Taming Democracy*. Ithaca, NY: Cornell University Press.

Zetzel, J. E. G. (ed. and trans.) (1999). *Cicero: On the Commonwealth and On the Laws*. Cambridge: Cambridge University Press.

Zuckert, C. (1996). *Postmodern Platos*. Chicago and London: University of Chicago Press.

_____ (2005). 'The Stranger's political science v. Socrates' political art', *Journal of the International Plato Society*, 5 (available online at <http://www.nd.edu/~plato/plato5issue/contents5.htm>).

译名与索引 I

（前列数字为希腊原著的标准页码；后列数字为原书页码，即本书边码）
黑体表示本书当中有其译文

AESCHINES　埃斯基涅斯
　Against Timarchus 《驳提马尔库斯》
　　173　**23**，158

AESCHYLUS　埃斯库罗斯
　Seven against Thebes 《七将攻忒拜》
　　474　326 n. 4

APOLLODORUS　阿波罗多罗斯
　Library 《书集》
　　3. 4. 1　326 n. 4

APOLLONIUS RHODIUS　阿波罗尼奥斯·罗迪乌斯
　Argonautica 《阿尔戈船英雄记》
　　1354—1407　326 n. 6

ARISTOPHANES　阿里斯托芬
　Assemblywomen 《妇女大会》
　　210—40　228
　　583—710　228
　　590—607　228

　　611—15　228
　　615—34　228
　　635—43　228，247 n. 94
　　655—72　229，247 n. 94
　　673—710　229
　Lysistrata 《吕西斯忒拉忒》
　　574—87　168
　Knights 《骑士》
　　1111—20　53
　Peace 《和平》
　　619—27　104
　Wasps 《黄蜂》
　　634—42　92 n. 63
　Wealth 《财神》
　　187—97　277 n. 25

ARISTOTLE　亚里士多德
　On the Soul 《论灵魂》
　　2. 4　330 n. 70
　Generation of Animals 《论动物生成》
　　2. 4　330 n. 70
　Metaphysics 《形而上学》

12.10, 1075b19—23 99 n.116

Nicomachean Ethics [*EN*] 《尼各马可伦理学》

1.1, 1094a14—16 171

1.2, 1094a18—b7 171

2.6, 1106b21—3 171

3.2, 1117b17 278 n.31

6.10, 1143a6—10 171

7.6, 1149a34—b1 278 n.31

9.8, 1168b15—21 278 n.38

Eudemian Ethics [*EE*] 《欧台谟伦理学》

2.7, 1223a34 278 n.31

2.8, 1224a37 278 n.31

Politics 《政治学》

Book 1 10

1.1 44 n.8

1.1, 1252a1—2 212

1.1, 1252a8—16 190 n.75

1.3—7 280 n.55

1.8, 1256b32—4 277 n.24

1.9, 1257b40—1258a2 277 n.26

1.9, 158a2—14 277 n.26

1.13, 1260a20—2 45 n.26, 248 n.106

Book 2 10

2.1—6 44 n.8

2.1, 1260b27—33 212

2.1, 1260b36—1261a4 213

2.1, 1261a4—9 213

2.1, 1261b16—17 247 n.87

2.2—3 214

2.3, 1261b32—40 226

2.4, 1262a30—1 227

2.5, 1263a11—15 227

2.5, 1263b37—40 225

2.6, 1265a1—2 61

2.7, 1266a34—6 47 n.46

2.7, 1266b38—1267a1 131 n.17

2.8, 1267b22—37 47 n.47

2.9, 1271b13—15 243 n.38

2.10, 1271b20—32 48 n.61

2.12, 1272b38 79

2.12, 1274a15—21 95 n.81, 96 n.86

2.12, 1274a19—21 96 n.85

2.12, 1274a27 95 n.80

2.12, 1274b9—10 229

Book 3

3.6, 1278b8—10 31

3.7 134 n.56

3.15 44 n.8

Book 4

4.1, 1289a15—18 31

4.2 44 n.8

4.3, 1290a13—19 102

4.4 44 n.8

4.11, 1295a40 33

Book 5

5.1, 1301b39—1302a2 102

5.10, 1311a9—11 131 n.17

5.12 44 n.8, 106

5.12, 1316a23—6.2, 1317b1 263

5.12, 1316a39—b6 131 n.17

Book 6

6.1, 1317a35—6.2, 1317b1 263

6.2, 1317a40—b17 109

6.3, 1318b16—17 131 n.17

Books 7 and 8 82, 315

8.7 44 n.8

Politeia of the Athenians [*Ath. Pol.*] 《雅典政制》

1. 13   96 n. 87
5—12   76
7. 3   96 n. 85
9. 1   76, 95 n. 80
29. 5   131 n. 18

CICERO   西塞罗
ad Atticum   《致阿提库斯》
10. 8, 6—8   279 n. 40

CRITIAS   克里底亚
Fr. 6   187 n. 36
Fr. 32   32

DEMOSTHENES   德摩斯梯尼
Against Timocrates   《驳提摩克拉底》
5   82
148   76
Against Leptines   《驳莱普提内斯》
108   91 n. 31
On the False Embassy   《论假使者》
184   **295**

DIO OF PRUSA   普鲁萨的迪奥
Euboicus   《欧伯库斯》（《第七篇演说》）
130—2   **11—12**

DIOGENES LAERTIUS［D. L.］   第欧根尼·拉尔修
Lives of the Philosophers   《名哲言行录》
6. 12   45 n. 26, 248 n. 106
7. 175   45 n. 26, 248 n. 106
8. 79   188 n. 57
8. 82   188 n. 57

EPICURUS   伊壁鸠鲁
Kuriai Doxai［KD；= *Key Doctrines*］《学说要点》
20   277 n. 22

EURIPIDES   欧里庇得斯
Andromache   《安德洛玛克》
445—52   104
Medea   《美狄亚》
439—40   96 n. 84
Phoenician Women   《腓尼基的妇女》
503—85   53
931—46   326 n. 4
Suppliants   《乞援人》
301—19   53
399—466   53

HERODOTUS   希罗多德
Histories   《历史》
1. 65   76
1. 65. 4—5   48 n. 61
3. 56   131 n. 14
3. 80—2   33, 101, 121, 225
3. 81. 1—2   92 n. 43
3. 81. 3   103, 225
3. 82. 3   91 n. 31, 225
3. 148   131 n. 14
5. 51   131 n. 14
5. 78   108
6. 50   131 n. 14
6. 62. 2   104
6. 72   131 n. 14
6. 82   131 n. 14
7. 164. 4   **81—2**

8.5　131 n.14
8.144.2　243 n.44

HESIOD　赫西俄德
　Theogony　《神谱》
　　886—91　294
　Works and Days　《工作与时日》
　　106—201　289
　　197—200　96 n.84

HOMER　荷马
　Iliad　《伊利亚特》
　　23.664—99　248 n.105
　Odyssey　《奥德赛》
　　8.492—3　248 n.105

HYGINUS　希吉努斯
　Fabulae　《神话》
　　178—9　326 n.4

ISOCRATES　伊索克拉底
　Antidosis　《关于财产交换的演说》
　　260　237
　　270—1　8—9
　Areopagiticus　《关于战神山议事会的演说》
　　15　76
　　16　76
　　21—7　76, 96 n.86
　　36—55　76
　Busiris　《关于布西里斯的演说》
　　15—27　243 n.49
　Panathenaicus　《泛雅典娜节祝词》
　　41　49 n.66

LYSIAS　吕西亚斯
　Epitaphios [= Funeral Oration]　《葬礼演说》
　　48　94 n.62

MARCUS AURELIUS　马可·奥勒留
　Meditations　《沉思录》
　　9.29　44 n.11

OVID　奥维德
　Metamorphoses　《变形记》
　　9.29　44 n.11

PAUSANIAS　保萨尼亚斯
　Description of Greece　《希腊志》
　　8.11.8　326 n.4
　　9.5.3　326 n.4
　　9.10.1　326 n.4

PHERECYDES　菲瑞赛德斯
　Fr.22J　326 n.4

PHOTIUS　弗提乌斯
　Amphilochia　《安非洛基亚》
　　625A　12

PLATO　柏拉图
　Apology　《申辩》
　　27B—30C　25
　　30D—31C　22
　　31B　308
　　31C—32A　22
　　31C　24
　　32A—E　23
　　32B　94 n.61

32E—33B　23
36A—B　25
37C—D　26
37E—38A　24
39C—D　25

Charmides [*Charm.*] 《卡尔弥德》
160B—C　149
161B—164C　28
164D—165B　149
169A—B　148
169B—D　149
169E—171C　187 n. 38
171B—C　148
171D—172A　147
171E　188 n. 46
172D　147
173A—174B　186 n. 26
174A—B　148
174B—C　149
174B　189 n. 65
174D—175A　148
175B—C　148

Cratylus [*Crat.*] 《克拉底鲁》
396B　329 n. 49

Critias 《克里底亚》
108C　132 n. 26
108E　209
110C—112D　39
110C—D　39, 211, 244 n. 49
110D—111E　208
111C—D　208
112B—C　211
112D—E　39
112E　209
114D—119B　210

120D—121C　209

Crito 《克里同》
48A　122, 155
49C—E　57, 90 n. 24
50A—52A　25
50D—51C　307
51C—53A　54
51C—52C　87
52E　38
53A—E　26

Epistulae [*Ep.*; = *Letters*] 《信札》
7. 324D—325A　131 n. 20
7. 325D—326B　15
7. 326A—B　44 n. 7
7. 326D—328A　44 n. 7
7. 348C　326 n. 8

Euthydemus [*Euthd.*] 《欧绪德谟》
281E　154
288E—291D　151
289C—290B　151
290B—D　152, 186 n. 46
290B—C　188 n. 54
290C　183 n. 45
291B—292E　154
291B　153
292A　189 n. 65
292D—E　189 n. 65
304C—306D　183 n. 44
305C　183 n. 44

Gorgias [*Gorg.*] 《高尔吉亚》
447—461　65
447A—C　93 n. 51
452D—E　92 n. 45
459C—460A　92 n. 46
461—481　65

461B—C 93 n.46
462B—466A 67
466B—468E 266
466B—C 67
473A—474A 91 n.29
481—500 66
481D—E 68
483E—484A 67
487A—D 69
491E—492C 68
491E 69
502D—503B 66
507C—509C 66
510A—E 68
510E—512B 66
512D—513C 66
513A—C 68
515A 70
515C—516E 66
515E 71
518**E**—519**B** 71
519**A**—**B** 70
521A 67, 69
521D 142, 155
521E—522B 70, 93 n.49
527C 93 n.49
527D 93 n.49

Hippias Minor 《小希庇亚》
366C 278 n.37

Laws 《法义》
Book 1 42, 50 n.73
1.624A—B 310
1.624A 74, 292, 310
1.625A 74
1.625C—632D 42

1.630C—631A 181
1.630C 86
1.630D—631B 310
1.630D 310
1.631B—D 310, 329 n.48
1.631B 191 n.89
1.633c—650B 50 n.73
1.639D 76
1.643E 80, 82
1.646E—650B 95 n.84
1.650B 192 n.110
Book 2 42
2.661A—B 93 n.52, 267
2.663E—664A 288
2.663E 80
Book 3
3.677E—679E 203
3.680C 40
3.689E—702E 91 n.38
3.690C 80
3.691C—692C 182
3.691C—D 178, 184
3.693B—E 175
3.693B—C 182
3.693**D**—694**A** 77—8
3.693D—E 57
3.697**D**—**E** 79
3.698A—B 78
3.698**B** 78
3.699A—701A 96
3.700A—701E 134 n.62
3.700A—701D 133 n.55
3.700A 79, 175
3.702B—D 75
Book 4 75

4. 704A—712A 75
4. 704A—705B 193 n. 114
4. 705D—706A 86
4. 707D 86
4. 709B 311
4. 709D—712A 183
4. 709E—710A 193 n. 114
4. 710E—711A 183
4. 712B—713A 47 n. 45
4. 71B—C 75
4. 712B 310
4. 712C—715D 75
4. 713A—715D 311
4. 713A 311
4. 713C—714B 175
4. 713C—D 178
4. 713E—714A 178
4. 713E 312
4. 714A 265
4. 715B 134 n. 57
4. 715D 96 n. 86
4. 715E—718C 292
4. 715E—718A 311, 317
4. 715E—716A 312
4. 716A 182
4. 717A—B 312
4. 717B—718A 312
4. 718A 182
4. 718C—D 315
4. 718D 318
4. 719E—723D 57
4. 719E—723B 175
4. 720A—B 98 n. 99
4. 720D—E 84, 176
4. 720E—721A 75

4. 721A—E 319—20
4. 722B—C 84
4. 722B 98 n. 101
4. 723D—724B 316

Book 5
5. 726A—734E 316, 317
5. 726A 317, 329 n. 48
5. 730A 313
5. 730C 49 n. 69
5. 731A 318
5. 731D—732B 246 n. 85
5. 735A—736C 190 n. 87, 318
5. 738B—D 313
5. 739A—E 44 n. 7, 75
5. 739B—E 193 n. 116, 232
5. 739B—C 223
5. 739C—D 246 n. 85
5. 738D—E 313
5. 739D 162, 247 n. 87
5. 739E—740B 75, 232
5. 743C 191 n. 89
5. 745B 313
5. 745E—746B 98 n. 104

Book 6
6. 751A—768E 91 n. 38
6. 752B—C 330 n. 65
6. 756E—758A 79, 96 n. 86
6. 759A—760A 313
6. 760A—763C 49 n. 68
6. 768E—770B 185
6. 769D—E 192 n. 109
6. 771B 313
6. 771D 313
6. 772E—773E 190 n. 88
6. 780D—781D 232

6. 780E—781B　75
Book 7
7. 793**A—B**　36
7. 798E—799B　243 n. 49
7. 805**A—D**　232—3
7. 816D　49 n. 71
Book 8
8. 820E—822C　314, 329 n. 60
8. 823B—C　80
8. 835**C—E**　70
8. 842D　82
8. 842E　313
8. 843A　313
Book 9　322
9. 853C—D　317
9. 857B—E　57
9. 857D—E　85
9. 857D　84
9. 858C—E　95 n. 75
9. 858D　321
9. 859A　321
9. 861C—864C　322
9. 862D　330 n. 72
9. 865D—E　321
9. 870A—E　321
9. 870D—E　321
9. 872D—873A　321
9. 875A—E　236, 249 n. 123
9. 875A—C　178
9. 875D—876E　322
9. 875D　178, 322
Book 10　322
10. 885B—E　323
10. 885B　323
10. 886A—B　323

10. 888B　323
10. 887C　323
10. 890A　323
10. 890D—891A　323
10. 890E—891A　323
10. 891D—E　323
10. 892**D**—893**A**　323
10. 896E—899D　324
10. 897B—899D　314
10. 900C—905B　314
10. 907D—910E　313
10. 909D—910E　313
Book 11
11. 908A　89 n. 8
11. 916D—918A　327 n. 22
11. 919D—E　82
11. 920D—E　97 n. 92
11. 921C　313
11. 933A—3　313
Book 12　42
12. 945E—947E　329 n. 60
12. 945E　314
12. 953E　313
12. 958C—960C　313
12. 960B—969D　180
12. 960B—962E　185
12. 962B—C　181
12. 963A—969D　185
12. 963A—964A　188 n. 63
12. 965B—966B　188 n. 63
Laches [*Lach.*]　《拉凯斯》
184C　122, 155
187B　152
196C—D　152
197E　152

201A—B 152

Menexenus [*Menex.*] 《美涅克塞努》
  234**C** 72
  235**A—B** 72
  236A—C 73
  241A 94 n. 62
  244D—246A 73
  246B—249C 94 n. 64

Meno 《美诺》
  72D—73C 45 n. 26
  91**C** 63
  93A—94E 127
  99E—100A 135 n. 66

Parmenides [*Parm.*] 《巴门尼德》
  127D 190 n. 74

Phaedo [*Phd.*] 《斐多》
  59B 45 n. 22
  64A 45 n. 20
  66D 204
  67D—E 44 n. 20
  68B—C 256
  82C 45 n. 20, 256
  99C 245 n. 64
  116A 45 n. 22

Phaedrus [*Phdr.*] 《斐德若》
  59B 45 n. 22
  64A 45 n. 20
  66D 204
  67D—E 44 n. 20
  68B—C 256
  82C 45 n. 20, 256
  99C 245 n. 64
  116A 45 n. 22

Philebus 《菲利布》
  18B—D 243 n. 49

26C—D 182
64D—E 182
66A 182

Politicus [*Plt.*; = *Stateman*] 《治邦者》
  257A—258B 179
  257A—C 167
  258B—267C 165
  258E—259C 245 n. 62
  259C—260C 165
  259E—260C 145
  261A—268D 192 n. 99
  268D—277A 165
  270C—272E 327 n. 10
  274E—276C 182
  276E 191 n. 88
  277A—311C 165
  277A—278A 192 n. 99
  279A—B 167, 169
  279B—283B 169
  280E—281B 170
  283B—287B 165
  284A—285C 171
  284**B** 167
  285**C—D** 165—6
  287A—B 167
  291—303 134 n. 63
  292B—293D 191 n. 99
  292C—293D 176
  294**A—B** 124
  295A 322
  295E—297B 164, 179
  296**E**—297**B** 122
  297**B—C** 122
  297E—299D 180
  298**C—E** 123

299B—300A 185

299B—C 124, 180

299B 180

299**C**—**D** 124

300A—303A 134 n. 63

300A—B 125

300B 125

300E—301A 134 n. 63

301A 175

301C—D 134 nn. 56 and 58, 178

301D—E 178

301E—302A 125

302A—B 121, 125

302B—E 121

303A—B 91 n. 33

303A 120

303D—305E 170

305**C**—**D** 171

305E 167, 173

308B—311C 173

308D—309D 192 n. 100

309D 173

310A 173

311B—C 182

Protagoras [*Prot.*] 《普罗泰戈拉》

317A 135 n. 67

318E—319A 126

319A—D 127

319D—320C 127

325D—326C 40, 41

333C 152

352D—353A 135 n. 67

Republic [*Rep.*] 《理想国》

Book 1 30, 45 n. 24, 46 n. 33, 176

1.331A—D 301

1.331D—E 306

1.341C—342E 277 n. 18

1.344E 92 n. 45

1.345B—E 277 n. 18

1.346A—E 277 n. 18

1.346E—347D 177, 224, 286

1.347C—D 298

1.351D 245 n. 69

Book 2 and 3 18, 39, 129, 163

Book 2 20, 174

2.357A—367E 267

2.358E—360D 99 n. 110

2.359B—360D 266

2.360C 278 n. 38

2.369B—372D 204

2.369B—370C 257

2.369B—C 246 n. 83, 286

2.369C 214

2.369E—371E 44 n. 8

2.369E 214

2.371A—372E 261

2.371B 214

2.372E—373C 204

2.372E 204, 214

2.373D—374A 204

2.373D 205

2.373E 204

2.375A—D 49 n. 67

2.375A—B 39

2.375B—376C 40

2.375B 190 n. 88

2.376E—3.403C 41

2.376E 40

2.377A 297

2.377B—C 297

译名与索引 I   311

2. 377D—E 297
2. 377E—383C 292
2. 377E—378A 297
2. 377E 297
2. 378E—379A 288
2. 379A—380C 45 n. 25
2. 380B—C 280 n. 50
2. 380D—383C 287
2. 381E 280 n. 50
2. 382A 298, 300, 327 n. 22
2. 382B—C 285, 301
2. 382B 298
2. 382C—E 298
2. 382C 285, 287, 300
2. 382D 288
2. 383B—C 280 n. 50
2. 383C 292

Book 3
3. 386A—388E 45 n. 25
3. 387B 80
3. 389B—D 296
3. 389B—C 285, 301
3. 389B 285, 301
3. 389D—E 272, 275
3. 391B 297
3. 395C 80
3. 399A—C 40
3. 399D—E 205, 280 n. 53
3. 399D 280 n. 50
3. 401**A**—**B** 37
3. 401C—D 275
3. 403B 280 n. 53
3. 403C—D 275
3. 410B—414A 226
3. 411B—C 190 n. 88

3. 411**E**—412**A** 41
3. 412B—C 253
3. 412C—E 286
3. 412C 286
3. 412D—414A 304
3. 413E—414A 391
3. 414B—415D 223
3. 414B—415C 238, 284
3. 414B—C 285, 293
3. 414B 253, 286
3. 414C 284, 286, 287, 302
3. 414**D**—**E** 284—5
3. 414D 286, 287
3. 414E 224, 243 n. 44
3. 415A—C 289
3. 415A—B 289
3. 415A 284, 288, 291
3. 415B 289, 290
3. 415C 257, 284, 290
3. 415D– 4. 421C 258
3. 415D—417B 226
3. 415D 286, 288
3. 415E 276 n. 15
3. 416A—C 40
3. 416A 205
3. 417A 257

Book 4 31, 41, 116
4. 420B—421C 191 n. 89, 216, 220
4. 421C—422A 277 n. 18
4. 421C 246 n. 83
4. 421D—422A 205
4. 422A—423B 206
4. 422E—423A 247 n. 93
4. 423**C**—**D** 289
4. 423D 224

4.423E—424A 212, 216

4.423**E**—424**B** 32, 36

4.424C 79

4.424D 275

4.425A—427A 83

4.427B—C 243 n. 45, 329 n. 55

4.427E 205, 216, 287

4.431B—C 230

4.431C—D 272

4.431C 275

4.431D—E 272

4.431E—432A 216

4.432A—B 83

4.432A 175, 191 n. 89, 217

4.433A—434D 28

4.433A—434C 217

4.433C 83

4.433D 221

4.434A 257, 277 n. 18

4.434C 257

4.434D—435C 269

4.435E—436A 103, 256

4.436A—441C 256

4.436A—B 254

4.436A 256

4.439D 254, 264

4.440C—D 256

4.441A 257

4.441E—442C 87

4.441E—442A 41

4.442**A** 258, 260, 264, 270

4.442B 270

4.442C—D 275

4.442D—443A 269

4.442E—443A 307

4.443A—444C 217

4.443C—E 307

4.443D—E 216, 256

4.443E—444C 187 n. 39

4.443E 269

4.444B 135 n. 68

4.445**A**—**B** 267

4.445C—E 102

4.445D 103

Books 5—7 19, 31, 41

Books 5 and 6 13, 16

Book 5

5.449A—450D 33

5.449C—450D 212

5.450C—D 235

5.450D 235

5.452A—E 229

5.455D—E 229

5.455D 228, 229

5.456C 235

5.456D 272

5.457B—C 235

5.457C—D 235

5.457E—458B 235

5.457E 235

5.458C—461E 249 n. 122

5.459A—B 228

5.459C—D 285, 287, 296

5.459C 296

5.461D—E 228, 305

5.461E 222

5.462A—D 306

5.462**A**—**B** 214, 221

5.462B—D 221

5.462**B**—**C** 215, 222

5.462B9　247 n. 92
5.462C—E　215
5.462C—D　219
5.462D—E　219
5.462E—464B　215
5.463A—B　224, 291, 329 n. 50
5.463B1　247 n. 89
5.463C　305
5.463E—464B　306
5.464D—E　227, 247 n. 94
5.465A—B　247 n. 94
5.465A　247 n. 94
5.465B　225
5.466B1　247 n. 89
5.469B—471C　209
5.469B—471B　94 n. 70
5.471C—E　235
5.471E—473B　75
5.472A—473B　44 n. 7
5.472B—473B　239
5.472D—E　239
5.473A—B　239, 240
5.473A　239
5.473B—E　175
5.473C—E　13, 155—6, 210, 235
5.473C　236
5.473D　45 n. 20, 204
5.474B—6.487A　43 n. 5
5.474C—475C　159
5.475D—478E　160
5.475E—476D　188 n. 63
5.478E—479E　160
5.479A—480A　301
Books 6 and 7　127, 151
Book 6　120, 121, 156

6.484B—D　164
6.484C—D　162
6.484D—485A　159
6.485C　302
6.485D—E　270
6.485D　160, 302
6.486A　161, 302
6.487A—489A　27, 121
6.487C—D　156
6.487D　158
6.488C—489C　179
6.488D—489C　157
6.488D—489A　123
6.489A—D　27
6.490B　160
6.492B—493D　249 n. 125
6.492B　64
6.493A—C　64
6.496C—497A　27—8
6.497A　43
6.497B—C　28, 162
6.497C—D　181, 308
6.499B—D　236
6.499B　44 n. 20, 80—1
6.499C—D　177
6.499C　177
6.499D　237
6.500B—D　161—2
6.500B　237
6.500D　177, 215
6.500D—501A　164
6.501A—C　162, 179
6.501B　162
6.501E　45 n. 20, 204, 237
6.502A—B　236

6. 502**B**—**C** 236, 237
6. 502C 237
6. 502D 304
6. 502**E**—503**B** 304
6. 502E 304
6. 503A 308
6. 503B—D 190 n. 88
6. 503E 304
6. 504C—505B 216
6. 504D—7. 534E 305
6. 504D—E 150
6. 505A—B 157
6. 505A 145
6. 505B—C 154
6. 506D—E 163
6. 507A—B 188 n. 63
6. 507B 160
6. 511A 188 n. 54

Book 7

7. 514A—515C 296
7. 514A 36
7. 515A 36, 48 n. 56
7. 515C—D 87, 296
7. 516C—E 48 n. 56
7. 517D—E 48 n. 56, 296
7. 519B—520A 305
7. 519C—521B 177
7. 519D—520B 286
7. 519D 306
7. 519E—520A 246 n. 83
7. 519E 225
7. 520A—E 305
7. 520B—C 47 n. 39, 296
7. 520B 43
7. 520C—D 48 n. 56

7. 521A 298
7. 529A 240
7. 533B—C 188 n. 54
7. 534B—C 163
7. 535A—C 304
7. 535D—E 328 n. 29
7. 537B—C 161
7. 539E 159
7. 540A—B 177
7. 540A 159
7. 540B 298
7. 540D 235, 236
7. 540E—541A 238

Books 8 and 9 11, 31
Book 8 33

8. 544D—E 115
8. 544D 102
8. 544E 103
8. 545D—547A 249 n. 122
8. 545D—E 132 n. 26
8. 546D—547B 204
8. 546D 271
8. 546E 204
8. 547A—B 132, 290 n. 26
8. 547C 135 n. 68
8. 548**A**—**B** 104. 243, 259
8. 548B—C 107
8. 548C 115
8. 548D 48 n. 56
8. 549B 271
8. 550C—551B 104
8. 550D—551B 263
8. 551A—B 104
8. 551C 105
8. 551D 105

8.553A—554B 262
8.553A 104
8.553C—D 255
8.553C 105
8.553D 278 n.28
8.554A—E 279 n.41
8.554A 104, 263
8.554B 271
8.554C—D 74, 279 n.48
8.554D—E 263
8.556E 106
8.557A—565C 135 n.68
8.557A—558C 108, 110
8.557A 105, 108, 109
8.557B 108, 110
8.557C 113
8.557**D** 113
8.557**E**—558**A** 110
8.558**A** 111, 118
8.558A3 133 n.54
8.558C—561A 262
8.558C 110, 118
8.558D—559C 260, 279 n.47
8.558D 261
8.559B 264
8.559D 263, 271
8.561A—E 99 n.116, 112
8.561A—C 264
8.561A 263
8.561C—E 264
8.561D 68
8.562A—563E 110
8.562B—C 108
8.562C—564A 80
8.562E—563E 108

8.562E—563D 132 n.36
8.563B—C 108
8.563**C—D** 133 **n.**52
8.563**D—E** 119
8.564E 133 n.39
8.565A—B 120
8.565B—C 119
8.565D—569C 103
8.565E—566A 106
8.566A 106
8.566D 132 n.54
8.568D—569C 266

Book 9
9.573D—575C 266
9.576A 267
9.577C—579E 87
9.577D—E 267
9.578C 268
9.579**B—C** 267, 278 n.38
9.579**D—E** 267—8
9.580D—581E 103
9.580**D**—581**A** 111, 254
9.580E 279 n.46
9.581A—B 255
9.581A 256
9.581C—E 278 n.38
9.581C 257, 272
9.581E—588A 278 n.30
9.586E 275
9.588C 279 n.46
9.589B 271
9.590**C—D** 273
9.590E 274
9.590A—B 328 n.36

Book 10

10. 600C　157
10. 617D—621D　256
10. 617D—620D　230
10. 621C　248 n. 105

Sophist　《智者》
216A—217A　167
216B—217A　192 n. 108
217C　166
218E　169

Symposium［*Symp.*］《会饮》
201D—212A　43 n. 22
172C—177C　158
174D—E　189 n. 67
175A　88
175E—176A　88

Theaetetus［*Tht.*］《泰阿泰德》
150D　45 n. 22
172C—177C　158
174D—E　189 n. 67
175A　88
175E—176A　88

Timaeus［*Tim.*］《蒂迈欧》
17A—26E　44 n. 7
17B—19A　39
17C—19A　208，210
19C—20C　208
19C　208
19E　244 n. 53
20A　244 n. 53
23C—D　39
24A　244 n. 49
25B—C　39
25B　209
25C—D　209
25**D—E**　209

26C—D　39
26D　208
27A—B　207
28C　325

PINDAR　品达
Pythians　《皮托竞技胜利者颂》
2. 86—8　101

PLUTARCH　普鲁塔克
Lycurgus　《吕库古传》
28　40
On Stoic Contradictions　《论斯多亚主义的自相矛盾》
1055F—1056A　327 n. 25
1057A—B　327 n. 25
Pericles　《伯里克利传》
4　96 n. 87
Solon　《梭伦传》
18. 1—2　96 n. 85
18. 3　95 n. 80

PROCLUS　普罗克洛斯
On the Republic　《论共和国》
7. 9—8. 6　30
8. 7—11. 4　30
11. 5—14. 14　34

QUINTILIAN　昆体良
Institutes　《雄辩术原理》
12. 1. 38　327 n. 25

SOLON　梭伦
Fr. 13. 71—6　260—1

译名与索引 I

SOPHOCLES 索福克勒斯
  Antigone 《安提戈涅》
    295—301 252
    506—7 267
  Oedipus Tyrannus 《俄狄浦斯王》
    540—2 265

STRABO 斯特拉博
  Geography 《地理学》
    6. 280 188 n. 57

THEOGNIS 泰奥格尼斯
  289—92 96 n. 84

THUCYDIDES 修昔底德
  History of the Peloponnesian War 《伯罗奔尼撒战争史》
    1. 22 45 n. 28
    1. 138. 3 71
    2. 35—46 72
    2. 37 33
    2. 37. 2—3 109
    2. 40 56
    2. 63 92 n. 45
    2. 63. 2 252
    2. 65. 8—10 71
    3. 43. 2—4 295
    3. 81. 3 103
    3. 82. 1 132 n. 23
    3. 82. 8 102, 103
    4. 59—64 210
    6. 33—4 210
    6. 39. 1—2 104
    6. 60. 1 101
    6. 72 210, 244 n. 53
    6. 76—80 210
    6. 89. 4 101
    8. 65. 3 131 n. 18

XENOPHON 色诺芬
  Hellenica 《希腊史》
    2. 3. 16 252
  Memorabilia [*Mem.*] 《回忆苏格拉底》
    2. 10 247 n. 94
    3. 9. 10 143
    4. 2. 14—18 301
    4. 4. 16 245 n. 69
    4. 6. 12 131 n. 10, 191 n. 99
  Politeia of the Spartans [*Lac. Pol.*] 《斯巴达政制》
    2. 1—2 37
    7. 1 205
    7. 6 205
  Symposium [*Symp.*] 《会饮》
    2. 9 45 n. 26, 248 n. 106
  Ways and Means 《雅典的收入》
    4. 6—7 277 n. 25

PS. - XENOPHON [THE OLD OLIGARCH] 色诺芬（老寡头）
  Politeia of the Athenians [*Ath. Pol.*] 《雅典政制》
    1. 2—9 103
    1. 5 102
    1. 8 102
    2. 20 102

译名与索引 II

正文当中出现的（古代或现代）人名皆会在列；而尾注当中提及的人名，只有内容详实者才会在列。

Academy 学园 14, 19, 312
Achilles 阿基琉斯 297
Acton, Lord 阿克顿勋爵 43 n. 2
Adam, J. 亚当 118, 225, 302
Adeimantus 阿德曼图 14, 18, 27, 30, 33, 40, 48 n. 56, 113, 118, 156, 158, 161, 196, 205—6, 210—11, 220, 237, 243 n. 38, 244 n. 53, 266, 268—9
Aeschines 埃斯基涅斯 23, 158
agôgê（education [Spartan]）训练 37, 39—40, 49 nn. 68 and 73
agora（market-place）市场 67
aidôs（shame）敬畏（羞耻感）78, 95 n. 84
Alcibiades 亚西比德 23, 70, 101, 117, 130 n. 4, 329 n. 52
Alcmaeonids 阿尔克迈翁 101
Aleatoria 阿里亚托利亚 200
alienation 异化 2, 29
Allott, P. 阿洛特 200, 201
anarchy 无政府 63, 80, 108, 110, 112, 117—21, 130, 270
Andocides 安多基德 301
anger 愤怒 253—5
Annas, J. 安纳斯 60, 118, 189 n. 70, 268
Anytus 阿努图斯 25, 63
Apollo 阿波罗 243 n. 45, 280 n. 50, 313, 314, 329 nn. 55 and 60
Apollonius Rhodius 阿波罗尼奥斯·罗迪乌斯 326 n. 6
appetite(s) 欲望 3—4, 64—5, 70, 71, 87, 103, 105, 107, 111—12, 175, 181, 187 n. 45, 204, 222, Ch. 6 passim, 328 n. 48
approximation to ideal 接近理想 10, 98 n. 104, 211, 232, 239
apragmôn（inactive）出世之人 22, 24
architectôn（master-builder）建筑师 144
archôn 执政者 224
Archytas 阿尔库塔斯 157—8, 188 n. 57
Arginusae 阿吉努萨 94 n. 61
Arendt, H. 阿伦特 302—3

Aristocracy 贵族制 61，75，102—3，121，196，225
    Aristocratic values 贵族价值观 24，80—1，96 n. 88，253，291
Aristogeiton 阿里斯托格同 101
Ariston 阿里斯通 14
Aristophanes 阿里斯托芬 33，47 n. 46，53，54，62，93 n. 52，94 n. 63，101，104，110—11，118，132 n. 38，157，196，226，228—9，234，247 n. 94，261—2，227 n. 19
Aristoteles (in *Parmenides*)（《巴门尼德》中的）阿里斯托特勒 166，190 n. 74
Aristotle 亚里士多德 5，8，10，31，32，33，34，40，44 n. 8，47 nn. 45—7，52，61，76，79，82，95 n. 81，96 n. 86，102，106，109，134 nn. 56 and 57，171，181，198，212—14，216，229，243 n. 38，261—2，269，274，277 nn. 24 and 26，278 n. 38，315，320
Aspasia 阿斯帕西娅 73
assembly 集会 1，24，52，54，64—5，69，72，96 n. 86，120，126—7，170，184，191 n. 90，295，301
atheism 无神论 313，323
Athena 雅典娜 97 n. 92，295
Athenian Visitor 雅典访问者 3，17，57，74—80，184，310
Athens 雅典 Chs. 1 and 2 *passim*，100—5，110—11，118—19，126—7，170，206—12，284，315—16
Atlantis 亚特兰蒂斯 10，38，207—11，244 nn. 51 and 60
Augustine 奥古斯丁 300，315，327 n. 6

authoritarianism 极权主义 137，195，292
authority 权力、权威 25—6，46 n. 38，62，79—80，83，136，162，170，181，184，236
autobiography 自传 10，13—20
autonomy (political)（政治）自治 52，67，100

Bacon, F. 培根 332
Bakhtin, M. 巴赫金 58
Barnes, J. 巴恩斯 200
Bauman, Z. 鲍曼 195
Beast 兽 62，64—6，249 n. 65
Bendis 朋迪斯 47 n. 42
Bentham, J. 本杰明 142
biography 传记 13
Bobonich, C. 伯伯尼克 88，279 n. 48
Boeotia 波提亚 284
Brock, R. 布洛克 101
Brown, L. 布朗 220
Buonarotti, F. M. 博纳罗蒂 92 n. 40
Burnyeat, M. F. 博尼特 35—7，188 n. 63，235
Bush, G. W. 布什 100，137
businessmen 商人 67，91 n. 37，112，257，262，272—5

Cadmus, myth of 卡德摩斯神话 284—5，287—8，289，291，305，326 n. 6
Caesar 凯撒 279 n. 40
Caligula 卡利古拉 268
Callicles 卡利克勒 59，66—71，93 n. 56，117，119，158，268
Campanella, T. 康帕内拉 332
capitalism 资本主义 62，201，275

Carthage 迦太基 212
Catherine the Great 凯瑟琳大帝 98 n. 104
Cave 洞穴 36, 87, 145, 159, 176, 178, 286, 296, 305—9
Cavour, C. B. di 加富尔伯爵 142
Cephalus 克法洛斯 30, 265, 301
Chaerephon 凯勒丰 67
Charmides 卡尔弥德 24, 146
Charondas 嘉隆达斯 212
Chimaera 喀迈拉 271—3
children 儿童 32, 212, 214, 222—3, 228, 232, 235, 238, 273—4, 288, 290, 300
chrêmatistês, chrêmatistikê (money-maker, acquistion) 做生意、获取 257, 261, 276 n. 15
Christianity 基督教 1, 216
Cicero 西塞罗 11, 279 n. 40
Cimon 西蒙 71
citizen, citizenship 公民，公民权 21—9, 33, 36—7, 42—3, 52, 54—5, 57, 59, 61, 65, 67, 80, 82—3, 84—8, 91 n. 37, 93 n. 51, 98 n. 104, 102, 114—16, 219, 220—1, 224, 226, 238, 285, 289—90, 305—9, 315—21
city 城邦
　idea of 观念 206, 214
　ideal 理想 参 utopia
city-soul analogy 城邦和灵魂的类比 3—4, 9, 34—5, 102—3, 114—17, 174, 216, 252, 253—8
civic republicanism 公民共和主义 55, 217
civil society 公民社会 202, 275

civilization, origins of 文明起源 128, 203
classes 阶层 31—2, 33, 78—9, 82—3, 91 n. 37, 97 n. 92, 175, 195, 201, 204, 208, 221, 245 n. 71, 246 n, 83, 269, 289, 318
Clay, D. 科雷 36, 42
Cleinias (in *Euthydemus*) (《欧绪德谟》中的) 克里尼亚 151—3
Cleinias (in *Laws*) (《法义》中的) 克里尼亚 41—2, 49 n. 73, 74—5, 310, 323
Cleisthenes 克利斯提尼 77, 108, 185 n. 33
Cohen, D. 科恩 96 n. 90
collectivism 集体主义 218—27, 246 n. 85, 247 n. 87, 293
comedy 喜剧 49 n. 71, 53, 234
common interest 共同利益 218—27, 246 n. 85, 247 n. 87, 293
common meals 共餐 32, 41, 205, 229, 232
communicative reason 交流理性 56
communism 共产主义 10, 33, 195, 196, 198, 222—32, 234—5, 247 n. 86
community 共同体、集体 2, 3, 34, 62, 87, 97 n. 92, 201, 203—5, 212—34, 245 n. 71, 286—7, 309, 332
competitior, competitiveness 竞争者，竞争 112, 117, 152, 253
concord, consensus 一致同意 83, 125, 191 n. 89, 218, 275, 281 n. 59
consent 同意 83—4, 131 n. 10, 175—6, 191 n. 99, 192 n. 100
constitution (s) 政体 9, 31, 33, 61—2, 91 n. 38, 95 n. 78, 102, 120—2, 131 nn. 10 and 12, 134 nn. 56—8, 191

n. 90

contract, covenant 契约 86—7

control 控制 4, 84—5, 225—6, 272—5, 279 n. 41, 280 n. 52, Ch. 7 passim

Cooper, J. M. 库珀 17, 92 nn. 45 and 46, 167, 168, 176, 192 n. 100, 253

Conford, F. M. 康福德 283, 306

Cosmology 宇宙论 165, 169, 207, 220, 324

Courage 勇敢 42, 49 n. 73, 173, 187 n. 40, 190 n. 88, 203, 328 n. 48

courts 法庭 1, 21—6, 48 n. 56, 52, 56, 64, 76—7, 118, 158, 170, 180, 307

craftsmen 工匠 33, 204, Ch. 6 passim

Cratinus 克拉提诺斯 93 n. 52

Crete 克里特 3, 25, 37—41, 48 n. 61, 49 n. 73, 57, 74, 91 n. 38, 102, 131 n. 10, 212, 229, 232, 259, 310—11

Critias, leader of the Thirty 克里底亚，三十僭主的领导者 14, 23, 24, 28, 32, 38—9, 47 n. 42, 48 n. 60, 52, 54, 146, 148—9, 154, 157—8, 187 nn. 36, 38 and 39, 189 n. 65, 238, 252, 276 n. 7

Critias, his grandfather 祖父克里底亚 39, 48 nn. 62 and 65, 207—10

criticism 批评、批判

critical/dissident community 批判/异见团体 49 n. 66, 95 n. 81

critical principle 批评原则 83

critical rationality 批判理性 56, 93 n. 51, 133 n. 48

critical religion 批判性宗教 310

immanent vs. rejectionist 内在性批评和排斥性批评 54, 81, 107, 111, 130

task of Socratic philosophy 苏格拉底哲学的任务 23—6, 29—30

'waves' "浪潮" 235—9

Crito 克里同 21, 57, 118, 152—3, 307

Croesus 洛伊索斯 75

Cronos 克洛诺斯 297, 311, 322, 329 n. 49

culture 文化 8, 35—43, 79—80, 113, 224, 254—5, 280 n. 50

custom 习俗 36, 124—5, 134 n. 63

Cyrus 居鲁士 7

Damon 达蒙 79, 96 n. 87

Darwinism 达尔文主义 320

death 死 19, 72, 80

Delphi 德尔菲 243 n. 45, 313, 329 n. 55

Demaratus 德马拉图斯 81—2

democracy 民主 31, 33, Chs. 2 and 3 passim

and dialogue 和对话 54—9

and knowledge 和知识 121—30, 136—7

and rhetoric 和修辞 7, 53, 63—74, 295

deliberative 审议 55—8, 86, 90 nn. 14 and 15

democratic person/soul 民主人士/灵魂 114—17, 262—5, 271—2

direct vs. representative 直接的和代议的 1, 64

ideology 意识形态 126—7, 291, 294—5, 297, 315—6

matrix for political theory 政治理论的母体 52—4, 113, 154

Mill's view 密尔的观点 186 n. 16
moderate vs. extreme 温和的和极端的 77—83, 96 n. 86
social 社会的 202, 275
dêmokratia (democracy) 民主制 90 n. 223
dêmos (the people) 大众 38, 53, 59, 62, 66, 68, 69, 74, 76, 89 n. 7, 91 n. 43, 93 n. 52, 96 n. 86, 101, 104, 120, 170, 191 n. 91, 224, 249 n. 125, 294
Demosthenes 德摩斯梯尼 76, 82, 91 n. 31, 295
dêmotikoi (vulgar) 出生平民的 102
Denyer, N. C. 德尼尔 93 n. 56
desire 欲望 49 n. 73, 68, 107, 196, 225, 227
    insatiable 无法满足的 119, Ch. 6 passim
despot, despotism 暴君, 暴政 参 tyrant, tyranny
despoteia (domination) 权力统治 311
Detienne, M. 德蒂安 294
dialectic 辩证法 41, 127, 151—2, 161, 166, 187 n. 45
    pre-dialectical 前辩证法的 308, 328 n. 42
dialogical 对话的 17, 58—9
dialogue, philosophical 哲学对话 52, 56—9, 84—5; cf. 189 n. 70
Dicaearchus 狄凯阿库斯 243 n. 32
Dicaeopolis 狄开俄珀利斯 111
dictatorship 独裁 100, 117, 268, 279 n. 41
Dio of Prusa 普拉萨的迪奥 11—12
Diodotus 狄奥多图 295

dioikêsis (management) 管理 191 n. 91
Dion 狄翁 14
Dionysius I 狄奥尼修一世 103, 120, 131 n. 11
Dionysius II 狄奥尼修二世 14, 95 n. 75, 188 n. 57, 193 n. 114
Dionysodorus 狄俄尼索多罗 144, 150
Dionysos 狄俄尼索斯 42
Disneyland 迪斯尼乐园 200
doctor (s) 医生 29, 67, 84—5, 92 n. 45, 97 n. 99, 122—3, 128, 130, 147—8, 175—6, 299
Dodds, E. R. 道斯 70, 314, 316
dogs 狗 39—40, 228
Doric, Dorian 多利安 40, 43, 76
drinking 饮料 32, 38, 49 n. 73, 273
dunamis (power, capacity) 权力、能力 266
Dunn, J. 邓恩 51, 62, 109, 136, 293—4
Dworkin, R. 德沃金 217—18, 219, 220—1, 245 n. 71
dystopia 反乌托邦 195, 196, 200, 242 n. 28

economic class 经济阶层 82, 223, 226, 254, 257—8, 261—2, 272—5
    参 businessmen, producer class
economy 经济 204—5, 211
education 教育 2, 3, 25, 31—2, 35—43, 65, 75, 83, 85, 126—30, 140, 141, 158, 159, 172, 174, 191 n. 92, 192 n. 100, 205, 208, 225, 227, 232—3, 246 n. 83, 258, 270—5, 297, 305—8, 317—18, 325

egalitarianism 平等主义 62，105—6，117，291—2，294

Egypt 埃及 209，243 n. 49，256—7

eikasia（imagination）想象 316

Elea 爱利亚 3，18

Eleatic Vistor 爱利亚访问者 3，91 n. 33，120，122—4，164—6，174—5，191 n. 94

Elster, J. 埃尔斯特 56

embeddedness 嵌入 26—9，174—5

emotion（s）情绪、感情 87，112，181，222—3，226，253

Enlightenment 启蒙 2，194，250

epithumêtikon（appetite）身体欲望 253，264，287 n. 27

epithumia（desire）欲望 114

equality 平等 78，91 n. 31，96 n. 86，106，107—10，117—18，125，141，217，227—34，240，245 n. 71，264，274，291—2，318

erôs（erotic passion）爱欲 160

ethics and politics 伦理与政治 8—9，34，43，48 n. 50

Euben, J. P. 欧伯 55—9

eudaimonia（happiness）幸福 246 n. 79

eugenics 优生学 32，173，196，208，225，290—1，247 n. 96，249 n. 122，295，305

eunomia（good government）良好治理 38，39，212

Euripides 欧里庇得斯 53，104，108—9

Euthydemus 欧绪德谟 144，150，164，166

exousia（opportunity, license）机会、许可 266

experimental method 实验方法 162—3

expertise 专门知识 62，63，67，121—4，126—30，134 n. 56，137—9，144—50，150—3，155—7，162，164—85，301，311

faction 派系 134 n. 57

false consciousness 错误意识 83，198，282—3，309

falsehood 错误 285，287—8，293—303

family 家庭、家族

  abolished in *Republic*《理想国》所废除的 9，31，208，226—7，234—5，248 n. 108

  retained in *Critias*《克里底亚》所保留的 211

  retained in *Laws*《法义》所保留的 42，75，235

farmers 农民 33，47 n. 47，204，257—8，272—5

fascism 法西斯主义 195

fear 恐惧 8，19，49 n. 73，95 n. 84，218，226，267，274，279 n. 48，328 n. 44

female 女性 9，228，230，233，251 参 women

feminism 女权主义 5，169，227—34

Ferrari, G. R. F. 法拉利 7—8，31，116，157，326 n. 8

Forms 形式 31，139，140—1，159—63，166，301，306，318，330 n. 70

  Forms of Good 好的形式 31，141，156—7，163，177，188 n. 63，216，303，308，325

Foucault, M. 福柯 46 n. 38，91 n. 27，

125

Frede, D. 弗雷德 107, 133 nn. 44, 45 and 53, 268

Frederick the Great 腓特烈大帝 98 n. 104

Freedom 自由
　and democracy 和民主 57—8, 63, 77—84, 1000, 107—12
　as power/enablement (or permissiveness) 作为能力（或许可）67—8, 92 n. 45, 107—13, 117—18, 266—8
　of association 集会自由 100
　of enquiry 询问自由 54
　of expression 言论自由 100, 327 n. 19
　of speech 演说自由 26, 125
　of spirit 精神自由 46 n. 38, 80—1
　political 政治的 42, 52, 67, 77—84, 86—7, 88, 100, 109—11, 141, 156, 181—2
　rational 理性的 83—8, 99 nn. 111 and 116, 108, 309

Freudian 弗洛伊德的 259

friends, friendship 朋友、友谊 15, 19, 42, 68, 77, 79, 181, 191 n. 89, 203, 267, 273, 275, 300—1

Fukuyama, F. 福山 240 n. 5, 332

funeral oration (s) 葬礼演说 18, 33, 52, 56—7, 72—4, 94 nn. 62 and 64, 109, 118, 287, 291

Garnsey, P. 加恩西 247 n. 86

generals, generalship 将军、将才 151—2, 164, 170, 187 n. 44, 190 n. 83, 228, 299, 301

gennaion (noble) 高贵 287, 326 n. 8

Geuss, R. 高斯 200

Gill, C. 吉尔 39, 106, 209

Glaucon 格劳孔 14, 18, 30, 40, 48 n. 56, 177, 196, 235, 248—9, 249 n. 122, 266, 268—9, 280 n. 52, 284, 287

god, gods 神, 诸神 18, 22, 24, 25—6, 42, 74, 80, 88, 92 n. 46, 113, 162, 184, 193 n. 116, 210, 245 n. 6, 288—9, 292, 296—7, 298, 300, 309—26, 329 n. 52

gold and silver 金银 103, 193 n. 114, 203, 205, 209, 226, 234, 243 n. 67, 247 n. 93, 258, 277 n. 18
　参 metals

Golden Age 黄金时代 203, 288, 311

Goldsmith, O. 戈德史密斯 92 n. 43

Gomme, A. W. 戈姆 48 n. 59

good 好、善 18—19, 64—5, 83, 87—8, 117, 133 n. 48, 145, 147—50, 153—5, 164, 179, 189 n. 65, 227—34, 238, 305
　good city 美好城邦 35, 43, 57, 60, 102, 175, 204, 206, 211, 223, 238—9, 259—60, 300, 308, 325
　good life 美好生活 10, 18—19, 201, 220, 252
　political good 政治的好 214—17
　public good 公共的好 23—5, 52, 93 n. 49, 107

Goodwin, B. 古德温 200

greed 贪婪 3, 105, 107, 206, 211, 226, Ch. 6 *passim*
　参 materialism

Griffith, T. 格里菲斯 6

Griswold, C. 格里斯沃尔德 134 n. 58

Grote, G. 格罗特 138—41, 220
guards, guardians 护卫者 19, 32, 39—40, 49 n. 67, 75, 103, 163, 174, 177, 196, 208, 214, 223—6, 244 n. 49, 253, 286, 291
Gyges 古格斯 269

Habermas, J. 哈贝马斯 5, 56—8, 83, 86, 99 n. 111
Hackforth, R. 哈克福斯 324
Halliwell, S. 哈利威尔 206, 246 n. 85
happiness 幸福 35, 78, 147—8, 150—1, 153, 173, 175, 191 n. 89, 194, 201, 220—1, 308
Harmodius 哈莫迪乌斯 101
harmony 和谐
    in speech 演说中 88
    political 政治的 3, 79, 91 n. 31, 156, 181, 220—1
    psychic 心灵的 41, 216, 220, 225, 258, 268—70, 307
Harrison, R. 哈里森 117
Hayek, F. Von 哈耶克 201
Hector 赫克托 287, 297
Hegel, G. W. F. 黑格尔 1, 99 n. 111, 198, 219, 234 n. 5
Helios 赫利俄斯 314
Hephaestus 赫淮斯托斯 97 n. 92
Heraclitus 赫拉克利特 51
herdsman 牧羊人 165, 167, 182, 189 n. 67
Hermes 赫尔墨斯 128
Hermocrates 赫莫克拉底 210, 244 nn. 53 and 54
Herms 赫尔墨斯 101

Herodotus 希罗多德 33, 43 n. 3, 53, 81, 89 n. 4, 92 n. 43, 101, 103, 104, 108, 121, 131 nn. 10 and 14, 225
Hesiod 赫西俄德 40, 42, 251, 284, 288, 294, 296—7, 313, 315, 327 n. 10
Hipparchus 希帕库斯 101
Hippodamus 希波丹姆 33, 47 n. 47, 212
historia（enquiry）问询 43 n. 3
history 历史
    allegorical 寓言的 209—12, 245 n. 60
    and myth 和神话 95 n. 75
    and philosophy 和哲学 1, 4, 5, 218
    athenian 雅典的 2, 4, 70—4, 77—81, 88
    genre 类型 52
    Platonic view 柏拉图的观点 88, 94 n. 61
    Thucydidean conception 修昔底德的观念 8, 198, 211
Hobbes, T. 霍布斯 86, 218
Hobbs, A. 霍布斯 231
Hodkinson, S. 霍德金森 101
Holocaust 大屠杀 195
Homer 荷马 18, 40, 42, 167, 169, 191 n. 90, 245 n. 60, 248 n. 105, 253, 287, 296—7, 313
homonoia（unaimity, consensus）一致同意 173, 217, 218, 245 n. 69
homunculi（mini-minds）小的心灵 255
honour 荣誉 103, 112, 115, 176, 256, 278 n. 30
hubris 自大 46 n. 33, 209
human nature 人性 196, 198—9, 224,

227—34, 249 n. 116, Ch. 6 *passim*, 284, 289—90, 319—20, 322

Hume, D. 休谟 142, 250—1

hypothetical agreement 假设同意 85—7

Ibn Rushd 阿威罗伊 277 n. 18

Ideas 理念 参 Forms

Ideology 意识形态 2, 4, 62, 66, 82, 89 n. 9, 90 n. 23, 101, 102, 109, 118, 195, 207, 223, 224 n. 54, 263, Ch. 7 *passim*, 333

idiôsis（privatization）私有化 222

imperialism 帝国主义 1, 8, 72—3, 77, 92 n. 45, 93 n. 52, 204, 209—11, 251, 252

impiety 不敬虔 21, 27—8, 297, 322, 328 n. 36

individual（vs. city）个体 2, 30—1, 34—5, 43, 112, 117, 200, 219—21, 229, 243 n. 38, 246 n. 83, 247 n. 85

injustice 不义 22—3, 27—8, 31, 92 n. 45, 122, 177, 196, 206, 265, 306, 312, 328 n. 36

 acts 行为 66, 90 n. 24, 322, 330 n. 72

 and the soul 和灵魂 103, 265, 268—70

 city/soul analogy 城邦/灵魂类比 243 n. 39

 origins 起源 204

intellect 理智 3, 112, 325

Ionian 伊奥尼亚 40, 43

Irigaray, L. 伊利格瑞 230, 240 n. 18

isêgoria（equal speech）言论平等 108

Isocrates 伊索克拉底 8—9, 49 n. 66,

52, 76—9, 90 n. 23, 96 n. 86, 187 n. 44, 191 n. 91, 207, 237, 243 n. 49

Italy 意大利 15

Jason 杰森 326 n. 6

Jowett, B. 乔伊特 5, 12, 137, 141—3, 158, 164, 185

Julian the Apostate 叛教者尤利安 12

justice 正义

 as reciprocity 作为回报 305—7

 as virtue 作为德性 42, 82, 92 n. 45, 122, 128—9, 184, 203, 239, 265

 concern of the expert statesman 关于治邦专家 164, 179; cf. 122

 individual 个人的 28, 187 n. 39, 204, 268—70

 political 政治的 196, 204, 217—18, 220—1, 240, 245 n. 71, 312; cf. 80

 topic of *Republic*《理想国》的主题 11, 30—1, 34—5, 206, 313

 treatment in Book 1 第一卷的讨论 18, 174

Kahn, C. H. 卡恩 146, 156—7, 186 n. 30

Kallet, L. 卡莱特 276 n. 3

Kallipolis 美好城邦 273—4, 284

Kant, I. 康德 197, 300

Kantian 康德的 141, 287, 293

Kateb, G. 卡泰 46 nn. 33 and 38

kêdêsthai（to care）关心 286

Keynes, J. M. 凯恩斯 5, 250—1, 259

King's Peace《大王合约》73, 94 n. 70

kings, kingship 国王, 王权 121, 151,

153，155—7，165，166—8，170，191 n. 99，193 n. 113，213

参 monarchy，ruler（s）

knowledge 知识 2，4，9，46，63，64，134 n. 58，135 n. 66，Ch. 4 *passim*，195，294，333

参 expertise，philosophy，wisdom

and the Good 和"好" 145—6，149—50，153—5，236

architctonic 统辖性的 144—5，154—7，164—5，170—1，173

democratic 民主的 63，121—30

practical 实践的 161—3，170—1

theoretical 理论的 161—3

koinônia（sharing system，community）共享系统、共同体 212，213，214，239，245 n. 61

Koyré，A. 柯瓦雷 34—5

kratos（power）权力 311

Kraut，R. 克劳特 54

krupteia（secret service [Spartan]）秘密任务 49 n. 68

Laconizers，Laconizing 仰慕斯巴达（的人）38—9，47 n. 47，48 n，60，49 n. 66，247 n. 94

Laks，A. 拉克斯 4，7—8，43 n. 2

Lane，M. 莱恩 169，180

Laurion 劳里昂 244 n. 51

law 法律 4，13，15，19，25，36，60，67，74—6，79—80，82—6，91 n. 33，96 n. 90，100，109，111，118，121—4，131 n. 10，175—6，180，184—5，193 n. 113，214，273—5，309—25

laws of Athens（in *Crito*）(《克里同》中的）雅典法律 25，46 n. 36，90 n. 24，307

参 courts

lawgiver，legislator 立法者 41—2，49 n. 73，67，74—7，83，84—6，98 n. 104，157，162—3，173，181，183—5，192 n. 109，214，236—7，243 n. 38，288，309—25，329 n. 49

legal code 法典 7，9，11，42，74，98 n. 104

legitimacy 合法性 55—6，83—7，98 n. 104，137，199，218

Lenin，V. 列宁 268

liberalism 自由主义 55，199，202，216—19，240 n. 5，245 n. 71，293，297，325—6，332

liberty 自由 9，201，292

Lloyd，G. E. R. 罗伊德 116 n. 99

Locke，J. 洛克 142，164，293

logistikon（reason）理性 255

Loraux，N. 洛罗 73，90 n. 23，223，246 n. 75，291

lot 抽签 96 n. 86，105—6，108，124，296

love 爱

of city 城邦 286—7

of honour and victory 荣誉和胜利 103，115，256

of money 金钱 254—64

of wisdom 智慧 8—9，159—61

luxury 奢侈 204—5，209，277 n. 18，280 n. 50

Lyceum 吕克昂 144

Lycon 吕孔 25

Lycurgus 吕库古 75，95 n. 75，236，310

Lysias 吕西亚斯 94 n. 62, 252, 276 n, 7
Lysistrata 吕西斯忒拉忒 168—70

Machiavelli, N. 马基雅维里 132 n. 5, 309, 311
Magnesia 麦格尼西亚 42, 44 n, 8, 60, 91 n. 38, 244 n. 56, 292, 311—12, 315, 321, 323, 330 n. 65
management 管理 122, 126, 137, 147, 149, 164, 166—82, 191 n. 91, 228, 333
Marathon 马拉松 94 n. 62, 209
Marcus Aurelius 马可·奥勒留 44 n. 11
market 市场 201, 204, 257—8
marriage 婚姻 32—3, 173, 190 n. 88, 192 n. 109, 222, 319—21
    参 greed, money
mathematics 数学 3, 8, 31, 41, 127, 151—2, 161, 187 n. 15, 188 n. 54, 239—40
measure 标准、尺度 165, 170—3, 179, 182, 187 n. 37, 276 n. 7
medicine 药 参 doctor (s)
Megabyxus 麦加布库斯 92 n. 43, 103
Megillus 墨基卢斯 18, 40, 41, 49 n. 73, 74, 323
Meletus 梅勒图斯 25
Meno 美诺 65
metals 金属 203, 243 n. 37, 244 n. 51
    in Noble Lie 在高贵谎言 224, 247 n. 91, 288—91, 327 n. 11
    参 gold and silver
metaphysics 形而上学 8—9, 31, 138, 140—1, 151, 166, 198, 216, 219—21, 242 n. 17, 301—2, 308, 320—1

methodology 方法论 165—6, 182, 185, 191 n. 99
Metis, *mêtis* (resource) 墨提斯（资源） 151
militarism 黩武主义 37—9, 41—2
military 军事
    class 阶层 32, 39—40, 41, 82, 159, 205—6, 209, 210—11
    form of life 生活方式 112, 253
    参 warriors
Mill, J. S. 密尔 5, 137—44, 150, 154, 164, 173, 176, 179, 185, 185 n. 16
Miltiades 米提亚德 71
monarchy 君主制 31, 33, 53, 75, 77—9, 82, 96 n. 86, 100, 225
money 金钱 2, 32, 67, 103, 104, 105, 111, 112, 131 n. 17, 133 n. 39, 176, 205, 226, 243 n. 38, Ch. 6 *passim*, 333
monological 独白的 166, 316
Monoson, S. S. 莫诺森 53, 70, 89 n. 8
More, Sir Thomas 托马斯·莫尔爵士 13, 194, 332
Morrow, G. R. 莫罗 42—3
Moses 摩西 162, 236
mousikê (music) 音乐 42
music 音乐 3, 32, 40—2, 79, 96 n. 87, 129, 205, 219—20, 270—2, 280 n. 50, 292
muthos (story) 神话（故事） 287
Mysteries 秘仪 23, 101
myth 神话 9, 30, 81, 93 n. 49, 128, 135 n. 67, 165, 169, 217, 223—4, 230, 238, 243 n. 43, 245 n. 60, 247 n. 95, 284—92, 321, 322

Mytilene 米蒂利尼 295

Nagel, T. 内格尔 201, 233—4
navigator(s) 航海家 27, 122—5, 127, 129, 130, 157, 163, 180
Nazism 纳粹主义 196
necessity 必要性
　erotic 爱欲 249 n. 122, 279 n. 47
　political expediency 政治权宜 64—5
　political inevitability 政治必然 294, 297
　political pressure 政治压力 176—7, 180
　requirement for survival/well-being 生存/幸福的要求 260—2
Nehamas, A. 内哈马斯 46 n. 38
Neoptolemos 涅俄普托勒摩斯 295
Niceratus 尼塞拉都 47 n. 42
Nicias 尼西亚斯 187 n. 40
Nietzsche, F. 尼采 1, 46 n. 38, 196—8, 203, 241 nn. 11 and 14, 303
Noble Lie 高贵谎言 1, 4, 217, 223—4, 238, 243 nn. 43 and 44, 257, 273, 283—308, 311, 315—18
Nocturanl Council 夜间委员会 42, 180—1, 185
nomos (law, custom) 法律、习俗 36, 74, 95 n. 73, 329 n. 49
nous (intellect) 理智 325, 329 n. 49
Nozick, R. 诺齐克 201
Numa Pompilius 努玛·庞培留斯 311

Ober, J. 欧伯 24, 46 n. 39, 47 n. 40, 49 n. 66, 58, 66, 125—6
obligation, political 政治责任 7, 25—6, 87
　and filial 孝道 305—9
Odysseus 奥德修斯 294
Oedipus 俄狄浦斯 265
Old Oligarch 老寡头 38, 48 nn. 59 and 60, 89 n. 3, 96 n. 87, 101—3, 110
oligarchy 寡头制
　category 范畴 23, 31, 33—4, 75, 82, 91 n. 31
　ideology 意识形态 104—5, 131 n. 18
　junta of Thirty Tyrants 三十僭主集团 14, 23, 38, 47 n. 42, 95 n. 78, 105
　oligarchic person/soul 寡头人士/灵魂 105, 262—3, 265, 271, 279 n. 48
Oppian 奥本 294
orators 演说家 92 n. 45, 170—1
　Athenian 雅典的 52, 69, 120
oreichalkos（mountain copper）铜矿 244 n. 51
Orphism 俄耳甫斯教 292, 312
Otanes 欧塔涅斯 33, 92 n. 43
Ouranos 乌拉诺斯 297
Ovid 奥维德 326 n. 6

Page, C. 佩吉 30
paideia（education）教育 36, 226
Panhellenism 泛希腊主义 94 n. 70, 206—7, 209, 243 nn. 41, 42 and 45
parents 父母 305, 307, 312
Parmenides 巴门尼德 3, 160
parrhêsia（frank speaking）言论自由（坦率直言）46 n. 38, 54, 56, 69—70, 89 n. 8, 110
passions 激情 64—5, 87, 175
paternalism 家长主义 86, 274, 283,

312, 315—16, 321
patriotism 爱国主义 285—8, 303—8
Patroclus 帕特罗克鲁斯 297
Paul, St 圣保罗 215, 219
peace 和平 41—2, 110—11, 120, 168, 171—2, 251
Pearson, G. 皮尔森 278 n. 38
Peisistratus 佩西斯特拉图 103, 120
Penelope 佩内洛普 169, 231
Pericles 伯里克利 5, 22, 33, 52, 56—7, 71—3, 79, 92 n. 45, 93 nn. 52 and 58, 94 n. 61, 101, 109, 118, 127—8, 135 n. 66, 158, 187 n. 44, 210, 211—12, 244 nn. 51 and 59, 252, 276 n. 3, 291
Persaeus of Citium 基提翁的波塞乌斯 10
Persia 波斯 33, 53, 73, 75, 77—9, 81—2, 92 n. 43, 94 n. 70, 95 n. 84, 101, 103, 121, 206—7, 209, 225, 243 n. 41, 274, 283, 312, 315—16, 321
person, concept of 人的概念 255—6, 276 n. 12, 281 n. 59
persuasion 劝说 42, 57, 67, 84—7, 171, 175—6, 177, 191 n. 90, 225, 237—8, 275, 287—8, 315—25
pharmakon (drug) 药 301
Phillips, A. 菲利普斯 252, 260
Philoctetes 菲罗克忒忒斯 295
philopolis (patriotic) 爱国 304
philos (friend, lover) 朋友、爱者 159—60
philosophos (philosopher, lover of wisdom) 哲学家（爱智者）159—60; cf. 8—9
philosophy 哲学

Plato's conception 柏拉图的观念 8—9, 140—6
and politics 和政治 21—30, 34—5, 43, 46 n. 39, 48 n. 50, 57—9, 66, 93 n. 49, 121, Ch. 4 *passim*, 234—9, 303—9
philotimia (love of honour, competitiveness) 爱荣誉、爱胜利 103
Phoenician(s) 腓尼基人 256—7, 284, 302
Photius 弗提乌斯 12
phronêsis (wisdom) 实践智慧 310
phulakes (guards, guardians) 护卫者 49 n. 67
physical training 身体训练 3, 40—1
Pindar 品达 101
Piraeus 皮雷坞 47 nn. 42 and 47
pistos (reliable) 可信靠的 49 n. 69
Plataea 普拉塔亚 243 n. 41
Plato 柏拉图
life, writings, literary strategies 生平、作品、文学策略 Ch. 1 *passim*, 86 n. 30, 144—6, 150, 166, 186 n. 26, 189 n. 72
Apology《申辩》2, 10, 19—20, 29—30, 35, 45 n. 29, 46 n. 38, 47 n. 40, 54, 93 n. 49, 175, 179
Charmides《卡尔弥德》3, 24, 28, 138, 144—50, 151, 153—6, 160, 161, 163—4, 183, 186 n. 26, 187 n. 46
Cratylus《克拉底鲁》329 n. 49
Crito《克里同》2, 7, 10, 19—21, 25—6, 38, 46 n. 36, 47 n. 40, 54, 57, 87, 90 n. 24, 118, 122, 155,

307, 328 nn. 36 and 39

Euthydemus《欧绪德谟》2—3, 139, 144—6, 150—5, 156, 161, 163—4, 183, 186 n, 26, 187 n. 46, 188 n. 54, 189 n. 65

Euthyphro《游叙弗伦》160

Gorgias《高尔吉亚》2, 7, 10, 19—20, 29, 47 n. 40, 53, 56, 58—9, 62, 65—72, 81, 87, 92 nn. 42—6, 93 nn. 49 and 58, 119, 120, 121, 127—8, 137, 141—3, 155, 158, 164, 179, 211, 241 n. 17, 266—8

Hippias Minor《小希庇亚》20—1, 186 n. 31, 278 n. 3

Ion《伊安》20—1

Laches《拉凯斯》122, 146, 152, 155, 160, 186 n. 26

Laws《法义》passim

Letter 7 信札七 14—20, 29, 44 nn. 18—20, 131 n. 20

Menexenus《美涅克塞努》2, 18, 61, 62, 72—4, 81, 88, 93 n. 58, 94 nn. 62 and 67, 211, 241 n. 17, 266—8

Meno《美诺》63, 127, 134 n. 66, 150

Parmenides《巴门尼德》245 n. 64, 256

Philebus《菲利布》2, 325

Politicus《政治家》参 Statesman

Protagoras《普罗泰戈拉》2, 38, 59, 63, 67, 89. 92 n. 42, 121, 126—30, 134 n. 16, 186 n. 26

Republic《理想国》passim

Sophist《智者》2, 18, 20, 74, 121, 166

Statesman《治邦者》2—4, 7, 10, 18, 20, 31, 55, 60—1, 63, 74, 89, 120—6, 129, 130, 131 n. 6, 134 nn. 56 and 63, Ch. 4 passim, 213, 322

Symposium《会饮》9, 350 n. 70

Theaetetus《泰阿泰德》88, 144, 158, 189 n. 67, 193 n. 112

Theages《泰戈斯》241 n. 11

Timaeus – Critias《蒂迈欧》、《克里底亚》2, 10, 31, 38—9, 74, 107, 207—12, 230—1, 241 n. 17, 244 n. 60, 325

Platonism 柏拉图主义 11, 197, 301

pleasure 快乐 49 n. 73, 64, 68, 73, 178, 254—5, 262, 264, 265, 272, 277 n. 22, 278 n. 30

pleonektein (have/get more) 获取更多 252

pleonexia (greed) 贪婪 46 n. 33, 209, 266, 278 n. 38

pluralism 多元主义 63, 112—17, 130

Plutarch 普鲁塔克 40

plutocracy 财阀制 104, 131 n. 10

poetry 诗歌 3, 18, 40—2, 129, 205, 208, 270—2, 287—8

Polemarchus 玻勒马库斯 30, 47 n. 42

polis (city, city – state) 城邦 1, 34, 52, 167, 219, 246 n. 75, 291, 314

politeia (social and political system, constitution) 政制（社会政治体系，政体）11, 28—39, 46 n. 39, 47 n. 45, 48 n. 61, 74, 77—81, 88, 95 n. 73, 101—2, 108, 115—16, 175—6, 182, 208, 210, 213, 232, 235, 238, 289, 311—12, 315

literature of *politeia* 政制文学 30, 32, 37—8, 48 n. 59, 52—3, 75, 187

n. 36

political, concept of 政治概念 57, 167—8

politikê (political knowledge, statesmanship) 政治知识（治邦之术）167, 175, 180—2

politikos (political expert, statesman) 政治家（治邦者）167, 176—9

Polito, R. 波利托 193 n. 114

polupragmôn (busybody) 入世之人 22, 24

Polus 珀鲁斯 65, 67, 93 n. 46, 266, 268

Polyneices 波吕涅克斯 313

polyphony 多种声音 58—9

Popper, K. R. 波普尔 5, 12, 51, 195—6, 220, 239, 241 nn. 10 and 11, 293

Poseidon 波塞冬 210

Potone 波托妮 14

power 权力 58—9, 62, 65—8, 83, 101, 109, 117, 126—7, 142, 155, 157, 178, 183—4, 195, 209, 235, 251—2, 266—8, 278 n. 37, 279 n. 42, 294, 311, 327 n. 19

Praxagora 普拉克萨歌拉 228—9

preludes 序幕 83—6, 319—25

Presocratics 前苏格拉底 17

private vs public 私人和公共 sphere 领域 21—30
    interest 利益 276 n. 3

Proclus 普罗克洛斯 5, 11, 30—1, 34—5

Prodicus 普罗狄科 155

producer class 生产阶层 32, 97 n. 92
    参 businessmen, craftsmen, economic class, farmer(s)

property 财产 1, 10, 31, 67, 75, 78—9, 98 n. 104, 103, 105, 119—20, 201, 222—3, 226—7, 232, 234, 247 n. 86, 258, 259, 262, 277 n. 18

Protagoras 普罗泰戈拉 40—1, 59, 65, 89 n. 3, 126, 128—9, 135 n. 67, 138—9, 155, 157—8, 329 n. 52

pseudos (falsehood) 虚假 302

psuchê (soul) 灵魂 325

psychology 心理学 8, 9, 35, 103, 112, 241 n. 14, 246 n. 85, Chapter 6 *passim*
    参 city – soul analogy, soul

public opinion 公共意见 64—5, 92 n. 43

public reason 公共理性 57, 70, 175, 312

punishment 惩罚 85, 128, 313, 322

Pythagoreanism 毕达哥拉斯主义 41, 157—8, 312

quietism 宁静主义 10, 13, 15, 19—30, 46 n. 33

Raaflaub, K. 拉夫劳勃 108—9

Rationalism 理性主义 196

Rationality 4, 20, 56—7, 61, 62, 65, 86—9, 99 nn. 111, 114 and 116, 123, 197, 198, 217, 230, 275, 293, 310—12, 325—6

Rawls, J. 罗尔斯 5, 86, 203, 216—18, 245 n. 71

realism, reality 现实主义, 现实 88, 161, 197—9, 201, 203, 206, 211, 216, 218, 241 nn. 14 and 17, 302, 332 reason 理性 3—4, 41, 103, 105, 107, 116, 181, 253, 255, 264, 270—5, 279 n. 46, 328 n. 48

Reeve, C. D. C. 里夫 99 n. 111

religion 宗教 2, 4, 18, 74, 101, 162, 201, 202, 243 n. 45, 244 n. 49, 252, 283, 285, 292

restraint 节制 24, 42, 50 n. 73, 173, 184, 190 n. 88, 193 n. 114, 203, 217, 246 n. 83, 272—5, 276 n. 7, 328 n. 48

rhetoric 修辞 1, 7, 21, 25, 29—30, 45 n. 30, 58—9, 62, 65—74, 76, 80—1, 88, 90 n. 24, 93 nn. 49 and 58, 121, 155, 162, 209, 211, 231, 307, 311, 315—21

rich vs. poor 富和穷 104—6, 119—20, 206, 216

rights 权利 117, 201, 218, 227, 245 n. 31, 247 n. 97, 294

Robespierre, M. 罗伯斯庇尔 92 n. 40

Rome 罗马 11, 311

Rousseau, J.-J. 卢梭 5, 13, 82, 236—7

Rowe, C. J. 罗 4, 54, 61, 91 n. 37

rule, rulers 统治, 统治者
    eligibility for rule 统治资格 31, 33, 61, 68, 80, 82—3, 104, 136, 142—3, 175, 176, 217, 275
    expert 专门知识 122—4, 134 n. 56, 139—40, 153, 322
    of knowledge 统治知识 3—4, Ch. 4 passim
    by philosophers 哲人统治 9, 10, 13, 15—17, 19, 27, 39, 137—43, 153, 155—8, 169, 174, 184, 193 n. 116, 195, 196, 198, 217, 235—9, 297—8, 302, 303—9
    by women 妇女统治 33, 153, 157, 168—9, 175, 196, 208, 227—34, 235, 248 n. 8
    参 classes, statesman

rules 规则 123—5, 134 n. 63, 176—80

Saint-Simon, Comte de 圣西门 199

Salamis 萨拉米 94 n. 62, 95 n. 84, 209, 243 n. 41

Samaras, T. J. 萨马拉斯 6, 77, 81, 232

Sauromatians 敕勒人 232

Schmid, T. 施密德 187 n. 38

science(s) 科学 136—7, 139—40, 142—3, 146, 149, 161, 164, 176, 179

Scythians 西徐亚人 256

Seaford, R. A. S. 席福德 261, 265

Sedley, D. N. 赛得利 17

self 自我 255—6, 271, 279 n. 46
    参 person, soul

servant/subservience 仆人/屈从 67, 69, 273, 312

ship of state 城邦之船 27, 53, 64, 121—5, 127, 129, 163, 180, 266

Sicily 西西里 14—15, 72—3, 103, 188 n. 57, 210, 276 n. 3

Simonides 西摩尼得斯 306—7

slavery 奴役 67, 79, 80, 82, 84, 86, 87—8, 92 n. 45, 97 n. 99, 119, 224, 255, 267, 273—4, 291

Smith, A. 斯密 250—1

Social and political system 社会政治体系 参 politeia

Society 社会 3, 27, 31—43, 64, 103—20, 128—9, 140, 156, 164, 183, 252, 254—5, 258, 270

　　参 culture, politeia

Socrates 苏格拉底

　　in Plato 柏拉图笔下 2, 13, 16—19

　　Laconism 斯巴达主义 38—9

　　philosophical method 哲学方法 17—18, 57, 85—6, 90 n. 24, 138, 150, 152, 153—4, 163, 183

　　phiosophical preoccupations/tenets 哲学关注/信条 2—3, 18—19, 35, 122, 145, 149, 155, 160—1, 187 n. 38, 322

　　piety 虔敬 46 n. 38, 330 n. 63

　　political activity/viewpoint 政治活动/观点 21—30, 54—5, 142—3, 155, 315—16

　　trial and execution 审判和处决 1, 4, 13—15, 20—1, 29—30, 70

Socrates the younger 小苏格拉底 166, 172, 189 n. 73

Solon 梭伦 3, 75—9, 82—3, 95 nn. 85 and 86, 157, 207, 209, 212, 244 n. 49, 247 n, 92, 251, 310, 316

sophia (wisdom) 智慧 92 n. 42, 159

Sophists 智者 17, 48 n, 59, 63—7, 87, 92 n, 42, 124, 126, 138, 152, 155, 179, 208

sophos (wise person, sage) 贤哲 157

sôphronistêria (places of reflection) 沉思之地 89 n. 8

sôphrosunê (restraint, measured judgement) 明智、节制 95 n. 84, 147—50, 187 n. 36, 216, 272, 275

soul 灵魂 4, 9, 10, 34—5, 41—2, 68, 87—8, 102—3, 198, 204, 230—1, Ch. 6 *passim*, 292, 298—300, 302, 324

　　参 city - soul analogy, person, psychology, self

Sourvinou - Inwood, C. 苏尔韦努 - 尹伍德 314

sovereignty 主权 97 n. 90, 117, 118, 170

Sparta 斯巴达 1, 4, 22, 23, 25, 32—43, 47 n. 47, 48 nn. 59, 61 and 63, 49 nn. 66 and 73, 74—6, 81—2, 91 n. 38, 101—4, 130 n. 4, 131 nn. 10, 12 and 14, 134 n. 62, 168, 187 n. 36, 205, 209, 212, 226, 229, 243 n. 38, 259, 292

Spartoi 斯帕托伊 326 n. 4

specialization of skills/functions 技能/职能专业化 208, 214, 217, 224, 228, 246 n. 83, 257—8, 277 n. 18

Speusippus 斯彪西波 14

spirit 精神 39, 41, 103, 105, 107, 115, 116, 113 n. 10, 253, 255—6, 260—2, 270—2, 279 n. 46

Stalin, J. 斯大林 268

Stalinists 斯大林主义 194

Stalley, R. F. 斯塔利 33, 320—1

stasis (civil war) 内乱 42, 102, 105—6, 119—20, 132 n. 23, 173, 203—4, 207, 214, 218, 225, 247 nn. 92 and 93, 251, 257, 282

'state' 国家 34, 266, 278 n. 36

Statesman 治邦者 120, 130, 134 n. 56, 135 n. 66, 141—3, 146, 151, 155—6, 158, 161, 164, 165, 166—85, 213

Strauss, L. 施特劳斯 5, 12, 89 n. 1, 174, 196, 239, 329 n. 49

symposium 会饮 49 n. 73
  参 drinking

Syracuse 叙拉古 14, 103—4, 193 n. 14, 210

Tarentum 塔兰托 157—8

Taureas 托瑞阿斯 144

teacher, teaching 老师, 传授 64—5, 126—9, 135 n. 66

technê (expertise) 技艺（专门知识）126, 189 n. 64, 311

technocrats 技术官僚 137

Teiresias 忒瑞西阿斯 265

Theaetetus 泰阿泰德 166

theatre 剧场 54, 64, 79

Thebes 忒拜 284

Themistocles 忒弥斯托克勒 71—2, 127 n. 66, 135 n. 66, 208—9

theocracy 神学政治 97 n. 90, 175, 311—12

theology 神学 7, 18, 42, 169, 185, 289, 310—15, 322—5

Thesleff, H. 塞斯雷夫 6 n. 4

Thirty Tyrants 三十僭主 14—15, 19, 23, 73, 95 n. 78, 146, 149, 190, 252

Thrasymachus 色拉叙马库斯 30, 46 n. 33, 92 n. 46, 175, 176, 252, 266, 268, 271, 274, 277 n. 18, 278 n. 37, 279 n. 41

thumoeides (spirit) 激情 253, 255

Timaeus 蒂迈欧 188 n. 57, 210, 325

Timê (honour) 荣誉 327 n. 11

timarchy, timocracy 荣誉制 81, 102—4, 107, 112—3, 115—17, 130, 243 n. 38, 259, 271

timocratic person/soul 荣誉人士/灵魂 262, 271—2

Thracians 色雷斯人 256

Thucydides 修昔底德 8, 22, 33, 43 n. 3, 45 n. 28, 46 n. 33, 52, 56, 62, 71—3, 88, 89 n. 4, 93 n. 58, 101—2, 108—9, 132 n. 23, 172, 197—8, 204, 206, 211, 241 nn. 14 and 15, 243 n, 42, 252, 266, 276 n. 3, 283, 295, 322

Thucydides, son of Melesias 梅勒西亚的儿子修昔底德 127, 134 n. 65

Thurii 图里 157

tolerance 忍受 118—9

Tocqueville, A. de 托克维尔 5, 61, 115

totalitarianism 极权主义 64, 89 n. 8, 120, 195, 240 n. 5, 293

tragedy 悲剧 53, 89 n. 4

treatise, philosophical 哲学论文 52

Troy 特洛伊 295

truth 真理 57, 83, 122, 138—9, 163, 197, 239 – 40, 241 n. 17, 270, 283, 294, 296—302

truth – telling 讲真话 49 n. 69, 59, 329 n. 19
  参 Noble Lie

tyrant (s), tyranny 僭主, 僭主制 14, 53, 67, 68, 82—3, 89 n. 7, 92

n. 43，93 n. 52，100—3，105—7，109，119—20，121，132 n. 25，193 n. 14，252，265—70，321

Tyre 推罗 284

Tyrtaeus 提尔泰乌斯 42

unity 共同体
 of city 城邦的 31，206，214—17，243 n. 39，245 n. 63，247 n. 87
 of good 好的 188 n. 63，214—16
 of virtue 德性的 183，188 n. 63，190 n. 88

Utopia《乌托邦》13

utopia, utopianism 乌托邦，乌托邦主义 2，10，11，26，30，31，55，81，137，173，184，185 n. 3，Chapter 5 *passim* 253，259，283，309，322—3
 definition（s）定义 137，199，242 n. 18
 fantasy vs. practical/practicable agenda 幻想议程和现实议程 195—6，198，206，234—40，247 n. 94，248 n. 103

Vedanta 吠檀多 197

Vegetti, M. 韦杰谛 6

Vernant, J.-P. 韦尔南 294

Vidal-Naquet, P. 维达那克 89 n. 8，97 n. 90

virtue 德性 30，37，40—3，61，63，65，86，87—8，97 nn. 90 and 92，103，107，126—30，134 nn. 58 and 66，159，164，171，173，181，188 n. 63，190 n. 88，191 n. 89，192 n. 100，203，205，209，211，220，225，231，246 n. 83，248 n. 106，275，282，294，297，310，325，328 n. 48

Voegelin, E. 沃格林 302

Walzer, M. 沃尔泽 54，81，90 n. 15，309

Washington consensus 华盛顿共识 201

war 战争 3，10，39，40，41—2，79，94 n. 70，110—11，120，168，171—2，203—10，219，235，322

warriors 武士 33，47 n. 47，159，205—6，210—11，227—34，253，284—5，287
 参 military

wealth 财富 3，32，104—7，205，209，211，234，250，261—3，267，277 n. 18
  参 gold and silver, money, rich vs. poor

weaving 纺织 165，167—70，172，179，182

well-being 幸福 3—4，220，227
 参 good life, happiness

well-ordered society 有序社会 217，246 n. 83

Wilberding, J. 威尔伯定 48 n. 56

Williams, B. A. O. 威廉姆斯 5，114—115，198，218，253，280 n. 58，300

wisdom 智慧 42，55，60，62，64—6，76，77，79，81，103，125，126—7，137—8，153—4，158，163，181—2，185，273—5，286，329 n. 48

women 女人 10，19，32—3，38，47 n. 46，75，118—19，153，157，

168—9，196，208，212，214，222—3，227—34，235，248 n. 108，267

Xenophanes 克塞诺芬尼 328 n. 47

Xenophon 色诺芬 21，32—3，37—8，52，54，131 nn. 10 and 16，142，205，252，276 nn. 6 and 7，277 n. 25，300

Xerxes 薛西斯 81

Zaleucus 札琉科斯 212

Zeno of Citium 基提翁的芝诺 10，32—3

Zeno of Elea 爱利亚的芝诺 166

Zeus 宙斯 74，128，209，244 n. 60，294，311